O Agente Encoberto Digital

O Agente Encoberto Digital

MEIOS ESPECIAIS E TÉCNICOS DE INVESTIGAÇÃO CRIMINAL

Armando Dias Ramos

Doutor em Direito
Inspetor Chefe na Polícia Judiciária – Unidade Nacional Cibercrime
Professor Adjunto convidado no ISCAL-IPL
Investigador integrado do CIDPCC da FDUL

ALMEDINA

O AGENTE ENCOBERTO DIGITAL
MEIOS ESPECIAIS E TÉCNICOS DE INVESTIGAÇÃO CRIMINAL

AUTOR
Armando Dias Ramos

EDITOR
EDIÇÕES ALMEDINA, S.A.
Rua Fernandes Tomás, n.ºs 76-80
3000-167 Coimbra
Tel.: 239 851 904 · Fax: 239 851 901
www.almedina.net · editora@almedina.net

DESIGN DE CAPA
FBA.

PRÉ-IMPRESSÃO
EDIÇÕES ALMEDINA, S.A.

IMPRESSÃO E ACABAMENTO

Janeiro, 2022

DEPÓSITO LEGAL

ALMEDINA | GRUPOALMEDINA

BIBLIOTECA NACIONAL DE PORTUGAL – CATALOGAÇÃO NA PUBLICAÇÃO
RAMOS, Armando Dias
O AGENTE ENCOBERTO DIGITAL: MEIOS ESPECIAIS
E TÉCNICOS DE INVESTIGAÇÃO CRIMINAL – (Monografias)
ISBN 978-989-40-0258-1
CDU 343

NOTA PRÉVIA

O presente estudo traduz a nossa dissertação de doutoramento, apresentada à Universdidade Autónoma de Lisboa e defendida em 25 de outubro de 2018.

Toda a legislação mencionada encontra-se atualizada até 30 de novembro de 2021.

AGRADECIMENTOS

O estudo que agora publicamos corresponde na sua essência, sem prejuízo de algumas alterações e atualizações, à tese de doutoramento em Direito, especialidade de Ciências Jurídicas, apresentada na Universidade Autónoma de Lisboa e discutido em provas públicas a 25 de outubro de 2018, perante o júri constituído pelos Senhores: Doutor José Amado da Silva (presidente e mui ilustre Reitor da UAL), Doutor Pedro Miguel Freitas (arguente), Doutor Manuel Guedes Valente (arguente), Doutor José Manuel Anes, Doutor Fernando José Silva e Doutor André Amaral Ventura (orientador).

As primeiras palavras de gratidão destinam-se a todos os docentes e não docentes da Universidade Autónoma de Lisboa que sempre acolheram os alunos e incentivaram a prosseguir os seus desafios académicos.

Um agradecimento especial para a então Diretora de Departamento de Direito (2012-2015), Doutora Constança Urbano de Sousa, que me facultou a possibilidade de realizar o Doutoramento através da concessão de uma bolsa de estudo, como aluno de mérito.

A todos os funcionários e colaboradores das diversas bibliotecas, centros de documentação, por onde fui recolhendo fontes de informação para o resultado final desta investigação o meu sentido agredecimento. Entre estas destaco, pelas relações pessoais que se foram criando, a Dra. Filipa Melo e o Doutor Jorge Revez do Centro de Documentação da Polícia Judiciária, as funcionárias da Biblioteca da Procuradoria Geral da República pela sua simpatia e disponibilidade.

Um agradecimento especial ao júri do meu doutoramento, em especial aos seus arguentes, que me permitiram discutir um tema tão importante no presente e que era até então tão parco em publicações ou artigos nacionais.

Ao meu orientador, Doutor André Ventura, pelos seus valiosos ensinamentos que me transmitiu, pela disponibilidade sempre presente e pelas aturadas discussões em redor de um tema tão complexo e específico, que o tornou mais desafiante.

Por último, mas o mais importante agradecimento, à minha família que sempre me incentivou e ajudou neste caminho. Ao meu pai e sua esposa que no dia da defesa do doutoramento, querendo-me surpreender com a sua presença em Lisboa, tiveram um acidente rodoviário que os remeteu para o Hospital, sentido as suas dores físicas e sem nada poder fazer para lhes as tirar. Aos meus tios José e Conceição Machado que sempre demonstraram, e continuam a demonstrar, a disponibilidade para cuidarem do meu filho nas minhas faltas. Ao meu campeão que, mesmo sem compreender as ausências do pai, rejubilava nos momentos que disponha para estar e brincar com ele, sendo a razão e a minha força para concluir esta etapa académica.

Bem-haja!

Dezembro de 2021.

ABREVIATURAS

Ac.	Acórdão
AJ	Autoridade Judiciária
Al.	alínea
CCiber	Convenção sobre o Cibercrime
Cit.	citação, citado
CDFUE	Carta dos Direitos Fundamentais da União Europeia
CNPD	Comissão Nacional de Proteção de Dados
CP	Código Penal
CPP	Código de Processo Penal
CRP	Constituição da República Portuguesa
DCIAP	Departamento Central de Investigação e Ação Penal
DIAP	Departamento de Investigação e Ação Penal
DLG's	Direitos, Liberdades e Garantias
EMPACT	Plataforma Multidisciplinar Europeia contra as Ameaças Criminosas
FBI	*Federal Bureau of Investigation*
FDUL	Faculdade de Direito da Universidade de Lisboa
GNR	Guarda Nacional Republicana
GPS	*Global Positioning System*
IoT	*Internet of thing* (Internet das coisas)
ISP	*Internet Service Provider*
JIC	Juiz de Instrução Criminal
LECRIM	Ley de Enjudiciamento Criminal
LC	Lei do Cibercrime, Lei n.º 109/2009, de 15 de setembro, alterada pela Lei n.º 79/2021, de 24 de novembro

LOIC	Lei de Organização e Investigação Criminal
MP	Ministério Público
OA	Ordem dos Advogados
Ob. Cit.	Obra citada
PE	Parlamento Europeu
PGR	Procuradoria Geral da República
PJ	Polícia Judiciária
PSP	Polícia de Segurança Pública
RASI	Relatório Anual de Segurança Interna
RIC	Redes de Informação e Comunicação
RJAE	Regime Jurídico das Ações Encobertas, Lei n.º 101/2001, de 25 de agosto
RPCC	Revista Portuguesa de Ciência Criminal
SEF	Serviço de Estrangeiros e Fronteiras
STJ	Supremo Tribunal de Justiça
StPO	*Strafprozeßordnung* – Código de Processo Penal Alemão.
TC	Tribunal Constitucional
TCIC	Tribunal Central de Investigação Criminal
TEDH	Tribunal Europeu dos Direitos do Homem
TFUE	Tratado sobre o Funcionamento da União Europeia
TIC	Tecnologias de Informação e Comunicação
TOR	*The Onion Router*
TRC	Tribunal da Relação de Coimbra
TRE	Tribunal da Relação de Évora
TRG	Tribunal da Relação de Guimarães
TRL	Tribunal da Relação de Lisboa
TRP	Tribunal da Relação do Porto
UE	União Europeia
Vd.	*Vide*
VoIP	*Voice over Internet Protocol*
VPN	*Virtual Private Network*

Introdução

1. Introdução

§1. Nas últimas décadas temos assistido, impávidos e com alguma ansiedade, ao desenvolvimento crescente da tecnologia. Esta ansiedade resulta da forma como a tecnologia ainda nos consegue surpreender no momento em que surgem, à venda no mercado, novidades tecnológicas[1]. Se no início dos anos 90, do século passado, a Internet era uma ferramenta de trabalho, considerada um *luxo*, acessível apenas a um nicho muito restrito de pessoas, essencialmente militares e estudantes universitários, atualmente tal já não procede de tal forma. Aliás, nos dias de hoje cada pessoa transporta nos seus bolsos pequenos computadores, comummente designados por *smartphones*, que servem também para receber e realizar chamadas telefónicas, havendo uma dependência *encoberta*, que só vem à tona quando não se tem rede GSM ou rede *wireless*, ou seja, quando nos cortam o *cordão umbilical* de comunicabilidade com o mundo.

Se as tecnologias são um bem necessário e útil para a vida em sociedade, pela facilidade e rapidez da comunicação, aliado aos baixos custos de transmissão, há também o reverso da utilização desta tecnologia. Esta dualidade sempre existiu na ciência, aproveitando-se as caraterísticas benéficas para se tirar partido destas por formas menos lícitas. Surgiram, deste modo, novas práticas rebuscadas de cometimento de ilícitos criminais, através destas novas ferramentas, em especial através da internet. Paralelamente também assistimos a novos tipos de ilícitos, mas a grande

[1] As notícias sobre as eventuais novidades e fugas de informação relativamente a eventos mundiais sobre tecnologia, tal como p. ex. a que ocorre em setembro da Apple, sucedem-se todos os anos. Após o lançamento dos novos produtos verifica-se um aumento das vendas.

maioria são crimes *velhos* cometidos sob novas formas. Poderemos indubitavelmente afirmar que os criminosos também se adaptaram aos *novos mundos*, recorrendo sem hesitar a instrumentos informáticos que lhes dão uma tríplice vantagem: a desterritorialização da prática criminosa, a rapidez de atuação e a eficácia das ações criminosas sob o manto do anonimato. Aliado a este tríplice fator, encontraram ainda a seu favor um menor risco na prática da sua atividade delitual, ou seja, a de virem eventualmente a ser identificados e, consequentemente, julgados pela justiça. No fundo os cibercriminosos tiram proveito destas novas técnicas, enriquecem à conta de comportamentos delituosos e tentam, a todo o custo, engendrar situações para se furtarem ao cumprimento de sanções privativativas da liberdade.

§2. Com estes novos *modus operandi*, de cometimento de ilícitos criminais, surgem, necessariamente, novas formas de investigação que rompem com técnicas e práticas utilizadas até então pelas forças policiais na investigação da criminalidade[2].

Centremos o pensamento, por breves instantes, nos atos hediondos que têm marcado o mundo nos últimos anos. Iniciaremos este trilho mencionando alguns dos principais ataques terroristas: Nova Iorque, nas torres gémeas; donde se seguiriam mais tarde Madrid, estação de caminhos de ferros de Atocha; Londres, no metropolitano; Boston-EUA,

[2] Neste sentido a União Europeia, através do Conselho Europeu de Amesterdão, realizado nos dias 16 e 17 de junho de 1997, aprovou um plano de ação contra a criminalidade organizada, publicado no JOCE n.º C-124, em 3 de maio de 2000, onde se refere que "*A actividade criminosa organizada é dinâmica por natureza, não necessitando de se circunscrever a estruturas rígidas. Já deu provas de que é capaz de espírito de iniciativa e mentalidade empresarial e consegue ser extremamente flexível na forma como responde a forças e situações de mercado em constante mutação.*"
In http://eur-lex.europa.eu/LexUriServ/LexUriServ.do?uri=OJ:C:2000:124:0001:0033:pt:PDF [*acedido em 20 de janeiro de 2015*].
De realçar que já em 2021 a UE, no âmbito da EMPACT (Plataforma Multidisciplinar Europeia contra as Ameaças Criminosas) que define as prioridades em matéria de luta contra a criminalidade grave e organizda para 2022-2025, considerou os ciberataques com a segunda prioridade, entre os 10 tipos de criminalidade grave e organizada a ter em conta neste período. In https://www.consilium.europa.eu/pt/press/press-releases/2021/05/26/fight-against-organised-crime-council-sets-out-10-priorities-for-the-next-4-years/ [*acedido em 07 de junho de 2021*].

aquando da realização de uma maratona; Paris, no jornal satírico *Charlie Hebdo*; mais recentemente na Bélgica, no aeroporto e metro de Bruxelas; e, em Paris, num concerto dado pela banda *Eagles of Death Metal*, entre outros que se lhes seguiram e que foram amplamente noticiados.

Estas ações terroristas não são perfunctórias. Desde a sua génese, conceção e concretização material são levados a cabo procedimentos organizativos até ao ínfimo pormenor, existindo dentro da organização uma hierarquia de funções e escrupulosos procedimentos a adotar. As cúpulas detsas organizações e os mentores criminosos são conhecedores das ferramentas que as autoridades dos diversos países utilizam, quer a nível interno, quer a nível da cooperação interestadual, na investigação deste tipo de criminalidade. Por esse motivo socorrem-se e utilizam todas as formas de anonimato, para que não possam ser descobertos e as suas ações possam ser concretizadas com sucesso.

A criminalidade mais grave é-nos revelada por diversos modos: desde os jornais, passando pelos canais de televisão, até nas redes sociais, etc... Mas não se julgue que o anonimato apenas se encontra presente neste tipo de criminalidade.

As tecnologias de informação e comunicação trouxeram também consigo a faculdade de partilharmos informação. As redes de indivíduos que produzem e partilham conteúdos de índole sexual com menores passaram das salas de conversações, designadas por chats, tais como o mIRC[3] [4] para plataformas mais arrojadas e cada vez mais difíceis de identificar.

[3] Devido à especificidade do tema que iremos discorrer ao longo destas páginas serão utilizados diversos termos informáticos. Pese embora o tema *sub judice* seja exclusivamente jurídico não nos poderemos alhear desta situação e tentaremos, sempre que se justifique, explicar convenientemente os referidos termos que escapam à área do Direito, mas que estão intimamente ligados ao nosso labor académico.

[4] mIRC (*Internet Relay Chat*) foi um dos primeiros programas de conversação, criado em 1995 por Khaled Mardam-Bey, para o sistema da Microsoft Windows. Neste programa poderiam ser encontradas várias "salas" públicas ou privadas em que o utilizador entrava com um *nickname* ou *aliás* e poderia conversar com qualquer pessoa, em qualquer parte do mundo. O uso deste programa teve o seu declínio com o surgimento de novas formas mais intuitivas de comunicação (salas de conversação em fóruns, surgimento de aplicações destinadas a conversação *online*, etc. Muito recentemente, no decurso de 2011 principalmente, ressuscitou o interesse pela utilizazação massiva deste programa, de um modo especial pelo grupo ativista denominado *Anonymous*, onde dão formação *online* sobre anonimização, formas de proteção

§3. Resulta, deste avanço tecnológico, a necessidade premente de se adotarem meios capazes de investigar os crimes que são cometidos por esta via. As modernas tecnologias assim o exigem pois só desse modo se poderão identificar os autores que praticam crimes atrás de um computador, resguardados de mil e uma técnicas de manutenção do anonimato, visando o lucro instantâneo. Só com uma alteração do paradigma existente se poderá apetrechar os investigadores deste tipo de criminalidade com as mesmas armas que os delinquentes e obter investigações profícuas que levem à descoberta e à consequente punição dos agentes do crime.

Para além das alterações no direito penal objetivo também o direito penal subjetivo têm de se adequar à realidade destes crimes. Nascem assim novos meios de obtenção de prova, que por sua vez nos revelarão a prova digital, tentando apurar a verdade material dos factos e fazer a devida justiça.

§4. Entre os mais diversos *métodos ocultos*[5] de investigação criminal, que designaremos por *meios especiais e técnicos de investigação criminal*,

nas redes informáticas, como entrar em sistemas informáticos e onde planeiam ataques concertados a estruturas informáticas. A título de exemplo informação divulgada em https://anonops.com/mirc.html [*acedido em 20 de janeiro de 2015*].

[5] A expressão não é nossa, diversos autores a utilizam, tais como Costa Andrade, Dá Mesquita, Benjamim Silva Rodrigues, Faria Costa, entre outros.
Concretamente Costa Andrade define métodos ocultos de investigação criminal como sendo "*uma intromissão nos processos de acção, interacção e comunicação das pessoas concretamente visadas, sem que estas tenham conhecimento do facto ou dele se apercebam*" donde, "*continuam a agir, interagir, expressar-se e comunicar de forma* "inocente"*, fazendo ou dizendo coisas de sentido claramente auto-incriminatório ou incriminatório daqueles que com elas interagem ou comunicam*" *in* Manuel da Costa Andrade, *Bruscamente no Verão Passado – A reforma do Código de Processo Penal, observações críticas sobre uma lei que podia e devia ter sido diferente,* Coimbra Editora, 2009, Cit., pp. 105-106.
Efetivamente, com o devido respeito que é muito, não perfilharemos tal expressão por a mesma traduzir uma carga subjetivamente negativa de ilegalidade (ocultar significa: Subtrair às vistas, esconder; Dissimular; Recetar; Sonegar; Calar, não revelar; **"oculto"** *in* Dicionário Priberam da Língua Portuguesa, http://www.priberam.pt/dlpo/oculto [*consultado em 20-11-2015*]), quando na realidade tais métodos de investigação deverão pautar-se sempre e exclusivamente pela transparência e, acima de tudo, pela legalidade da sua obtenção. Donde, com a devida vénia a tão ilustres professores que utilizam a referida expressão, passaremos a

debruçamo-nos sobre a figura do *agente encoberto* nos crimes praticados exclusivamente por intermédio das Redes de Informação e Comunicação. Balizamos o nosso trabalho a esta forma de investigação criminal – o agente encoberto digital – cientes que estaremos a correr um risco desafiante na medida em que, como nos refere COSTA ANDRADE, "*o que é tecnicamente possível não é, só por si e sem mais, legítimo. Só o será se e na medida em que estiver coberto por expressa e inequívoca intervenção do legislador*"[6]. Desafio este que se agudiza com as possibilidades que as tecnologias nos dias de hoje nos oferecem e pelas quais deverão existir legalmente regras mais rígidas de controle da sua utilização, por parte da autoridade judiciária competente para o efeito. Não poderemos olvidar que sem tal fiscalização será mais fácil o atropelo de Direitos, Liberdades e Garantias dos cidadãos, com prejuízo inerente para quem é investigado e esbulhado da sua intimidade.

É sobre estas novas formas de investigação, presentes na legislação processual penal primária ou secundária, que irá assentar o nosso trabalho de investigação. A especificidade dos crimes informáticos ou cometidos por via informática, na sua vertente mais organizada ou altamente organizada, requerem novas e eficazes formas de investigação da criminalidade cada vez mais complexa.

O facto de focalizarmos o nosso âmbito de acção na figura do agente encoberto digital, em deterimento de analisarmos outras formas mais abrangentes de investigação criminal na internet, leva-nos a traçar objetivamente o desejo de contribuir para o repensar de métodos de investigação criminal modernos, adequados aos tempos que vivemos. Teria sido mais fácil, confessamos, ter optado pela primeira via. Teríamos certamente mais sucesso na recolha de elementos de estudo e casos mais abundantes para apreciar e debater juridicamente relativamente às téc-

chamar-lhe *meios especiais e técnicos de investigação criminal*, porque estes, nos quais se incluem as escutas telefónicas, as buscas "*on-line*", dispositivos de escuta direta, interceções de comunicações informáticas, entre outros, dependem exclusivamente das tecnologias para os seus intentos finais.

[6] MANUEL DA COSTA ANDRADE, *Bruscamente no Verão Passado – A reforma do Código de Processo Penal, observações críticas sobre uma lei que podia e devia ter sido diferente*, Coimbra Editora, 2009, pp. 150.

nicas e formas de investigação criminal usadas na criminalidade informática *lato senso*. Ainda assim não preferimos usar o caminho mais fácil, pois este não nos traria a satisfação de aprofundarmos convenientemente os itens todos que abordaríamos e ficaríamos sujeitos a uma análise superficial dada a matéria em causa.

§5. O agente encoberto digital revoluciona toda a forma de investigação que efetivamente pode ser concretizada num processo crime. Há metodologias e métodos novos que as tecnologias informáticas permitem que se usem na recolha de prova, tais como as ações técnicas encobertas, ou seja, a possibilidade de interferir nas comunicações, ainda que cifradas, ligar remotamente a câmara e/ou o microfone, por exemplo. No fundo aceder à informação a partir da fonte, tenha ou não existido comunicação entre o suspeito e terceiros. Desta feita existem situações problemáticas que urge acautelar com a utilização destes recursos colocados à disposição da investigação criminal.

A luta contra a criminalidade, independentemente da sua natureza, é um trabalho contínuo que requer técnicas ajustadas às novas realidades tecnológicas, disso não temos dúvidas, como se exige que a legislação permita o uso destas na recolha de prova e imputação da responsabilidade jurídico-penal. Cabe ao Direito não deixar de fora este acompanhamento pois se tal acontecer os criminosos sentir-se-ão confortáveis nos seus modos de atuação e os investigadores criminais poderão estar a recorrer a métodos de prova proibidos inquinando os princípios mais elementares do Estado de Direito, no que ao Processo Penal diz respeito. O Estado tem por obrigação proteger, com o seu *ius imperium*, os seus cidadãos e aplicar a justiça contra aqueles que efetivamente prevaricam e praticam atos ilícitos, que colocam em causa os *bens jurídicos*, tal como o da confiança nos sistemas informáticos e nas redes de comunicações, essencial à manutenção de uma sociedade moderna[7].

[7] Como diz Jock Young, *"o papel do Estado do bem-estar social é assimilar os desviantes, integrando-os no corpo da sociedade"*. Jock Young, *A sociedade excludente: exclusão social, criminalidade e diferença na sociedade recente*, Rio de Janeiro: Revan, 2002, *Cit.*, p. 21.

2. Delimitação do tema

§1. O tema da prova, em sede penal, está intimamente ligado à *presunção de inocência* dos arguidos. São as provas vertidas na acusação e dadas como provadas em julgamento (*princípio da imediação*) que aferem do grau de culpa e responsabilidade criminal, pois que sem provas ou no caso de dúvida acerca da intervenção do arguido (*in dúbio pro reo*) cuminará na sua absolvição.

O método de obtenção de prova utilizado é igualmente essencial para a validade daquela, de modo que possa ser usada em tribunal e não vá inquinar a finalidade do processo penal, isto é, a *descoberta da verdade material*[8].

A figura do agente encoberto, a par de outros métodos de obtenção de prova, acarreta consigo diversos problemas que poderão consubstanciar: (1) proibições de prova, caso não sejam cumpridos os formalismos inerentes à sua atuação ou extravasem a atuação deste[9], em obediência às normas legais e princípios constitucionais; (2) violar princípios consagrados constitucionalmente como as comunicações e a correspondência; (3) afetar de grosso modo Direitos, Liberdades e Garantias dos cidadãos, como o direito à livre circulação, à reserva e intimidade da vida privada, entre outros.

§2. Com a proliferação da internet e dos problemas que surgiram e o Direito tinha que dar resposta, o legislador nacional viu-se obrigado a adaptar o direito interno à Legislação que então vigorava sobre a Criminalidade Informática. Eis que surgiu a Lei do Cibercrime (LC), Lei n.º 109/2009, de 15 de setembro, aquando da ratificação da Convenção sobre o Cibercrime, adotada em Budapeste em 23 de novembro de 2001.

A Convenção não detém nenhuma norma relativamente às ações encobertas por meios tecnológicos. A estatuição de uma regra jurídica pelo legislador nacional, diga-se em abono da verdade, não é inovadora do ponto de vista sistemático e teleológico, indo além do previsto nos ins-

[8] Maria João Antunes, *Direito Processual Penal*, Almedina, 2017, pp. 23-27.

[9] Manuel da Costa Andrade, *Sobre as proibições de prova em processo penal*, Coimbra, Coimbra Editora, 1.ª Edição (Reimpressão), 2013, pp. 209 a 233; Eduardo da Maia Costa, «Agente provocador – validade das provas», *Revista do Ministério Público*, Ano 21, n.º 81, (janeiro-março de 2000), pp. 155 a 174, entre outros.

trumentos legislativos internacionais que adotou[10]. Procedeu, no art. 19.º da Lei do Cibercrime, à aplicação *mutatis mutandis* do regime das ações encobertas, Lei n.º 101/2001, de 25 de agosto. Alargou-se ao Regime Jurídico do Agente Encoberto o cátalogo de crimes, sendo agora aplicável quanto aos crimes previstos na Lei do Cibercrime ou cometidos por meio de um sistema informático, quando lhes corresponda, em abstrato, pena de prisão de máximo superior a 5 anos ou, ainda que a pena seja inferior, e sendo dolosos, os crimes contra a liberdade e autodeterminação sexual nos casos em que os ofendidos sejam menores ou incapazes. Bem como à burla qualificada, à burla informática e nas comunicações, à discriminação racial, religiosa ou sexual, às infrações económico-financeiras, e, ainda, aos crimes consagrados no título IV do Código do Direito de Autor e dos Direitos Conexos.

§3. A inovação legislativa surge quando se menciona que sendo necessário o recurso a meios e dispositivos informáticos observam-se, naquilo que for aplicável, as regras previstas para a interceção de comunicações. Deste modo, resultou inequivocamente uma confusão de conceitos diferentes numa só situação, dito de outro modo, prevê-se a utilização ativa de um agente encoberto digital e a interceções de comunicações em dispositivos informáticos numa única situação. Duas realidades distintas e que são incompatíveis quer do ponto de vista dos métodos de obtenção de prova, quer nos distintos regimes processuais em vigor, mormente do controle da legalidade, como veremos adiante.

2.1. Colocação do problema

§1. Das diversas questões inicialmente prognósticadas decidimos condensá-las em quatro quesitos, seguindo os ensinamentos de Karl Larenz, quando nos refere que o problema deve ser abordado a "*partir dos mais diversos ângulos e que traga à colação todos os pontos de vista – tanto os obtidos a partir da lei como os de natureza extrajurídica*"[11]. Cientes deste aspeto

[10] Para além da Ciberconvenção foi transposta para a ordem jurídica interna a Decisão Quadro n.º 2005/222/JAI, do Conselho, de 24 de Fevereiro, relativa a ataques contra sistemas de informação.

[11] Karl Larenz, *Ob. Cit.*, p. 201.

tomamos em consideração todos os elementos imprescindíveis para uma investigação sólida e concreta com o desígnio de obter respostas concretas. Condensamos os problemas para não existir uma dispersão inexaurível de pensamentos paralelos que poderiam tornar a investigação confusa e sem qualidade científica. Tivemos, assim, por fito apenas abordar as questões mais prementes e debatê-las profusamente com o intuito de almejarmos respostas credíveis.

§2. *Primum*, impõe-se, desde logo, questionar se a lei positiva permite efetivamente a ação do agente encoberto nas redes digitais. Ou dito de outro modo, se o art. 19.º da LC que remete para o regime do agente encoberto (lei n.º 101/2001, de 25 de agosto, na sua redação atual pela lei n.º 79/2021, de 24 de novembro), com o incremento que sendo necessário o recurso a meios e dispositivos informáticos observar-se-á, naquilo que for aplicável, as regras previstas para a interceção de comunicações, será, de *per si*, suficiente para levar a cabo uma ação de investigação encoberta na internet.

§3. *Secundum*, se os agentes de investigação poderão enviar *benware*[12] para um sistema informático de um suspeito, com o intuito de verificarem, sem ser detetados, que conteúdos o suspeito detém no seu computador, *smartphone* ou outro equipamento. Pretende-se obter a informação na fonte, por diversos motivos, não apenas quando efetivamente exista uma comunicação, mas também toda a informação que exista nesse ou nesses dispositivos informáticos. Tal diligência é fulcral, por um lado, em casos de abuso sexual de menores, designado na gíria popular por pedofilia, por ser notório que esta partilha de imagens apenas acontece em circuitos muito restritos e sempre com base na confiança do interlocutor e por troca de novas imagens. Por outro, será importante porquanto

[12] *Benware*, por oposição a *malware* (*software* malicioso), é um *software* benigno, benevolente. Achamos que a expressão a utilizar é a mais correta que *malware* pois não tem como finalidade provocar algum mal ao utilizador ou no dispositivo informático, mas tão somente conseguir aceder ao mesmo e visualizar o que ali se encontra alojado. Definição retirada do Dicionário AZDictionary, acessível em https://www.azdictionary.com/urban-dictionary/definition/benware [*acedido em 25 de janeiro de 2015*].

as conversações entre cibercriminosos se fazem através de redes *peer-to--peer*, tais como aplicações informáticas de envio/receção de mensagens, ficheiros, vídeos e audio, por exemplo, de forma encriptada.

A este tipo de ação denominaremos de ação técnica encoberta, porquanto a mesma não necessita de um agente físico encoberto no sistema informático uma vez que todo o processo se realiza com a utilização de *software* específico que batizamos de *benware.*

O *benware* seria igualmente utilizado, porque a tecnologia assim o permite, para ativar a câmara de vídeo e/ou o microfone, sem que o alvo da investigação de apercebesse de algo, podendo ser importante esta ação em casos de corrupção, por exemplo, onde a prova é de difícil obtenção. Esatremos, desta forma, no âmbito da utilização de meios especiais e técnicos de investigação criminal.

A crescente forma de encriptação de conteúdos, no que toca à transmissão de dados, mormente pelo uso da *darkweb*, em especial as redes TOR, não será um motivo de valor acrescido para a utilização do agente encoberto digital na descoberta e identificação dos criminosos? É que para além da encriptação há enormes recursos informáticos de anonimização e no mundo *obscuro* da internet há uma criminalidade organizada que se dedica não só a casos de pedofilia, mas também à venda de muitos produtos ilícitos, tais como armas, produtos estupefacientes, documentos falsificados e tantos outros que não são consentidos numa sociedade onde imperam valores éticos, morais e legais.

§4. *Tertium*, se a criação de perfis falsos automatizados[13], que conseguem coligir, processar e trocar informação através de determinados parâmetros, algoritmos previamente estabelecidos, desde que supervi-

[13] A este respeito, que abordaremos posteriormente, chamamos à colação a figura da menina virtual, apelidada de *Sweetie*, criada pela ONG *Terre des Hommes*, que no espaço de dez semanas logrou identificar mais de mil suspeitos de abuso sexual de menores, pertencentes a 71 países. Da informação veiculada em diferentes órgãos de comunicação social remetemos para os mais importantes: o site do projeto https://www.terredeshommes.nl/en/sweetie-face--webcam-child-sex-tourism, bem como http://www.slashgear.com/sweetie-virtual-child--takes-down-1000-pedophiles-in-10-weeks-06304515/ e, ainda, http://abcnews.go.com/WNT/video/meet-sweetie-virtual-girl-identified-1000-pedophiles-world-20797023 [*acedidos em 25 de janeiro de 2015*].

sionados pela autoridade judiciária competente, podem servir de prova, afastando, assim, a figura do agente provocador. É muito discutido na jurisprudência e na doutrina qual a fronteira entre o agente encoberto e o agente provocador, sabendo-se que ambas as figuras vivem "paredes meias", levando a que, por vezes, alguma da prova recolhida venha a ser considera nula e não possa ser utilizada na incriminação dos arguidos.

§5. *Quartum*, se a utilização de "balizas" GPS, sistemas que conseguem detetar a posição exata de um alvo através de GPS, é permitida pela atual lei do agente encoberto.

O recurso à posição GPS é de extrema importância porquanto consegue-se à distância monitorizar um indivíduo sem que este se aperceba que está a ser "seguido". Tal diligência poderá produzir efeitos úteis para a investigação e encetar outras diligências que conduzirão à recolha de prova, que de outra forma seria impossível de obter.

§6. *Quintum*, acresce a esta situação a utilização, cada vez mais em voga, de dispositivos de captação de imagem e som (*voz off*), quer através de *drones*[14] *quer através dos próprios dispositivos informáticos, nos quais se destaca o smartphone* do alvo a ser vigiado, por introdução de *software* específico neste aparelho, como mencionado anteriormente, quer através de GPS que possuem acoplados cartões de telefone, que para além das coordenadas geográficas permitem ouvir o ambiente que o rodeia.

§7. Deverão estas possibilidades tecnológicos estarem regulamentadas por forma a que efetivamente as imagens e sons captados possam servir de prova em sede de julgamento no âmbito penal? Não podemos olvidar que na captação destas imagens podem ser violados diversos preceitos, mormente a intimidade e a reserva privada de cidadãos que nada têm a ver com a situação, o direito à imagem das pessoas visadas, para além de que pode constituir um crime, tipificado no art. 190.º do CP, caso não se aplique o regime da Lei n.º 5/2002, de 11 de janeiro, por exemplo.

[14] *Drone* traduzido literalmente do inglês significa "zangão". Designa, assim, qualquer tipo de aeronave não tripulada, mas comandada á distância que capta, grava e transmite imagens em tempo real ou em diferido.

2.2. Estrutura e modo de abordagem do problema

§1. O nosso trabalho assentará em dois pilares fulcrais. Na primeira parte, a que denominamos de **Parte Geral**, analisamos o paradigma do agente encoberto. Abordaremos as situações que contendem com o agente encoberto e que têm sido alvo de apreciação pelos tribunais superiores, tais como o agente provocador, homens de confiança, conhecimentos fortuitos, etc. Na **Parte Especial** escalpelizamos o recurso ao agente encoberto nas redes de informação e comunicação, a que denominaremos de *agente encoberto digital*. Aproveitamos, deste modo, para fazer a ponte entre estas duas realidades sem paralelo e verificar se existe ou não alguma incongruência legislativa na adoção do mesmo regime jurídico de obtenção de prova do agente encoberto em situações distintas: a analógica e a digital.

§2. Subdividimos a Parte Geral em duas. Por um lado, a figura do agente encoberto, enquanto ferramenta essencial de obtenção de prova e meio de descoberta da verdade material e, por outro, a problemática da cibercriminalidade e as vicissitudes da sua investigação. Qual o escopo do agente encoberto, nos termos da Lei n.º 1010/2001 e da própria doutrina?

Donde, após uma breve resenha histórica, dissecamos o atual regime do agente encoberto tendo como "linha do horizonte" a sua aplicabilidade às investigações realizadas através de meios informáticos. E como o meio de atuação do agente encoberto é bem destinto da realidade física, por se tratar do ciberespaço, debruçamo-nos sobre a aplicabilidade às investigações *online*.

Concorrem diversos fatores no tangente às investigações *online*. A desterritorialidade[15] leva a que investigações ocorram em países terceiros sem que as entidades desses países tenham conhecimento de tais investigações, não existindo a possibilidade de negar ou autorizar tais medidas

[15] Daniel Freire e Almeida defende a criação de um Tribunal Internacional para a Internet, para dirimir conflitos cíveis e comerciais. Advoga que "*[o] sistema no qual funciona a Internet é indiferente quanto à localização física dos computadores, e não há ligação necessária e precisa entre um endereço de Internet e uma jurisdição física*", In *Um Tribunal Internacional para a Internet*, Almedina, Coimbra, 2015, p. 152.

de ingerência na sua soberania[16]. Donde, analisaremos também as formas de anonimização, com recurso a redes TOR, a VPN's, etc, e o cruzamento de informação que se pode obter através de pesquisas OSINT[17].

[16] Os arts. 82.º a 86.º do Tratado sobre o Funcionamento da União Europeia (TFUE) tratam sobre a cooperação judiciária em matéria penal, com especial ênfase no princípio do reconhecimento mútuo de sentenças e decisões judiciais. Inclui matéria penal sempre que se afigure indispensável para assegurar a execução eficaz de uma política da União. É com a criação da Eurojust (art. 85.º do TFUE) que existe uma aproximação entre os Estados-Membros em matéria de cooperação, podendo esta entidade proceder: "*a) A abertura de investigações criminais e a proposta de instauração de acções penais conduzidas pelas autoridades nacionais competentes, em especial as relativas a infracções lesivas dos interesses financeiros da União;*
b) A coordenação das investigações e acções penais referidas na alínea a);
c) O reforço da cooperação judiciária, inclusive mediante a resolução de conflitos de jurisdição e uma estreita cooperação com a Rede Judiciária Europeia."
Em momento algum é prevista a ingerência de um Estado noutro Estado, mas apenas cooperação a nível europeu, referindo o n.º 2 do art. 85.º que "*os actos oficiais do procedimento judicial são executados pelos agentes nacionais competentes.*"
As investigações através da internet poderão levar a que se investigue uma rede criminosa, com origem em diversos países, mas a detenção desses membros apenas poderá ocorrer se os mesmos estiverem na circunscrição jurídico-territorial competente de quem investiga. De outro modo, para além de não se criarem conflitos graves de ingerência em vários países, as detenções apenas poderão ocorrer com a comunicação às autoridades competentes desse país, com a indicação de todos os elementos apurados e relevantes para o caso. Como se sabe, a prova digital é volátil e num ápice os elementos investigados, se não forem prontamente corroborados pelas entidades desse país, poderão deixar de existir.
Ainda no que concerne à desterritorialidade sucede que um criminoso possa provocar danos em vítimas de vários países com a mesma e única ação ilícita, por exemplo o envio de *malware* para diversos computadores, infetando vários milhares de computadores e lesando várias vítimas através do pagamento de resgate dos dados que ali se encontravam guardados. Qual a competência judicial para efetivamente investigar e julgar este indivíduo? O local onde reside habitualmente? Onde surgiu a notícia do primeiro facto criminoso? Todos os países são competentes para o julgar?
Estas e outras *vexata quaestiones* são cada vez mais prementes quando falamos num tipo de criminalidade que não conhece fronteiras e quando a sua forma de investigar tem que ser cada vez mais rebuscada, inteligente e requer rapidez de ação, pois os criminosos também se adaptam e usam estratégias que os tornam "invisíveis".

[17] OSINT – *Open source intelligence.* Usaremos a presente sigla ou a expressão "pesquisa em fontes abertas" na internet.

§3. Numa segunda parte, a que chamamos **Parte Especial**, lançamos mão específicamente na análise do agente encoberto nas tecnologias de informação e comunicação.

Não poderíamos encetar esta parte – o agente encoberto em ambientes digitais – sem analisar o estado da arte e abordar os ordenamentos jurídicos que maior influência têm sobre o nosso sistema jurídico, o alemão e o italiano. Convocamos, neste sistema comparativo, o ordenamento espanhol por força das recentes alterações legislativas, onde se introduziu no CPP a investigação com recurso ao agente encoberto digital.

A investigação prossegue sobre o uso de diversas ferramentas forenses que colocadas na mão de um agente encoberto podem recolher provas irrefutáveis da prática de vários ilícitos criminais praticados na internet. Desde logo o recurso a *software* específico para visualizar conteúdos que se encontrem alojados nos sistemas computacionais dos suspeitos. A utilização de drones e de balizas GPS dissimuladamente na prevenção e investigação de ilícitos criminais. E, de não somenos importância, o recurso a mecanismos virtuais para investigação de crimes informáticos. Até que ponto o automatismo substitui o agente encoberto ou tratar-se-á da mesma figura, mas cujo objeto é diferente?

Posteriormente iremos analisar casos verídicos em que a figura do agente encoberto nas redes informáticas foi fulcral para a descoberta dos meliantes e lograr uma investigação profícua, com a detenção dos mesmos. Abordaremos o *caso Silk Road*, que teve a sua génese e desfecho nos Estados Unidos da América. A nível europeu analisaremos o *caso Sweetie* e a sua admissibilidade jurídica no ordenamento nacional. Concomitantemente também analisaremos a nível europeu a recente ação coordenada pela Europol, em julho de 2017, cuja operação *Bayonet* desmantelou dois dos maiores mercados negros da *Darkweb.*

O primeiro caso refere-se a um mercado *obscuro* que vendia todo o tipo de armas, de drogas, de cartões de crédito falsificados, documentos contrafeitos, etc, com recurso à rede TOR na *darkweb*; o segundo reporta-se a uma menina virtual que atraiu as atenções de diversos predadores sexuais, interessados em relacionamentos sexuais com menores, levando à identificação e detenção de vários pedófilos em muitos países, alguns deles fora do perímetro europeu. Como mencionado a operação *Bayonet* foi realizada tendo como pano de fundo a cooperação judiciária operada com diversas agências de investigação criminal de vários países. Nesta operação decorreu o desmantelamento de dois mercados negros, localizados na internet obscura, *darkweb*. Um destes mercados foi investigado pelo FBI e o outro pela Polícia Nacional Holandesa, com recurso a agentes encobertos digitais. A Europol foi a coordenadora da operação, uma vez que a investigação ocorreu em simultâneo em vários países e envolveu diversas instituições de investigação criminal.

Por último, dedicaremos um capítulo às conclusões, almejando humildemente uma resposta para as quatro questões que formulamos *supra*. Antes, porém, deixamos uma visão sobre o futuro, analisando a evolução tecnológica que nos espera, em especial sobre a internet das coisas (IoT), bem como, com carácter construtivo, a urgência de novas leis processuais penais no tocante a esta matéria do agente encoberto na internet.

PARTE GERAL

O Paradigma do Agente Encoberto

I
O Agente Encoberto como meio de Obtenção da Verdade Material

1. Breve resenha histórica acerca do agente encoberto

§1. Não é fácil estabelecer um marco físico a partir do qual se começou a utilizar o agente encoberto como meio de obtenção de prova em sede criminal[18].

Não iremos efetuar um estudo histórico exaustivo, mas apenas mencionar os marcos mais importantes que conduziram aos regimes jurídicos que conhecimentos atualmente. Deste modo, para as finalidades do nosso estudo partiremos do Séc. XVI onde a utilização de agentes encobertos tinha fins meramente mais políticos, económicos e militares do que finalidades estritas de investigação criminal. A sua utilização centrava-se no papel específico de espiar as ações dos inimigos e rivais, com o fito de assegurar a defesa da Nação[19].

[18] "*[A]o longo da história, os Estados, ou outras formas de poder organizado, recorreram em abundância a ações secretas, muitas vezes num sentido que hoje identificamos como espionagem para fins políticos e não tanto para fins relacionados com a execução penal*", Vitor Pereira, «*Contributo para o estudo das ações encobertas: breve resenha histórica*», *Investigação Criminal*, n.º 10, (maio 2016), Lisboa, p. 104.

[19] A informação e a obtenção de fontes fidedignas sempre foram armas usadas pelos militares e posteriormente por políticos para salvaguarda do seu regime. No fundo a segurança de um Estado levou a que fossem criados mecanismos de espionagem por forma a poder antecipar uma resposta a qualquer investida por parte do inimigo ou de rivais.
Cyrille Fijnaux e Gary T. Marx, *Undercover police surveillance in comparative perspective*, Kluwer Law International, The Hague, The Netherlands, 1995, p. 3; Isabel Oneto, *O agente infiltrado, Contributo para a compreensão do regime jurídico das ações encobertas*, Coimbra Editora, 2005, p. 19, a autora explicitamente afirma "*A ambiguidade que tem caraterizado as suas funções (...) permite muitas vezes, sob a referência a agentes infiltrados, ou mesmo a provocadores, se classifiquem também operações de pura espionagem, que sob o pretexto de uma operação encoberta se vise atingir alvos políticos*".

No velho continente ressalta a informação histórica da primeira utilização de agentes encobertos, nos idos anos de 1667, na Polícia de Paris, a qual, segundo GARY T. MARX, era composta por 20 inspetores de polícia, "*membros do notório bureau de sureté*"[20]. De realçar que o trabalho desenvolvido por estes elementos policiais incidia em investigações da vida privada e pública dos cidadãos, para fins políticos e criminais.

O auge do agente encoberto ganhou maior destaque em França, quando em 1753, que só na região de Paris ascendiam a mais de 3.000, e "*recorriam a três categorias de informadores: os* observateurs *(observadores), os* espions *(espiões) e os* bass-mouches *(informadores)*"[21].

MUÑOZ SANCHEZ também identifica o país gaulês como o primeiro a criar a instituição do agente encoberto e dá-nos conta de problemas que na época foram identificados. Particulariza este autor que a "*origen de esta institución se encuentra en el periodo del absolutismo francés, donde para reforzar el régimen se crea la figura del delator, compuesta de ciudadanos que descubrían a los enemigos políticos para recibir favores del principe. En esta época su actividad se limitaba a espiar y poner los hechos en conocimiento de la autoridad, sin que se realice una actividad de provocación. Con el paso del tiempo, la actividad de vigilar no sería suficiente para neutralizar a la oposición al régimen, y se pasa del espionaje a la provocación*"[22].

§2. Rapidamente os países europeus adotaram para as suas polícias a inserção do agente encoberto, como forma dissimulada de investigação, tirando partido das potencialidades desta forma de obter informações e provas, que dificilmente conseguiriam de outro modo.

Surge em 1852 na Alemanha, através do recente criado *Scherheitsbüro* (Gabinete de Segurança), pela mão do seu diretor Wilhelm Stieber, no *Kriminal Polizei* (departamento de investigação criminal).

[20] GARY T. MARX, *Undercover: Police Surveillance in America*, University of California Press, USA, 1988, p. 22.

[21] Cyrille Fijnaux e Gary T. Marx, *Ob. Cit.*, p. 3.
MANUEL AUGUSTO ALVES MEIREIS, *O regime das provas obtidas pelo agente provocador em Processo Penal*, Almedina, Coimbra, 1999, p. 21, *apud* VITOR PEREIRA, *Ob. Cit.*, p. 105 refere que nesta data, ao todo, em França existiriam aproximadamente 10.000 colaboradores.

[22] JUAN MUÑOZ SANCHEZ, *La Moderna problemática Jurídico Penal del Agente Provocador*, Editorial Tirant Lo Blanch, Valência, 1995, p. 21.

Na Grã-Bretanha, o impulso para a utilização do agente encoberto deveu-se essencialmente à I e à II Grande Guerra e à ineficácia do policiamento uniformizado[23]. Foram dados os primeiros passos na *Scotland Yard* para a constituição de um departamento de vigilâncias. Inicialmente recorreu-se ao recrutamento de informadores do mundo criminal (ladrões, recetadores, prostitutas, etc.) que forneciam informações à polícia.

§3. Do outro lado do atlântico, nos Estados Unidos da América, encontramos as primeiras utilizações de agentes encobertos em vários Acórdãos dos Tribunais[24]. Desde a criação do *Bureau of Investigation*, que mais tarde viria a dar origem ao FBI (*Federal Bureau of Investigation*), em 1908 pelo presidente Roosevelt, que as técnicas de recolha de prova envolveram o uso de agentes encobertos, recorrendo a informadores e a métodos oclusivos de vigilância[25].

[23] O policiamento uniformizado surgiu na década de 30, do século XIX, e tinha como finalidade a prevenção de crimes.
"A existência e os legados da União Sociética e do império Nazi desempenharam um papel importante ao nível da expansão das táticas encobertas e da sua deslegitimação", Cyrille Fijnaux e Gary T. Marx, *Ob. Cit.*, p. 15.

[24] Caso *Weeks vs US*, decisão do Supremo Tribunal dos EUA, de 24 de fevereiro de 1914. Texto integral do Acórdão em https://supreme.justia.com/cases/federal/us/232/383/case.html [*acedido em 15 de março de 2016*].
Caso *Sorrels vs US*, decisão do Supremo Tribunal dos EUA, de 19 de dezembro de 1932, que se debruçou sobre a utilização de um agente da lei que, no decurso da *lei seca*, instigou um cidadão a que lhe vendesse meia garrafa de *whisky*, tendo o cidadão fornecido a mesma após muita insistência do agente policial encoberto, tendo sido detido e condenado. Conclui-se pela primeira vez que "*Não se destina a aplicar quando a venda é instigada por um agente de proibição com o propósito de atrair uma pessoa, caso contrário inocente, à comissão do crime para que ele possa ser preso e punido.*
(...) A defesa do aprisionamento não pode ser atribuída a qualquer poder nos tribunais para conceder imunidade ou derrotar a acusação quando um estatuto penal foi violado; Depende do alcance do estatuto alegadamente violado – ou seja, se o estatuto deve ser interpretado como a intenção de aplicar no caso específico". Texto integral em https://supreme.justia.com/cases/federal/us/287/435/case.html [*acedido em 15 de março de 2016*].

[25] Por todos Vitor Pereira, *Ob. Cit.*, p. 110, que menciona a utilização de "*taxistas (...) para procederem à entrega do resgate de um crime de rapto, infiltravam-se em locais de trabalho para observarem determinado extorsionista ou sabotador ou infiltravam-se em hospitais psiquiátricos, disfarçados de*

O maior período expansionista da utilização do agente encoberto surge nos EUA após os anos 70 do século passado. Se em 1973 existiam 30 investigações encobertas do FBI, por volta de 1983 a fasquia elevava-se para quase 400. O aumento desta forma de recolha de informação vulgarizou-se de tal modo que era utilizada como *"prática administrativa de rotina"*[26].

§4. Em Portugal a espionagem política e a sedimentação das instituições criminais levou, tal como nos países que abordamos anteriormente, à utilização do agente encoberto desde os tempos mais remotos. Encontramos nas Ordenações Filipinas, em 1603, a referência à utilização de informadores políticos e delatores de crimes.

Posteriormente, foi com Marquês de Pombal, em 1760, após ter criado a Intendência Geral de Polícia, Corte e Reino, que incumbiu a estes funcionários estatais a responsabilidade da investigação criminal.

Já no decurso do absolutismo e do liberalismo existiram alterações legislativas quanto aos poderes dos polícias e dos magistrados, sendo que estes últimos chegaram a estar subordinados aos primeiros. Em súmula as opções políticas incidiram sobre a conceção da investigação criminal e, consequentemente, sobre a utilização de agentes encobertos nas investigações, de cariz político e/ou criminal.

§5. A criação da Polícia Judiciária, em 20 de outubro de 1945, através do Dec.-Lei n.º 35042, atribui-lhe competências exclusivas de investigação criminal, separando águas entre esta e a Polícia Internacional e de Defesa do Estado (PIDE), criada no mesmo ano através do Dec.-Lei n.º 35046, de 22 de outubro. A PJ ficaria sob a alçada do Ministério da Justiça e a PIDE do Ministério do Interior (atual Ministério da Administração Interna)[27].

No preâmbulo do Dec.-Lei que criou a PJ constatamos as razões de ordem para a sua existência, ressaltando a frase *"Há na verdade certas for-*

pacientes, para recolherem provas relativamente a um indivíduo suspeito de dissimular insanidade mental para evitar julgamento".

[26] Cyrille Fijnaux e Gary T. Marx, *Ob. Cit.*, pp. 13-14.

[27] Vitor Pereira, *Ob. Cit.*, pp. 113-114.

mas de atividade criminal para cuja prevenção não basta a simples ação estática de presença, antes exigem aturado trabalho de investigação e ativa vigilância por agentes especializados no conhecimento e dos processos criminais". Estavam criados os alicerces para a regulamentação da utilização do agente encoberto em Portugal, que viria a ocorrer nos anos 80 do século passado.

§6. Inicialmente a utilização do agente encoberto, embora o legislador não o tenha qualificado *stricto sensu*, encontrava-se prevista no art. 52.º do Dec.-Lei n.º 430/83, de 13 de dezembro, sob a epígrafe "conduta não punível". Nesta legislação, que tipificava novos ilícitos penais e contravencionais e definia novas penas em matéria de consumo e tráfico ilícito de drogas, estabelecia-se que "*[N]ão é punível a conduta do funcionário de investigação criminal que, para fins de inquérito preliminar, e sem revelação da sua qualidade e identidade, aceitar directamente ou por intermédio de um terceiro a entrega de estupefacientes ou substâncias psicotrópicas.*" Por força da revogação desta legislação, pela Lei n.º 15/93, de 22 de janeiro[28], manteve-se no art. 59.º e 59.º-A a previsão de não punibilidade da conduta do funcionário de investigação criminal que ocultasse a sua identidade para fins de investigação nesta área[29]. Também em 1994, embora não admitindo tão liminarmente a figura do agente encoberto, previa-se no art. 6.º da Lei n.º 36/94, de 29 de setembro[30], a conduta "*legítima, com vista à obtenção de provas em fase de inquérito, a prática de actos de colaboração ou instrumentais relativamente aos crimes previstos no n.º 1 do artigo 1.º do presente diploma.*"

[28] Atual regime jurídico aplicável ao tráfico e consumo de estupefacientes e substâncias psicotrópicas, que sofreu várias alterações, 24 no total, a última pela Lei n.º 7/2017, de 02 de março.

[29] A epígrafe no diploma original, do art. 59.º tinha a mesma designação da existente no art. 52.º do Dec.-Lei n.º 430/83, tendo sido adotada a forma no plural, ou seja, "condutas não puníveis". O art. 59-A deste regime foi aditado pela Lei n.º 45/96, de 3 de setembro, e reporta-se à proteção de funcionário e de terceiros infiltrados.
Daniel Silva, «Ações encobertas no Estado de Direito Democrático», *Investigação Criminal*, n.º 5 (maio 2013), Lisboa, pp. 46-51; Paulo Sousa Mendes, *Lições de Direito Processual Penal*, Almedina, 2013, p. 179.
Abordaremos, *infra*, com maior enfoque este artigo, quando nos debruçarmos sobre o agente provocador e a decisão do TEDH sobre o caso *Teixeira de Castro* vs *Portugal*.

[30] Medidas de combate à corrupção e criminalidade económica e financeira.

A crescente sedimentação da doutrina e da jurisprudência em torno dos métodos proibidos de prova, com destaque para o agente provocador na doutrina europeísta e o desenvolvimento do *entrapment defense* na jurisprudência norte americana[31], levou ao surgimento de legislação que regulamentasse a utilização do agente encoberto na investigação criminal. Assim, foi criada a Lei n.º 101/2001, de 25 de agosto, que estabelece o regime jurídico das ações encobertas para fins de prevenção e investigação criminal. Este diploma veio revogar os artigos, que aludimos anteriormente, do Dec.-Lei n.º 15/93 e da Lei n.º 36/94 e ampliar novos crimes de catálogo que até então não estavam previstos. Diz-nos MANUEL MONTEIRO GUEDES VALENTE, citando o Ministro da Justiça à época: *"[c]aso não fosse efectuada esta ampliação, "nos termos da Convenção relativa ao Auxílio Judiciário Mútuo em Matéria Penal entre os Estados-Membros da União Europeia, teríamos de admitir acções encobertas em investigações transnacionais fora do tráfico de droga e fora da corrupção, o que seria, no mínimo, estranho admiti-lo para a cooperação internacional e não para as investigações puramente nacionais"*[32].

§7. De salientar que o SEF, através do Dec.-Lei n.º 34/2003 de 25 de fevereiro, que regula o regime jurídico da entrada, permanência, saída e afastamento de estrangeiros do território nacional pode realizar ações encobertas, remetendo o art. 137.º, n.º 2, para o RJAE.[33] De igual forma

[31] Este sistema de defesa, desenvolvido pela jurisprudência norte-americana, visa a proteção dos seguintes valores: 1.º – evitar que pessoas inocentes sejam levadas a cometer crimes; 2.º – os tribunais americanos não podem, em princípio, tolerar práticas policiais excessivas, ainda que o suspeito seja verdadeiramente culpado. Remetemos para os Acórdãos do Supremo Tribunal dos Estados Unidos acima mencionados, entre outros.
Também nesta linha de pensamento, ISABEL ONETO, *Ob. Cit.*, p. 11; MÁRIO FERREIRA MONTE, «A relevância da actuação dos agentes infiltrados ou provocadores no Processo Penal», *Scientia Ivridica – Revista de Direito Comparado Português e Brasileiro*, Universidade do Minho, Tomo XLVI, n.ºs 265/267, 1997, p. 191; MANUEL AUGUSTO ALVES MEIREIS, *Ob. Cit.*, p. 95 e ss, sobre a origem do *entrapment defense*.

[32] MANUEL MONTEIRO GUEDES VALENTE, *O agente infiltrado na investigação e prevenção dos crimes de corrupção e de branqueamento de capitais*, Colecção Aquilafuente, Universidade de Salamanca, 2002, p. 390 e também em Teoria Geral do Direito Policial, 5.º Edição, Almedina, 2017 p. 286.

[33] Cujo teor é o seguinte:
Artigo 137.º
Investigação

o art. 19.º da LC veio estabelecer ações encobertas nos crimes previstos nesta Lei do Cibercrime nos termos do RJAE[34], acrescentando que sendo necessário o recurso a meios e dispositivos informáticos observam-se, naquilo que for aplicável, as regras previstas para a interceção das comunicações[35].

2. O atual regime do agente encoberto

2.1. As suas especificidades técnico-processuais.

§1. É na CRP que encontramos o bastião da legalidade democrática e da defesa dos direitos dos cidadãos. O art. 272.º do diploma constitucional delimita objetivamente que *"as medidas de polícia são as previstas na lei, não*

1 – Além das entidades competentes, cabe ao Serviço de Estrangeiros e Fronteiras investigar os crimes previstos no presente capítulo e outros que com ele estejam conexos.
2 – As acções encobertas desenvolvidas pelo Serviço de Estrangeiros e Fronteiras, no âmbito da prevenção e investigação de crimes relacionados com a imigração ilegal em que estejam envolvidas associações criminosas, seguem os termos previstos na Lei n.º 101/2001, de 25 de Agosto.

[34] Com a seguinte redação:
Artigo 19.º
Acções encobertas
1 – É admissível o recurso às acções encobertas previstas na Lei n.º 101/2001, de 25 de Agosto, nos termos aí previstos, no decurso de inquérito relativo aos seguintes crimes:
a) Os previstos na presente lei;
b) Os cometidos por meio de um sistema informático, quando lhes corresponda, em abstrato, pena de prisão de máximo superior a 5 anos ou, ainda que a pena seja inferior, e sendo dolosos, os crimes contra a liberdade e autodeterminação sexual nos casos em que os ofendidos sejam menores ou incapazes, a burla qualificada, a burla informática e nas comunicações, o abuso de cartão de garantia ou de cartão, dispositivo ou dados de pagamento, a discriminação racial, religiosa ou sexual, as infrações económico-financeiras, bem como os crimes consagrados no título iv do Código do Direito de Autor e dos Direitos Conexos.
2 – Sendo necessário o recurso a meios e dispositivos informáticos observam-se, naquilo que for aplicável, as regras previstas para a intercepção de comunicações.

[35] Situação esta que não se encontra prevista na Convenção do Cibercrime ou em qualquer Decisão-Quadro do Conselho da Europa e que poderemos ter como inovadora por parte do legislador português.
Cedo se levantaram diversas vozes contra a introdução deste artigo na Lei do Cibercrime, tendo mesmo Paulo Dá Mesquita referido que *"[n]o n.º 2 do art. 19.º, aprofundado a incongruência sistemática consagra-se uma norma espúria no ordenamento jurídico português ao prever, sem*

devendo ser utilizadas para além do estritamente necessário". E concretiza que quer na investigação criminal quer num momento anterior, no âmbito da prevenção criminal, devem ser observadas as "regras gerais sobre polícia e com respeito pelos direitos, liberdades e garantias dos cidadãos".

A polícia, quer no âmbito administrativo quer no âmbito da investigação criminal, tem o *poder-dever* de agir em conformidade com o princípio da dignidade humana e os direitos fundamentais dos cidadãos, e pautar-se pelo respeito dos princípios da necessidade, da exigibilidade e da proporcionalidade.

§2. A Lei n.º 101/2001, de 25 de agosto, estabelece a matriz das ações encobertas para fins de prevenção e investigação criminal. Condensou-se num só diploma o catálogo de crimes onde é admissível a utilização do agente encoberto para obtenção de prova, bem como algumas regras processuais específicas deste regime[36].

Esta lei sofreu duas alterações, desde a sua vigência. A primeira através da Lei n.º 60/2013, de 23 de agosto, que aditou ao art. 2.º o crime de tráfico de pessoas, e a segunda através da Lei n.º 61/2015, de 24 de junho, que aditou, no mesmo artigo, os crimes de organizações terroristas, terrorismo, terrorismo internacional e financiamento do terrorismo. Impõe-se aqui abrir um parêntesis para uma chamada de atenção, pese embora tenham já ocorrido duas alterações, o art. 1.º nunca foi alterado ou alvo de diploma de retificação. Efetivamente, na versão publicada em Diário da República consta deste primeiro artigo a redação de "*Política Judiciária*", quando na verdade o que o legislador pretendia dizer era "Polícia Judiciária"[37].

qualquer outro enquadramento, «o recurso a meios e dispositivos informáticos» em ações encobertas". PAULO DÁ MESQUITA, *Processo Penal, Prova e Sistema Judiciário*, Coimbra Editora, 2010, *Cit.* p. 127.

[36] JOÃO DAVIN, «Instrumentos operacionais para a prevenção e repressão da fraude e da corrupção», AA.VV, *Fraude de subvenciones comunitarias y corrupción, Delitos financeiros, fraude y corrupción en Europa*, Vol. I, Ediciones Universidad de Salamanca, 2002, pp. 225-226; ISABEL ONETO, *Ob. Cit.*, pp. 115-116;

[37] Vide publicação em DR – I Série A, n.º 197, de 25 de agosto de 2001, acessível no endereço https://dre.pt/application/file/a/515573 [*acedido em 17 de março de 2015*].

No art. 2.º ressalta o "âmbito de aplicação" da presente lei, ou seja, aquilo a que a doutrina denomina de crimes de catálogo, onde, como mencionado anteriormente, foram efetuadas as sucessivas alterações legislativas. Donde, apenas e exclusivamente nos crimes aqui previstos se poderá utilizar a figura do agente encoberto para fins de prevenção e investigação. Exceção a esta regra é a norma constante no art. 19.º da Lei do Cibercrime (LC) onde se prevê a admissibilidade da sua aplicação por remissão dos crimes ali previstos ou cometidos por meio de um sistema informático, quando lhes corresponda, em abstrato, pena de prisão de máximo superior a 5 anos ou, ainda que a pena seja inferior, e sendo dolosos, os crimes contra a liberdade e autodeterminação sexual nos casos em que os ofendidos sejam menores ou incapazes, a burla qualificada, a burla informática e nas comunicações, a discriminação racial, religiosa ou sexual, as infrações económico-financeiras, bem como os crimes consagrados no título IV do Código do Direito de Autor e dos Direitos Conexos.

Por último, o RJAE ainda é aplicável em matéria de cooperação judiciária internacional, ao permitir a equiparação dos funcionários de investigação criminal de outros Estados, com o fito de desenvolverem ações encobertas em território nacional, com as mesmas prerrogativas dos funcionários de investigação criminal nacionais. Donde, o catálogo de crimes se mantém inalterado, por se aplicar o princípio da territorialidade, isto é, a lei nacional em solo português[38].

§3. As especificidades da utilização do agente encoberto não só derivam dos crimes previstos, para os quais é admitida esta forma de investigação, como dos requisitos que a própria lei faz determinar para este tipo de ação. O art. 3.º especifica as traves mestras do RJAE, onde são invocados os corolários constitucionais da necessidade, adequação e proporcionalidade, ínsitos no art. 18.º, n.º 2 da CRP. Deverão objetivamente ser necessários e adequados aos fins de prevenção e repressão criminais *in casu* e proporcionais às finalidades a obter e à gravidade do crime em investiga-

[38] Cfr. Lei da cooperação judiciária internacional em matéria penal, art. 160.º-B, da Lei n.º 144/99, de 31 de agosto.

ção[39]. Assim sendo, podemos afirmar que o legislador não quis extrapolar de forma abusiva a utilização do agemte encoberto. Antes impôs limites concretos para a sua utilização concatenado os mesmos com os princípios constitucionais a que qualquer *infra lege* deve obediência.

§4. Saliente-se que ninguém pode ser obrigado a intervir como agente encoberto, seja funcionário de investigação criminal seja terceiro atuando sob o controle da Polícia Judiciária[40].

[39] Nas palavras de MANUEL DA COSTA ANDRADE *"(...) tem de prever expressamente e explicitamente a medida de compressão dos direitos fundamentais, fixar a sua compressão, extensão e vinculação finalística-teleológica bem como definir os seus limites."*, «Métodos ocultos de investigação, (Plädoyer para uma teoria geral)», in *Que futuro para o direito processual penal? Simpósio em Homenagem a Jorge de Figueiredo Dias, por ocasião dos 20 anos do Código de Processo Penal Português*, Coord. MÁRIO FERREIRA MONTE, et al., Coimbra Editora, 2009, p. 541; JOSÉ BRAZ, *Investigação Criminal, A organização, o método e a prova, Os desafios da nova criminalidade*, Almedina, 3.ª Edição, 2013, p. 326.
MANUEL MONTEIRO GUEDES VALENTE, *O agente infiltrado na investigação..., Ob. Cit.*, p. 390, resume em 4 pontos os requisitos das ações encobertas, a saber: (1) – a adequação da ação encoberta à prevenção e repressão criminal; (2) – aquela deve destinar-se à descoberta de material probatório; (3) – a ação encoberta tem de ser proporcional quanto aos fins e quanto à gravidade do crime a investigar; (4) – carece de autorização da autoridade judiciária, ou seja, controle jurisdicional.
PAULO PINTO DE SOUSA condensa em 6 itens essenciais os requisitos que devem presidir à legalidade da ação encoberta: (1) – o caráter excecional da medida, somente adotada quando não exista outro meio de investigação do crime em causa, menos gravoso para o investigado; (2) – a necessidade de autorização emitida pela autoridade judiciária; (3) – o juízo de proporcionalidade; (4) – o requisito de especialidade; (5) – o requisito da motivação, devidamente fundamente pelo MP e pleo JIC relativas às razões que conduziram a restringir, pelo menos à *priori*, um direito fundamental pertencente ao investigado; e (6) – o controle a que a medida deve estar sujeita, exercido pelo MP e pelo JIC, durante o período da ação encoberta.
PAULO PINTO DE SOUSA, «Acções encobertas. Meio enganoso de prova? Agente infiltrado e agente provocador. Outras questões», *Revista do CEJ*, 2.º Semestre, n.º 14, Almedina, 2010, pp. 236-238.

[40] À data da publicação do RJAE, os crimes de catálogo previstos neste regime jurídico eram investigados pela Polícia Judiciária, detendo a competência reservada para a investigação. Atualmente tal não se verifica, existindo uma amálgama de investigações paralelas, que muitas vezes colidem e se atropelam e visam, a todo o custo, serem os primeiros a deter suspeitos de atividades criminosas para terem 30 segundos de destaque nas televisões ou muitos *likes* nas redes sociais. A Lei Orgânica da Investigação Criminal (LOIC), Lei n.º 49/2008, de 27 de agosto, refere que pode a competência ser deferida a outros OPC's quando se verifiquem os

pressupostos do n.º 1, do art. 8.º. Contudo, no Ac. do Tribunal da Relação de Lisboa, parece fazer-se da LOIC uma lei administrativa, concluindo-se que: *"[E]mbora a PJ tenha competência exclusiva para a investigação criminal relativamente aos crimes de catálogo, nos termos da Lei especial LOIC, na verdade, nada proíbe que o MP enquanto detentor originário da investigação, entenda e ordene a realização de diligências de investigação desses crimes de área reservada, a OPC's diferentes, uma vez que a própria Lei Penal não faz qualquer distinção entre os OPC's."*, Ac. TRL, Proc. 50/14.0SLLSB-Y. L1-9, Relatora: Maria do Carmo Ferreira, de 09-06-2016.
Desta monta, pese embora o RJAE seja de competência específica da PJ é certo que órgãos como a PSP e a GNR utilizam a figura do agente encoberto, à margem da lei e paredes meias com a figura do agente provocador, sem conhecimento da PJ e muito menos do MP. Adiante se procederá à distinção destas figuras. Sobre o que afirmamos veja-se Ac. do STJ, Proc. 02P2118, Relator: Pires Salpico, de 30-10-2002, onde um terceiro atuou de forma espontânea, voluntária e desinteressadamente com a PSP, **por sugestão desta**, encomendando uma quantidade de droga ao arguido. Aqui o Supremo Tribunal considerou que esta atuação não podia ser havida como agente provocador ou infiltrado, contudo conclui-se neste aresto que "*[t]odavia, sempre se dirá que a E, ao encomendar estupefacientes ao recorrente não actuou como agente provocador, dado que, com a sua actuação não causou qualquer "perturbação da liberdade ou de decisão do arguido recorrente, não provocando nem determinando o recorrente à prática do crime de tráfico de estupefacientes, já que dos factos provados resulta, inequivocamente que, no caso dos autos, o recorrente se determinou com inteira liberdade, de forma autónoma e plenamente consciente.*"
A obrigatoriedade de a Polícia Judiciária elaborar "o relato da intervenção do agente encoberto à autoridade judiciária competente" (art. 3.º, n.º 6) destina-se exclusivamente a que exista um controle por parte da autoridade judiciária nesta ação encoberta, e não se ultrapasse a fronteira entre aquilo que é permitido e provocado pelo agente encoberto.
Acresce que, para concatenar o Dec.-Lei n.º 34/2003 de 25 de fevereiro, que regula o regime jurídico da entrada, permanência, saída e afastamento de estrangeiros do território nacional com o RJAE, os inspetores do SEF terão que estar na dependência funcional da PJ quando realizem ações encobertas. Neste Dec.-Lei estabelece-se, no art. 137.º, n.º 2, a faculdade do SEF realizar ações encobertas, no âmbito da prevenção e investigação de crimes relacionados com a imigração ilegal em que estejam envolvidas associações criminosas. Referido artigo acrescenta que tais ações encobertas seguem os mesmos termos dos previstos no RJAE, competindo à PJ a elaboração do relato da operação encoberta.
Neste sentido a doutrina e a jurisprudência são unânimes, pelo que citamos, entre outros, Daniel Silva, *Ob. Cit.*, p. 52; Isabel Oneto, *Ob. Cit.*, pp. 111-118. Questiona, contudo, José António Cardoso se qualquer Força e Serviço de Segurança pode realizar ações encobertas, argumentando que a definição de funcionário de investigação criminal passa pelo art. 386.º do CP. Acaba por concluir este autor, militar da GNR, que "*nas situações em que a investigação possa ser deferida a outros OPC, não se poderá recorrer em princípio à figura do agente infiltrado, uma vez que estaremos perante casos que não abrangem uma elevada complexidade, bem como não exigem a utilização de técnicas de investigação sofisticadas, daí resultar a possibilidade de deferimento da investigação criminal a outros OPC.*", pp. 12-13. José António Cardoso, *Agente encoberto – apoio à investi-*

Para que efetivamente se possa desenvolver uma ação encoberta é necessário que, ocorrendo em sede de inquérito[41], se proponha tal ação excecional de recolha de prova junto do *dominus* do inquérito, o Ministério Público, e que este, por sua vez, dê conhecimento ao JIC. Se o juiz de instrução criminal não se opor, no prazo de 72 horas, após tal conhecimento, considera-se tacitamente diferida a autorização para a ação encoberta[42]. Releva, ainda, como requisito essencial que não existindo inquérito a decorrer, ou seja, em situações em que se esteja a atuar única e simplesmente no âmbito da prevenção criminal, a iniciativa e/ou decisão é efetuada pelo magistrado do MP junto do DCIAP que a propõe ao juiz do TCIC[43].

§5. De extrema importância, na ação do agente encoberto, é a formalização da identidade fictícia[44]. Esta, sob proposta do diretor nacional da Polícia Judiciária, é atribuída pelo Ministro da Justiça e apenas a funcionários de investigação criminal. Donde, terceiros que atuem como agentes encobertos não poderão usufruir desta prerrogativa.

gação criminal, Academia Militar, 2015, disponível em https://www.academia.edu/13387306/Agente_Encoberto_-_Apoio_%C3%A0_Atividade_de_Investiga%C3%A7%C3%A3o_Criminal [*acedido em 25 de março de 2016*].

[41] Por força do art. 219.º, n.º 1, da CRP, do art. 263.º, n.º 1, do CPP e art. 1.º do Estatuto do Ministério Público, publicado pela Lei n.º 47/86, de 15 de outubro, com as consequentes alterações legislativas.

[42] Cfr. Manuel Monteiro Guedes Valente, «A investigação do crime organizado. Buscas domiciliárias nocturnas, o agente infiltrado e intervenção nas comunicações», AA.VV., *Criminalidade organizada e criminalidade de massa. Interferências e ingerências mútuas*, Almedina, 2009, p. 172, que defende uma inconstitucionalidade material por violação do art. 32.º, n.º 4 da CRP, quando o MP, em sede de inquérito autoriza a ação encoberta e o JIC não profere despacho de recusa. Discordamos de tal entendimento, com a devida vénia, face ao referido artigo se referir à instrução e não ao inquérito, o qual é, nos termos do art. 219.º, n.º 1 da CRP e art. 263.º, n.º 1, do CPP, competente. Por outro lado, o Tribunal Constitucional, nos diversos acórdãos que já proferiu nunca foi chamado a pronunciar-se sobre esta eventual inconstitucionalidade material.

[43] Cfr. art. 3.º, n.º 5 do RJAE.

[44] O RJAE seguiu muito de perto a legislação alemã, nomeadamente os artigos §110 a) a §110 e) do Código de Processo Penal, onde se prevê igualmente a utilização de identidade fictícia por parte do agente encoberto.

Atribuída a identidade fictícia a sua duração mínima é de 6 meses, sendo este período prorrogável por iguais períodos, não se estabelecendo um máximo para a sua utilização. O processo de atribuição de identidade fictícia realiza-se em absoluta confidencialidade, com a designação de "secreto" e deve incluir a referência à verdadeira identidade do agente encoberto. O funcionário de investigação criminal poderá utilizar esta nova identidade mesmo em situações de trato comercial, ainda que não diretamente relacionadas com a atividade de agente encoberto.

De realçar que quer seja com identidade fictícia ou com a utilização de terceiro, as ações encobertas não são vertidas diretamente no inquérito. Pretende-se garantir a segurança do agente encoberto, uma vez que a sua atuação reveste situações que poderão perigar a sua vida e a da sua família, quer no decurso da ação encoberta quer *à posteriori*. Efetivamente o agente encoberto está a ter contacto direto com crimes muito graves e com potenciais criminosos sem escrúpulos, que não olhando a meios apenas pretendem atingir os seus fins, ou seja, a não condenação pelas entidades judiciárias e furtarem-se à ação da justiça, não hesitando em matar a quem se atravessar no seu caminho[45].

§6. Assim, toda a atividade desenvolvida pelo agente encoberto ficará afastada do processo principal.[46] O relato, entregue no prazo máximo de 48 horas após o *terminus* da ação encoberta, apenas poderá ser junto aos autos principais se a autoridade judiciária ordenar a sua junção por se mostrar absolutamente indispensável em termos provatórios[47]. Note-se

[45] Daniel Silva, *Ob. Cit.*, pp. 54-55. O autor descreve pormenorizadamente o processo relativo ao "*dossier da ação encoberta*".

[46] Diferentemente do que sucede com o *Strafprozeßordnung (StPO)* [Código de Processo Penal Alemão] prevê-se naquele diploma, no § 110.º e), que as informações obtidas nessas circunstâncias podem ser usadas noutros processos penais, desde que sejam necessárias e se tratam de crimes de catálogo. Por outras palavras os conhecimentos furtuitos, desde que pertençam aos crimes previstos para uma ação encoberta, poderão ser utilizados. Entre nós o RJAE nada menciona a esse respeito, referindo-se apenas ao relato que deverá ser efetuado pelo agente encoberto, sobre a específica ação onde se desenvolveu.

[47] Paulo Pinto de Albuquerque, *Comentário ao Código de Processo Penal à luz da Constituição da República e da Convenção dos Direitos do Homem*, 2.ª Edição, Universidade Católica Editora, 2008, pp. 660-661, refere que o relato, por força do princípio da imediação, não tem qualquer

que apenas deverá ser o relato, como refere a lei, e não outras peças processuais relacionadas com os procedimentos adotados em sede de ação encoberta, por virem a colocar em causa a segurança dos seus intervenientes. De realçar que este relato deverá conter a descrição de todos os acontecimentos realizados pelo agente encoberto[48]. Se a ação encoberta se realizar pelo período de um ano é, no mínimo, estranho que apenas o relato seja entregue no final desta e contenha acontecimentos realizados num lapso de tempo tão extenso, sem qualquer controle judiciário. É aceitável que o agente encoberto, no decurso da sua ação de investigação, realize relatórios dos elementos que vai recolhendo ou colija apon-

valor provatório em sede de audiência de julgamento. E acrescenta "*Só o depoimento pessoal do autor do "relato" (o agente encoberto) vale como meio de prova do que ele fez, viu e ouviu. Por isso o relato, isto é, o texto escrito do agente encoberto que descreve o que ele fez, viu e ouviu, não é um documento. Ao invés, as fotos ou outros registos de imagens que possam ter sido juntas ao relato são documentos que podem ser, se colhidos legalmente, valorados na audiência de julgamento*".
Em diversos recursos para o Tribunal Constitucional se tem pugnado pela inconstitucionalidade do art. 4.º, n.º 1, do RJAE, devendo o referido relatório ser junto aos autos. Das decisões proferidas segue-se o entendimento que "*o fim do artigo 4º consiste na proteção do agente encoberto, determinando, assim, que o relatório da ação encoberta apenas se junta aos autos se e quando isso for julgado indispensável*", Cfr., entre outros, Ac. TC n.º 573/2016; Ac. TC n.º 3/2014, disponível em http://www.tribunalconstitucional.pt [*acedidos em 20 de novembro de 2016*]. Contudo, afirmamos nós, que nada obste a que seja atribuída uma identidade fictícia ao agente encoberto e a mesma jamais seja revelada, podendo e devendo o relatório ser junto para um efetivo juízo de avaliação da prova obtida, segundo as determinações do CPP.
Sobre o prazo de junção do relato se pronunciou o STJ que no Acórdão, no âmbito do Proc. 326/12.0JELSB.L1.S1, Relator: Nuno Gomes da Silva, de 10-03-2016, referiu "*[A] lei não prevê um limite temporal para a acção encoberta que pode até ser o prazo da própria prescrição do crime. Daí que se estabeleça no art. 5.º da Lei 101/2001 que os agentes podem actuar sob identidade fictícia para o efeito de participarem em acção encoberta e que essa identidade fictícia é válida por um período de 6 meses prorrogável por iguais períodos. A partir daqui haverá que fazer uma interpretação restritiva do que seja um prazo após o termo da operação para a elaboração do relato final, considerando-se os 6 meses para a revalidação da identidade fictícia como o prazo máximo de qualquer operação para efeitos de apresentação do relato. Faz sentido que assim seja pois a operação encoberta pode ter outros desenvolvimentos para lá daqueles que produzam determinado resultado que dê origem a um processo e que mercê desses desenvolvimentos o agente encoberto não esteja em condições de fazer chegar à acção encoberta informações sobre a parte já descoberta que possibilitem a elaboração do relato final relativamente a essa parte.*"

[48] Fatima Matamouros, «Infiltrados fora da lei», *Sub Judice – justiça e sociedade*, Coimbra, n.º 18 (abr-jun), 2000, p. 61, questiona se efetivamente este relato poderá conter a descrição de toda a atuação do agente infiltrado.

tamentos mais relevantes para o desenrolar da sua ação. Num Estado de Direito em que vivemos, estas ações deveriam ser sindicadas pelo titular da ação penal ou, no caso de uma ação encoberta preventiva, pelo juiz de instrução criminal do Tribunal Central de Investigação Criminal, no mínimo de 15 em 15 dias, oferencendo o agente encoberto um relatório da atividade por si desenvolvida[49]. A não ser assim, entendemos na nossa modesta opinião, que nos encontramos perante uma flagrante violação das normas dos arts. 18.º, n.º 2, 32.º, n.º 6 e 272.º, n.º 2 e 3, todos da Constituição da República.

§7. Por fim, um dos requisitos essenciais da ação encoberta é a isenção de responsabilidade penal do agente encoberto que, segundo o art. 6.º, consubstancie a prática de atos preparatórios ou de execução de uma infração em qualquer forma de comparticipação diversa da instigação e da autoria mediata, sempre que guarde a devida proporcionalidade com a finalidade da mesma.

Esta isenção continua a aplicar-se por força do que já se encontrava consagrado nos artigos anteriormente revogados, onde a medida da ação encoberta era prevista.[50] Resulta daqui a faculdade de o agente encoberto desempenhar melhor o seu papel, de forma dissimulada, praticando alguns crimes instrumentais sem que venha a ser responsabilizado criminalmente pelos mesmos[51]. Caso o agente fosse responsabilizado o

[49] Este é o prazo estipulado para a interceção de comunicações, nos termos do art. 188.º, n.º 3 do CPP. Admitimos, contudo, que o prazo possa ser alargado e que o agente encoberto possa efetuar um relatório de 30 em 30 dias, enviando o mesmo através de plataforma digitais, devidamente assinado digitalmente, diretamente para o Magistrado titular da ação penal, junto do Tribunal onde corre o Inquérito. Em alternativa e uma vez que a ação encoberta apenas pode ser desenvolvida por funcionários da investigação criminal da Polícia Judiciária ou por terceiros atuando sob o controlo da Polícia Judiciária, o relatório deveria ser remetido pelo Inspetor Chefe ou Coordenador de Investigação Criminal, da brigada à qual o inquérito se encontrar adstrito à investigação criminal, enquanto autoridades de polícia criminal.

[50] Os artigos 59.º e 59.º-A do Decreto-Lei n.º 15/93, de 22 de Janeiro e o artigo 6.º da Lei n.º 36/94, de 29 de Setembro.

[51] Ainda assim, defendemos que caso o agente encoberto, nos crimes que venha a praticar, viole disposições que sejam indeminizáveis civilmente, que o Estado não se deve desresponsabilizar do seu papel e *à posteriori* deve proceder ao ressarcimento desses danos, no âmbito

seu papel de encoberto poderia ficar comprometido e, com ele, toda a investigação.

Acresce, por outro lado, que nenhum funcionário da investigação criminal ou terceiro podem ser coagidos ou ludibriados a desempenhar o papel de agente encoberto, tendo esta função que ser desempenhada de forma livre e de modo informado. Donde, poderemos afirmar que, a existir uma responsabilização do agente poderíamos assistir a um défice de voluntários para o desempenho desta tarefa árdua, que exige uma dedicação a tempo inteiro e, por vezes, por longos períodos de tempo, com sacrifício da vida pessoal e familiar dos mesmos. De fora desta desresponsabilização criminal ficam os crimes que conduzam à instigação da atividade delitual do investigado, por ser tratar de prova proibida e consequentemente o agente deixa de ser encoberto para assumir o papel de provocador.

Poderemos afirmar que o agente encoberto deverá estar consciente que deverá reunir todos os esforços éticos e deontológicos de modo a minimizar a prática de crimes, só não se abstendo de os praticar quando for de todo impossível e em prol da investigação que está a realizar.

2.2. A utilização do "agente encoberto" como último reduto da investigação

§1. Uma ação encoberta, como o próprio nome indica, traduz-se na dissimulação de alguém, das suas reais intenções logrando obter informações que dificilmente conseguiria de outra forma[52]. Esta ação decorre ao longo do tempo em diversas fases, muito raramente numa única ação (momento), que levam ao culminar da recolha da informação considerada importante para a investigação criminal.

da legislação existente sobre a responsabilidade civil extracontratual do Estado – Art. 1.º, n.º 3, da lei n.º 67/2007, de 31 de dezembro.

52 *"... destinam-se a apoiar as unidades de investigação na pesquisa, detecção e recolha de dados, notícias ou provas, não acessíveis de outro modo, que permitam caracterizar e antecipar cenários delituosos e elaborar planos de atuação fiáveis e consistentes que conduzam a subsequentes intervenções policiais com resultados de excelência", Cit.* António Sintra, «Técnicas especiais de investigação criminal, Factor de segurança», *Investigação criminal*, n.º 1 (fev.2011), Lisboa, p. 71.

A sua utilização, por colidir com Direitos, Liberdades e Garantias dos cidadãos, nas modernas sociedades democráticas, leva a que somente se utilize este meio de prova quando todas as demais falharam ou são impossíveis de realizar. Trata-se, ainda assim, de uma das obrigações dos Estados Parte que assinaram a Convenção de Palermo (art. 20.º) que expressamente menciona que poderão ser realizadas técnicas especiais de investigação, em especial o uso do agente encoberto, para prevenir e reprimir eficazmente a delinquência organizada, quando a legislação desse Estado Parte o preveja [53].

Também a importância desta técnica de investigação conduziu a ONU a consagrar, no n.º 1, do art. 20.º da Convenção das Nações Unidas contra a Criminalidade Organizada Transnacional, o recurso a ações encobertas "*(...) a fim de combater eficazmente a criminalidade organizada*".

§2. Flávio Cardoso Pereira refere que se trata de um dos temas mais controvertidos no âmbito do Direito Processual Penal, a atuação de agentes encobertos e por consequência a valorização das provas obtidas através deste meio[54]. Efetivamente, mesmo entre nós, muito se tem escrito sobre a utilização do agente encoberto[55] e os Tribunais da Rela-

[53] Manuel Monteiro Guedes Valente, «A investigação do crime organizado. Buscas domiciliárias nocturnas...», *Ob. Cit.*, pp. 168-169.

[54] Flávio Cardoso Pereira, *El agente infiltrado desde el punto de vista del garantismo procesal penal*, Juruá Editoral, 2.ª Edição, 2016, p. 319.

[55] Nuno Miguel Loureiro, «A responsabilidade penal do agente encoberto», *Revista do Ministério Público*, n.º 142, abril-junho 2015; Joaquim Loureiro, *Ob. Cit.*; Manuel Monteiro Guedes Valente, «A investigação do crime organizado...», e *O gente infiltrado na investigação...*; Paulo Pinto de Sousa, *Ob. Cit.*,; Germano Marques da Silva, «Bufos, infiltrados, provocadores e arrependidos, Os princípios democrático e da lealdade em processo penal», *Direito e Justiça*, Vol. VIII, Tomo 2, 1994; Sandra Pereira, «A recolha de prova por agente infiltrado», *Prova Criminal e Direito de Defesa – Estudos Sobre Teoria da Prova e Garantias de Defesa em Processo Penal*, Coord. Teresa Pizarro Beleza e Frederico de Lacerda da Costa Pinto, Reimpressão, Almedina, Coimbra, 2011; Isabel Oneto, *Ob. Cit.*; Mário Ferreira Monte, *Ob. Cit.*; Manuel Augusto Alves Meireis, *Ob. Cit.*; Fátima Matamouros, *Ob. Cit.*; Ana Rita de Melo Justo, «Proibição da prova em processo penal: o agente provocador. Acórdão do Supremo Tribunal de Justiça de 30 de Outubro de 2002», *RPCC*, Ano 16, n.º 3, Julho-Setembro 2006; Manuel Costa Andrade, «Métodos ocultos de investigação, (Plädoyer para uma teoria geral)», *Que futuro para o direito processual penal? Simpósio em Homenagem a Jorge*

ção continuam a apreciar recursos sobre esta técnica de investigação e os problemas que se colocam relativos à nulidade de obtenção de prova, chegando alguns recursos ao Tribunal Constitucional[56].

Questiona-se se, efetivamente, com tanta e sofisticada tecnologia a mesma não lograria obter prova nas investigações, afastando-se, desta forma, a ação do agente encoberto ou se o agente encoberto é o "último reduto" da investigação. A resposta a esta questão não é *líquida*, como veremos no desenvolvimento da nossa investigação. Ainda assim é do conhecimento geral que mesmo com a utilização de tecnologias se violam Direitos, Liberdades e Garantias e que as tecnologias ultra-modernas são falíveis e poderão não funcionar quando mais se espera que estejam operacionais. Que a atuação de sistemas informáticos de *per si* não configuram uma ação encoberta nos termos do RJAE por se prever apenas e exclusivamente a utilização de seres humanos, investigadores criminais ou terceiros.

§3. A extensão operada pelo art. 19.º da LC apenas acrescenta que sendo necessário o recurso a meios e dispositivos informáticos observam-se, naquilo que for aplicável, as regras previstas para a interceção de comunicações. Sem querer antecipar uma resposta aos quesitos do problema enunciados inicialmente verificamos que o agente encoberto apenas será admissível, enquanto tal, com a presença física de um investigador criminal ou terceiro sob o controle da Polícia Judiciária. Usar um agente encoberto, tal como um utilizador de uma aplicação informática numa rede social, por exemplo, estará dentro do quadro legislativo previsto pelo legislador na Lei do Cibercrime? Poderá o mesmo entabular conversações, obter informações como se de um agente físico se tratasse?

de Figueiredo Dias, por ocasião dos 20 anos do Código de Processo Penal Português, Coord. Mário Ferreira Monte, et al., Coimbra Editora, 2009, entre outros, citando apenas alguns autores nacionais.

[56] Entre outros acórdãos destacamos: TRP: Proc. 8292/12.6TDPRT, de 07-04-2014, Relatora: Lígia Figeuiredo; TRG: Proc. 1012/16.8T9STS, de 13-01-2020, Relatora: Teresa Coimbra; TRE: Proc. 15/10.0JAGRD, de 13-11-2012, Relatora: Ana Bacelar Cruz; STJ: Proc. 1420/11.0T3AVR, de 14-01-2021, Relator: Eduardo Loureiro; Tribunal Constitucional: Ac. n.º 76/2001, Proc. 508/99, 14-02-2001, Relator; Guilherme da Fonseca. Disponíveis em www.dgsi.pt e em www.tribunalconstitucional.pt.

Destarte, será de utilizar o agente encoberto sempre que se mostre provado que faliram outras técnicas de investigação e que esta é mesmo a única a que se pode recorrer para a investigação dos factos. Sem olvidar a necessidade de um despacho devidamente fundamentado de facto e de direito, bem como a ponderação do risco que o agente emcoberto irá incorrer e do benefício que se presume obter para a investigação[57].

2.3. A criminalidade sob o anonimato

§1. O mundo do crime surpreende por vezes quem investiga, algumas vezes surpreende uma comunidade inteira e muitas das vezes ultrapassa os mais ilustres *case study* das universidades[58].

Desde os temos mais remotos que a criminalidade se rege pelo anonimato. Veja-se, a título de exemplo, os assaltos realizados nos quais os meliantes usavam gorros e luvas para que não fossem identificados. Os tempos mudaram e as formas de anonimato também. Se no século passado os delinquentes deixaram de usar os telefones para comunicar, em especial os telemóveis, por saberem que poderiam estar a ser alvo de interceção e serem identificados[59], atualmente as medidas de salvaguarda

[57] Sem nos debruçamos sobre o processo em si, o qual desconhecemos vejamos a seguinte situação: um inspetor da Polícia Judiciária esteve como infiltrado 3 meses numa prisão em Genebra. Nesta situação o agente poderia correr um risco acrescido caso fosse descoberta a sua verdadeira intenção, isto é, encontrava-se ali somente para descobrir o autor da morte de uma mulher de 73 anos, ocorrida em França. Cfr. https://www.publico.pt/2017/03/17/sociedade/noticia/portugues-preso-na-suica-confessa-homicidio-a-agente-infiltrado-na-cadeia-1765523 [*acedido em 18 de março de 2017*].

[58] Reavivamos a memória de um dos casos mais mediáticos na Áustria, onde Josef Fritzl, manteve durante 24 anos a sua filha prisioneira na cave da sua casa e com ela teve 7 filhos, sem que a sua esposa se apercebesse de nada, pois a rapariga tinha desaparecido misteriosamente com 11 anos, tendo sido libertada em abril de 2008. Sobre este caso, veja-se o excelente documentário do Canal Odisseia, *Fritzl, o monstro de Amstetten*, disponível em https://www.youtube.com/watch?v=7ZWAbIRFlpg (*acedido em 25 de outubro de 2016*).

[59] Apesar do catálogo de crimes, onde esta medida extraordinária de investigação tem caracter excecional, há um abuso generalizado por parte dos OPC's no recurso a esta técnica de obtenção de prova. Ana Raquel Conceição, *Escutas telefónicas, Regime Processual Penal*, Quid Juris, 2009, pp. 59-127; Germano Marques da Silva, *Curso de Processo Penal*, II, 3.ª Edição, Editorial Verbo, 2002, pp. 220-227; Benjamim Silva Rodrigues, *Das escutas telefónicas à obtenção de prova [em ambiente digital]*, Tomo II, Coimbra, 2009, pp. 102-114;

do anonimato são tidas em consideração. Não nos reportamos à pequena criminalidade, mas sim a criminalidade organizada transnacional, que atua de modo empresarial no mundo do crime[60].

E vários são os problemas que se colocam na busca incessante pela luta contra a criminalidade. Não só pelo fator de anonimização, mas também a nível de políticas de Direito internacional no combate ao crime organizado[61]. A desterritorialização aliada ao anonimato aumentam a eficácia de atuação destas organizações sendo que muitos dos crimes são cometidos contra *vítimas sem rosto*, tais como nos crimes económico-financeiros.

§2. O paradigma da criminalidade clássica há muito que se encontra ultrapassado por força dos desenvolvimentos sociopolíticos que quebraram com as barreiras do passado[62]. Não nos reportamos única e simplesmente aos desenvolvimentos dos transportes, onde nos dias que correm efetuar uma viagem de avião, a nível global, tem custos diminutos e ganhos estrondosos a nível do tempo de viagem. A internet, com velocidades cada vez mais incrementadas, acessível nos locais mais recônditos do planeta, a partir de diversas plataformas (computador, *smartphones*,

[60] Flávio Cardoso Pereira, *Ob. Cit.*, pp. 112-123; Luís Fiães Fernandes, «As organizações criminosas "tradicionais". Uma abordagem histórica», *In Estudos de homenagem ao juiz conselheiro António da Costa Neves Ribeiro, In memoriam*, Almedina, 2007, pp. 425-463 O autor faz um recorte transversal sobre diversas organizações criminosas que atuam como verdadeiras empresas, tais como as organizações italianas: A Cosa Nostra e a Camorra, colombianas: o Cartel de Medellin, o Cartel de Cali, bem como organizações russas e japonesas. Duarte Alberto Rodrigues Nunes, *O problema da admissibilidade dos métodos "ocultos" de investigação criminal como instrumento de resposta à criminalidade organizada*, Gestlegal, 2019, pp. 17-138.

[61] André Ventura, *A nova justiça internacional*, Chiado Editora, 2015, pp. 44-56.

[62] Não só a nível mundial, mas concretamente na UE em 2004, sob a presidência holandesa foi adotado um programa multianual designado "Programa Haia: reforçar a liberdade, a segurança e a justiça na União Europeia". Nuno Poaires, *A letra e os espíritos da lei, A violência doméstica em Portugal. Por um Direito que dê voz ao silêncio das vítimas*, Chiado Editora, 2016, pp. 82-92. O autor coloca, porém, o enfase num "*dilema de dupla fidelidade: por um lado os Estados demonstram alguma dificuldade em abdicarem de parte da sua esfera de soberania, na perspetiva de reforçar o caminho rumo a um pacto de segurança comum que trabalhe de forma articulada e sob a mesma égide e princípios. Mas, por outro lado é um facto que há uma necessidade premente em reforçar a cooperação policial entre os vários Estados Membros, sobretudo com a fragilidade que se gerou a partir do momento em que se permitiu a livre circulação de pessoas e bens por fronteiras sem controle*".

tablets, entre outros) levou a que a anonimização tivesse crescido a olhos vistos[63]. E é sobre esta forma de anonimização, centrada na internet, que nos iremos ocupar ao longo deste trabalho e desenvolveremos *infra* no que toca aos principais programas informáticos para o efeito[64]. Nos dias que correm léxicos vocabulares, como encriptação de dados, proteção de dados pessoais, segurança informática, entre outras, que fazem parte das nossas vidas[65].

Se, por um lado, existe uma maior dependência a nível informático também é verdade, por outro lado, que os delinquentes as utilizam para fins menos lícitos e tiram partido da panóplia de formas de anonimização para lograrem os seus intentos. Muitas vezes também a falta de legislação leva a que seja impossível instaurar um processo penal aos criminosos informáticos[66]. Estaremos preparados, quer a nível legislativo quer a nível de recursos humanos e técnicos, para fazer face a estas novas formas de atuação sob anonimato?

63 Diogo Carvalho Mendes, *Técnicas de hacking para anonimização na internet*, Tese de mestrado, Universidade Católica Portuguesa, inédito, 2015, pp. 3-10.
Recentemente foi criada mais uma moeda virtual, que a par da *Bitcoin*, promete total anonimato para fazer transações *online*, denominada *Zcash*. Mais informações em http://www.seeker.com/new-digital-currency-promises-total-anonymity-2067640566.html [*acedido em 28 de outubro de 2016*].

64 Abordaremos com maior destaque as redes TOR na utilização da *DeepWeb*, as VPN e as *bootnets*.

65 A este respeito veja-se as políticas europeias centradas na proteção dos utilizadores face à informática, mormente através da Agenda Digital para a Europa, Regulamento (UE) 2016/679 do Parlamento Europeu e do Conselho relativo à proteção das pessoas singulares no que diz respeito ao tratamento de dados pessoais e à livre circulação desses dados e a recente proposta da Comissão em matéria de privacidade para todas as comunicações eletrónicas. No dizer do vice-presidente da Comissão, Frans Timmermans, *"As nossas propostas vêm completar o quadro de proteção de dados da UE. Assegurarão a proteção da privacidade das comunicações eletrónicas através de regras modernas e eficazes, e garantirão que as instituições europeias aplicam normas rigorosas idênticas às que esperamos dos Estados-Membros."*, *in* http://europa.eu/rapid/press-release_IP-17-16_pt.htm [*acedido em 10 de janeiro de 2017*].

66 Tanto nos Estados Unidos como em muitos países da Europa, inclíndo Portugal, não existe legislação que defina e aceite a utilização da moeda virtual, tal como a *Bitcoin* ou o *ethereum*, por exemplo. Deste modo, não sendo a mesma considerada moeda, para efeitos legais, não será possível atribuir ao cibercriminosos a imputação de factos que possam ser qualificados como Branqueamento de Capitais, por inadmissível do ponto de vista do Princípio da Legalidade.

2.4. Urgência de nova legislação por força das inovações tecnológicas?

§1. O desfasamento entre a evolução tecnológica, que se opera a cada a seis meses, e a intervenção reguladora do direito na *era digital* não são realidades paralelas[67]. Não se pretende, contudo, querer deixar a ideia de que somos apologistas que a cada seis meses devam surgir novas leis ou alterações legislativas em sede de direito penal substantivo ou adjetivo [68]. Antes, advogamos a existência de legislações que abarquem especificamente as inovações tecnológicas e não se proceda a uma remissão direta para diplomas antigos, querendo criar uma similitude entre formas de criminalidade tradicionais e novas formas cometidas através das RIC[69]. Parece-nos, salvo melhor opinião em contrário, que já era tempo de se criar um Direito Penal Informático, onde se condensasse num só diploma direito substantivo e adjetivo, em vez da "*manta de retalhos*"[70] criada pelo legislador.

Constata-se que grande parte da legislação portuguesa sobre cibercriminalidade assenta na transposição de diretivas, decisões-quadro e outros diplomas oriundos das instâncias europeias. Tomem-se como exemplos os seguintes casos: a Lei do Cibercrime é um decalcamento da Ciberconvenção e da Decisão-Quadro n.º 2005/222/JAI, do Conselho, de 24 de fevereiro; a Lei n.º 32/2008, de 17 de julho, resulta da Diretiva 2006/24/CE[71], do Parlamento Europeu e do Conselho, de 15 de março,

[67] António Henriques Gaspar, Presidente do STJ, no prefácio da nossa obra, *A prova digital em processo penal: o correio eletrónico*, Chiado Editora, 2.ª Edição, 2017.

[68] Um dos princípios do Direito Penal é a sua utilização em *ultima ratio*, ou seja, quando os demais ramos do direito se revelam ineficazes ou insuficientes. Acresce a este os princípios da segurança jurídica e da proteção da confiança como elementos constitutivos do Estado de Direito, ou como refere José Joaquim Gomes Canotilho "*O homem necessita de segurança para conduzir, planificar e conformar autónoma e responsavelmente a sua vida*", in *Direito Constitucional e Teoria da Constituição*, Almedina, 7.ª edição, 2003, p. 257.

[69] Pensamento que já defendemos na nossa A prova digital em processo penal..., Ob. Cit. Também nesta linha de pensamento Manuel Costa Andrade, *"Bruscamente no verão passado", a reforma do Código de Processo Penal, observações críticas sobre uma lei que podia e devia ter sido diferente*, Coimbra Editora, 2009 e Paulo Dá Mesquita, *Processo Penal, Prova e sistema judiciário*, Coimbra Editora, 2010, pp. 87-129.

[70] A expressão pertence a Paulo Dá Mesquita, *Ob. Cit.*, p. 111.

[71] Referida Diretiva reporta-se à conservação de dados gerados ou tratados no contexto da oferta de serviços de comunicações eletrónicas publicamente disponíveis ou de redes públi-

entre outros casos. Contrapomos esta situação com o que efetivamente se tem passado em Espanha, sem prejuízo de analisarmos a matéria que nos interesse, em páginas subsequentes. Em Espanha, desde 2015 com a publicação da Lei Orgânica 13/2015, de 5 de outubro, passaram a existir diversas alterações a nível do direito subjetivo de recolha de prova digital. E não foram necessárias transposições de legislações das instâncias europeias. Antes resultou de um acesso debate e contributos da sociedade para a *feitura* das normas alteradas e introduzidas no *LECrim*. Em

cas de comunicações. Deixa aos Estados Membros a possibilidade de pelo período mínimo de seis meses e máximo de 2 anos conservaram os dados informáticos de acessos a redes comunicacionais, tendo ficado conhecida como *Data Retention Directive*. Portugal, através da transposição desta Diretiva criou o período de 1 ano, na qual os ISP's Por decisão do Tribunal de Justiça da União Europeia, de 8 de abril de 2014, a Diretiva foi considerada inválida. Desde a sua transposição para diversos países tinham surgido vozes acerca da sua constitucionalidade, tal veio a verificar-se posteriormente na Bulgária (2008), Roménia (2009), Alemanha (2010), Chipre (2011) e República Checa (2011).

Foi na sequência da apreciação desta Diretiva, pelo TJUE, no caso conhecido como Acórdão *Digital Rights Irland* (Proc. 293/12), o qual tinha apensado um pedido de apreciação da Áustria (Proc. 594/12), que o Tribunal concluiu pela invalidade da Diretiva. Texto do referido Ac. pode ser consultado em http://curia.europa.eu/juris/document/document.jsf?docid=150642&mode=req&pageIndex=1&dir=&occ=first&part=1&text=&doclang=PT&cid=284280 [acedido em 23 de fevereiro de 2016]. Salienta-se que apesar da invalidade da Diretiva a nível interno a Lei 32/2008 mantém a sua validade porque não foi alvo de apreciação pelo Tribunal Constitucional e trata-se de um ato interno criado pelas instâncias parlamentares.

Sobre este assunto pronunciou-se o Gabinete do Cibercrime da PGR, na nota prática n.º 7/2015, de 30 de dezembro, pretendendo *"dar conta da discussão jurídica, em Portugal e na Europa, a propósito da obrigação de os operadores de comunicações procederem à retenção de dados. Esta questão foi suscitada pelo Acórdão do Tribunal de Justiça da União Europeia de 8 de Abril de 2014. No caso específico português supõe ponderar se está em vigor, ou não, a Lei nº 32/2008, de 17 de Julho."* Concluindo-se que *"[É] importante sublinhar que a Lei 32/2008, além da transposição da Diretiva 2006/24/CE, introduziu um mais alargado quadro, muito complexo, de regulamentação do processo de retenção de dados (por exemplo, entre outras, as regras que devem ser observadas na retenção, as pessoas habilitadas a aceder os dados ou as condições de armazenamento e de acesso aos dados). Neste exercício, a lei nacional foi muito para lá das exigências da Diretiva. Desta forma, a maior parte das exigências que vieram a ser feitas pelo acórdão do TJUE estariam já anteriormente consideradas no direito interno.* ***Por essa razão, tem sido entendido que a decisão do tribunal do Luxemburgo não afeta a validade da lei nacional."*** (negrito nosso). Disponível para consulta no endereço http://cibercrime.ministeriopublico.pt/ sites/default/files/documentos/pdf/nota_pratica_7_retencao_de_dados.pdf [*acedido em 26 de agosto de 2016*].

Portugal tal não sucede, não se assiste a uma contribuição das populações no espaço que lhes está reservado como "consulta pública", ante a decisão final de aprovar uma legislação. Esta abstenção deve-se à fraca participação dos cidadãos na vida política, manifestando um profundo desinteresse pela construção de uma sociedade melhor.

§2. O uso das RIC leva a que seja possível realizar de forma remota diversas atividades sem que efetivamente seja necessária a intervenção de outra pessoa no local onde se pretende incidir a ação efetiva. Com a Lei do Cibercrime muito se escreveu sobre a possibilidade das forças de investigação, mormente a PJ por ter a competência reservada nesta área da cibercriminalidade[72], poderem realizar *buscas online.* O art. 15.º estabelece, sob a epígrafe "Pesquisa de dados informáticos" a possibilidade de no decurso do processo se tornar necessário à produção de prova, tendo em vista a descoberta da verdade, obter dados informáticos específicos e determinados, armazenados num determinado sistema informático, a autoridade judiciária competente autorizar ou ordenar por despacho que se proceda a uma pesquisa nesse sistema informático, devendo, sempre que possível, presidir à diligência. Como o termo indica, trata-se de uma pesquisa no decurso de um processo já em curso, ou seja, de uma busca na verdadeira aceção do regime previsto no Código Penal. Sem muitos considerandos poderemos afirmar que se trata de uma redundância porquanto, na realização de uma busca, face à existência de um cofre fechado, não se solicita um mandado específico para verificar o que existe dentro do mesmo[73]. Na dúvida apreende-se o referido cofre (sistema informático) e após verificar o que efetivamente contém devolve-se o que realmente não tem interesse para os autos. Realça-se que, numa pesquisa, os dados podem estar dissimulados ou apagados e não serem facilmente encontrados, enquanto que com a realização de um exame pericial é pos-

[72] Por força do art. 7.º, n.º 3, alínea l), da Lei n.º 49/2008, de 27 de agosto, Lei de Organização da Investigação Criminal.

[73] Manuel Costa Andrade, *Bruscamente no verão passado..., Ob. Cit.*, p. 150, refere que *"a lei processual penal vigente não prevê, nem legitima a medida".*

sível verificar com maior acuidade que dados se encontram nos sistemas informáticos e se há elementos apagados[74] ou dissimulados[75].

§3. Deste modo, a *talhe de foice*, do que ficou explanado constata-se que urge definir novas políticas legislativas de obtenção de prova na área das novas tecnologias por estas estarem mais avançadas e ser possível fazer melhor pela investigação criminal utilizando ferramentas disponíveis atualmente, mas que a lei não regula a sua utilização. Em alternativa poderão as normas já existentes serem aperfeiçoadas, de modo a que se tornem compatíveis com as inúmeras possibilidades que as tecnologias nos oferecem.

3. Figuras afins do agente encoberto e sua caraterização

3.1. Agente infiltrado

§1. O RJAE utiliza a expressão "ações encobertas" e em nenhuma parte do diploma se utiliza a expressão "infiltrado". A doutrina encarregou-se de criar esta designação e acabou por lhe atribuir significados diferentes. A jurisprudência utiliza indefinidamente os dois termos aplicando-o em concreto ao RJAE[76].

[74] Genericamente, porque tal ação varia consoante o sistema operativo que se use, quando se apaga um ficheiro apenas o nome do ficheiro deixa de ser visível e pesquisável. Ele poderá encontrar-se ainda no disco do dispositivo, havendo ferramentas forenses com capacidades para o recuperar. O ficheiro apenas fica completamente apagado se for realizado uma formatação do disco rígido ou se o sistema reescrever por cima do ficheiro que anteriormente foi apagado. Fernando de Castro Velloso, *Informática, Conceitos básicos*, 10.º Edição, Elsevier Editora, 2017.

[75] A título de exemplo de dados dissimulados: um ficheiro contendo uma imagem, mas sob a qual poderão existir registos de dados de texto, que podem estar relacionados com a investigação. Numa pesquisa irá apenas surgir a imagem, sendo indetectavel, sem ferramentas forenses próprias, os outros dados mascarados neste ficheiro de imagem.

[76] Jurisprudência que utiliza o termo "agente infiltrado": Ac. do STJ, Proc. 1/13.9YGLSB.S1, Relator Raul Borges, de 17-04-2015; Ac. do STJ, Proc. 127/10.0JABRGG2.S1, Relator Santos Cabral, de 27-06-2012; Ac. do STJ, Proc. 02P2118, Relator Pires Salpico, de 14-03-2002; Ac. do TRL, Proc. 182/09.6JELSB.L1-5, Relator Nuno Gomes da Silva, de 22-03-2011, entre outros.

Têm-se por agente infiltrado aquele que não se limitando a ocultar a sua verdadeira identidade consegue granjear no suspeito uma aproximação de confiança e solidariedade, sem interferir com o resultado pretendido, isto é, visa exclusivamente a recolha de prova sem incitar ou precipitar o *actus* delitual[77]. A doutrina encarregou-se de estabelecer a figura do agente infiltrado com alguma similitude com a de agente encoberto, existindo, contudo, quem não encontre qualquer disparidade na utilização destes dois vocábulos e os utilize de forma indistinta[78].

Jurisprudência que utiliza o termo "agente encoberto": Ac. do STJ, Proc. 40/03.8TELSBC.S1, Relator Pires da Graça, de 20-10-2009; Ac. do STJ, Proc. 1690/10.1JAPRT.L1.S1, Relator Arménio Sottomayor, de 11-07-2013; Ac. do TRL, Proc. 182/09.6JELSB.L1-5, Relator Nuno Gomes da Silva, de 22-03-2011; Ac. do TRP, Proc. 629/12.4GCSTS.P1, Relatora Maria dos Prazeres Silva, de 05-06-2013; Ac. do TRC, Proc. 173/11.7GAMMV.C1, Relator Paulo Guerra, de 07-03-2012, entre outros.

[77] Manuel Costa Andrade, *Métodos ocultos de investigação, Ob. Cit.*, pp. 536-539 e ainda em *Sobre as proibições de prova, Ob. Cit.*, pp. 220; Germano Marques da Silva, «Bufos, infiltrados...», *Ob. Cit.*, pp. 29; Manuel Augusto Alves Meireis, *Ob. Cit.*, pp. 161 e ss.; Miguel Ángel Núñes Paz e Germán Guillén López, «Entrega vigilada, agente encubierto y agente provocador. Análisis de los medios de investigación en materia de tráfico de drogas», *Anuario de Derecho Penal y Ciencias Penales*, Núm. LXI, Boletin Oficial del Estado, Enero 2008, p. 113; Andrés David Ramírez Jaramillo, *El agente encubierto frente a los Derechos Fundamentales a la intimidad y a la autoincriminación*, Faculdad de Derecho y Ciencias Politicas, Universidade de Antioquia, Colombia, 2010, p. 28; Duarte Alberto Rodrigues Nunes, *O problema da admissibilidade dos métodos "ocultos"..., Ob. Cit.*, pp. 829 a 909; Duarte Rodrigues Nunes, *Os meios de obtenção de prova previstos na Lei do Cibercrime*, Gestlegal, 2018, pp. 195 a 226; Sônia Brito, *O agente infiltrado. O problema da legitimidade no processo penal do Estado de Direito e na experiência brasileira*, Almedina, 2016, pp. 277 a 381; António Henriques Gaspar, «As ações encobertas e o processo penal, questões sobre a prova e o processo equitativo», *Medidas de Combate à Criminalidade Organizada e Económico-Financeira*, Centro de Estudos Judiciários, Coimbra Editora, 2004, pp. 42 a 53; Paulo Pinto de Albuquerque, «Ações encobertas. Meio enganoso de prova? Agente infiltrado e agente provocador. Outras questões», *RPCC*, 2006, p. 235 e ss; Ana Rita Melo Justo, «Proibições de Prova em Processo Penal», *RPCC*, 2006, p. 510.

[78] Neste sentido de indefinição pela utilização das expressões "encoberto" e "infiltrado" o Parecer do Conselho Consultivo da PGR n.º I001462001, Relator Maria João Carvalho, de 16-05-2002, onde refere *"[c]onsidera-se actuação de agente infiltrado ou encoberto a que é desenvolvida por funcionário de investigação criminal ou por terceiro sob controlo policial, com ocultação da sua qualidade e identidade, para prevenção ou repressão dos crimes abrangidos, mediante autorização prévia de autoridade judiciária. Prevê esse diploma um regime de protecção do agente encoberto, que assenta na*

Para quem advoga que são figuras distintas a diferença reside exclusivamente no facto de o agente encoberto visualizar o acontecimento e o desenrolar das ocorrências, sem interferir ou ganhar a confiança de quem quer que seja. Trata-se de um mero espetador que visualiza o decorrer das ações e recolhe apenas a informação[79]. Mas nesta situação necessitaríamos de recorrer então à figura do agente encoberto? Qualquer investigador criminal, ou terceiro, que veja a prática de um crime não atua como agente encoberto, contudo pode visualizar o acontecimento e o desenrolar das ocorrências do *delictus*, sem interferir no resultado. Donde, nesta situação estamos perante alguém que prestará o seu depoimento como testemunha dos acontecimentos[80]. Já o infiltrado, como defendem outros autores, ganha a confiança e amizade de com quem interage, mas sem realizar atos conducentes à provocação do crime[81]. Também o agente encoberto, na aceção prevista no RJAE, não procede de tal forma, pois ao atuar com condutas provocatórios deixaria de estar a desempenhar o seu papel de encoberto, passando a ser provocador e, consequentemente a inquinar a prova obtida e violando a lei que sustenta a sua ação.

atribuição de identidade fictícia, isenção de responsabilidade penal e na utilização em certas condições da prova recolhida pela acção do infiltrado."

[79] Manuel Augusto Alves Meireis, *Ob. Cit.*, pp. 161-162, alguém que não enverga a sua tradicional farda "*se limita a circular por zonas conotadas com a criminalidade com o intuito de descobrir a notícia de um crime*", uma vez que a PJ não usa a "tradicional farda" e ao fazer recolha de informação de crimes ou de quem foram os seus autores não atua como agente encoberto nos termos do RJAE;

[80] Art. 128.°, n.° 1, do CPP, a testemunha é inquirida sobre factos de que possua conhecimento direto.

[81] Manuel Monteiro Guedes Valente, *A investigação do crime organizado..., Ob. Cit.*, p. 170, quando refere que o agente infiltrado "*convive e partilha da intimidade do suspeito, tem acesso a informações familiares e pessoais que nunca teria se não ganhasse a sua confiança, partilha a mesa da comida, i. e., partilha e acede à vida privada e familiar do(s) suspeito(s). Há uma relação forçada e eticamente repreendida, pois caso não fosse a finalidade da investigação criminal de um crime típico do crime organizado – p. e., corrupção, tráfico de droga, tráfico de armas, branqueamento de capitais e demais vantagens –* ***aquele agente não tinha acesso à pessoa e à sua família.***" (negrito nosso). Questiona-se se um terceiro que já seja das relações do suspeito pode ou não integrar o conceito de agente infiltrado, devidamente instruído e sob alçada da Polícia Judiciária?

§2. Não nos iremos deter sobre este conflito de interpretações, sendo certo que nos inclinamos para a expressão "encoberto", por duas razões: é assim que o RJAE define "ações encobertas" (e não ações infiltradas) e porque a expressão "infiltrado" tem uma conotação dos tempos ditatoriais, com a finalidade de espiar sem escrúpulos e serem delatores com o intuito de receberem a sua recompensa. A finalidade de atuação do agente encoberto é ter acesso a locais vedados ou de difícil acesso, aos quais não acederia se não necessitasse de ter uma relação com o(s) suspeito(s) dos factos e, deste modo, consegue obter elementos conducentes à redação de um relato do que viu e ouviu, utilizando, se necessário for, uma identidade falsa, devidamente concedida e regulamentada nos termos do RJAE. Como em todas as relações humanas, e em especial no meio da criminalidade, há necessidade de obter/ganhar a confiança por parte do delinquente. Sendo um meio criminoso onde a desconfiança aumenta significativamente, pois quem pratica os factos tem conhecimento da ilicitude e das suas consequências, o agente encoberto tem que trabalhar uma imagem de forma a ganhar essa confiança, pois de outro modo o seu papel (de ator) estaria reduzido ao fracasso no âmbito da investigação que está a decorrer[82]. O que lhe é proibido é a sua atuação como instigador à prática do crime, embora lhe seja lícito praticar ações que consubstanciem a prática de atos preparatórios ou de execução de uma infração. Daí a isenção de responsabilidade, nos termos do art. 6.º do RJAE.

Aceitamos, por isso, as duas expressões como sinónimas[83], existindo, isso sim, diferença entre agente encoberto ou infiltrado daquele que precipita a prática do crime, i.e., o agente provocador, que analisaremos *infra*.

[82] Concordamos com Isabel Oneto, *Ob. Cit.*, pp. 139-140.
Sobre a questão do agente encoberto ter que trabalhar a sua imagem iremos debruçarmo-nos posteriormente sobre a compra de perfis falsos que existem nas redes sociais, máxime *facebook* e *twitter*, pelo FBI, de forma a aumentar a credibilidade da atuação e identidade do agente encoberto.

[83] Acompanhando o pensamento de Pedro Nunes, «As fontes humanas dos serviços de informação», *CEDIS Working Papers, Direito, Segurança e Democracia*, n.º 6, julho de 2015, FDUNL, quando refere que *"[e]xiste ainda a designação de infiltrado, mais comum no sentido linguístico. Podemos dizer que a solução adoptada em Portugal com a terminologia de agente encoberto, corresponde na sua essência ao agente infiltrado, não havendo diferenças de conteúdo substanciais."*, disponível *online*

3.2. Agente informador e terceiros encobertos

§1. A figura do agente informador é, por vezes, conotada com a semblante do agente encoberto. Manuel da Costa Andrade define agente informador como *homens de confiança (Gewährs – Vertrauens-Männer)* onde se inserem tanto os particulares (pertencentes ou não ao submundo da criminalidade) como agentes das instâncias formais, nomeadamente da polícia (*Untergrundfahnder under cover agente, agentes encobertos ou infiltrados*)[84]. O autor acrescenta que o recurso ao agente informador configura um meio enganoso e consequentemente um método proibido de prova previsto no art. 126.°, n.° 2, a), do CPP[85]. Contudo este ilustre Professor admite o uso desta figura desde que não exista provocação e se destine a "*finalidades exclusiva ou prevalentemente* preventivas"[86]. Já Susana Aires de Sousa entende que a expressão "*homens de confiança*", usados quer na doutrina quer na jurisprudência, é um conceito extensivo abrangendo "*todas as testemunhas que colaboram com as instâncias formais de perseguição penal, tendo como contrapartida a promessa da sua confidencialidade da sua identidade e actividade*"[87].

§2. O Tribunal Constitucional foi chamado, em sede de fiscalização preventiva, a pronunciar-se pela constitucionalidade de todas as normas do decreto n.° 146/VI da Assembleia da República[88], relativo a «Medidas de combate à corrupção e criminalidade económica e financeira». Em causa estavam as normas que permitiam aos agentes da PJ reali-

em http://cedis.fd.unl.pt/wp-content/uploads/2015/07/CEDIS-working-paper_DSD_As-fontes-humanas-dos-servi%C3%A7os-de-informa%C3%A7%C3%A3o.pdf [*acedido em 25 de abril de 2016*] e também Sandra Pereira, *Ob. Cit.*, "*[Q]uanto à distinção entre agente encoberto e agente infiltrado, julgamos que ela não é de importância capital (...) Dito de outra forma, este regime jurídico abrange, quer as condutas identificadas como típicas de agente infiltrado, quer as características do agente encoberto.*" *Cit.* p. 143.

[84] *Sobre as proibições de prova em processo penal, Ob. Cit.*, p. 220.

[85] *Ibidem*, p. 231.

[86] *Ibidem, Cit.* p. 232.

[87] Susana Aires de Sousa, «Agent provocateur e meios enganosos de prova. Algumas reflexões», *Liber Discipulorum para Jorge de Figueiredo Dias*, Coimbra Editora, 2003, pp. 1207-1235.

[88] Que deu origem à Lei n.° 36/94, de 29 de setembro, uma vez que o Tribunal constitucional decidiu pela constitucionalidade das normas.

zar ações preventivas, por iniciativa própria ou do Ministério Público, nomeadamente "a recolha de informação relativamente a notícias de factos suscetíveis de fundamentar suspeitas do perigo da prática de um crime; [...]". Decidiu aquela instância suprema "não se pronunciar pela inconstitucionalidade das normas do decreto n.º 146/VI da Assembleia da República, interpretando a disposição do n.º 2 do artigo 3.º no sentido de que a Polícia Judiciária, logo que, no decurso das acções descritas no artigo 1.º, tiver notícia de um crime, é obrigada a fazer a comunicação e denúncia ao Ministério Público"[89]. Efetivamente compete ao Ministério Público a descoberta da verdade, qualquer que seja ela[90]. Mas que como obter essa verdade? Concordamos com os argumentos, no voto de vencido, do Juiz Conselheiro ARMINDO RIBEIRO MENDES quando afirma que "*afigura-se-me manifesto que a obtenção desses inquéritos, sindicâncias, inspecções e outras diligências de natureza probatória* vai possibilitar à Polícia Judiciária a instauração de processos de verdadeira investigação policial dirigidos a pessoas determinadas e com referência a factos passados, processos que não podem reconduzir-se a uma actividade policial de mera prevenção e que podem escapar a um qualquer controlo por parte do Ministério Público"[91].

[89] Ac. do TC, n.º 334/94, Relator Conselheiro Sousa e Brito, de 20-04-1994, disponível *online* em http://www.tribunalconstitucional.pt/tc/acordaos/19940334.html [*acedido em 25 de abril de 2016*].

[90] ANABELA MIRANDA RODRIGUES, «O inquérito no novo código de Processo Penal», in *Jornadas de Direito Processual Penal – O Novo Código de Processo Penal*, Almedina, 1995, p. 74.

[91] Ac. do TC, n.º 334/94, Relator Conselheiro SOUSA E BRITO, de 20-04-1994, disponível *online* em http://www.tribunalconstitucional.pt/tc/acordaos/19940334.html [*acedido em 25 de abril de 2016*].

O Conselheiro GUILHERME DA FONSECA vai mais longe, na sua declaração de voto e afirma *"Ora, «as acções de prevenção» previstas a título exemplificativo, no decreto – e sem esquecer a interligação das alíneas a) e b) do n.º 3 do artigo 1.º – ultrapassam o esquema de uma simples prevenção que é desenhada no estatuto orgânico da Polícia Judiciária e, como tais, inscrevem-se já na tal investigação e instrução.*

É, portanto, um risco para o legislador, a pretexto da perseguição criminal de certos modos de actuação da sociedade civil, alargar o campo de vigilância das polícias, aqui, a Polícia Judiciária, defraudando as suas competências nobres e para as quais ela está vocacionada.

§3. O uso de *homens de confiança*, no âmbito da investigação criminal, é uma das ferramentas de que a Polícia poderá dispor para obter acesso a fontes de informação, podendo a Polícia trabalhar esta informação com outro desígnio. Não acarreta necessariamente que estas pessoas sejam do mundo criminal, antes se tratam de pessoas em quem o investigador deposita alguma confiança e, de forma recíproca, o informador vê no polícia uma pessoa de caráter. Assim, nem o investigador vai indicar a fonte de onde veio a informação, nem a pessoa de confiança fica temerosa por ter que ir a um tribunal depôr sobre aquilo que teve conhecimento e transmitiu ao agente da polícia ou vir a sofrer qualquer tipo de represália. Acresce que a receção deste tipo de informação é, consoante a sua fonte, alvo de validação, devendo ser efetuada uma comprovação, através de outros meios e técnicas investigatórias, da informação fornecida por estes *homens de confiança*.

§4. O RJAE apenas prevê a utilização de terceiros com o fito de recolherem prova, devidamente enquadrado nos requisitos ali presentes: dependência funcional e material da PJ e com permissão das autoridades judiciárias, MP ou JIC. Portanto, cumpridas estas formalidades estamos no âmbito de uma ação encoberta, donde jamais se poderá configurar a situação de um agente informador como agente encoberto, sem estes formalismos. Daqui deriva que estamos na presença de um terceiro encoberto, como previsto no RJAE, sob controle da Polícia Judiciária, que irá obter elementos de prova no âmbito da investigação em curso. De forma diferente será o caso do informador que avisa a polícia que no dia X chegará um carregamento de droga na praia Y, pelas 4 da madrugada. Nesta

E, foi esse o risco que correu o legislador do decreto, querendo um aparelho policial muito além do respectivo estatuto orgânico. Bastaria, portanto, este estatuto, para salvaguardar a imagem da Polícia Judiciária e ao mesmo tempo manter protegidos os direitos, liberdades e garantias dos cidadãos.
Como opina Rodrigues Maximiano, loc. cit., p. 69, «sendo o direito processual penal direito constitucional aplicado, ele é objectivamente subvertido por investigações sem processo, levadas à prática no âmbito de uma instituição dependente do poder político, o que cria objectivamente a virtualidade da violação de direitos fundamentais dos cidadãos»".

situação faltam os requisitos do art. 3.º do RJAE donde é de afastar qualquer similitude com uma ação encoberta[92].

Um terceiro que revele à polícia a prática iminente de um crime ou de quem foram os seus autores não atua, como verificamos anteriormente, na qualidade de agente encoberto, sendo este também o entendimento unânime da jurisprudência[93]. Nesta situação estará a atuar como

[92] Cujo teor do art. 3.º é:
"1 – As acções encobertas devem ser adequadas aos fins de prevenção e repressão criminais identificados em concreto, nomeadamente a descoberta de material probatório, e proporcionais quer àquelas finalidades quer à gravidade do crime em investigação.
2 – Ninguém pode ser obrigado a participar em acção encoberta.
3 – A realização de uma acção encoberta no âmbito do inquérito depende de prévia autorização do competente magistrado do Ministério Público, sendo obrigatoriamente comunicada ao juiz de instrução e considerando-se a mesma validada se não for proferido despacho de recusa nas setenta e duas horas seguintes.
4 – Se a acção referida no número anterior decorrer no âmbito da prevenção criminal, é competente para autorização o juiz de instrução criminal, mediante proposta do Ministério Público.
5 – Nos casos referidos no número anterior, a competência para a iniciativa e a decisão é, respectivamente, do magistrado do Ministério Público junto do Departamento Central de Investigação e Acção Penal e do juiz do Tribunal Central de Instrução Criminal.
6 – A Polícia Judiciária fará o relato da intervenção do agente encoberto à autoridade judiciária competente no prazo máximo de quarenta e oito horas após o termo daquela." (destaque nosso).

[93] Assim decidiu o TRL *"[s]ó actua como agente provocador quem actua de forma a criar o próprio crime ou instiga à respectiva prática. No caso dos autos o arguido H. criou o próprio crime e a testemunha limitou-se a revelá-lo informando a PJ de que o crime estava a ser preparado e, como previsto, veio a ser consumado."* Ac. do TRL, Proc. 6919/2003-5, Relator Ana Sebastião, de 15-06-2004. Já anteriormente o STJ se tinha pronunciado sobre a figura do agente informador e da validade da prova obtida, tendo se pronunciado sobre a sua admissibilidade, ao referir sumariamente que *"[a] existência de agente informador – homem de confiança – ou de agente policial encoberto, que actua com o propósito e finalidade de repressão e desmantelamento de uma rede de tráfico de estupefacientes não é meio de prova proibido, quando ele em nada contribuiu para a formação do propósito criminoso dos arguidos".*
No mesmo sentido deste Acórdão o Ac. do TRP, Proc. 2039/14.0JAPRT.P1, Relator José Carreto, de 07-07-2016, ao afirmar que *"[é] denunciante ou informador e não agente encoberto a pessoa que tem conhecimento que alguém planeia a prática de um crime e disso informa a polícia. Integra-se nessa categoria o agente que tendo sido contactado pelo arguido para facilitar ou colaborar na prática de um crime planeado, o denuncia à autoridade policial, a qual, a partir daí vigia o desenrolar dos acontecimentos com vista à detenção do autor do crime".*
Ac. do STJ, Proc. 047221, Relator Nunes da Cruz, de 26-05-1994. O Acórdão ora citado vai mais longe e aprecia a admissibilidade do homem de confiança ser ou não chamado para

denunciante e, caso não recorra ao anonimato, poderá depôr em sede de audiência de julgamento, como testemunha ocular dos acontecimentos.

Defende GERMANO MARQUES DA SILVA que "*no limite*" a utilização do agente informador deve ser permitida pela polícia, quando em causa se encontram perante bens jurídicos essenciais para a sobrevivência da comunidade[94].

Poderemos aventar a hipótese de o homem de confiança ter a montante atuado como agente provocador e a jusante vir denunciar a situação, como forma de vingança ou retaliação. Na presença desta situação, defendemos que estamos verdadeiramente perante um meio de prova proibido, como já se mencionou anteriormente porque "*conduzirá à danosidade social da sua aplicação*"[95].

Diferente será a situação de um coarguido ou terceiro que, tendo participado no crime ou em atos preparatórios, se venha a arrepender, denunciando os seus comparsas, informando a polícia de todos os acontecimentos. Nesta sede o coarguido ou terceiro nunca poderá ser tido como agente encoberto, tendo sido apenas agente informador[96].

§5. Em suma, podemos afirmar que essencialmente os agentes informadores são elementos que ganham a confiança de polícias (e vice-versa) e lhes reportam situações que conhecem do mundo delinquente[97]. Não

depor, em sede de audiência de julgamento. Por extravasar o âmbito do nosso estudo não abordaremos esta situação, acrescentando que à data deste aresto não existia um regime legal para Proteção de Testemunhas, tal qual como existe atualmente, através da Lei n.º 93/99, de 14 de julho, mormente art. 11.º com a formulação de perguntas a ser efetuada à distância e art. 13.º com a não revelação de identidade.

94 Escreve o autor "*[d]izemos no limite, ou seja, quando a inteligência dos agentes da justiça ou os meios sejam insuficientes para afrontar com sucesso a actividade dos criminosos e a criminalidade ponha gravemente em causa os valores fundamentais que à Justiça criminal cabe tutelar*", GERMANO MARQUES DA SILVA, *Bufos, infiltrados...*, *Ob. Cit.*, p. 31.

95 MANUEL COSTA ANDRADE, *Sobre as proibições de prova*, *Ob. Cit.*, pp. 220.

96 INÊS FERREIRA LEITE, «"Arrependido": a colaboração processual do co-arguido na investigação criminal», AA.VV., *2.º Congresso de Investigação Criminal*, AA.VV., coord. MARIA FERNANDA PALMA et al, Almedina, 2010, p. 387.

97 Também denominados por "*confidentes policiais*", usando a expressão de ANDRÉS DAVID RAMÍREZ JARAMILLO, *Ob. Cit.*, p. 25. Em Portugal não existe um regime jurídico específico que regule os informadores, a tal ponto de ser notícia em alguns órgãos de comunicação social

podemos olvidar que a informação, quer nos dias que correm quer no passado, é uma forte arma de combate à criminalidade[98]. O agente informador deve ser protegido nos termos da legislação que regula a proteção de testemunhas e a Polícia ao verificar que o informador é simultaneamente instigador deverá denunciá-lo, para além de imediatamente cessar a confiança que tinha sido depositada nele, por forma a que seja desacreditado. Deverá então recorrer a outros métodos de obtenção de prova, uma vez que a instigação é tida como meio de prova proibida no nosso ordenamento jurídico, seja ela realizada pelo terceiro (ainda que informador) ou inclusive pelo investigador criminal[99].

§6. Se o legislador, em boa hora, permitiu a inclusão de terceiros nas ações encobertas, cedo se levantaram vozes contra a utilização destes "estranhos" na investigação e dos problemas que poderiam advir desta

– mormente na imprensa escrita – notícias sobre a luta que se trava no interior da PJ, após a detenção de dois quadros da PJ, da Unidade Nacional de Combate ao Tráfico de Estupefacientes, por indícios de corrupção ativa com envolvimento de informadores de grandes gangues internacionais de tráfico de droga. Vide http://www.sabado.pt/portugal/seguranca/detalhe/as-guerras-na-pj-pelo-controlo-dos-informadores?ref=HP_DestaquesPrincipais [*acedido em 6 de outubro de 2017*].

[98] Ac. do TRP, Proc. 2039/14.0JAPRT.P1, Relator José Carreto, de 07-07-2016, que sumariamente se refere que *"I – É denunciante ou informador e não agente encoberto a pessoa que tem conhecimento que alguém planeia a prática de um crime e disso informa a polícia. II – Integra-se nessa categoria o agente que tendo sido contactado pelo arguido para facilitar ou colaborar na prática de um crime planeado, o denuncia à autoridade policial, a qual, a partir daí vigia o desenrolar dos acontecimentos com vista à detenção do autor do crime. III – A acção de uma pessoa que é abordada para cometer um crime e que com ele não concorda e o denuncia as autoridades não constitui prova proibida, não caindo no âmbito do art.º 126º CP nem do art.º 32º nº 8 CRP."*

[99] *"[O] Estado tem de revelar alguma superioridade ética: não pode combater o crime, por mais grave que ele seja, cometendo, ele próprio, outros crimes"*, João Conde Correia, *Contributo para a análise da inexistência e das nulidades processuais penais*, Coimbra Editora, 1999, *Cit.* p.177

Em sentido contrário Manuel da Costa Andrade, "*[S]ó não será assim nos casos, frequentes na prática, em que os particulares actuam* no interesse e às ordens das instâncias formais. *Quando tal se dá, nomeadamente quando os particulares agem assumida e conscientemente às ordens e sob a direção da polícia, os meios de prova por eles logrados estarão tendencialmente sujeitos ao mesmo regime das provas produzidas pela polícia*", *Sobre as proibições de prova... Ob. Cit.*, p. 154.

utilização[100]. Não consideremos que seja inconstitucional a recolha de elementos provatórios por terceiros, desde que se observe os mesmos princípios a que deve obedecer uma ação encoberta realizada por um investigador criminal. Em sentido contrário nos pronunciamos, na senda de INÊS FERREIRA LEITE, em que qualquer arguido, já formalmente constituído, pois que antes não passa de um mero suspeito, possa integrar a figura de terceiro encoberto[101]. E menos se concebe que a Polícia ou o Ministério Público, para granjear a sua colaboração, lhe prometam benefícios que não estão livremente disponíveis por estes e dependem da intervenção do Tribunal em sede de julgamento[102].

Donde, a figura de terceiro encoberto deverá ser utilizada única e exclusivamente quando todas as outras formas de investigação não puderem ser supridas, incluído o uso de agente encoberto por funcionários de investigação criminal.

3.3. Agente provocador

§1. A fronteira entre agente encoberto e o agente provocador é muito ténue. Não será fácil efetuar uma fronteira que compartimente estas duas situações do agente que se encontra a efetuar uma investigação sob disfarce. Onde termina uma e começa a outra?

[100] EDUARDO DA MAIA COSTA, *Ob. Cit.*, p. 170; No Parecer 29/2009, da OA, Relator: Carlos Pinto de Abreu, questiona-se se um advogado no exercício da sua atividade profissional pode atuar em concertação com as autoridades judiciárias, desempenhando o papel de agente "encoberto", em processo pendente onde está formalmente constituído mandatário. Conclui-se, em súmula, que *"[a] defesa da dignidade da profissão, bem como o respeito pelos princípios basilares da advocacia anteriormente enunciados – em especial os deveres de independência, de sigilo e da confiança – não é compatível com a participação, nessa qualidade, de advogados em acções encobertas, no âmbito de investigações criminais, para a obtenção de informações."* Parecer disponível na íntegra no endereço https://www.oa.pt/Conteudos/Pareceres/detalhe_parecer.aspx?idc=5&idsc=42945&ida=80250 [*acedido em 25 de janeiro de 2016*].

[101] INÊS FERREIRA LEITE, «"Arrependido": a colaboração processual do co-arguido...», *Ob. Cit.*, pp. 386-389.

[102] GERMANO MARQUES DA SILVA, «Bufos, infiltrados...», *Ob. Cit.*, p. 33; Ac. do STJ, Proc. 224/06.7GAVZL.C1.S1, Relator: Santos Cabral, de 10-04-2013, que refere *"[c]onstitui uma prova proibida a obtenção da confissão do arguido mediante a promessa de um acordo negociado de sentença entre o Ministério Publico e o mesmo arguido no qual se fixam os limites máximos da pena a aplicar."*

O que se poderá entender por provocação para efeitos penais? A resposta poderemos encontrá-la em GERMANO MARQUES DA SILVA quando afirma que "*a provocação não é apenas informativa, mas sobretudo formativa, não revela o crime e o criminoso, mas cria o próprio crime e o próprio criminoso e, por isso, é contrária à própria finalidade da investigação criminal, uma vez que gera o seu próprio objecto*"[103].

A maioria das situações sindicadas pelos tribunais superiores reportam-se ao uso do agente encoberto como agente provocador e à invocação da nulidade da prova obtida por esta provocação e de todas as que derivaram desta[104]. Noção diferente se utiliza em Espanha que faz uma destrinça entre "delito provocado" de "delito comprovado". O delito comprovado tem lugar quando a atividade do agente encoberto, sem provocar nenhuma ilegalidade, pretende descobrir crimes já cometidos, ao que alguns autores designam de trato sucessivo, como seja o tráfico de droga. Neste delito comprovado existe uma decisão livre e que nasce espontaneamente do agente em cometer o crime. Tal já não sucede se se tratar de um delito provocado.[105]

[103] GERMANO MARQUES DA SILVA, «Bufos, infiltrados...», *Ob. Cit.*, p. 29.

[104] Vide acórdãos já mencionados anteriormente. Por obediência ao denominado *Princípio dos frutos da árvore envenenada*, também designado por *Teoria das maçãs podres*, patente no art. 122.º do CPP. GERMANO MARQUES DA SILVA, *Ob. Cit.*, pp. 125-128; MANUEL DA COSTA ANDRADE, *Sobre as proibições de prova...*, *Ob. Cit.*, pp. 188-198; PAULO SOARES, *Meios de obtenção de prova no âmbito das medidas cautelares e de polícia*, Almedina, 2014, pp. 104-119.

[105] JAVIER GUSTAVO FERNÁNDEZ TERUELO, *Derecho penal e internet, Especial consideración de los delitos que afectam a jóvenes y adolescentes*, Lex Nova, 2011, p. 23; TERESA MOLINA PEREZ, "Técnicas especiales de investigación del delito: el agente provocador, el agente infiltrado y figuras afines", In *Anuario Jurídico y Económico Escurialense*, XLII , 2009, pp. 186-192.
Diz-nos JUAN REVELLO DE TORO CABELLO, *La delimitación entre provocación policial y delito provocado*, Universidad Internacional de Andalúcia, 2013, p. 9, "*Esta diferenciación en el actuar del agente policial se ha repetido, con bastante unanimidad desde entonces, en la doctrina del alto Tribunal, recogiéndose en sentencias posteriores a las mencionadas por la Fiscalía General. Así, por citar una, la de 19 de febrero de 2003 afirmaba que "No cabe identificar ni confundir el delito provocado con el que ha venido en denominarse «delito comprobado», que tiene lugar cuando la actividad policial, sin quebrar legalidad alguna, pretende descubrir delitos ya cometidos. En estos supuestos el agente infiltrado no busca ni genera la comisión del delito, sino allegar las pruebas de una ilícita actividad ya cometida o que se está produciendo, pero de la que únicamente se abrigan sospechas. En el delito provocado no se da en el acusado una decisión libre y soberana de delinquir. En el delito comprobado esa decisión*

O TEDH também nos dá uma resposta acerca do que poderemos entender como provocação. Refere-se no Ac. *Ramanauskas vs Lituânia* que se considera ter havido incitação pela polícia quando os seus agentes envolvidos – sejam eles membros das forças de segurança ou pessoas a agir de acordo com as suas instruções – não se limitam a investigar as atividades criminosas de forma passiva. Exercem tanta influência sobre o assunto que o incitam a cometer um crime que, sem essa influência, não seria cometido, com a finalidade de descobrir um crime, isto é, fornecer provas e iniciar um processo[106].

§2. A prova obtida pelo agente provocador poderá, eventualmente, ser de difícil sindicância, sendo *líquido* que a mesma é tida como prova proibida por ofender Direitos, Liberdades e Garantias consagradas constitucionalmente[107] (art. 32.º, n.º 8 da CRP) e plasmadas no art. 126.º, n.º 2, alínea a), do CPP, face ao *modus operandi* da sua obtenção.

O RJAE prevê a isenção de responsabilidade criminal do agente encoberto, no art. 6.º, mas não alarga o leque desta isenção às situações que o mesmo provoca com a sua atuação. Antes a confina exclusivamente à prática de atos preparatórios ou de execução de uma infração, em qualquer forma de comparticipação, **diversa da instigação** e da autoria mediata, sempre que guarde a devida proporcionalidade com a finalidade da mesma[108]. Provocar a prática de um crime é acelerar o rumo natural dos

es libre y nace espontáneamente". Disponível *online* em http://dspace.unia.es/bitstream/handle/10334/2498/0442_Revellodetoro.pdf?sequence=3 [*acedido em 23 de dezembro de 2016*].

106 Acórdão *Ramanauskas vs Lituânia* do TEDH, de 5-02-2008, disponível na íntegra em http://hudoc.echr.coe.int/eng?i=001-84935 [*acedido em 23 de dezembro de 2016*].

107 Paulo Pinto de Albuquerque, *Ob. Cit.*, p. 659, vai mais longe ao enumerar a violação desses direitos consagrados constitucionalmente, tais como o direito à imagem, à voz, à correspondência e ao domicílio.

Mário Ferreira Monte, *Ob. Cit.*, p. 196 e ss, admite a figura do agente provocador desde que não seja violada a dignidade da pessoa humana. Refere o autor que "*em regra é de aceitar o homem de confiança mas não o agente provocador. Excepcionalmente, porém, o agente provocador será de aceitar se respeitados certos pressupostos, quais sejam, o da sua actuação ser necessária em concreto, justificada por razões de política criminal e teleológicamente fundada na prevenção, desde que inviolável o princípio da dignidade da pessoa humana*".

108 Também é esta a doutrina sedimentada pelo TEDH ao admitir a figura do agente encoberto mas não a do agente provocador, como se verteu no Ac. *Teixeira de Castro vs Portugal* que "*numa*

factos ou precipitar para que os mesmos venham a acontecer, provocando uma alteração na vontade de outrem[109]. Se um funcionário de investigação criminal nas vestes de agente encoberto, que tem por função prevenir a prática de crimes e descobrir os autores de crimes já praticados, incita outrem à prática de um crime ficará sempre no ar a dúvida se efetivamente o investigado tinha a vontade e a determinação de os praticar ou não[110]. É, em suma, um meio de obtenção de prova enganoso e tal prova não pode ser valorada como lícita por sofrer de nulidade insanável na sua obtenção[111].

sociedade democrática o direito a uma boa administração da justiça ocupa um lugar tão eminente que não pode ser sacrificado a razões de oportunidade" e "*o interesse público não poderá justificar a utilização de elementos recolhidos na sequência de uma provocação policial*", Joaquim Loureiro, *Ob. Cit.*, pp. 166-171. E ainda o TEDH "*a utilização de agentes infiltrados deve ser restrita; a polícia pode actuar encobertamente, mas não pode provocar*", no Ac. do caso *Khudobin vs Rússia*, de 26-10-2006.
"*Do ponto de vista da legitimidade constitucional da intervenção do agente infiltrado (...) o que verdadeiramente importa (...) é que o funcionário de investigação criminal não induza ou instigue o sujeito à prática de um crime que de outro modo não praticaria ou que não estivesse já disposto a praticar*" in Ac. TC n.º 578/98. No mesmo sentido, Acs. STJ de 06-07-95 (in CJ, 1995, II) e 13-12-2000 (in CJ, 2000, III).
Vide também Eduardo da maia Costa, *Ob. Cit.*, p. 171.
Da Proposta de Lei n.º 79/VIII, in DAR II Série A, n.º 62/VIII/2, de 31 de maio de 2001, p. 2058, constava um art. 7.º que previa a realização de registos de voz e imagem durante as acções encobertas e excluía a ilicitude dessa actuação (n.º 5 desse art.), mas que em sede de especialidade foi precisamente eliminado.

[109] Fernando Gonçalves, Manuel João Alves e Manuel Monteiro Guedes Valente, *Lei e Crime, O agente infiltrado versus o agente provocador. Os princípios do processo penal*, Almedina, 2001, referem que "*(...) o agente provocador não pode deixar de querer, também, a própria consumação do crime, levado a efeito, embora por outra pessoa*", *Cit.*, p. 256.

[110] Javier Gustavo Fernández Teruelo, *Derecho penal e internet...*, *Ob. Cit.*, p. 24.

[111] António Gomes Lourenço Martins, *Droga: prevenção e tratamento: combate ao tráfico*, Almedina, 1984, pp. 154-155.
Sobre a proibição de prova obtida pelo agente provocador cfr. Manuel da Costa Andrade, *"Bruscamente no Verão Passado"*, *Ob. Cit.*, p. 127 e também em *Sobre as proibições de prova...*, *Ob. Cit.*, pp. 209-237; Eduardo da Maia Costa, *Ob. Cit.*, p. 173; Sandra Pereira, *Ob. Cit.*, p. 148; Sônia Brito, *Ob. Cit.*, pp. 377-378; Manuel Monteiro Guedes Valente, *A investigação do crime organizado...*, *Ob. Cit.*, pp. 172-173.

3.4. A delimitação conceptual das figuras mencionadas anteriormente

§1. A defesa de direitos inalienáveis dos cidadãos, a constante busca por um Estado mais democrático tem feito balançar os pratos da balança, nem sempre fáceis de equilibrar.

Como ensinava Cavaleiro Ferreira *"a validade formal respeita à existência da norma; ela depende da elaboração das normas em conformidade com os preceitos constitucionais"*[112]. A CRP admite efetivamente a compressão de "direitos fundamentais" quando em causa seja necessário salvaguardar outros direitos ou interesses constitucionalmente protegidos[113]. E aqui, para além de outras formas de investigação ou recolha de prova, que afetam de forma vincada a violação de Direitos, Liberdades e Garantias, tais como interceções telefónicas, buscas domiciliárias, apreensão de correspondência, engtre outras, também se inserem as ações encobertas.

O recurso à ação do agente encoberto deve revestir-se dos formalismos exigidos pela lei, mormente a sua utilização em último recurso, para os crimes efetivamente previstos no catálogo e com a devida autorização do MP ou do JIC, consoante a fase em que se encontre o processo. Jamais se poderá lançar mão deste meio de obtenção da prova fora das condições enunciadas.

[112] Manuel Cavaleiro de Ferreira, *Lições de Direito Penal*, Reimpressão da 4.ª Edição de 1992, Almedina, 2010, p. 51.

[113] Art. 18.º, n.º 2, da CRP. Cfr. Jorge Miranda, *Manual de Direito Constitucional*, Tomo IV, Coimbra Editora, 1988, pp. 73-107; José Joaquim Gomes Canotilho, *Ob. Cit.*, pp. 436-456. Neste sentido a jurisprudência do Tribunal Constitucional quando afirma que todos os direitos fundamentais *"podem ser limitados ou comprimidos por outros direitos ou bens constitucionalmente protegidos (...) sendo sempre necessário fundamentar a necessidade da limitação ou compressão quando ela não se obtém por interpretação das normas constitucionais que regulam esses direitos"*, in Ac. n.º 254/99 do Tribunal Constitucional, de 4 de maio de 1999, Relator: Sousa e Brito, disponível em http://www.tribunalconstitucional.pt/tc/acordaos/19990254.html [*acedido em 25 de janeiro de 2017*].
E também a jurisprudência do STJ, *"[C]aso a caso, importa averiguar se a prevalência dos direitos relativos à persona lidade não resulta em desproporção intolerável, face aos interesses em jogo, certo que o sacrifício e compressão do direito inferior apenas deverá ocorrer na medida adequada e proporcionada à satisfação dos interesses tutelados pelo direito dominante"*, Ac. STJ, Proc. N.º 07B585, de 15-03-2007, Relator: Oliveira Rocha, disponível em www.dgsi.pt [*acedido em 29 de janeiro de 2017*].

§2. De todas as figuras analisadas anteriormente advogamos que agente encoberto e agente infiltrado são sinónimas. Assim, são elementos policiais ou terceiros, sob a direção efetiva da Polícia Judiciária, que desempenham um papel de recolha de informação, grangeando a confiança do(s) alvo(s) visados na ação encoberta. A sua posição deve-se manter o mais neutra possível, contudo deve estar consciente que poderá ter que efetuar ações ilícitas para que efetivamente desempenhe cabalmente a sua função de obtenção de provas. Diversamente o agente provocador será aquele que extravassa as funções de obtenção de informações e de provas, precipitando o desenrolar dos acontecimentos para que se verifique o crime. Sem este impulso externo o crime poderia eventualmente nunca se ter verificado. Daí que seja inadmissível aceitar a atuação deste e, acima de tudo, valorar estas provas para condenação do(s) alvo(s) visados na ação encoberta.

Homens de confiança ou agente informador só são aceitáveis se forem escrupulosamente respeitados os requisitos do RJAE, que já mencionamos anteriormente. E neste caso estaremos perante a figura do agente encoberto *strictu sensu*[114]. De fora ficam todas as situações não permitidas pela lei para uma ação encoberta[115]. Assim, se um órgão de polícia crimi-

[114] Dados fornecidos pelos serviços de inspeção do Ministério Público – PGR, desde 2009 até 2013, existiram diversos inquéritos com a intervenção do agente encoberto. Em 2009 – 5; 2010 – 8; 2011 – 2; 2012 – 8 e 2013 – 2, conforme gráfico de p. 127. Referido relatório encontra-se disponível no endereço http://csmp.pgr.pt/Deliberacoes/2015/Relatorio_inspecao_dciap.PDF [*acedido em 25 de janeiro de 2017*].

[115] No Relatório de Atividades da PSP, referente ao ano de 2014, homologado por sua Excelência a Ministra da Administração Interna, Constança Urbano de Sousa, em 18-02-2016, são mencionadas várias referências à atuação da PSP na recolha encoberta de informação criminal suscetível de coadjuvar a produção de prova processual, no âmbito das investigações realizadas pela PSP (pp. 155, 185, 213, 217). Saliente-se que tais operações não se enquadram no RJAE, desconhecendo-se em concreto que tipo de *diligência encoberta* ou recolha de prova e/ou informação criminal foram efetuadas e valoradas posteriormente em sede de julgamento. Vide referido relatório em http://www.psp.pt/Documentos%20Varios/2014%20-%20Relatório%20de%20Atividades%20PSP.pdf [*acedido em 25 de janeiro de 2017*].

nal, diferente da PJ e do SEF[116], efetuar uma ação encoberta a mesma é nula por inadmissibilidade legal.[117]

Com a legislação atual o caso *Teixeira de Castro vs Portugal* não chegaria às instâncias do TEDH, por não permitir que tal atuação de agente encoberto seja utilizada pela PSP (ou outro OPC diferente da PJ e SEF, como já se afirmou), ainda que se trate de um crime de catálogo do RJAE ou da Lei do Cibercrime.

Entendemos que tal mecanismo formal deve a sua essência à necessidade de criar um controle efetivo nas ações encobertas de modo que não existam situações de provocação. Também no quadro internacional, a figura do agente encoberto é aceite pelo TEDH, mas jamais a mesma poderá assumir os contornos de agente *provocateur*.[118]

§3. Apraz-nos, ainda, acrescentar que o legislador ordinário não estipulou um marco temporal para o desenrolar da ação encoberta. A mesma pode ser realizada indefinidamente e sem um controle das autoridades judiciárias. Eis aqui a pedra de toque do RJAE, que efetivamente poderá ser considerado inconstitucional. O único prazo presente neste Regime é a da atribuição da identidade fictícia, que é válida por um período de

[116] Por força do art. 188.º, n.º 2, da Lei n.º 23/2007, de 4 de julho, que estabelece que *"[A]s ações encobertas desenvolvidas pelo SEF, no âmbito da prevenção e investigação de crimes relacionados com a imigração ilegal em que estejam envolvidas associações criminosas, seguem os termos previstos na Lei n.º 101/2001, de 25 de agosto"*. Se seguem os termos do RJAE então também será de admitir, pese embora estejamos em matéria concorrêncial de investigação no crime de tráfico de pessoas entre a PJ e o SEF, que o diretor nacional do SEF possa solicitar ao Minsitro da Justiça a "identidade fictícia" a que se refere o art. 5.º, n.º 2 do RJAE.

[117] No âmbito do inquérito 13/10.4GAPNF o JIC declarou nulas as provas obtidas contra os arguidos que assaltaram um cofre nas Bombas de Combustível da Rebordosa – Paredes, por ter considerado que o Núcleo de Investigação Criminal da GNR de Penafiel atuou como "agente encoberto". In notícia do Jornal de Notícias, de 27 de outubro de 2012, acessível em http://www.jn.pt/seguranca/interior/tribunal-iliba-ladroes-e-devolve-material-usado-em--assalto-2850935.html [*acedido em 16 de dezembro de 2016*].

[118] Para além do caso *Teixeira de Castro vs Portugal* veja-se anteriormente o Acórdão deste Tribunal no caso *Lüdi vs Suiça* em http://hudoc.echr.coe.int/eng?i=001-57784 [*acedido em 26 de junho de 2016*], bem como o caso *Sepil vs Turquia*, julgamento em 12-11-2013 e mais recentemente o caso *Volkov e Adamskiy vs Russia*, julgamento em 26-03-2015, todos disponíveis em http://www.echr.coe.int [*acedido em 26 de junho de 2016*].

seis meses prorrogáveis por períodos de igual duração[119]. Ora, como já se referiu, estando em causa a contração de Direitos Fundamentais, não se compreende como o legislador ainda não procedeu à alteração desta norma. Tal sucede efetivamente com a realização de interceções telefónicas onde o prazo máximo de realização é de três meses, renováveis por iguais períodos, caso se verifiquem os respetivos requisitos de admissibilidade[120].

Acresce que este controle da autoridade judiciária, enquanto *dominus* do inquérito ou da instrução, só é realizado à *posteriori* aquando do relato do agente encoberto, quarenta e oito horas após o *terminus* da ação encoberta[121]. Este controle não se verifica efetivamente e é desmesuradamente permissivo de condutas que poderão violar direitos, liberdades e garantias de quem efetivamente está sob investigação. Ainda tomando como exemplo as interceções telefónicas, verifica-se que o legislador é menos permissivo ao exigir que quinzenalmente o OPC leve ao conhecimento do Ministério Público os suportes técnicos com as interceções, bem como os respetivos autos e relatórios, que por sua vez os leva ao conhecimento do JIC, em prazo não superior a quarenta e oito horas[122].

Por outro lado, como já se mencionou anteriormente, verifica-se que a fronteira entre agente encoberto e agente provocador é ténue e nem sempre fácil de destrinçar[123]. Se não forem acautelados mecanismos que possam estribar esta atuação, poderá o Estado estar a atuar com violação de preceitos universalmente reconhecidos e sedimentados nos Estados de Direito Democrático, como a liberdade e a autodeterminação de cidadãos[124].

[119] Art. 5.º, n.º 2, do RJAE.

[120] Art. 187, n.º 6, do CPP.

[121] Art. 3.º, n.º 5, do RJAE.

[122] Art. 188.º, n.º 3 e 5, do CPP.

[123] Para além dos casos já citados iremos debruçar-nos na Parte Especial sobre o julgamento de um agente do FBI no Caso *Silk Road*, por ter atuado como agente provocador.

[124] Manuel da Costa Andrade, *Sobre as proibições de prova...*, *Ob. Cit.*, refere que *"... a imoralidade do Estado que com uma mão favorece o crime que quer punir com a outra. Acabando, não raro, por atrair pessoas que de outro modo ficariam imunes à delinquência e potenciando os factores de extorsão, da violência e do crime em geral"*, *Cit.* p. 221.

4. A investigação criminal com recurso ao agente encoberto

4.1. Considerações gerais

§1. A investigação criminal mais não é que um caminho que os investigadores têm que trilhar, ou um puzzle com diversas peças para encaixar, onde se recolhem provas que possam ser imputadas objetivamente aos indivíduos delinquentes dos factos ocorridos. Nem sempre o puzzle se completa, de forma simples e direta, reunindo indícios da prática dos crimes. Por vezes é necessário ir mais longe, nesta dicotomia entre quem procura a verdade e quem a não quer revelar, para se trazer à luz do dia provas que atestem a veracidade dos factos e relatem os seus acontecimentos.

A globalização levou a que os próprios Estados tivessem necessidade de criar mecanismos de resposta à criminalidade, por existirem diversos factores que convergiam para a impossibilidade de identificar os seus autores. No apogeu desta *era global* surge a criminalidade altamente organizada, com o desiderato de provocar o pânico entre as populações, gerar a instabilidade e, a todo o custo, fazer vingar as suas opções pessoais e idealistas. O terrorismo, uma das formas mais violentas da criminalidade, é a face mais visível desta criminalidade organizada, entre outras formas mais modernas de criminalidade, como os crimes cometidos por via informática, por exemplo, onde a investigação é deveras mais exigente por força de várias vicissitudes. A investigação sempre se desenrolou no encalço de novos *modus operandi* dos criminosos e daqui nasceu a necessidade de técnicas especiais de recolha de informação[125].

Se primariamente a figura do agente encoberto se confinava aos crimes de tráfico de estupefacientes e criminalidade económico-financeira[126], posteriormente o leque destes crimes foi alargado, por força dos artifí-

[125] António Sintra, *Ob. Cit.* Por técnicas especiais de investigação entende este autor que se trata de um conceito que *"engloba a actividade policial dissimulada, de natureza confidencial, ou até secreta, que é desenvolvida com a finalidade de obter fluxos de informação tratada (intelligence) respeitante a actividades de pessoas suspeitas e/ou de recolher material provatório resultante da sua participação em práticas delituosas, a nível individual e/ou no seio de grupos criminosos organizados, com destaque para as condutas que integram as definições legais de terrorismo, criminalidade violenta, especialmente violenta e altamente organizada, mediante recurso a adequados meios humanos e/ou técnicos."* *Cit.* p. 70.

[126] Vide *supra* sobre o contexto histórico das ações encobertas.

cios desenvolvidos pelos criminosos para não serem detetados, detidos e julgados[127].

§2. O RJAE, por força das técnicas especiais de investigação e violações de direitos, liberdades e garantias dos cidadãos, contém, assim, as premissas da sua utilização na investigação criminal. Daqui ressaltam dois elementos estruturantes: ser **adequado** aos fins de prevenção e repressão criminais identificados em concreto e **proporcional**[128] quer àquelas finalidades quer à gravidade do crime em investigação[129].

As ações encobertas, à semelhança de outros métodos investigatórios intrusivos de direitos fundamentais, devem ser utilizadas quando

[127] O art. 19.º da Lei n.º 109/2009, de 15 de setembro, alargou os tipos de crime em que são permitidas ações encobertas, ou seja, os previstos nesta Lei do Cibercrime, bem como os cometidos por meio de um sistema informático, quando lhes corresponda, em abstracto, pena de prisão de máximo superior a 5 anos ou, ainda que a pena seja inferior, e sendo dolosos, os crimes contra a liberdade e autodeterminação sexual nos casos em que os ofendidos sejam menores ou incapazes, a burla qualificada, a burla informática e nas comunicações, o abuso de cartão de garantia ou de cartão, dispositivo ou dados de pagamento, a discriminação racial, religiosa ou sexual, as infracções económico-financeiras, bem como os crimes consagrados no título IV do Código do Direito de Autor e dos Direitos Conexos.

[128] Vitalino Canas define o Princípio da proporcionalidade como sendo um *"princípio geral de direito, constitucionalmente consagrado, conformador dos actos do poder público e, em certa medida, de entidades privadas, de acordo com o qual a limitação instrumental de bens, interesses ou valores subjectivamente radicáveis se deve revelar idónea e necessária para atingir os fins legítimos e concretos que cada um daqueles actos visam, bem como axiologicamente tolerável quando confrontada com esses fins."* Vitalino Canas, «Proporcionalidade (Princípio da)», in *Dicionário Jurídico da Administração Pública*, vol. IV, Lisboa, 1994, p. 591.

[129] Sobre estes princípios, em especial o da proporcionalidade, remetemos para o excelente estudo e prémio Doutor Marnoco e Sousa, da Faculdade de Direito de Coimbra, atribuído a Laura Neves Vicente, *O princípio da proporcionalidade, uma nova abordagem em tempos de pluralismo*, Instituto Jurídico, Faculdade de Direito da Universidade de Coimbra, 2014, também disponível em http://www.ij.fd.uc.pt/publicacoes/premios/pub_1_ms/numero1_pms.pdf [acedido em 21 de maio de 2016]. A autora faz uma completa resenha histórica sobre a origem deste Princípio de Direito até aos nossos dias, chegando a afirmar que *"[o] reconhecimento de valores como elementos ordenadores dos fins a perseguir pela norma legal significava o abandono do Estado de Direito formal por um Estado de Direito material, um Estado cuja acção estaria conformada pelo Direito não só na forma, mas também no conteúdo – numa palavra, o Estado estaria vinculado à prossecução de ideais de Justiça e deveria nortear-se pelos valores últimos do Direito."*, *Cit.*, p. 23.

não seja possível recorrer a outras formas de investigação[130]. Os direitos fundamentais são o apanágio de um Estado de Direito Democrático e só devem ser coactados em última instância, tendo sempre como medida a necessidade de se recolher a prova e o grau do direito fundamental efetivamente violado.

Acresce, que por parte do agente encoberto também existe um risco que pode violar os seus próprios direitos fundamentais, inerentes à própria ação encoberta. Inserir um agente encoberto num meio criminoso acarreta uma panóplia de situações que são de ter em conta, antecipando eventuais cenários críticos que poderão redundar na violação da sua liberdade e, em último caso, da sua própria vida. Desde logo a necessidade de o agente encoberto estar familiarizado com o meio onde se vai introduzir. Se o agente encoberto se imiscuir num grupo que se dedica ao tráfico e venda de estupefacientes, por exemplo, deverá saber quais os preços de mercado[131], qual o grau de pureza da droga ou se a mesma já levou substâncias de *corte*, a forma de acondicionamento, a gíria usada naquele submundo criminal, etc...

O perigo de vida que o agente corre, se for efetivamente descoberto que está a atuar numa ação encoberta, poderá ser a maior violação de direitos fundamentais do próprio. Não obstante a sua família também poderá correr perigo de vida, como forma de retaliação dos criminosos, fruto do trabalho desenvolvido pelo encoberto. Para além destes existem outros perigos que poderão arruinar a própria investigação de longos meses. O nervosismo, a falta de traquejo, a incapacidade de lidar psicologicamente com o mundo criminal, podem ser elementos que obstaculizem ao sucesso de uma ação encoberta. Acresce a tudo o que vai sendo

[130] Como nos diz MANUEL MONTEIRO GUEDES VALENTE, *Processo Penal, Segurança e Liberdade: uma provocação*, Revista Brasileira de Direito Processual Penal, Porto Alegre, vol. 1, n.º 1, 2015, disponível em http://dx.doi.org/10.22197/rbdpp.v1i1.6 [acedido em 24 de outubro de 2016], p. 107, *"[H]á barreiras intransponíveis e que o Estado, em toda a sua dimensão, não pode alguma vez ceder com a ideia de que acima de tudo está a realização da justiça e a descoberta da verdade como forma de materializar a paz jurídica e social."*.

[131] E saber os preços não apenas de determinada droga, mas das drogas principais que se traficam ou outros elementos acessórios da prática do crime em questão, tais como a gíria usada no mundo criminal, como por exemplo "*branca*", referindo-se a cocaína; "*castanha*", referindo-se a heroína; "*chocolate*" ou "*polén*", referindo-se ao haxixe, entre outras expressões típicas.

dito que caso o agente encoberto esteja a atuar com identidade fictícia que tem de ser consentâneo na história de vida que cria e com as informações que "espontaneamente" dá do seu passado.

Verifica-se que o trabalho de agente encoberto requer algum treinamento e apoio psicológico permanente[132].

§3. No que concerne às ações encobertas nas redes informático-digitais os riscos do agente encoberto serão menores. Se por um lado a história de vida terá que se manter necessária e congruente, os riscos reais para a sua vida não ocorrem, exceto se no âmbito da ação encoberta existir a necessidade de um contacto físico entre o encoberto e o(s) suspeito(s) dos factos[133]. Donde, a necessidade de se recorrer a uma identitidade fictícia não é tão permente, podendo mesmo ser dispensada. Nem o agente corre risco de vida, nem a sua família. Nas redes informáticas a ação do agente encoberto pode ser realizada por diversos agentes, em comunhão de esforços. Apenas se requer o conhecimento dos factos e a utilização do mesmo tipo de linguagem, para evitar que se levantem suspeitas por parte dos visados de que se tratam de pessoas diferentes.

Sobrevém que nas ações técnicas encobertas, com recurso a *benware*, nem existe a necessidade de qualquer agente encoberto porquanto é o próprio software que permite a recolha de todos os elementos, sejam eles ficheiros, mensagens enviadas, voz ou imagem, como lhe se explicitará *infra*.

4.2. A prevenção e a repressão criminal *vs* a investigação

§1. O RJAE estabelece duas balizas para a concretização das ações encobertas. De um lado evitar a criminalidade, apostando na prevenção e repressão criminal. Da outra banda a utilização do agente encoberto para efeitos de investigação criminal[134].

[132] A.D. Macleod, *Undercover policing: A psychiatrist's perspective*, International Journal of Law and Psychiatry, Volume 18, Issue 2, Spring 1995, pp. 239-247; Isabel Oneto, *Ob. Cit.*, pp. 86-88.

[133] Analisaremos na Parte Especial a problemática da criação de perfis falsos no facebook pelo FBI e a eventualidade de no âmbito de uma ação encoberta digital existir a necessidade de o investigado e o agente encoberto se encontrarem fisicamente.

[134] Art. 1.º do RJAE.

O art. 272.º, n.º 3, da CRP estabelece que a prevenção deverá ser realizada observando as regras gerais sobre polícia e com respeito pelos direitos, liberdades e garantias. A prevenção criminal tem prioridade sobre a repressão criminal. A prevenção criminal evita o sofrimento causado pelo crime e pela punição[135]. Por prevenção compreendem-se "*estratégias e medidas que buscam reduzir o risco da ocorrência de crimes, e seus potenciais efeitos prejudiciais sobre os indivíduos e a sociedade, inclusive o medo do crime, ao intervir para influenciar suas múltiplas causas*"[136].

§2. Precedendo o RJAE, o Ministério Público e a Polícia Judiciária já disponham de instrumentos legais que permitiam a realização de ações preventivas no âmbito das medidas de combate à corrupção e criminalidade económico-financeira[137], não se tendo tratado de uma inovação

[135] Harthmuth Horstkotte, "Os limites da prevenção criminal à luz dos direitos do Homem", *Revista Portuguesa de Ciência Criminal (RPCC)*, 8 (1998), *Cit.*, p. 373.

[136] UNODC, ONU, *Ferramenta de avaliação de prevenção do crime*, p. 6 disponível em https://www.unodc.org/documents/justice-and-prison-reform/crimeprevention/10-55975_Ebook.pdf [*acedido em 25 de outubro de 2021*].
A Decisão 2009/902/JAI do Conselho, de 30 de novembro de 2009, que cria a Rede Europeia de Prevenção da Criminalidade (REPC), define, no seu artigo 2.º n.º 2, que: "*[A] prevenção da criminalidade abrange todas as medidas destinadas a reduzir ou a contribuir para a redução da criminalidade e do sentimento de insegurança dos cidadãos, tanto quantitativa como qualitativamente, quer através de medidas directas de dissuasão de actividades criminosas, quer através de políticas e intervenções destinadas a reduzir as potencialidades do crime e as suas causas. Inclui o contributo dos governos, das autoridades competentes, dos serviços de justiça criminal, de autoridades locais, e das associações especializadas que eles tiverem criado na Europa, de sectores privados e voluntários, bem como de investigadores e do público, com o apoio dos meios de comunicação*".

[137] Lei n.º 36/94, de 29 de setembro. Este diploma continua em vigor pese embora o art. 6.º (Atos de colaboração ou instrumentais) tenha sido revogado pela lei que instituiu o RJAE. Sobre a constitucionalidade desta Lei cfr. Ac. do Tribunal Constitucional n.º 334/94, Relator: Conselheiro Sousa e Brito, de 20-04-1994.
O TC foi chamado a pronunciar-se sobre a constitucionalidade do art. 3.º e 4.º da Lei Orgânica n.º 4/2017, de 25 de agosto, na parte em que admite o acesso dos oficiais de informações do Serviço de Informações de Segurança (SIS) e do Serviço de Informações Estratégicas e de Defesa (SIED), relativamente a dados de base e de localização de equipamento, para efeitos de prevenção. Do Acórdão resulta que quer o SIS quer o SIED não são órgãos de polícia criminal e como tal esta-lhes vedado efetuarem ações de prevenção recorrendo a elementos que apenas podem ser utilizados no âmbito de um processo crime.
Nestes termos decidiu o TC

neste regime jurídico. Atualmente, desde a aplicação do RJAE, a maioria dos crimes mais graves, na sua maioria da competência reservada de investigação da Polícia Judiciária, admitem que se realizem ações preventivas, sem que existia um inquérito em termos formais.

A autorização para a ação encoberta, nesta situação *ex-ante* a fase de inquérito, pertence ao Juiz de Instrução, do Tribunal Central de Investigação Criminal sob proposta do Ministério Público junto do DCIAP. Desta forma compete ao JIC a conformação da ação preventiva com os ditames constitucionais sem beliscar os direitos, liberdades e garantias dos cidadãos afetados com essas diligências.

§3. O ordenamento jurídico português, diferentemente do regime norte-americano, não consagra limites temporais à atuação do agente encoberto, seja na fase de prevenção seja na fase de investigação. Nos EUA poderemos encontrar dois tipos de ações encobertas: as *light cover* ou de curta duração e as *deep cover*, isto é, de longa duração. As primeiras, ainda que o agente utilize uma identidade fictícia, resumem-se a dois

a) Declarar a inconstitucionalidade, com força obrigatória geral, da norma constante do artigo 3.º da Lei Orgânica n.º 4/2017, de 25 de agosto, na parte em que admite o acesso dos oficiais de informações do Serviço de Informações de Segurança (SIS) e do Serviço de Informações Estratégicas e de Defesa (SIED), relativamente a dados de base e de localização de equipamento, quando não dão suporte a uma concreta comunicação, para efeitos de produção de informações necessárias à salvaguarda da defesa nacional e da segurança interna, por violação dos artigos 26.º, n.º 1, e 35.º, n.os 1 e 4, em conjugação com o artigo 18.º, n.º 2, da Constituição da República Portuguesa;
b) Não declarar a inconstitucionalidade da norma constante do artigo 3.º da Lei Orgânica n.º 4/2017, de 25 de agosto, na parte em que admite o acesso dos oficiais de informações destes serviços no âmbito das respetivas atribuições, relativamente a dados de base e de localização de equipamento, quando não dão suporte a uma concreta comunicação, para efeitos de produção de informações necessárias à prevenção de atos de sabotagem, espionagem, terrorismo, proliferação de armas de destruição maciça e criminalidade altamente organizada;
c) Declarar a inconstitucionalidade, com força obrigatória geral, da norma constante do artigo 4.º da Lei Orgânica n.º 4/2017, de 25 de agosto, por violação do disposto no artigo 34.º, n.º 4, da Constituição, no que diz respeito ao acesso aos dados de tráfego que envolvem comunicação intersubjetiva, e por violação do disposto nos artigos 26.º, n.º 1 e 35.º, n.os 1 e 4, em conjugação com o artigo 18.º, n.º 2, todos da Constituição, no que se refere ao acesso a dados de tráfego que não envolvem comunicação intersubjetiva.
Ac. do Tribunal Constitucional n.º 464/2019, publicado em DR, n.º 202/2019, Série I, de 21-10-2019.

ou três contactos com os delinquentes, circunscrita a uma ação pontual, como por exemplo a aquisição de material estupefaciente. Já as *deep cover* são uma ação encoberta mais elaborada que poderá prolongar-se por longos meses ou anos, exigindo uma presença constante deste trabalho de encoberto 24 horas por dia[138].

§4. Confrontando fases tão distintas como a fase pré-inquérito ou averiguação preventiva com a fase de inquérito ou de investigação, verifica-se a ausência de um vazio legislativo no controle das ações encobertas. Se na fase de inquérito o MP pode avocar o inquérito ou solicitar ao OPC, a quem atribuiu competência para a investigação, informação sobre o estado do mesmo[139], na fase de pré-inquérito tal não sucede.

Se na investigação efetuada aquando da averiguação preventiva não resultarem indícios da prática de crime ou que se estejam a preparar para o seu cometimento, esta é arquivada. E se daqui resultarem violações de direito? Quem efetivamente controla as averiguações preventivas[140]? Ainda que na fase de pré-inquérito não possam ser realizadas

[138] Bruce L. Berg, *Policing in modern society*, Butterworth Heinemann, 1999, pp. 126-129; Kären Matison Hess, Christine Hess Orthmann e Henry Lim Cho, *Introduction to law enforcement and criminal justice*, Delmar Cengage Learning, 12.º edição, 2015, pp. 278-279; dos mesmos autores, *Police Operations, Theory and practice*, Delmar Cengage Learning, 6.ª edição, 2014, pp. 402-403; Gary T. Marx, *Undercover: Police Surveillance...*, *Ob. Cit.*, pp. 85-86, afirmando que face à sua complexidade as *deep undercover* são mais utilizadas pelo FBI do que pelas agências policiais locais, variando estas consoante os custos, a habilidade, planeamento e supervisão. "*Deep undercover operations are likely to raise more complicated ethical and logistical questions and may have a broader range of unintended consequences.*", *Cit.* p. 86; Isabel Oneto, *Ob. Cit.*, p. 88; Nuno Miguel Loureiro, *Ob. Cit.*, pp. 80-81.

[139] O CPP determina os prazos do inquérito, no art. 276.º do CPP. Embora se tratem de prazos meramente ordenadores, sem a cominação de uma sanção para a violação dos mesmos. Cfr. Ac. TRC, Proc. 5/13.1.IDCTB.B.C1, Relator: Jorge França, de 25-10-2016; Ac. TRL, Proc. 1965/06.4PCSNT.B.L1-9, Relator: Almeida Cabral, de 22-10-2009, entre outros.

[140] A este respeito cfr. Ac. do TRL, Proc. n.º 2876/2006-5, Relatora: Ana Sebastião, de 13-12-2006, onde é apreciada a questão de, na averiguação preventiva, ter sido junto documentos bancários sem autorização do seu titular ou despacho da autoridade judiciária competente. Carlos Casimiro Nunes coloca a tónica de que as averiguações preventivas são atividade policial, "*[A] questão da prevenção remete-nos, desde logo, para a problemática das averiguações preventivas e da sua natureza jurídica, que deve ser abordada tendo como referência esta norma. Assim, as ações preventivas realizadas pelo MP devem considerar-se integradas na atividade policial, em sentido material,*

diligências formais, tais como a inquirição de testemunhas, a constituição de arguido, realização de buscas, entre outras, é possível ofenderem-se direitos, liberdades e garantias dos cidadãos[141]. Tratando-se da realização de atos de investigação numa averiguação preventiva, com recurso ao agente encoberto, no âmbito do RJAE, tornar-se-ia mais explícito que o legislador tomasse em consideração que a violação destes direitos poderá ser mais facilmente atingida. Donde, não basta legislar sobre as formas de repressão e prevenção, sendo necessário acautelar os direitos dos cidadãos que numa fase preliminar não podem defender-se, por desconhecerem que estão a ser alvo de uma investigação criminal.

4.3. A criminalidade complexa na atual conjuntura tecnológica

§1. A tecnologia nos dias de hoje é cada vez mais surpreendente, existem tantas aplicações para *smartphones*, inúmeras formas de comunicação, potencialidades de acessos remotos a inúmeros dispositivos, etc... A dependência dos sistemas informáticos torna-se, por isso, cada vez maior e a informática tolhe-nos a liberdade de abdicar dela em tudo, ou quase tudo, na nossa vida.

E não se pense que apenas crimes informáticos são praticados com recurso às tecnologias computacionais. Não! A escalada de crimes vai desde a simples contrafação de notas, falsificação de documentos, injúrias e difamações, passando pelas burlas informáticas, até aos crimes de extorsão de altíssimos valores monetários.

operacionalizada em torno do conceito (policial) de prevenção de "perigos concretos". Neste sentido, veja-se o Parecer do Conselho Consultivo da PGR 26/2013, datado de 20/02/2014 (relator Paulo Dá Mesquita), onde o tratamento de comunicações relativas a operações financeiras no quadro da legislação sobre o branqueamento de capitais é sopesado como uma *"atividade que, em abstrato, ainda não é judiciária: a função de controlo relativamente à atuação da polícia que, aliás, se associa a um dos traços fundadores do Ministério Público no Estado de direito, enquanto guardião das leis, Wächter der Gesetze, ou defensor da legalidade democrática" Cit.*, «O Ministério Público na prevenção do branqueamento e do financiamento do terrorismo», *Revista do Ministério Público*, n.º 153, jan-mar 2018, pp. 93-140.

[141] Daí que a lei exija a documentação escrita destas averiguações preventivas nomeadamente no diploma que estabelece as medidas de combate à corrupção e criminalidade económico e financeira, Lei n.º 36/94, de 29 de setembro, no seu art. 2.º, n.º 2.

A evolução da tecnologia leva a que mais pessoas sejam tentadas a praticar crimes, por via informática, que o não fariam por outros meios[142]. Tal resolução criminosa advém essencialmente da possibilidade prática destes crimes ser realizada à distância, da crescente forma de anonimização e da eventual sensação de impunidade criminal pela sua prática.

§2. Existem pelo menos 5 fatores potenciadores desta realidade[143]: (1) A redução do custo dos bens tecnológicos; (2) A redução do custo de acesso à internet; (3) expansão rápida da banda larga (e fibra ótica); (4) o aumento do conhecimento e acesso por parte de possíveis ofensores de técnicas e métodos de ocultação de provas digitais, nomeadamente técnicas de encriptação, a compressão digital, a esteganografia[144]; (5) e o acréscimo da literacia computacional por parte da comunidade global de internautas.

Os maiores entraves na atual conjuntura informático-digital são também os pontos de acesso à internet, locais que permitem que se possa aceder à mesma, sem qualquer controle, levando a que se pratiquem crimes deixando um delével rasto. Em qualquer café, livraria, universidade ou transporte público, encontramos *redes wireless*[145], ou *wi-fi*, livremente acessíveis, que não necessitam de quaisquer dados do utilizador para que a conexão se estabeleça. A par destes, o crescente desenvolvimento de técnicas de anonimato, usando redes criptografadas, VPN's, ou progra-

[142] Pedro Dias Venâncio, *Breve introdução da questão da investigação e meios de prova na criminalidade informática*, Verbo Jurídico, 2006, p. 6, disponível *online* em https://www.verbojuridico.net/ [*acedido em 27 de março de 2016*].

[143] Pedro Dias Venâncio, *Lei do cibercrime, Anotada e comentada*, Coimbra Editora, 2011, p. 16 *apud* Garcia Marques e Lourenço Martins, *Direito da Informática*, 2.ª Edição, Almedina, 2009, pp. 639 e ss.

[144] Arte de escrever em cifra. Informaticamente consiste em esconder dados dentro de outros dados. A título de exemplo: uma fotografia, que seja enviada por e-mail, no qual sob a mesma se encontra um texto ou um programa informático executável.

[145] Pedro Penha Leitão da Costa Marques, *Informática forense, Recolha e preservação da prova digital*, Universidade Católica Portuguesa, inédito, 2013, p. 179 define *Wireless Local Area Network*, como sendo o nome comum para definir as redes estandardizadas pela norma 802.11 do IEEE (Institute of Electrical and Electronics Engineers) e sem fios a ligar os seus componentes. Disponível *online* em http://repositorio.ucp.pt/ [*acedido em 30 de outubro de 2016*].

mas específicos de cifragem de conteúdos, contribuem para que a criminalidade seja paradísiaca.

§3. As organizações de criminosos cedo tomaram conhecimento destes factos e sabem, cada vez mais, como usar estas ferramentas tecnológicas. Não só as utilizam para comunicar de forma mais circunscrita como realizam tutoriais, onde ensinam técnicas de intrusão ou anonimato, ou ações de formação e recrutamento de novos membros, bem como disponibilizam ferramentas[146] para encobrimento dos crimes praticados[147].

Face a esta conjuntura nem sempre é fácil identificar criminosos e arredá-los do mundo do crime, em especial se utilizam a internet como meio de comunicação. A maioria das vezes só mesmo com recurso ao agente encoberto se consegue almejar o desiderato de superar estes obstáculos na investigação.

4.4. Entraves à utilização do agente encoberto na *era* informática

§1. Nesta secção não iremos para já debater-nos com questões relacionadas com a violação de direitos fundamentais que poderão ser transgredidos com o uso do agente encoberto digital. Não que queiramos deixar este assunto arredado da nossa investigação, antes o iremos abordar a seu tempo e no seu lugar respetivo[148].

[146] Tais como *software* de anonimização, servidores de *bootnets*, *VPN's*, etc.

[147] A título de exemplo: "*Hackers criam rede de IRC na Deep Web para ensinar futuros hackers*" disponível *online* em https://www.hackersportugal.com/hackers-criam-rede-irc-na-deep-web-ensinar-futuros-hackers/; "*Curso online gratuito ensina "segredos" dos hackers para invadir sites*" disponível em http://idgnow.com.br/internet/2015/08/21/curso-online-gratuito-ensina-segredos-dos-hackers-para-invadir-sites/; "*Anonymous launches online TRAINING CAMP to prime next generation of hacktivists for battle against ISIS*" disponível em http://www.mirror.co.uk/news/world-news/anonymous-launches-online-training-camp-7791120 [*acedidos em 30 de outubro de 2016*].

[148] Harthmuth Horst *apud* Fernando Gonçalves, Manuel João Alves e Manuel Monteiro Guedes Valente, *Ob. Cit.*, que aquando da criação do regime do agente encoberto na Alemanha, nos finais dos anos 90, era evidente a discussão e "*preocupação de que um aumento dos poderes da polícia (...) possa acabar por perturbar o equilíbrio entre o poder da polícia e o poder dos tribunais e possa tornar-se indirectamente numa ameaça dos direitos humanos.*" *Cit.*, p. 263. Contudo os mesmos autores referem que quando uma ação encoberta é autorizada pelo Ministério Público não descortinam qualquer intromissão abusiva na vida privada do suspeito, à seme-

Destarte, analisaremos os obstáculos que poderão advir da utilização do agente encoberto a nível informático e da investigação criminal que é realizada pelo mesmo[149].

Os caminhos do direito e da informática parecem cada vez mais entrecruzarem-se e fundirem-se num só. Não nos reportamos apenas ao âmbito penal, mas em todos os demais ramos do Direito (civil, comercial, entre outros) a informática agudiza problemas ao Direito e este nem sempre corresponde ou consegue acompanhar a evolução tecnológica.

§2. Centrando a nossa atenção no agente encoberto verificamos que, através de um dispositivo informático, se consegue aceder remotamente a informação que se encontre na rede ou ligada a esta, em qualquer ponto do globo, sem que o investigador saia do seu gabinete. Desde logo surge o primeiro entrave. Até que ponto um agente encoberto pode investigar, praticando diligências de recolha de prova, para além das fronteiras físicas estabelecidas e permitidas na sua jurisdição territorial?

A ingerência na vida dos seus concidadãos pode criar conflitos diplomáticos entre Estados e consequentemente ficar ameaçada a sua soberania ou especialmente comprometida[150]. Daí que o regime jurídico que aprova a lei de cooperação judiciária internacional em matéria penal estabeleça que este não confere o direito de exigir qualquer forma de cooperação internacional em matéria penal[151]. Trata-se apenas de um instrumento de cooperação que, em face do fracasso da Carta Consti-

lhança do que se passa aquando da realização de uma revista ou busca que pode estar em causa a violação do direito à reserva da vida privada. Cfr. p. 273.

[149] O objetivo da investigação criminal visa responder a seis perguntas fundamentais: **Quem fez? o quê?** (identificação dos autores e que crime foi cometido), **quando?** (identificação da data do crime), **como?** (de que modo atuou o agente na prática do crime), **onde?** (local dos factos) e **porquê?** (que motivação teve o agente do crime). Fernando Gonçalves, Manuel João Alves e Manuel Monteiro Guedes Valente, *Ob. Cit.*, pp. 24-26.

[150] Entre nós vigora a Lei n.º 144/99, de 31 de agosto, também conhecida como Lei da cooperação judiciária internacional em matéria penal, estabelecendo o art. 2.º, n.º 1, que o presente diploma se subordina à proteção dos interesses da soberania, da segurança, da ordem pública e de outros interesses da República Portuguesa, constitucionalmente definidos.

[151] Art. 2.º, n.º 2, da Lei n.º 144/99, de 31 de agosto.

tucional Europeia, o Tratado de Lisboa veio reforçar[152]. De realçar que com a Lei n.º 104/2001, de 25 de agosto, aditou-se o art. 160.º-B, à lei de cooperação judiciária, que autoriza funcionários de investigação criminal de outros Estados a desenvolverem ações encobertas em Portugal com o mesmo estatuto dos investigadores nacionais[153].

Defendemos que é impossível prever até onde um investigador criminal pode ir. Contudo, em nome da legalidade democrática, deverão ser os investigadores a definir esse limite e a partilhar com outros Estados, ou através de agências de investigação, como a Europol e a Interpol, os elementos que obtiveram ou que pretendem obter. Deste modo pode ser desencadeada uma investigação nesse país, logrando a investigação um *plus* por haver, eventualmente, a identificação de um indivíduo que cometeu diversos crimes em distintos territórios. Mas este procedimento não é assim tão linear, nem tão fácil de realizar-se. A profusa e dispersa legislação por um lado e, por outro, a necessidade de adaptar realidades atuais às normas legais é o segundo entrave para a utilização do agente encoberto digital[154].

[152] Nomeadamente pelo reconhecimento mútuo das sentenças e decisões judiciais que foram mantidos, tendo-se incluído a aproximação das disposições legislativas e regulamentares dos Estados-Membros. Luís de Lemos Triunfante, «Cooperação judicial em matéria penal: objectivos, dificuldades e o modelo português», *Revista Julgar*, n.º 13, (jan-abril 2011), Coimbra Editora. Também no sentido da necessidade de exploração de um novo modelo internacional para prevenir e reprimir o crime organizado transnacional André Ventura, *Ob. Cit.*, p. 75-121.

[153] Por força da Convenção Relativa ao Auxílio Judiciário Mútuo em Matéria Penal entre os Estados Membros da União Europeia, de 29/05/20100, que prevê no art. 14.º as ações encobertas com objeto de auxílio, *"Os Estados Membros – requerente e requerido podem acordar prestar auxílio mútuo na realização de investigações criminais por agentes encobertos ou que atuem sob falsa identidade (investigação encoberta)"*.

[154] "O legislador ainda não atingiu o ponto ideal da concordância prática dos interesses conflituantes, sempre inerentes ao processo penal de um Estado de direito." Cit. João Conde Ferreira, «Prova digital: as leis que temos e a lei que devíamos ter», *Revista do Ministério Público*, n.º 139 (julho-setembro), 2014, p. 39.

Note-se que, no âmbito da Ciberconvenção não é feita nenhuma referência à utilização de agentes encobertos, com recursos a ferramentas informáticas, nem tão-pouco a situação fica sanada com o recurso ao "contacto 24.7".

§3. Nos moldes em que a LC estabelece as ações encobertas, no seu art. 19.º, mandando aplicar *mutatis mutandis* o RJAE, exceto se for necessário o recurso a meios e dispositivos informáticos, que se deverá observar as regras previstas no CPP para a interceção de comunicações (art. 187.º e ss do CPP), é difícil conjugar uma ação encoberta com tecnologia informática[155]. Já advogamos noutra sede[156] e continuamos a afirmar que intercetar mais não é do que colocar-se de permeio, ou seja, entre a partida e a chegada da informação existe algo que não interfere com a mesma, mas que consegue saber o teor da comunicação. Será agente encoberto todo aquele que procede a uma interceção, atendendo à interpretação que se pode fazer do n.º 2 do art. 19.º da LC? Ou reformulando a pergunta: quando se solicita uma interceção de dados de tráfego estaremos perante uma interceção, nos termos definidos no CPP, ou uma ação encoberta prevista na LC?

Resulta deste dispositivo um terceiro entrave legislativo: poderá o agente encoberto usar ferramentas forenses exclusivamente para ações encobertas? Nos dias que correm o uso de *software específico*[157] é uma

155 Benjamim Silva Rodrigues, *Da Prova Penal, Tomo II, Bruscamente... A(s) Face(s) Oculta(s) dos Métodos Ocultos de Investigação*, 1.ª Edição, Rei dos Livros, 2010, pp. 129-130.

156 Armando Dias Ramos, *A prova digital em processo penal: o correio eletrónico*, 2.ª Edição, Chiado Editora, 2017, pp. 58-59.

157 *Software* este que denominaremos por *benware*. A ele voltaremos quando nos dedicarmos à figura do agente encoberto digital, na parte especial da presente monografia.
Contudo, há autores que designam este *software* por *remote forensics*, isto é, uma técnica policial, dirigida de forma intrusiva a um sistema informático, colocando-o, sem conhecimento ou autorização do ou dos seus utilizadores, na disponibilidade de terceiros. Estes poderão: (1) perceber e registar o que é escrito no teclado normal ou virtual; (2) visionar o que a câmara embutida nesse sistema puder transmitir; (3) ouvir o que o microfone embutido puder transmitir; (4) aceder ao sistema de ficheiros; (5) visualizar o que o utilizador executa nesse sistema. Cfr. Rogério Bravo, *Possibilidade de utilização legal de "remote forensics" em Portugal*, edição do autor, Centro de documentação da PJ, 2015, p. 2.
Não comungamos desta definição de Rogério Bravo. É o próprio autor que se contradiz e define *remote forensics* como "técnica de intrusão informática", logo estamos na presença de um meio de obtenção de prova e não de um meio de prova. Como todas as intrusões informáticas a sua grande maioria, por dificuldades de acesso presencial aos dispositivos ou sistemas informáticos, ocorre à distância. Entendemos, salvo melhor opinião, que por *remote forensics* se deverá entender o exame pericial ou forense, ou seja, o meio de prova, que é realizado a um sistema informático ou redes de computadores, de forma remota. Donde, existem diversas

mais-valia para a investigação, mas será esta técnica legal em Portugal? O acesso remoto a dispositivos ou redes informáticas requer maiores conhecimentos informáticos, que poderão não estar ao alcance de qualquer agente de investigação ou de terceiro atuando sob o controle da Polícia Judiciária.

Não poderemos olvidar que muitos dos conteúdos informáticos não se encontram alojados em servidores físicos, mas sim em servidores virtuais, ou seja, na *cloud*[158]. Aumentam, desta forma, a dificuldade de acesso remoto a estes locais por não se saber especificamente onde os conteúdos se encontram alojados. O alojamento de conteúdos na *cloud* pressupõe a existência de um sistema distribuído de conteúdos. Vários servidores,

ferramentas informáticas que permitem a realização deste tipo de exames. O acesso remoto, para a realização destes exames, pode ser efetuado de forma autorizada pelo próprio. Quando tal não suceder deve ter a chancela do JIC para que se possa efetuar de forma remota e não autorizada, se necessário com quebra de elementos de segurança, tais como *passwords* de acesso, por exemplo. Por se tratar de uma perícia devem ser observadas as regras processuais presentes no CPP.

A designação de *remote forensics*, também designado por *remote search*, não se encontra estabelecido na legislação portuguesa ou doutrina, David Silva Ramalho, «The use of malware as a means of obtaining evidence in Portuguese criminal proceedings», *Digital evidence and electronic signature law review*, 11, (2014), p. 57, disponível em http://sas-space.sas.ac.uk/5718/1/2125-3115-1-SM.pdf [*acedido em 27 de dezembro de 2016*], contrariamente ao que sucede em Itália, na Alemanha ou nos Estados Unidos, como refere Giuseppe Vaciago, «Remote forensics and cloud computing: an italian and european legal overview», *Digital evidence and electronic signature law review*, 8, (2011), p. 124-129, disponível em http://sas-space.sas.ac.uk/5470/1/1961-2785-1-SM.pdf [*acedido em 27 de dezembro de 2016*].

[158] Expressão abreviada em inglês para designar *cloud computing*, em português não existe uma tradução exata, embora na UE e no Brasil tenham traduzido à letra para "computação em nuvem". Significa que as empresas e particulares podem alojar os seus conteúdos num local virtual, sem ter necessidade de ter infraestruturas para tal. Como exemplo de alojamento de conteúdos, para particulares, temos a Dropbox, os serviços da Google, com maior destaque para o Google Drive e Gmail, entre muitos outros, com destaque que estes acessos poderão ser realizados a partir de diversas plataformas e em vários locais. Para o sector empresarial há diversas empresas que oferecem vários produtos de alojamento, incluindo algumas empresas que prestam este serviço a particulares, bem como a faculdade de poderem ter *software* instalados na *cloud* e cada utilizador acede diretamente a estes programas. Caminha-se, assim, a passos largos para as empresas, e particulares também, deixarem de ter máquinas físicas (vulgo computadores de secretária e portáteis) passando a ter apenas um teclado, rato e ecrã ou dispositivos meramente tácteis.

localizados em diversos locais, possuem a mesma informação. Caso um desses servidores fique *down* o próprio sistema direcciona o acesso para outro servidor que contenha a informação. Desta forma os dados nunca se perdem e conservam-se sempre[159]. A dificuldade de investigação, no que concerne ao agente encoberto digital neste tipo de serviços, reside no facto de ser quase impossível aceder a este tipo de servidores por existir uma maior barreira de proteção contra intrusões.

§4. Por último, não poderemos deixar de abordar a *pegada digital* como entrave à utilização do agente encoberto na *era* informática. Realizar uma ação encoberta digital requer que o agente encoberto possua um histórico na internet. Pressupõe a existência de um passado, não só a nível de perfis nas redes sociais, como em blogues, em fóruns, etc. Não se julgue que para contornar este problema basta efetuar publicações com datas anteriores, criar histórias em páginas *web* diferentes, entre outras ações que imediatamente podem jorrar no pensamento de um potencial agente encoberto. Efetivamente tal não procede desta forma. Ainda que se criem estas páginas há sempre a possibilidade de verificar se as mesmas realmente foram publicadas naquelas datas e daí aferir a sua veracidade[160]. Nos dias que correm uma pesquisa num motor de busca, seja pelo nome do indivíduo, pela sua alcunha ou *nickname* ou pela conjugação de diferentes variáveis, conduzem-nos, em segundos, a várias páginas com muita informação acerca desse mesmo sujeito.

Um agente encoberto digital que, a título de exemplo, se queira infiltrar no seio da comunidade *Hell's Angels*[161] jamais o poderá fazer se não

[159] Lizhe Wang, Rajiv Ranjan, Jinjun Chen e Boualem Benatallah, *Cloud Computing: Methodology, Systems, and Applications*, CRC Press, Taylor & Francis Group, 2012, pp. 91-108.

[160] Entre diversas páginas que se dedicam a efetuar *screen shots* de páginas existentes na internet indicamos o site https://archive.org/. Neste domínio poderemos encontrar a informação de como uma página da internet estava há 15 anos atrás, quais as notícias que tinham sido publicadas num determinado dia, entre outras informações relevantes.

[161] O grupo *Hell's Angels Motorcycle Club* é um motoclube existente nos 5 continentes, em 56 países e em 85 áreas. Existe em Portugal desde 2002, com clubes no Porto, Lisboa, Setúbal e Faro. A maioria dos seus membros são homens, que conduzem motos Harley-Davidson. Informação recolhida no site do referido motoclube em https://hells-angels.com [*acedido em 27 de dezembro de 2016*].

tiver uma *pegada digital* relacionada com motos, tatuagens e com alguma dose de violência[162].

4.5. Benefícios do emprego do agente encoberto digital

§1. Nem só impedimentos existem quanto ao recurso do agente encoberto digital. Já aqui demos conta de algumas situações benéficas no que concerne ao uso do agente encoberto digital. Desde logo ressalva à vista desarmada que a ação encoberta é menos perigosa e consequentemente

Este grupo *motard* esteve já em diversos países relacionado com o mundo criminal, nos quais os seus membros estão conotados com o tráfico de droga, de armas, extorsão e formas de atuação extremamente violentas. O FBI já efetuou diversas detenções de elementos deste grupo de motos e considerou-os como um dos quatro bandos de motoclubes a investigar. A este respeito veja-se a ação levada a cabo no pretérito dia 20 de novembro de 2017, no qual foram detidos diversos membros deste motoclube americano indiciados por extorsão, tráfico de drogas e violência, Cf. http://abcnews.go.com/US/video/calif-hells-angels-arrested-fbi--raid-51298240 [*acedido em 21 de novembro de 2017*]. No Canadá, Reino Unido e Alemanha este grupo *motard* chegou a ser proibido face aos episódios de violência e organização criminosa. Também em Portugal o grupo teve ações violentas, apesar de ultimamente se encontrar mais discreto, após terem sido detidos 89 membros e colocados em prisão preventiva 37. Remetemos para uma notícia de 05-01-2010, no qual seis membros do grupo foram condenados pelo Tribunal de Sintra a cinco anos de prisão, pelos crimes de sequestro, roubo, ofensa à integridade física, coacção e extorsão a um ex-membro do grupo, Cf. http://www.cmjornal.pt/portugal/detalhe/seis-membros-do-grupo-hells-angels-condenados e uma notícia de 05-09-2014, no qual 20 membros do motoclube de Lisboa tentaram invadir à força a discoteca Dock's em Lisboa armados com facas, ferros e paus, tendo sido barrados pela intervenção dos seguranças e da PSP, Cf. http://www.cmjornal.pt/portugal/detalhe/hells_angels_atacam_disco [*acedidos em 10 de novembro de 2017*]. Já em 2019 foram acusados 89 membros e em 2021 colocados em liberdade os detidos preventivos, por não se ter dado início ao julgamento e se ter ultrapassado o limite máximo permitido da prisão preventiva ou da obrigatoriedade de permanência na habitação, Cf. respetivamente, https://www.dn.pt/pais/85-hells-angels-acusados-associacao-criminosa-homicidio-violencia-e-trafico-11098139.html e https://www.dn.pt/sociedade/libertados-37-membros-dos-hells-angels-envolvido-em-guerra-de-motards-14320576.html [*acedidos em 29 de novembro de 2021*].

[162] Albert De Amicis, *Hell's Angels Criminal Enterprise*, University of Phoenix, 2009. Nesta dissertação descreve-se a infiltração do agente especial ATF Jay Dobnys (Jay Bird ou simplesmente Bird, era o seu nome de encoberto em diversas situações) cujo passado de tiroteios, motos e tatuagens, o tornaram no elemento apropriado para desempenhar a função de agente encoberto e deter vários elementos deste motoclube nos Estados Unidos, disponível em https://www.ncjrs.gov/pdffiles1/228801.pdf [*acedido em 19 de setembro de 2017*].

poderá ser realizada com outra disposição e obtenção de resultados mais lestos.

O emprego do agente encoberto digital pode ser realizado por diversos agentes, desde que não exista a necessidade de ser concretizado um contacto pessoal entre o agente encoberto e os suspeitos em investigação. A exceção poderá ainda ocorrer caso o agente encoberto tenha que encetar comunicações com o(s) investigado(s), por videochamada especialmente. Aí requer-se, como não poderia deixar de ser, a continuidade do mesmo agente ou de terceiro nestes telefonemas ou videochamadas.

Dispensa-se, neste tipo de investigação *online*, a necessidade de se criar uma identidade fictícia para o agente encoberto. Efetivamente, prescinde-se do recurso ao expediente e formalismo mencionado no art. 5.º do RJAE, ou seja, a burocracia inerente à aquisição de identidade fictícia, que nasce com a proposta do Diretor Nacional da PJ e termina com a sua atribuição por despacho do Ministro da Justiça. Quer o agente encoberto quer o terceiro, que actue sob o controle da Polícia Judiciária, não correm risco de vida, sendo este o ponto fulcral para que não seja relevante esta dupla identidade. Inexiste, deste modo, a *ratio legis* do art. 4.º do RJAE, isto é, a necessidade de proteção que é devida ao agente encoberto ou a terceiro. Por outro lado, também as famílias destes não correm risco de vida, por ser uma ação realizada à distância, não havendo quaisquer contatos pessoais entre o alvo e o agente encoberto.

§2. Diferentemente será a utilização pelo agente encoberto digital de *nicknames* ou alcunhas em perfis da internet ou no meio em que se imiscuir. Efetivamente aqui não se trata de uma identidade, na verdadeira aceção do termo. Abordaremos a utilização desta técnica *à posteriori*, na parte especial, pelo que deixamos para esse local os considerandos devidos.

O uso de vários agentes encobertos, para além de ser menos cansativo, poderá conduzir a resultados mais rápidos, por se trabalhar com uma equipa multidisciplinar. Basta, para isso, que exista um guião, no qual o agente encoberto digital assente toda a sua atividade e forma de interação, se necessário for, com o suspeito. Mantendo a uniformidade nas suas comunicações decerto não levantará suspeitas relativas à sua função de encoberto, nem quanto aos elementos que compõem a mesma.

§3. A possibilidade de uso de ferramentas informáticas de acesso remoto é também uma vantagem. Quantas vezes uma ação encoberta poderá ter ficado comprometida porque o agente perdeu a oportunidade de ouvir ou de frequentar locais onde o suspeito sob investigação se encontrava? Com o uso de *benware* é possível aceder ao microfone ou câmara de filmar dos dispositivos informáticos do suspeito, sem o seu conhecimento. É possível monitorizar, através de uma ação técnica, todos os passos que o suspeito realiza, pela ativação do GPS, sem que exista a menor desconfiança, por parte do alvo, de que está a ser investigado.

A tecnologia certamente nos trará mais argumentos para que a sua utilização, através do agente encoberto, ocorra com maior regularidade, logrando investigações mais profícuas e menos perigosas. Não poderemos esquecer que, apesar dos benefícios que se possam extrair com a utilização das ferramentas tecnológicas, há limites que não devem ser ultrapassados. A própria lei assim os estipula, em obediência à Constituição e aos demais icons dos Direitos Humanos, pelo que não se deve cegamente obter uma prova, relativamente a um suspeito, violando outras normas fundamentais à sobrevivência de uma sociedade.

Defende-se que a utilização do agente encoberto digital, no qual os seus benefícios na investigação são evidentes, obdeça ao estrito cumprimento do art. 2.º, n.º 2 da CRP, ou seja, que se subordine à Constituição e se funde na legalidade democrática. Cabe ao MP e ao JIC este controlo e desenvolver ações de responsabilidade penal e cível aquando da violação das disposições normativas.

5. Desafios da investigação criminal na sociedade atual

5.1. O agente encoberto na sociedade de risco

§1. A sociedade atual é uma sociedade que se carateriza, cada vez mais, pelo risco que comporta nas mais diversas facetas da vida em geral. Se dúvidas existissem que cada vez mais vivemos numa sociedade de risco as mesmas ficariam dissipadas face à tecnologia que nos rodeia e à permissividade com que esse risco é assumido, criando-se seguros de várias índoles, afastando-se a responsabilidade gerada pelo risco criado ou aumentado. A sociedade atual, por força das modernas formas de comunicação, exige respostas imediatas, reqyer "uma nova ação na afirmação dos direitos humanos"[163]

Ulrich Beck foi um dos primeiros autores a teorizar sobre a *Risikogesellschaft* (sociedade do risco). Numa delimitação do conceito diz-nos que *"[o] risco pode ser definido como uma forma sistemática de lidar com os perigos e as incertezas produzidos e introduzidos pela própria modernização"*[164].

Também Giddens associa o risco a *"sociedades orientadas para o futuro"* acrescentando que *"o risco refere-se a perigos calculados em função de possibilidades futuras"*[165].

§2. Com a crescente utilização da informática, mormente da internet, assistiu-se à criação de um risco a que todos os internautas estão sujeitos. A infoexclusão leva a que muitos dos cibernautas não fiquem cientes dos riscos que correm ao usar a internet e acrescentem mais riscos na sua utilização, por falta do dever de cuidado. Desde logo a criação de vários programas informáticos, com fins menos lícitos, que se conseguem instalar nos computadores e em outros dispositivos informáticos, com a finalidade de monitorizar remotamente e em tempo real toda a atividade que se opera nesses equipamentos[166]. Estes programas poderão ser enviados por diversas formas, sem que o utilizador se aperceba que efetivamente está a instalar no seu computador *software* que o vai controlar no futuro. O recebimento de *e-mail's* com mensagens SPAM[167], *spyware*[168] até aos

[163] Manuel Monteiro Guedes Valente, «Ciência Polícial, Contributos reflexivos e epistémicos», *Revista Brasileira de Ciências Policiais,* Brasília, v. 1, n.º 2, jul/dez 2010, p. 80.

[164] Ulrich Beck, *Risk Society, Towards a new modernity,* Tradução do original alemão *Risikogesellschaft: auf dem weg in eine andere moderne* por Mark Ritter, Sage Publication, Londres, 2005, p. 21.

[165] Carlota Pizarro de Almeida, *O dever de cuidado como modelo de gestão do risco,* Tese de doutoramento, FDUL, inédito, 2010, *apud* Anthony Giddens, *O mundo na era da globalização,* Editora Presença, 2000, p. 47, disponível *online* em http://repositorio.ul.pt/bitstream/10451/4279/3/ulsd061182_td_Carlota_Almeida.pdf [*acedido em 20 de setembro de 2016*].

[166] Dito por outras palavras *"... a criminalidade contemporânea se caracteriza como uma delinquência não convencional, cujo perfil assume inúmeras formas de manifestação"*, Paulo Pinto de Sousa, *Ob. Cit.*, p. 231.

[167] Armando Dias Ramos, *A prova digital em processo penal..., Ob. Cit.*, pp. 19 e ss.

[168] *Spyware* "engloba um conjunto de programas e processos de obtenção, em ambiente digital, de informações pessoais recolhidas sem o consentimento do titular dos dados e que podem

cookies[169] que se alojam nos dispositivos informáticos, de cada vez que visitamos uma página na internet, levam a uma monitorização cada vez maior dos utilizadores. Potencia-se, desta forma, o aumento do risco em virtude de com esta monitorização ser possível capturar elementos de acessos a contas bancárias, a cartões de crédito, à devassa da vida privada, etc.

§3. Acompanhando de perto o pensamento de BLANCA MENDOZA BUERGO[170] podem-se definir três momentos na sociedade de risco: (1) os perigos atuais comparativamente aos perigos do passado, tais como pragas ou desastres naturais, são artificiais, uma vez que são provocados pela atividade humana e consequentemente ligados à decisão destes. A humanidade enquanto tal, com os riscos tecnológicos criados em consequência do seu desenvolvimento, pode levar à autodestruição coletiva; (2) a definição de sociedade de risco deriva da complexidade organizacional das relações de responsabilidade. O aumento das ligações, a ignorância causal ou dificuldades de esclarecimentos determina que a responsabili-

contribuir decisivamente para a definição de perfis de personalidade. No mundo da tecnologia spyware é o termo genérico sob o qual se enquadram diferentes tecnologias, como seja adware, trojans, hijackers, key *loggers, dialers* e *malware*", ALEXANDRE SOUSA PINHEIRO, *Privacy e protecção de dados pessoais: a construção dogmática do direito à identidade informacional*, Associação Académica da Faculdade de Direito de Lisboa, 2015, p. 89. Em sentido contrário de que o *Spyware* não coleta dados pessoais, mas somente correlaciona hábitos dos utilizadores sem o seu consentimento, HOSSEIN BIDGOLI, *Handbook of information security, Treaths, vulnerabilities, preventation, detection, and management*, Vol. 3, Jonh Wiley & Sons, Inc., 2006, pp. 136-137.

[169] Um *cookie* é um pequeno ficheiro de texto que um sítio Web instala temporariamente no seu computador ou dispositivo móvel quando visita uma determinada página. Estes ficheiros permitem que durante um certo período de tempo o sítio Web se «lembre» das suas ações e preferências, nomeadamente do nome de utilizador, da língua escolhida, do tamanho dos carateres e de outras definições de visualização. É por isso que quando percorre as páginas de um sítio ou regressa a um sítio que já visitou não tem, em princípio, de voltar a indicar as suas preferências quando regressa a um sítio. In https://europa.eu/european-union/abouteuropa/cookies_pt [*acedido em 23 de janeiro de 2016*].

Pela importância que reveste este tema dos *cookies* foi criada legislação europeia de forma a regulamentar a utilização dos *cookies*, para proteção dos utilizadores de sistemas informáticos, através da Diretiva 2002/58/CE, alterada pela Diretiva 2009/136/CE do Parlamento Europeu e do Conselho, acessíveis em www.eur-lex.europa.eu [*acedido em 23 de janeiro de 2016*].

[170] BLANCA MENDOZA BUERGO, *El Derecho penal en la sociedad del riesgo*, Civitas, Madrid, 2001, pp. 25 e ss.

dade é cada vez maior; (3) o crescimento subjetivo de insegurança para os novos perigos que existem, mesmo quando esses perigos não são reais. Isto faz com que cada vez mais cidadãos apelem ao Estado a prevenção do risco e medidas de segurança[171].

§4. Cientes destas vulnerabilidades tecnológico-informático-digitais e da exposição crescente ao risco os delinquentes conseguem traçar planos e atingir objetivos de forma silenciosa[172]. Este risco traduz-se não só para potenciais vítimas como para eventuais criminosos. As potenciais vítimas, porque expostas ao risco, poderão sê-lo mais facilmente devido a estas vulnerabilidades, sem que tal se apercebam ou estejam informadas de novos *modus operandi* dos delinquentes. Os criminosos porque mesmo à distância, atrás de um equipamento informático, correm o risco de vir a ser identificados, uma vez que deixarão eventualmente o seu rasto digital na prática dos crimes. Rasto este que se traduz no conceito de *pegada digital*[173]. A este respeito havemos de voltar posteriormente quando analisarmos o caso *Silk Road* e a forma como o seu autor foi identificado, por ter deixado na *surface web* o endereço do seu correio eletrónico.

[171] Jorge de Figueiredo Dias, *Algumas reflexões sobre o Direito Penal e a sociedade do risco*, Lisboa, Universidade Lusíada, 2000, p. 7 afirma *"uma sociedade exasperadamente tecnológica, massificada e global, onde a acção humana, as mais das vezes anónima, se revê susceptível de produzir riscos também eles globais ou tendendo para tal, susceptíveis de serem produzidos em tempo e em lugar distanciados da ação que os originou ou para eles contribuiu e de poderem ter como consequência, pura e simplesmente, a extinção da vida".*

[172] João Carlos Cruz Barbosa de Macedo, «Algumas considerações acerca dos crimes informáticos em Portugal», *Direito Penal Hoje, Novos desafios e novas respostas*, coord. Manuel da Costa Andrade e Rita Castanheira Neves, Coimbra Editora, 2009.

[173] Edmund Locard enunciou os fundamentos que viriam a dar origem ao *Princípio das trocas* ou *Princípio de Locard*. Referia o pai da Criminologia que na cena do crime o seu autor leva algo consigo e deixa no local vestígios seus. José Braz, *Investigação criminal..., Ob. Cit.*, p. 201. Por *pegada digital* entende-se todo a informação acumulada que fica disponibilizada na rede *web* e que é impossível apagar. Vera Alves de Sousa, «Imortalidade digital: a preservação da memória», AA.VV, *Internet, Comunicação em rede*, Org. Ana Pinto Martinho e Branco di Fátima, Edição de autor, 2013, p. 72.

O trabalho da investigação criminal na sociedade de risco[174], passa efetivamente por um intenso labor na busca de informação digital deixada pelos autores dos crimes de modo a que possa, posteriormente, desenvolver-se uma ação encoberta a nível informático[175]. As dificuldades deste labor crescem quando na rede existem instrumentos que cifram conteúdos e se torna impossível decifrar os mesmos.

Tendo uma ação encoberta o fito primordial de prevenir a prática de crimes, torna-se imperioso na sociedade atual em que se vive, com casos extremos de terrorismo, tráfico de estupefacientes que originam elevados custos económicos na recuperação de toxicodependentes e outras formas violentas de criminalidade, existirem instrumentos legislativos que permitam aos investigadores criminais recolherem informações *ex ante* a execução dos acontecimentos[176].

5.2. O direito penal do inimigo

§1. Justificará a investigação criminal, com recurso ao agente encoberto, uma ação mais *musculada* face ao direito penal do inimigo? Os avanços tecnológicos, económicos e a globalização em geral, geradores de uma sociedade de risco, vieram originar, por sua vez, a formulação da teoria do direito penal do inimigo. Segundo o seu autor e doutrinador Günther Jakobs pode-se caraterizar o direito penal do inimigo como a antecipação da tutela penal, onde as penas não são proporcionais à gravidade do crime e não existe a formalização tradicional das garantias processuais[177]. Entende Jakobs que, na sociedade, há que fazer uma separação entre

[174] Felipe Cardoso Moreira de Oliveira, «Sociedade de risco: tecnologia e resposta penal como ameaças», *Informatica e diritto*, Vol. XIII, n.º 1-2, 2014, pp. 121-145, também disponível em http://www.ittig.cnr.it/EditoriaServizi/AttivitaEditoriale/InformaticaEDiritto/IeD2004_1-2-Cardoso.pdf [*acedido em 25 de novembro de 2016*].

[175] Analisaremos infra o tipo de informação recolhida na internet em fontes abertas ou OSINT (acrónimo de *Open Source Intelligence*). Para já poderemos avançar que esta informação não necessita de quaisquer autorizações da autoridade judiciária e, consequentemente, prescinde da necessidade de uma ação encoberta.

[176] Flávio Cardoso Pereira, *El agente infiltrado...*, *Ob. Cit.*, pp. 294-310.

[177] Günther Jakobs, *La Ciencia Del Derecho Penal ante las exigencias del presente*, Bogotá, Universidad Externado de Colômbia, Centro de Investigaciones de Derecho Penal y Filosofía del Derecho, Tradução: Teresa Manso Porto, 2000, pp. 55-57.

aqueles que são os cidadãos e aqueles outros (os que ele denomina de *inimigo*) que lutam pela destruição da ordem jurídica[178]. Sendo impossível uma sociedade sem risco, SILVA SANCHEZ atribui três características do direito penal do inimigo, defendido por Jakobs: "*en primer lugar, se constata un amplio adelantamiento de la punibilidad, es decir, que en este ámbito, la perspectiva del ordenamiento jurídico-penal es prospectiva (punto de referencia: el hecho futuro), en lugar de -como es lo habitual- retrospectiva (punto de referencia: el hecho cometido). En segundo lugar, las penas previstas son desproporcionadamente altas: especialmente, la anticipación de la barrera de punición no es tenida en cuenta para reducir en correspondencia la pena amenazada. En tercer lugar, determinadas garantías procesales son relativizadas o incluso suprimidas*"[179].

Destarte os indivíduos que vivem à margem da sociedade, que praticam crimes de modo duradouro são uma "não pessoa" e não poderão ter as mesmas garantias constitucionais que o Estado prevê para as "pessoas"[180][181].

JAKOBS defende que os inimigos têm menos direitos que os cidadãos, *in* http://www.lanacion.com.ar/826258-el-enemigo-tiene-menos-derechos-dice-gunther-jakobs [*acedido em 20 de janeiro de 2016*].

[178] GÜNTHER JAKOBS e MANUEL CANCIO MELIÁ, *Derecho Penal del Enemigo*, Madrid, Civitas, 2003, pp. 21-25.

[179] JESUS MARIA SILVA SANCHEZ, *La Expansion Del Derecho Penal, Edisofer*, 1999, pp. 79-81.

[180] *Ibidem*, pp. 45. JAKOBS admite, entre outras medidas, a intervenção do agente encoberto para com o inimigo, "*La situación es idéntica respecto de cualquier coacción a una intervención, por ejemplo, a una extracción de sangre (§81 a StPO), así como respecto de aquellas medidas de supervisión de las que el imputado nada sabe en el momento de su ejecución porque las medidas sólo funcionan mientras el imputado no las conozca. En este sentido, hay que mencionar la intervención de las telecomunicaciones {§ 100 a StPO), otras investigaciones secretas (§ 100c StPO) y* ***la intervención de investigadores encubiertos (§ 110 a StPO)****. Al igual que en el Derecho penal del enemigo sustantivo, también en este ámbito lo que sucede es que estas medidas no tienen lugar fuera del Derecho, pero los imputados, en la medida en que se interviene en su ámbito, son excluidos de su derecho: el Estado abole derechos de modo jurídicarnente ordenado*", (negrito nosso), *cit.* p. 45.

[181] Sobre a distinção entre "pessoa" e "não pessoa" refere-nos AUGUSTO SILVA DIAS, que "*para JAKOBS pessoa não é o ser humano individual, a personalidade inata, mas uma construção normativa – a pessoa jurídica- composta por três elementos: uma unidade de direitos e deveres, que se comporta de modo fiel ao Direito, e fornece uma garantia cognitiva suficiente de comportamento pessoal*". AUGUSTO SILVA DIAS, «Os criminosos são pessoas? Eficácia e garantias no combate ao crime organizado, Que futuro para o direito processual penal?», *Simpósio em Homenagem a Jorge de Figueiredo Dias, por ocasião dos 20 anos do código de processo penal português*, Coimbra Editora, 2009, pp. 784-785.

Os Estados, em face de atos bárbaros praticados contra cidadãos inocentes, cedo reclamaram, em nome da segurança estadual e do bem-estar dos seus concidadãos, medidas extraordinárias de luta contra o terrorismo, o crime altamente organizado, entre outros[182].

§2. O RJAE prevê a realização de ações encobertas como medida preventiva. Deverá o Estado atuar, recorrendo a esta forma de investigação, tratando o suspeito como se fosse um inimigo? Estaremos perante uma "guerra ao crime" onde o retorno ao "delinquente inimigo" é uma resposta às dimensões avassaladoras e ao flagelo que constitui a criminalidade global[183]? E continua questionando Anabela Rodrigues "*até onde pode ir-se na perseguição penal da criminalidade mais grave, que põe em causa a própria democracia, origem do processo penal como "ordenamento da liberdade" e que oferece proteção aos que se propõem destrui-la, como acontece com certas manifestações de terrorismo? (...) até onde pode recuar a garantia de liberdade para assegurar a confiança?*[184]" A resposta é dada pela própria quando afirma que "*à "magna carta do delinquente" a sociedade opõe a "magna carta do cidadão", o reclamo por um arsenal de meios efectivos de luta contra o crime e de repressão da violência*"[185].

Quer após a prática de crimes hediondos, como os de terrorismo, onde se gera uma onda de pânico e mesmo antes, onde é impossível, na maioria das vezes, prever quando irão acontecer, admitimos como válida a ação encoberta. No RJAE nada determina que a ação encoberta tenha que ser direcionada para um ou mais suspeitos/arguidos. Antes prevê a sua utilização, como forma preventiva, de modo a evitar práticas criminais, não impondo um limite temporal à sua ação. Basta que hajam fortes suspeitas

[182] A título de exemplo: nos EUA com o *Patriot Act* após os ataques de 11 de setembro de 2001 às torres gémeas, em Nova Iorque; em Portugal com a possibilidade de efetuar buscas domiciliárias noturnas (entre as 21 e as 7 horas) em casos de terrorismo ou criminalidade especialmente violenta ou altamente organizada (art. 177.º n.º 2, a), do CPP).

[183] Anabela Miranda Rodrigues, «Democracia e criminalidade – entre o risco e a confiança», *Terra de Lei*, Associação de Juristas de Pampilhosa da Serra, Ano 1, n.º 1, 1.º semestre, 2012, p. 50.

[184] *Idem*, p. 51.

[185] Anabela Miranda Rodrigues, «Política criminal – Novos desafios, velhos rumos» in *Liber Discipulorum para Jorge de Figueiredo Dias*, Coimbra Editora, 2003, p. 211.

de criminalidade, dentro do catálogo de crimes previsto no RJAE, para que se coloque no terreno um agente encoberto e se incie uma investigação com fins preventivos[186].

§3. Sucede, efetivamente, que os Estados têm reagido a estas ondas de criminalidade mais grave com a alteração de legislações, muitas delas realizadas sob o momento dos acontecimentos e não procede de forma ponderada e eficaz a essas alterações[187].

Legislar sob a batuta do medo, ou sob pressão, tentando reprimir à força de novas leis acontecimentos vividos sem criar mecanismos ponderados, observando os tratados internacionais de Direitos Humanos e sem se violarem Princípios Universais, leva a que se cometam atrocidades e enfraquece quem legisla. A título meramente exemplificativo temos, no seio da Europa, a criação da Diretiva 2006/24/CE, do Parlamento e do Conselho, de 15 de março, relativa à conservação de dados gerados ou tratados no contexto de oferta de serviços de comunicações eletrónicas publicamente disponíveis ou de redes públicas de comunicações[188]. Esta diretiva nasceu após os ataques terroristas em 11 de março de 2004, em Atocha – Madrid e dos ataques terroristas em Londres, a 7 de julho de 2005. Foram estes últimos acontecimentos que precipitaram a sua elaboração. E da forma como veio a ser criada foi considerada pelo Tribunal de Justiça da União Europeia, em 08 de abril de 2014, inválida[189].

[186] Não podemos descurar que, em alguns tipos de crime, os meros atos prepatórios são punidos. Podemos encontrar esta sanção, punida severamente, por exemplo, no art. 2.º, n.º 4, da Lei de Combate ao Terrorismo – Lei n.º 52/2003, de 22 de agosto – onde se prevê uma pena de prisão de 1 a 8 anos para quem praticar actos preparatórios da constituição de grupo, organização ou associação terrorista.

[187] Remetemos para o nosso estudo «A prova digital na investigação do (ciber)terrorismo», *Investigação Criminal*, n.º 9, (dezembro 2015), Lisboa, pp. 111-135.

[188] Que viria a ser transposta para o nosso direito interno através da Lei n.º 32/2008, de 17 de julho.

[189] Processo C-293/12, conhecido por *Digital Rights of Irland*, tendo o TJUE afirmado que *"limitando-se a dispor que cada Estado-Membro define os procedimentos que devem ser seguidos e as condições que devem ser respeitadas para se ter acesso a dados conservados de acordo com os requisitos da necessidade e da proporcionalidade. Em particular, a Diretiva 2006/24 não estabelece um critério objetivo que permita limitar o número de pessoas com autorização de acesso e de utilização posterior dos dados conservados ao estritamente necessário à luz do objetivo prosseguido. O acesso aos dados conservados*

O recurso ao agente encoberto deve ser utilizado de acordo com as normas legais instituídas, excluindo-se o livre arbítrio, observando-se o Princípio da Legalidade. A investigação criminal não pode ver nos indivíduos infratores, que vivem marginalmente à sociedade, somente como cidadãos-inimigos, mas tem que agir em nome da defesa do interesse comum. O RJAE exige que as ações encobertas sejam adequadas aos fins de prevenção e repressão criminais identificados em concreto e que sejam proporcionais àquelas finalidades, bem como à gravidade do crime em investigação.

5.3. O *nemo tenetur se ipsum accusare*

§1. O brocado latino *nemo tenetur se ipsum accusare* é um princípio geral do direito "*que dispõe que ninguém pode ser obrigado a contribuir para estabelecer a sua própria culpabilidade*"[190].

A sua génese pode ser encontrada no Pacto Internacional sobre Direitos Civis e Políticos[191], da ONU, de 16 de dezembro de 1966, que estipula no art. 14.º, n.º 3, alíena g), que "*qualquer pessoa acusada de uma infração penal terá direito, em plena igualdade, pelo menos às seguintes garantias: (...) a não ser forçada a testemunhar contra si própria, ou a confessar-se culpada*".

pelas autoridades nacionais competentes não está sobretudo sujeito a um controlo prévio efetuado por um órgão jurisdicional ou por uma entidade administrativa independente cuja decisão vise limitar o acesso aos dados e a utilização dos mesmos ao estritamente necessário para alcançar o objetivo prosseguido e ocorra na sequência de um pedido fundamentado destas autoridades apresentado no âmbito de procedimentos de prevenção, deteção ou ação penal. Também não foi prevista uma obrigação precisa de os Estados-Membros estabelecerem tais limitações." Acórdão disponível em http://curia.europa.eu/juris/document/document.jsf?text=&docid=153045&pageIndex=0&doclang=PT&mode=req&dir=&occ=first&part=1&cid=818477 [*acedido em 23 de janeiro de 2015*].

[190] Vânia Costa Ramos, *Corpus Juris 2000, Imposição ao arguido de entrega de documentos para prova e nemo tenetur se ipsum accusare,* Tese de mestrado, FDUL, inédito, 2005, p. 8.; Paulo Sousa Mendes, «O dever de colaboração e as garantias de defesa no processo sancionatório especial por práticas restritivas da concorrência», *Revista Julgar*, n.º 9, 2009, p. 15; Manuel Costa de Andrade, *Sobre as proibições de prova...*, *Ob. Cit.*, p. 121; Livia Giuliani, «Misure restrittive della libertà personale e diritto di defesa dell'imputato», AA.VV, *Il diritto processuale penale nella giurisprudenza costituzionale, "Cinquanta anni della Corte constituzionale della Repubblica italiana"*, Org.: Giovanni Conso, Ed. Scientifiche Italiane, 2006, pp 431-464.

[191] Ratificado por Portugal pela Lei n.º 29/78, de 12 de Junho.

Também a Convenção Europeia dos Direitos do Homem consagra este princípio, não de uma forma tão direta, mas no seu art. 6.º relativo ao direito a um processo equitativo.

Poderemos afirmar que existe uma divisão doutrinal relativamente a este princípio. Há autores que distinguem o *nemo tenure se ipsum acusare*[192] *do "direito ao silêncio"*[193] *e do "privilégio de se não autoincriminar"*[194]. Considerando-se que o direito de não produzir provas contra si mesmo detém uma maior amplitude, englobando o direito ao silêncio, na vertente de não responder a perguntas que lhe forem formuladas em julgamento ou em fase anterior.

É este o entendimento do TEDH quando aprecia a violação do art. 6.º da Convenção Europeia dos Direitos do Homem, ou seja, quando não existe um processo equitativo. Nos casos *Saunders vs UK* de 17-12-1996 (§ 68) e *Heaney and McGuinness vs Irlanda* de 21-12-2000 (§ 40)[195], o Tribunal considerou que a acusação deve esgrimir os seus argumentos sem recorrer a métodos de coerção ou opressão contra a vontade dos acusados.

§2. A discussão sobre a colaboração do suspeito na sua incriminação tem sido aflorada pelas mais recentes jurisprudências de tribunais superiores[196], mormente quando o arguido confessa a prática de um crime sob

[192] Também designado por *"nemo tenetur seipsum prodere"* e *"nemo tenetur seipsum acusare"*.

[193] Peter Mirfield, *Silence, confessions and improperly obtained evidence*, Clarendon Press Oxford, 1997, pp. 13-15.

[194] Peter Mirfield, *Ob. Cit.*, p. 15; Steve Uglow, *Evidence – Text and Materials*, 2.ª Edição, Thonson, Sweet & Maxwell, 2006, p. 314; Benjamim Silva Rodrigues, *Da Prova Penal, Tomo II, Ob. Cit.*, p. 593.

[195] Onde é mencionado *"même si l'article 6 de la Convention ne le mentionne pas expressément, le droit de se taire et — l'une de ses composantes — le droit de ne pas contribuer à sa propre incrimination sont des normes internationales généralement reconnues qui sont au cœur de la notion de procès équitable consacrée par ledit article"*. Disponíveis em http://www.echr.coe.int [*acedido em 25 de novembro de 2016*].

[196] Ac. do STJ para fixação de jurisprudência, Proc. n.º 171/12.3TAFLG.G1-A.S1, Relator: Armindo Monteiro, de 28-05-2014, concluindo-se no sentido que *"[O]s arguidos que se recusarem à prestação de autógrafos, para posterior exame e perícia, ordenados pelo Exm.º Magistrado do M.º P.º, em sede de inquérito, incorrem na prática de um crime desobediência, previsto e punível pelo artigo 348.º, n.º 1 b), do Código Penal, depois de expressamente advertidos, nesse sentido, por aquela autoridade judiciária."* Com voto vencido da Sr.ª Juíza Conselheira Helena Moniz argumentando que *"[U]*

determinadas condições. Ou até mesmo quando é obrigado a realizar exames (de ADN, de recolha de autógrafos, de sangue para verificação do grau de alcoolémia, entre outros) que levam indubitavelmente a condenar-se a si próprio. Se ao arguido assiste o direito ao silêncio[197], como uma das garantias de defesa que detém na situação de sujeito processual[198], o "núcleo duro" e "quase absoluto" do *nemo tenetur*[199], poderá ser utilizado contra si as provas recolhidas pelo agente encoberto[200]?

ma restrição ao princípio da não-autoincriminação, respeitadora do princípio da necessidade, adequação e proporcionalidade, será admissível, porém desde que consagrada em lei formal".

Cf. também Ac. TRL, Proc. 206/14.5YUSTR.L1-5, Relator: Artur Vargues, de 26-05-2015, onde se refere que "*[o] dever de colaboração consagrado no n.º 5, do artigo 53.º, da Lei n.º 53/2005, de 08/11, não viola o direito à não auto-incriminação*".

[197] Corporizado em Portugal expressamente no Decreto de 28 de dezembro de 1910, publicado no Diário do Governo, n.º 72, de 29 de dezembro de 1910, que referia: "*O reu não é obrigado a responder às perguntas do juiz ou a qualquer d'ellas, execptuando as relativas à sua identidade; e d'isso será informado no princípio do interrogatório, no qual o juiz terá, sempre em vista que as perguntas ao acusado em acto do julgamento foram autorizadas pela lei, para que o reu se defenda, querendo, e não para que lhe dê argumentos ou provas para a sua acusação*".

[198] Paulo de Sousa Mendes, «Os direitos e deveres do arguido», AA.VV., *Estudos em Memória do Prof. Doutor J. L. Saldanha Sanches*, Org. Paulo Otero, Fernando Araújo, João Taborda da Gama, Vol. II, Coimbra Editora, 2011, p. 819; Maria de Fátima Reis, «O direito à não autoincriminação», *Sub-Judice, Justiça e Sociedade*, n.º 40, julho-setembro, 2007, p. 59.

[199] Nas palavras de Augusto Silva Dias e Vânia Costa Ramos, *O direito à não auto-inculpação (nemo tenetur se ipsum accusare) no Processo Penal e Contra-Ordenacional Português*, Coimbra Editora, 2009, p. 20.

Cf. também José Carlos de Oliveira, *A identificação criminal do arguido*, Chiado Editora, 2016, pp. 74-79; Benjamim Silva Rodrigues, *Da Prova Penal, Tomo II, Ob. Cit.*, pp. 593-596; Anabela Miranda Rodrigues, «A defesa do arguido: uma garantia constitucional em perigo no "admirável mundo novo"», *Revista Portuguesa de Ciência Criminal*, ano 12.º, n.º4, (outubro-dezembro 2002), p. 549, e também Claus Roxin, *Derecho procesal penal*, Editores del Puerto, tradução da 25.º edição alemã, Buenos Aires, 2000, p. 203, refere-se ao "*núcleo duro*" como "*o núcleo essencial intangível da personalidade e, com isso, a dignidade humana*".

[200] Ac. TRE, Proc. 101/09.0GBMMN.E1, Relator João Gomes de Sousa, de 11-10-2011. Transcrevemos o sumário para melhor entendimento:

"*1 – A sujeição a exame de sangue para apuramento da taxa de alcoolemia não constitui prova proibida nem configura violação do privilégio contra a auto-incriminação.*

2 – As provas existentes independentemente da vontade do acusado não dizem respeito ao direito ao silêncio e são excluídas do privilégio de não auto-incriminação. Estão neste caso os documentos obtidos em virtude de um mandado, as colheitas de ar expirado, de sangue e de urina e tecidos corporais para análise ao ADN.

Não poderemos olvidar os doutos ensinamentos de FIGUEIREDO DIAS e MANUEL COSTA ANDRADE quando nos referem que o instituto do *nemo tenure* surgiu para combater abusos provocados pelos Estados que usavam o arguido como "*instrumento da sua própria condenação*"[201].

A questão acima aflorada é pertinente face a este direito ser reconhecido tanto pela doutrina como pela jurisprudência[202]. É consensual, por isso, o reconhecimento do princípio contra a autoincriminação como direito fulcral que assiste a plena defesa do suspeito[203]. Poder-se-á questionar que o direito à não incriminação apenas terá lugar após a constituição como arguido? Sendo só a partir desse momento que esta prerrogativa poderá e deverá ter lugar? Respondendo a estas interrogações defendemos que a materialização formal da constituição de arguido é fulcral, pois só aí o suspeito tem consciência que está a ser investigado. Efetivamente, antes da constituição de arguido o suspeito não detém a qualidade de sujeito processual e como tal não poderá defender-se[204]. O uso de ações

3 – Excluído está, portanto, um entendimento do privilégio contra a auto-incriminação como privilégio de não contribuir "com o seu próprio corpo" para a auto-incriminação.

4 – Está, igualmente, excluída qualquer pretensão de o arguido determinar, pela sua vontade, quais as provas que contra si podem ser apresentadas, resultado a que se chegará pela aplicação de um amplo e injustificado entendimento do privilégio".

[201] JORGE DE FIGUEIREDO DIAS e MANUEL DA COSTA ANDRADE, *Supervisão, Direito ao Silêncio, e Legalidade da Prova*, Almedina, 2009, p. 38.

Também MANUEL DA COSTA ANDRADE, *Sobre as proibições de prova..., Ob. Cit.*, "*... a liberdade de declaração do arguido ganha a estrutura de um autêntico* Abwehrrecht *contra o Estado, vedando todas as tentativas de obtenção, por meios enganosos ou por coação, as declarações auto-incriminatórias.*", *Cit.* p. 121.

[202] AUGUSTO SILVA DIAS e VÂNIA COSTA RAMOS, *Ob. Cit.*, referem que "*[a]o contrário de outras Leis Fundamentais, a Constituição da República Portuguesa (CRP) não tutela expressamente o nemo tenetur. A consagração expressa no princípio surge no Código de Processo Penal (CPP), na vertente do direito ao silêncio (arts. 61º, nº 1, al. d), 132º, nº 2, 141º, nº 4, a), e 343º, n. 1, do CPP). Maugrado a ausência de previsão na CRP, tanto a doutrina como a jurisprudência portuguesa são unânimes quanto à natureza constitucional implícita do nemo tenetur. [...] O princípio nemo tenetur goza de consagração constitucional implícito no Direito português...., e desdobra-se numa série de corolário, o mais importante dos quais é o direito ao silêncio.*", pp. 14-15.

[203] PAOLO TONINI, *La prova penale*, 4.º Edizione, CEDAM, 2010, pp. 115-117.

[204] GERMANO MARQUES DA SILVA, *Curso de Processo Penal*, I, 4.ª Edição, Editorial Verbo, 2000, reimpressão 2006, pp. 147-148. JORGE DE FIGUEIREDO DIAS, «Sobre os sujeitos processuais

encobertas visa essencialmente prevenir e descobrir o cometimento de crimes pelos seus autores, carreando provas para a investigação em curso.

§3. Tal como sucede na interceção de escutas telefónicas, em que o suspeito fala abertamente (ou usando linguagem codificada, mas de fácil perceção para os investigadores criminais) existe uma liberdade de ação por parte deste suspeito que desconhece que está a ser investigado de forma encoberta[205]. Não colide com o direito ao silêncio do arguido, uma vez que os registos fonográficos são um meio distinto das declarações do arguido[206]. Similarmente nas ações encobertas opera a mesma liberdade, as provas recolhidas apenas demonstram uma realidade que o agente cometeria de qualquer forma, não tendo o agente encoberto contribuído para essa atividade, donde não tem o *nemo tenure* uma natureza absoluta[207].

Diferentemente será de aplicar o *nemo tenure* se o suspeito, no decurso de uma ação encoberta, for incitado ou induzido à prática do crime, em obediência ao primado estipulado no art. 32.º, n.º 8 da CRP, que determina a nulidade de "todas as provas obtidas mediante tortura, coação, ofensa da integridade física e moral das pessoas...". Opera-se, deste modo, um atentado à integridade moral da pessoa que colide com a sua liberdade e autorresponsabilidade[208].

no novo Código de Processo Penal», in: AA. VV., *Jornadas de Direito Processual Penal. O Novo Código de Processo Penal*, Almedina, 1988, reimpressão 1993, p. 26.

[205] O TRP considerou não haver proibição de prova na gravação de uma conversa telefónica efetuada pelo assistente em que o arguido o injuriava, Ac. TRP, Proc. 1548/12.0TDPRT.P1, Relatora: Maria dos Prazeres Silva, de 27/01/2016. Também neste sentido FRANCISCO MARCOLINO DE JESUS, *Os meios de obtenção de prova em Processo Penal*, 2.ª Edição, Almedina, 2015, p. 237.

[206] MANUEL LOPES MAIA GONÇALVES, *Código de Processo Penal, Anotado – Legislação complementar*, 16.º edição, Almedina, 2007, p. 429.

[207] PAULO DE SOUSA MENDES, «O processo penal entre a eficácia e as garantias», In *Direito da Investigação e da Prova*, Coord. MARIA FERNANDA PALMA, AUGUSTO SILVA DIAS, PAULO DE SOUSA MENDES e CARLOTA ALMEIDA, Almedina, 2014, p. 77.

[208] MANUEL DA COSTA ANDRADE, *Sobre as proibições de prova...*, *Ob. Cit.*, pp. 125-126.

6. O valor da prova recolhida pelo agente encoberto

6.1. Fundamentos gerais da validade da prova

§1. Estipula o art. 125.º do CPP que "*são admissíveis as provas que não forem proibidas por lei*". Resulta deste artigo o princípio da admissibilidade e valoração das provas, ou seja, todas as provas proibidas têm que estar previstas e, consequentemente, não poderão ser tidas em consideração. As proibições de prova são barreiras que vedam, entre outras, a busca da verdade material, são um "*limite à descoberta da verdade*", são "*barreiras colocadas à determinação dos factos que constituem o objecto do processo*"[209]. Na senda da decisão do Tribunal Constitucional[210], o Estado está interessado em punir os culpados de atos criminosos, mas apenas os verdadeiros culpados, existindo um dever ético e jurídico de procurar a verdade material, porém existe também um dever ético e jurídico que leva a excluir a possibilidade de empregar certos meios na investigação criminal.

Poderemos afirmar que as provas em si não são proibidas, pois que uma prova é um elemento que demonstra um facto, corporizando uma ação ou um acontecimento, por exemplo e, como tal, não passa disso mesmo – de uma prova; o que se proíbe, no nosso modesto entendimento, é a forma como se obteve essa prova, como se conseguiu chegar até ela, de modo lícito (prova admissível) ou de modo ilícito (prova proibida). Efetivamente, mesmo com a alteração operada em 2007 ao CPP, o legislador não veio efetuar a distinção entre prova proibida e prova nula[211].

Entre outros, os métodos proibidos de prova encontram-se previstos no art. 32.º, n.º 8, da CRP e igualmente vertidos no art. 126.º do CPP, onde subjaz a ideia fulcral que a recolha de prova se há-de realizar sem ultrapassar os limites do consentido pela ideia de Estado de Direito.

§2. O tema da prova é de fulcral importância pois dela depende a condenação ou absolvição dos arguidos, no âmbito de um processo penal, face ao princípio da imediação que ocorre em sede de audiência e dis-

[209] Gössel *apud* Manuel da Costa Andrade, *Sobre as proibições de prova...*, *Ob. Cit.*, p. 83.

[210] Ac. n.º 578/98, Relator Conselheiro Messias Bento, de 14-10-1998.

[211] Tiago Caiado Milheiro, «Breve excurso pela prova penal na jurisprudência nacional», *Revista Julgar*, n.º 18, Coimbra Editora, 2012, p. 27.

cussão de julgamento[212]. É deste modo que o nosso ordenamento jurídico impõe que a produção da prova em sede de julgamento, com vista ao esclarecimento da verdade material e à boa decisão da causa deve ser apreciada. É com base no princípio da imediação, ínsito no art. 340.º do CPP, que se analisam todos os pressupostos da prova e da sua génese obtenção, à sua materialização no processo, com total submissão ao princípio do contraditório das partes e à livre apreciação do julgador[213].

A apreciação da prova tem sofrido profundas alterações face à evolução da tecnologia. Há uma ou duas décadas, qualquer prova obtida com recurso a imagens de câmaras de vigilância[214] que não estivessem devidamente licenciadas e autorizadas pela Comissão Nacional de Proteção de Dados, ou a gravação de uma conversa telefónica ou entre presentes sem o conhecimento de um deles, era considerada obtida de forma ilícita e não podia ser valorada pelo Tribunal[215]. Atualmente os tribunais têm sido mais permeáveis a este tipo de prova e vão aceitando a sua validade, desde que a mesma não viole a esfera íntima do visado, ou como se refere

[212] A título de exemplo, porque existe basta jurisprudência sobre este tema, é comum a defesa arguir que a prova foi obtida de forma ilícita e como tal gerar a dúvida no julgador. E não havendo outros elementos que corroborem a prova obtida pode levar à absolvição do arguido, com base no princípio do *in dubio pro reo*. Entre outros, pela sua relevância para o nosso estudo, cfr. Ac. do STJ, Proc. 911/10.5BOLH.E1.S1, Relator: Santos Carvalho, de 05-07-2012, onde se afirma que "*há que ressalvar que no recurso de revista perante o STJ, este Tribunal tem exclusivamente poderes de cognição em matéria de direito (art.º 434.º do CPP), como já dissemos. Ora, pelos factos provados, o arguido X não foi um «agente provocador» e essa é a matéria de facto que o STJ tem de levar em conta, pois é a que já está definitivamente assente no processo*".

[213] Neste sentido Ac. do STJ, Proc. 6283/09.3TBBRG.G1.S1, Relator: Alves Velho, de 14-02-2012, Ac. do STJ, Proc. 04B4647, Relator: Bettencourt de Faria, de 13-05-2004, Ac. do TRC, Proc. 2912/06.9TALRA.C1, Relator: Orlando Gonçalves, de 22-04-2009; entre outros.

[214] Denominadas por CCTV.

[215] A este respeito veja-se a declaração de inconstitucionalidade orgânica do artigo 12.º, n.os 1 e 2, do Dec.-Lei n.º 231/98, de 22 de julho, no qual o Tribunal Constitucional considerou, citando Paulo Mota Pinto, que "*[a] permissão da utilização dos referidos equipamentos constitui uma limitação ou uma restrição do direito à reserva da intimidade da vida privada, consignado no artigo 26º, n.º 1, da Lei Fundamental*" e acrescentou, ainda, que "*[a]o autorizar a videovigilância e ao estabelecer algumas regras a que ela deve obedecer, o legislador está indiscutivelmente a tratar de uma matéria atinente a direitos, liberdades e garantias*". Cf. Ac. TC n.º 255/02, Relator: Guilherme da Fonseca, de 12-06-2002.

na doutrina "o núcleo duro da vida privada"[216], onde se inclui a sua intimidade, a sexualidade, a saúde, a vida particular e familiar mais restrita, que se pretende reservada e fora do conhecimento de outras pessoas[217] [218].

[216] Manuel da Costa Andrade, *Sobre a valoração, como meio de prova em processo penal, das gravações produzidas por particulares*, Separata do número especial do BFDC, Estudos em Homenagem ao Prof. Doutor Eduardo Correia, 1984, pp. 5 e ss.; José Francisco de Faria Costa, «As telecomunicações e a privacidade: o olhar (in)discreto de um penalista», *Direito Penal da Comunicação – Alguns escritos*, Coimbra Editora, 1998, p. 176; Paulo Mota Pinto, «O direito à reserva sobre a intimidade da vida privada», *Boletim da Faculdade de Direito da Universidade de Coimbra*, Vol. LXIX, Coimbra Editora, 1993, p. 511.
De realçar o Ac. do TRL, Proc. 10898/2007-3, Relator: Telo Lucas, de 27-02-2008, no qual o MP solicita ao JIC a colocação de um microfone numa cela prisional para, deste modo, descobrir os agentes de um crime de homicídio, mereceu a oposição do JIC e o consequente indeferimento da medida de investigação. Mesmo tratando-se de uma cela prisional vem o Tribunal da Relação confirmar a decisão do JIC argumentando que "*A cela do recluso constitui o seu domicílio provisório, o seu espaço de liberdade na medida em que a clausura o permite." E assim é de facto. A cela, com referência à questão aqui em apreço, não pode deixar de ser vista como o último reduto de liberdade – ainda que de uma liberdade coarctada. Ora, no interior desse reduzido espaço o(s) seu(s) ocupante(s) confiarão, legitimamente, que estão a salvo de qualquer intromissão de terceiros na palavra falada, expressão externa da sua interioridade, pelo que a gravação que dela se fizesse não deixaria de se assumir, ainda, como um acto absolutamente desleal.*"
Por seu turno foi admitido a ação encoberta numa cela com outro detido, com vista à descoberta do autor de um homicídio perpetrado em França, que decorreu na Suiça, tendo tal procedimento sido autorizado pela Justiça Helvética, onde um inspetor da Polícia Judiciária desempenhou o papel de condenado por 3 meses. https://www.publico.pt/2017/03/17/sociedade/noticia/portugues-preso-na-suica-confessa-homicidio-a-agente-infiltrado-na-cadeia-1765523 [*acedido em 19 de março de 2017*].

[217] Em sentido de que se trata de prova válida, a gravação telefónica efetuada pelo assistente, num crime de ameaças e injúria, Ac. TRP, Proc. 1548/12.0TDPRT.P1, Relatora: Maria dos Prazeres Silva, de 27-01-2016; Ac. do TRE, Proc. 187/10.4ZRLSB.E1, Relator: Gilberto Cunha, de 25-11-2014, reconhecendo que mostra-se justificada a divulgação dessa conversa a terceiros pelo sistema de alta voz, pois foi a comunicação telefónica o meio utilizado para cometer o crime de injúria e o recurso a esse sistema visou, assim, a obtenção de prova contra a arguida, atuando a ofendida com causa legítima, proporcional e adequada à divulgação da conversa entre ambas mantida.
Em sentido contrário Ac. do TRL, Proc. 914/07.7TDLSB.L1-9, Relator: Almeida Cabral, de 26-04-2012, considerando que recebendo o arguido convite para um encontro, logo tendo intuído que o interlocutor visava uma ação de corrupção, aceitando comparecer e indo munido de gravador, com o qual gravou a conversa sem o consentimento daquele, não se

§3. De modo diferente será a obtenção de prova realizada pelo agente encoberto. A sua ação e envolvimento com o(s) suspeito(s) pode atingir o "núcleo duro da vida privada" dos envolvidos. Contudo, este meio de obtenção de prova está autorizado pela autoridade judiciária, mormente pelo JIC como "juiz das liberdades", pelo que é admissível a prova recolhida, desde que não exista a provocação por parte do agente encoberto, inexistindo qualquer violação dos direitos do suspeito, conforme resulta do art. 32.°, n.°s 1 e 8, da CRP[219].

Como salienta COSTA ANDRADE "*os direitos fundamentais correspondentes aos bens jurídicos pessoais valem como direitos de defesa (Abwehrrechte) e proibi-*

verifica o "direito de necessidade", excludente da ilicitude, pois o perigo foi intencionalmente criado pelo agente.
Relativamente à captação e gravação de imagens: a favor da sua utilização ainda que inexista registo na CNPD, Ac. do STJ, Proc. 22/09.6YGLSB.S2, Relator: Santos Cabral, de 28-09-2011, Ac. do TRP, Proc. 585/11.6TABGC.P1, Relatora: Maria do Carmo Silva Dias, de 23-10-2013; Ac. do TRL, Proc. 10210/2008-9, Relatora: Fátima Mata-mouros, de 28-05-2009; Em sentido contrário, considerando prova obtida por método proibido de prova, Ac. do TRL, Proc. 83/2006-3, Relator: Carlos Sousa, de 03-05-2006, com voto de vencido do Desembargador Mário Morgado no sentido dos Ac. referidos anteriormente.

[218] O Tribunal Constitucional Federal Alemão (*BVerfG*) relativamente ao núcleo duro da vida privada, em sentença de 31/01/1973, considerou que o indivíduo se move em 3 esferas: a íntima, a privada e a pública. Neste sentido MANUEL DA COSTA ANDRADE, «Sobre a reforma do código penal português: dos crimes contra as pessoas, em geral, e das gravações e fotografias ilícitas em particular», *Revista Portuguesa de Ciência Criminal*, Lisboa, (abril-dezembro 1993), pág. 468 e também em *Sobre as proibições de prova em processo penal, Ob. Cit.*, p. 35; CLÁUDIO LIMA RODRIGUES, «Valoração dos conhecimentos fortuitos durante a realização de escutas telefónicas», *DataVenia – Revista Jurídica Digital*, Ano 2, n.° 3, (fevereiro de 2015) p. 128, em especial nota de rodapé n.° 32, disponível em www.datavenia.pt [*acedido em 25 de março de 2016*].

[219] Nas palavras do Tribunal Constitucional, no seu Ac. n.° 198/2004, Relator: Rui Moura Ramos, de 24-03-2004, *"[s]ó esta afirmação genérica contida no artigo 32º., nº. 1 da CRP, bastaria para que entre esses direitos de defesa se considerasse incluído o de ver excluídas do processo (tornadas ineficazes, inválidas ou nulas) as próprias provas ilegais reportadas a valores constitucionalmente relevantes. Assim, o nº. 8 do mesmo artigo 32º., mais não faz do que sublinhar e tornar indiscutível esse direito à exclusão, enquanto dimensão específica e indissociável do direito a um processo penal com todas as garantias de defesa. Não teria sentido, estando em causa valores (os elencados no artigo 32º., nº. 8) a que a Constituição confere tal importância, que a prova que os atingisse e fosse obtida com inobservância das regras que permitem a compressão desses mesmos valores, produzisse consequências processuais que ficassem aquém da nulidade dessas provas".*

ções de intromissão ou agressão (Eingriffsverbote) por parte dos poderes públicos. Só comportando as restrinções consentidas por lei (reserva de lei) e preordenadas à salvaguarda de outros valores ou interesses constitucionalmente tutelados e contidas nas exigências da necessidade, idoneidade e proporcionalidade. E ressalvada sempre a intangibilidade do seu núcleo essencial"[220].

§4. Advogamos que, em determinadas condições, nem toda a prova pode ser considerada válida, ainda que inexista qualquer provocação do agente encoberto. Efetivamente, a gravação de registo de voz e imagem, por qualquer meio, sem o consentimento do visado ou autorização judicial não poderá ser levado a cabo pelo agente encoberto. E não serve, em nossa humilde opinião, o argumento *ad maiori ad minus*[221], uma vez que os direitos fundamentais pessoalíssimos não são compartimentáveis nem cindíveis. A lei n.º 5/2002, de 11 de janeiro, estabelece as medidas de combate ao crime organizado, prevendo-se no art. 6.º a admissibilidade, quando necessário para a investigação dos crimes mencionados no art. 1.º, o registo de voz e imagem, por qualquer meio, sem o consentimento do visado, exigindo-se autorização ou ordem do juiz (art. 6.º, n.º 2). Estamos, deste modo, perante o que a doutrina e a jurisprudência denominam de "escutas ambientais"[222]. Efetivamente não se trata de interceções telefónicas, na aceção do art. 187.º do CPP, embora o seu regime entronque nas formalidades do art. 188.º do CPP[223]. Desde logo a existência, neste

[220] Manuel da Costa Andrade, *Liberdade de imprensa e inviolabilidade pessoal, Uma perspectiva jurídico-criminal*, Coimbra Editora, 1996, p. 33.

[221] Loc. latina que significa "quem pode o mais também pode o menos".

[222] João Gouveia de Caires, «O registo de som e imagem e as escutas ambientais», AA.VV., *Direito da Investigação Criminal e da Prova*, Coord. Maria Fernanda Palma et al, Almedina, 2014, pp. 273-298.
Carlos Rodrigues de Almeida, «O registo de voz e imagem, notas ao art.º 6.º da Lei n.º 5/2002, de 11 de Janeiro», *Revista Portuguesa de Ciência Criminal*, Coimbra, v.14, n.º 3 (julho-setembro 2004), pp. 369-379; Mário Ferreira Monte, «O registo de voz e imagem no âmbito do combate à criminalidade organizada e económico-financeira – Lei n.º 5/2002, de 11 de Janeiro", in *Medidas de Combate à Criminalidade Organizada e Económico- Financeira* (org. CEJ), Coimbra Editora, 2004, pp. 79-106.

[223] Cfr. art. 6.º, n.º 3, da Lei n.º 5/2002, de 11 de janeiro, que estabelece aos registos de voz e imagem obtidos as formalidades das escutas telefónivas (art. 188.º do CPP), isto é, consignação em auto e elaboração de relatório, por parte do OPC, onde indica as passagens relevantes

diploma extravagante, de um catálogo de crimes que não é similar ao catálogo de crimes do CPP. Por outro lado, o regime do CPP pressupõe a existência prévia de um processo já a decorrer[224], enquanto que, como vimos anteriormente, o recurso ao agente encoberto poderá ser realizado *ex ante* desse procedimento, para fins de prevenção. Acresce, ainda, a existência, no âmbito das interceções telefónicas previsto no CPP, do catálogo fechado dos alvos das escutas. A saber: o arguido ou o suspeito, pessoa que sirva de intermediário, vítima do crime, mediante o respetivo consentimento, efetivo ou presumido (art. 187.º, n.º 4 do CPP)[225].

§5. A prova recolhida pelo agente encoberto fica assim subordinada a duas velocidades. Uma mais apertada, para situações onde necessite de efetuar recolha de voz ou imagem, com formalidades iguais aos do CPP[226], e outra mais desprendida que consiste na elaboração do relato

para a prova, descreve de modo suscinto o respetivo conteúdo e explica o seu alcance para a descoberta da verdade. Este auto e relatório deverão, conjuntamente com os registos de som e de imagem, serem presentes ao Ministério Público, de 15 em 15 dias, a partir da primeira interceção efetuada no processo. Por sua vez o Ministério Público leva ao conhecimento do juiz, no prazo máximo de quarenta e oito horas.

[224] Paulo Pinto de Albuquerque, *Comentário do Código de Processo Penal..., Ob. Cit.*, p. 509.

[225] Concordamos com Mário Ferreira Monte, «O registo de voz e imagem..., *Ob. Cit.*, pp. 83-85 e também em «A intercepção e gravação de conversações e comunicações. O registo de voz e de imagem. Alguns aspectos relevantes do actual sistema processual penal», in *Medidas de Combate à Criminalidade Organizada e Económico- Financeira* (org. CEJ), Coimbra Editora, 2004, pp. 91-106, verifica-se que no CPP há um catálogo de alvos que podem ser intercetados, enquanto na Lei n.º 5/2002 tal não se verifica, como já mencionamos. Refere-nos este autor que *"(...) o regime geral dos direitos à voz e à imagem é muito claro no sentido de considerar ilícita a utilização da voz (a palavra, mais concretamente, mas como vem a ser indiferente o conteúdo, será também a voz) e da imagem, sem o consentimento do titular, exceções feitas por razões processuais, sob apertadas exigências previstas legalmente. Tudo porque tais direitos são constitucionalmente protegidos, dignos por isso de uma tutela penal autónoma."*, *Ob. Cit.*, p. 82.

[226] Cfr. nota de rodapé n.º 223. Sobre as especificidades das formalidades mencionadas na Lei n.º 5/2002, art. 6.º, n.º 3, remetemos para Carlos Rodrigues de Almeida, «O registo de voz e imagem...», *Ob. Cit.*, pp. 377-379.

Veja-se, *in casu*, o acórdão do Tribunal da Relação de Lisboa, de 18 de janeiro de 2011, ao referir que, *"[O] catálogo legal do artigo 6.º da Lei n.º 5/2002 é mais apertado do que o do artigo 187.º, n.º 1, do CPP, mas o crivo da necessidade para a investigação é mais lasso do que o crivo da indispensabilidade para a descoberta da verdade do CPP"*. Ac. TRL, Proc. 833/10.0PAMTJ-A.L1-5, Relator: Neto de

aquando da finalização do agente encoberto. Será apenas importante a prova recolhida nas operações de detenção em flagrante delito? Sustentamos que não, pois podem (e existem) outras provas recolhidas pelo agente encoberto que deverão ser escrutinadas, nem que seja, em última instância, para se comprovar a inexistência de um flagrante delito provocado por este.

6.2. Os conhecimentos fortuitos

§1. O RJAE não regulamenta a questão dos denominados conhecimentos fortuitos no âmbito de uma ação encoberta[227]. O estudo dos conhecimentos fortuitos encontra-se bastante desenvolvido, quer pela doutrina quer pela jurisprudência, no âmbito das escutas telefónicas, mas nem tanto nas ações encobertas[228]. O legislador, na profunda reforma operada em 2007 no CPP, acabou por introduzir esta temática no art. 188.º, n.ºs 7 e 8, na mesma linha defendida por MANUEL DA COSTA ANDRADE. Paralelamente surgem os conhecimentos da investigação. Como efetuar a destrinça entre conhecimentos fortuitos e estes últimos?

Haverá aqui que configurar duas situações distintas: os conhecimentos da investigação, por um lado e os conhecimentos fortuitos, por outro. Assim, os conhecimentos da investigação respeitam "*ao crime cuja investigação legitimou a realização daquela ou a um outro delito (pertencente ou não ao catálogo legal) que esteja baseado na mesma situação histórica de vida daquele*"[229]

Moura, em http://www.dgsi.pt/jtrl.nsf/33182fc732316039802565fa00497eec/aabcf4ac9292f3bd80257823004fccd1?OpenDocument [*acedido em 21 de janeiro de 2016*].

[227] Iremos abordar apenas os conhecimentos fortuitos. De fora deixaremos o efeito à distância dos conhecimentos fortuitos porquanto nos afastariam do tema da presente tese.

[228] A nível das ações encobertas JOSÉ BRAZ, *Investigação Criminal...*, *Ob. Cit.*, p. 325. Abordando a temática da investigação criminal, embora com maior enfâse nas escutas telefónicas FERNANDO GONÇALVES e MANUEL JOÃO ALVES, *Crime. Medidas de Coação e Prova. O agente infiltrado, encoberto e provocador*, Almedina, 2015, pp. 337-344.

[229] FRANCISCO AGUILAR, *Dos conhecimentos fortuitos obtidos através de escutas telefónicas, Contributo para o seu estudo nos ordenamentos jurídicos alemão e português*, Almedina, 2004, p. 17; BENJAMIM SILVA RODRIGUES, *Da Prova Penal*, Tomo II, *Ob. Cit.*, pp. 372-373.

O Tribunal da Relação de Lisboa definiu, no acórdão de 11/10/2007, Proc. n.º 3577/07.9, Relator: João Carrola, "*"conhecimentos de investigação" como sendo os factos obtidos através de uma escuta telefónica legalmente efectuada que se reportam ou ao crime cuja investigação legitimou as escutas ou a um outro delito que esteja baseado "na mesma situação histórica de vida". Em face dessa definição, têm-se*

ou, nas palavras de Manuel da Costa Andrade *"se reportam ao crime cuja investigação legitimou a sua autorização"*[230]. Já os conhecimentos fortuitos, na senda dos ensinamentos do mesmo Professor, e da doutrina uniforme dos tribunais alemães[231], são os elementos recolhidos *"que não se reportam ao crime cuja investigação legitimou a sua realização"*[232].

§2. Na falta de resposta dada pelo legislador será de recusar qualquer conhecimento fortuito no decurso de uma ação encoberta? Ou caberá ao intérprete da norma, em obediência aos princípios gerais do Direito, encontrar uma solução similar à já prevista no CPP, após a revisão operada pela Lei n.º 48/2007, de 29 de agosto[233], que estabelece no art. 188.º, n.ºs 7 e 8 a utilização dos conhecimentos fortuitos das interceções telefónicas apenas e quando estiverem relacionadas com crimes de catálogo? Vejamos. O RJAE estipula no art. 3.º, n.º 1, que "as ações encobertas devem ser adequadas aos fins de prevenção e repressão criminais identificados em

por "fortuitos" todos os conhecimentos que exorbitam o núcleo de fontes de informação previstas no meio de obtenção da prova em causa, atingindo a esfera jurídica de terceiros, bem como aqueles que, atendendo ao seu conteúdo, não se prendem com a factualidade que motivou o recurso a tal meio." De realçar o Ac. do TRE, Proc. 13/05.6GBSTB.E1, Relator: Sérgio Bruno Povoas Corvacho, de 27-09-2011, que faz a destrinça entre conhecimentos da investigação e conhecimentos fortuitos de forma esclarecida e sem margem para dúvidas ao afirmar que *"[p]or conhecimento fortuito deverá entender-se a informação sobre a existência de determinado crime ou a identidade dos seus agentes, obtida no decurso da realização de uma escuta telefónica, que foi autorizada tendo em vista o apuramento de um outro crime, de idêntica ou de diferente natureza, praticado pelo mesmo ou por outro agente, desde que não recaia no âmbito dos chamados «conhecimentos de investigação». A doutrina e a jurisprudência têm distinguido dos conhecimentos fortuitos a figura dos «conhecimentos de investigação», a qual engloba os casos em que da operação de escuta resultam informações sobre um crime diverso daquele que justificou a autorização da diligência, mas que mantém com este uma certa relação de afinidade. Tem-se entendido que a valoração probatória dos conhecimentos de investigação é livre, não estando condicionada à verificação dos mesmos requisitos que a dos conhecimentos fortuitos, mormente, reportar-se a crime do «catálogo»"*.

[230] Manuel da Costa Andrade, «Sobre o regime processual penal das escutas telefónicas», *Revista Portuguesa de Ciência Criminal*, ano 1.º, n.º 3, (julho-setembro 1991), p. 399.

[231] Francisco Aguilar, *Dos conhecimentos fortuitos...*, *Ob. Cit.*, pp. 27-28 e Duarte Nunes, *O Problema da Admissibilidade...*, *Ob. Cit.*, pp. 862-865.

[232] Manuel da Costa Andrade, *Sobre as proibições de prova em processo penal*, *Ob. Cit.*, p. 304.

[233] Francisco Marcolino de Jesus, *Ob. Cit.*, pp. 312-313 refere que o legislador tomou o caminho mais fácil não optando por diferenciar conhecimentos fortuitos de conhecimentos da investigação, limitando-se a aditar os n.ºs 7 e 8 ao art. 188.º do CPP.

concreto, nomeadamente a descoberta de material probatório, e proporcionais quer àquelas finalidades quer à gravidade do crime em investigação". É com base neste preceito legal que José Braz se inclina *prima facie* para a rejeição de utilização dos conhecimentos fortuitos, arguindo que "*o legislador obriga à identificação, em concreto, dos fins que se pretendem alcançar com a diligência*"[234]. Posteriormente o autor refere que face a não existir um consenso neste plano doutrinário e na jurisprudência, será de admitir *mutatis mutandis* o regime do CPP das interceções telefónicas, que aludimos anteriormente, para os conhecimentos fortuitos obtidos pelo agente encoberto[235].

§3. Efetivamente, o RJAE dispõe no art. 3.º, n.º 1, a *conditio sine qua non* para a realização de uma ação encoberta, isto é, ser adequadas aos fins da prevenção e repressão criminais identificados em concreto e proporcionais quer àquelas finalidades quer à gravidade do crime em investigação. Donde se retira a conclusão de que a utilização de conhecimentos fortuitos, obtidos pelo agente encoberto no âmbito de uma ação de investigação, fere os princípios constitucionais plasmados no art. 18.º da CRP, mormente da necessidade, proporcionalidade *strictu sensu* e subsidariedade. E esta violação abarca todos os conhecimentos que digam respeito ou não a crimes de catálogo deste regime jurídico, uma vez que na CRP se encontra a limitação dos bens jurídicos a defender.

Uma ação encoberta deve ser realizada em última instância, quando for de todo impossível recorrer-se a outros métodos de investigação. Tal não sucede com as escutas telefónicas onde o legislador apenas exige que seja indispensável para a descoberta da verdade ou que a prova seria, de

[234] José Baz, *Investigação Criminal, Ob. Cit.*, p. 325.

[235] *Ibidem, Ob. Cit.*, p. 356. O autor em nota de rodapé, n.º 380, faz alusão ao §110e) do StPO referindo que "*[s]endo consabida a importância do direito alemão como fonte legislativa do direito penal português (...) os conhecimentos fortuitos recolhidos numa acção encoberta, podem ser usados noutras investigações desde que sejam necessárias e se trate de um crime referido na alínea a) do mesmo artigo*". Este artigo da legislação alemã foi revogado pela transposição da Diretiva 2006/24/CE, de 21-12-2007, referente às telecomunicações, tendo entrado em vigor em 01-01-2008. A referida alteração do StPO, referente a 2008, pode ser consultada em http://www.bgbl.de/xaver/bgbl/start.xav?startbk=Bundesanzeiger_BGBl&jumpTo=bgbl107s3198.pdf [*acedido em 21 de janeiro de 2016*].

outra forma, impossível ou muito difícil de obter[236]. Efetivamente, tem-se lançado mão e vulgarizado as escutas telefónicas como medida de investigação[237], o que, com a multiplicidade de formas de estabelecer ligações, leva os suspeitos a recorrerem a outras formas de comunicação diferentes das chamadas telefónicas. Poder-se-á referir que se o legislador aceitou e verteu para o CPP a tese dominante de Manuel da Costa Andrade[238], relativamente às escutas telefónicas, onde se estabelece que a gravação de conversações ou comunicações só pode ser utilizada em outro processo, em curso ou a instaurar, se tiver resultado de interceção de meio de comunicação utilizado por pessoa referida no n.º 4 e na medida em que for indispensável à prova de crime previsto no n.º 1, do art. 187.º. De igual modo, se fosse essa a intenção do legislador, já poderia ter alargado o efeito dos conhecimentos furtuitos às ações encobertas e tal ainda não se veio a verificar[239].

[236] Vide art. 187.º, n.º 1, do CPP.

[237] Só em 2015 foram realizadas 15.441 interceções telefónicas, segundo dados publicados no Relatório Anual de Segurança Interna (RASI) de 2015, disponível em http://www.portugal.gov.pt/pt/pm/documentos/20160331-pm-rasi.aspx [*acedido em 27 de agosto de 2016*].
Em 2016 esse número desceu para as 14.758, um decréscimo de 4,4% face ao ano anterior, conforme Relatório Anual de Segurança Interna de 2016, disponível em http://app.parlamento.pt/webutils/docs/doc.pdf?path=6148523063446f764c324679626d56304c334e706447567a4c31684a53556c4d5a5763765130394e4c7a464451554e45544563765247396a6457316c626e527663305567564476c6b5957526c633056346447567679626d467a4c7a557a595455304e5463784c546b784d5449744e4451774d6931685a6a41784c5751315a545269596a45335954646b4d7935775a47593d&fich=53a54571-9112-4402-af01-d5e4bb17a7d3.pdf&Inline=true [*acedido em 20 de abril de 2017*].

[238] Quando os conhecimentos fortuitos se reportem a um crime de catálogo, *Das proibições de prova..., Ob. Cit.*, p. 311 e também, do mesmo autor, em *"Bruscamente no verão passado", a reforma do Código Penal..., Ob. Cit.* p. 181 e ss.
Este foi o entendimento do *BGH* desde que foi chamado a debruçar-se sobre a utilização dos conhecimentos fortuitos, no primeiro acórdão de 15-03-1976. Cfr. Francisco Aguilar, *Ob. Cit.*, p. 32.
Também era este o entendimento da nossa jurisprudência nos Ac. do STJ, Proc. 156/00.2.IDBRG.S1, Relator: Rodrigues da Costa, de 06-05-2010; Ac. do STJ, Proc. 158/09.3GBAAV-B.S1, Relator: Raul Borges, de 14-03-2013, Ac. do STJ, Proc. 15/10.0JAGRD.E2.S1, Relator: Santos Cabral, de 26-03-2014.

[239] De realçar que a última alteração ao RJAE foi em 2015, através da Lei n.º 61/2015, de 24 de junho. Aliás as alterações do RJAE apenas visaram o aumento dos crimes de catálogo, não

§4. Defendemos, deste modo, a impossibilidade de aproveitamento dos conhecimentos fortuitos *tout court* nas ações encobertas, face à redação do atual RJAE, por falta de norma escrita que o preveja, acrescida da falta de controle judicial que existe na realização de uma investigação deste tipo. É que a mesma pode decorrer ao longo de meses ou anos a fio, havendo apenas no final a elaboração de um relato da intervenção do agente encoberto. Admitamos que os conhecimentos fortuitos possam ser utilizados noutro processo caso o RJAE seja alterado, mas atualmente a utilização desta faculdade, salvo melhor entendimento, é inconstitucional, por violação dos art. 18.º, n.º 2 e 3, e art. 26.º, n.º 2, da CRP[240].

7. A compressão de DLG's face à necessidade de investigação

§1. Com os avanços tecnológicos os Direitos, Liberdades e Garantias assumem um papel relevante uma vez que existe uma predisposição

tendo o diploma sofrido outra alteração desde a sua entrada em vigor em 2001. E desde essa altura, volvidos mais de 16 anos, o mundo do crime alterou-se radicalmente, bem como as formas de investigação sofreram alterações profundas.

240 Neste sentido acompanhamos Manuel da Costa Andrade, que convocando os ensinamentos da doutrina alemã, nos refere a acentuada danosidade e insídia no recurso ao agente encoberto quando comparado com as escutas telefónicas: "*Recorde-se que nas escutas telefónicas os interlocutores são surpreendidos na "inocência" da sua comunicação. Apesar disso, a verdade é que eles dizem – só dizem – invariavelmente aquilo em verdade e autenticidade eles querem dizer. Na síntese do Tribunal Constitucional federal, na escuta telefónica as "declarações do atingido assentam na sua livre decisão. O que aqui não é querido é tão só o conhecimento das declarações pelas instâncias de perseguição". Diferentemente o agente encoberto estimula, conduz e orienta a conversa, levando as pessoas-alvo a dizer ou a fazer o que de outra forma não diriam nem fariam. Manipulação e heteronomia que atingem a sua expressão extremada nos casos de agente provocador em que o Estado, ou alguém em seu nome, induz uma pessoa a cometer um crime pelo qual a quer punir. Ao contrário do que sucede com a escuta telefónica, o que verdadeiramente caracteriza a intervenção do agente encoberto é "em primeira linha a reconformação (Umgestaltung) estratégica do ambiente pessoal. As declarações provocadas não acontecem num ambiente privado, apenas carregado por normais riscos de informação mas num contexto que foi exclusiva ou decididamente redefinido e modelado por autoridades estaduais de informação" (...) o agente encoberto não se limita a ocultar o seu propósito de recolher provas. Para além disso, tenta transmitir ao suspeito uma imagem de proximidade, confiança e solidariedade. "O engano associado à introdução de um agente encoberto vai assim claramente para além da mera Heimlichkeit e distingue-se qualitativamente da escuta telefónica ou da observação".*", Manuel da Costa Andrade, «Escutas telefónicas, conhecimentos fortuitos e primeiro ministro», *Revista de Legislação e Jurisprudência*, Ano 139, (maio-junho), Coimbra Editora, 2010, pp. 277-278.

maior para serem violados. Efetivamente no que tange à investigação criminal tal também se verifica. A nova era industrial, denominada informático-digital, trouxe à tona este tema. Mas com ele outros problemas se destacam. Estarão as pessoas a abdicar dos seus direitos quando, em nome da sua segurança, permitem a cedência dos mesmos?

A resposta é imediata e afirmativa. Nos dias que correm, onde os cidadãos poderão ser confrontados com situações inopinadas de ataques terroristas, abdica-se do direito à reserva da imagem[241] e da sua liberdade em prol da sua segurança. Prevalece a segurança como fator decisivo de escolha entre direitos adquiridos nas modernas sociedades democráticas.

Na sociedade atual, que como já vimos é uma sociedade com riscos acrescidos, é impossível saber quando um ataque perpetrado por criminosos vai surgir. A ponderação de interesses acaba por ter que mediar a tensão dialética existente entre dois ou mais conflitos emergentes. Por um lado, a segurança de uma pessoa, de uma sociedade, que leva a que se abdiquem de certos direitos fundamentais, por outro lado a iminência dessa segurança ser violada por criminosos. Contudo poderemos colocar a tónica na questão de saber "*como equilibrar a paz e a segurança com a tutela dos direitos fundamentais, se constatamos que nem todos os delitos são iguais e que uns serão, pela sua dimensão e natureza, mais graves do que outros?*"[242].

A resposta a esta questão não é fácil. Nem sempre a ponderação entre os crimes praticados e a segurança desejada é elemento ponderante para se decidir por um direito ou restrição do mesmo. Não estamos apenas a pensar na colocação de câmaras de vigilância nas ruas, onde a perda de liberdade é escancaradamente perdida. Pensamos em situações mais gravosas, que as tecnologias nos oferecem e que são quase inóculas para a sociedade, mas que acarretam consigo vantagens a nível do combate à criminalidade, seja primariamente na prevenção, seja à posteriori, no âmbito de um inquérito crime. Assim, o rastreamento das comunicações,

[241] Adalberto Costa, «O Direito à imagem», *Revista da Ordem dos Advogados*, Ano 72, n.º 4 (out.-nov 2012), pp. 1323-1377, também disponível em http://www.oa.pt/upl/%7B8dbb0bd0-2c86-4bdb-bfa3-abbd1a8210c4%7D.pdf [*acedido em 20 de abril de 2017*].

[242] Teresa Maria da Silva Bravo, «Revistas e buscas: o processo penal na era da globalização», AA.VV., *III Congresso de Processo Penal*, Coord. Manuel Monteiro Guedes Valente, Almedina, 2010, p. 118.

através das antenas de telemóveis, com a faculdade de utilização de GPS para determinar uma localização exata, a utilização de vias verdes, de pagamentos com cartões de crédito ou débito, entre tantos outros, levam a que os cidadãos abdiquem do seu *right to be let alone*[243].

No seguimento do desenvolvimento tecnológico e das possibilidades de contração destes direitos acabam por surgir outros *novos* direitos como a *integridade* e *inviolabilidade dos sistemas informáticos* recentemente "adicionados" aos direitos fundamentais pelo Tribunal Constitucional Federal alemão[244].

§2. A necessidade de proceder a uma investigação criminal, com a irredutível utilização da tecnologia leva a que esta questão, do arredamento de alguns Direitos Fundamentais, seja bastante debatida nos tribunais, mormente nas instâncias superiores. De realçar a existência do Tribunal Europeu dos Direitos do Homem cujo enfoque se centra na análise da violação de Direitos Fundamentais[245] com elevadas críticas

[243] O direito ao esquecimento nasceu nos Estados Unidos, em 1890, em função da violação do direito à privacidade. A elasticidade dos direitos fundamentais é realizada de acordo com as preferências que os seus titulares lhes atribuem em razão de cedências que vão fazendo, seja para sua maior comodidade, seja em nome de um outro direito que se sobrepõe. Samuel D. Warren e Louis D. Brandeis, *The Right to Privacy*, Quid Pro, LLC, 2015.
Benjamim Silva Rodrigues, *Da Prova Penal, Tomo II, Ob. Cit.*, pp. 479-480, coloca a tónica nos progressos técnico-científicos que vieram tornar possíveis novas e diversificadas formas de intromissão e devassa da específica esfera de privacidade e intimidade.

[244] O direito foi, pela primeira vez, reconhecido e proclamado pelo Tribunal Constitucional Federal em 27-02-2008 conforme nos dá conta Manuel da Costa Andrade, «Escutas telefónicas, conhecimentos fortuitos e primeiro ministro», *Ob. Cit.*, p. 276, em especial nota de rodapé n.º 6.
Alexandre Sousa Pinheiro, *Privacy e protecção de dados pessoais...*, *Ob. Cit.*, pp. 498-516, afirma que "*[a] criação do direito à garantia da confidencialidade e integridade dos sistemas técnico--informacionais foi, após a Decisão dos Censos, o momento fundacional mais relevante da intervenção do Tribunal Constitucional em sede de proteção de dados, sendo até anunciado pelo presidente Hans-Jürgen Papier, na cerimónia comemorativa dos 25 anos da Decisão dos Censos, que se tratava de uma "irmã" desta última e "filha do direito geral da personalidade"*", *Cit.* p. 501.

[245] Com especial incidência sobre a análise do art. 6.º e 8.º da CEDH, por colidirem com Direitos dos cidadãos.

para os Estados que violam estes Direitos em nome de uma condenação judicial.

O TEDH aceita a utilização do agente encoberto na investigação desde que não haja provocação para a prática do crime[246]. O RJAE vai mais longe e reputa de *necessária* e *adequada* aos fins da investigação a realização de uma ação encoberta. Como bem refere o Prof. Gomes Canotilho "*qualquer limitação, feita por lei ou com base na lei, deve ser adequada (apropriada), necessária (exigível) e proporcional (com justa medida)*"[247]. Donde resulta que a contração de Direitos, Liberdades e Garantias dos visados apenas poderá ser levada ao mínimo indispensável para salvaguardar outros interesses constitucionalmente protegidos[248].

§3. Destarte, a CRP impõe que no âmbito de um processo penal ou de uma averiguação preventiva, com finalidade de acautelar o cometimento de crimes graves, se utilizem *ab initio* técnicas de investigação que interfiram o menos possível com Direitos Fundamentais. Só quando tal não for possível se recorram a outras técnicas investigatórias, graduadas de forma a que belisquem o mínimo possível os DLG's dos visados. Ainda assim de fora deverão sempre ficar os direitos intrínsecos ao indivíduo. Direitos estes que não devem ser violados e a que a doutrina e jurisprudência apelidam de "núcleo duro", tais como a reserva e intimidade da vida privada[249].

Quer isto dizer que a investigação não deve prosseguir quando se atinja este âmago de Direitos, ou dito de outra forma, usando as palavras

[246] Tal sucedeu nos Acórdãos já mencionados anteriormente *Ludi vs Suiça* e *Teixeira de Castro vs Portugal*. Joaquim Teixeira, *Ob. Cit.*; Steve Uglow, *Covert surveillance and the European Convention on Human Rights*, Criminal law review, April, 1999, p. 290.

[247] José Joaquim Gomes Canotilho, *Direito Constitucional e Teoria da Constituição, Ob. Cit.*, p. 417.

[248] José Joaquim Gomes Canotilho e Vital Moreira, *Fundamentos da Constituição*, 2.ª edição, Coimbra Editora, 1991, pp. 133-134.

[249] Benjamim Silva Rodrigues, *Da Prova Penal, Tomo II, Ob. Cit.*, pp. 484-496, *apud* Claus Roxin questiona *"como pode ser então admissível que a polícia não somente renuncie à informação, mas que, por cima, oculte também a sua identidade oficial e por meio de uma predisposição fingida a prestar-lhe ajuda, como suposto inimigo da Polícia, assaque ao arguido informação sobre o crime?"*, Claus Roxin, *La prohibición de autoincriminación y de las escuchas domiciliarias, Ob. Cit.*, p. 67.

de Fernanda Palma "*os interesses gerais da investigação e da prossecução da justiça penal terão de ser sacrificados sempre que contendam com esta reserva absoluta de personalidade*"[250].

[250] Maria Fernanda Palma, «Tutela da vida privada e Processo Penal», AA.VV., *Estudos em memória do Conselheiro Luís Nunes de Almeida*, Coimbra Editora, 2007, p. 663.

II
A Problemática da Cibercriminalidade e a Sua Investigação

1. Razão de ordem

§1. A cibercriminalidade tem evoluído vertiginosamente e são as próprias estatísticas que nos dão conta desta subida[251]. A sua investigação nem sofreu a mesma evolução, nem sequer conseguiu acompanhar de perto tal subida estrondosa. Ela não depende apenas de conhecimentos dos investigadores, mas também de leis que permitam obter provas no estrito cumprimento da legalidade.

Nos crimes praticados por via de sistemas informático-digitais existem diversos problemas de índole processual. Desde logo a questão das

[251] A comparação pode ser encontrada no Relatório Anual de Segurança Interna de 2015 e 2016.
"*No que concerne à área da criminalidade Informática e praticada com recurso a tecnologia informática verifica-se um aumento generalizado, destacando-se o crime de sabotagem informática, dano relativo a dados ou programas informáticos e a falsidade informática, com variações crescentes, respetivamente, de 140%, 121% e 58% em relação ao ano transato. Relativamente a 2015 destaca-se aumento de 36% dos crimes de pornografia de menores.*
O tipo de burla informática e nas comunicações regista igualmente tendência crescente, de cerca de 19%.", como se pode ler no Relatório Anual de Segurança Interna de 2016, p. 31, disponível em http://www.ansr.pt/InstrumentosDeGestao/Documents/Relatório%20Anual%20de%20Segurança%20Interna%20(RASI)/RASI%202016.pdf [*acedidos em 23 de junho de 2017*]. Em 2020, ano que coincidiu com o início da pandemia Covid19, o aumento dos crimes informáticos foi exponencial, com um aumento de 28,6% relativamente a 2019.
Concorreram para este resultado o aumento verificado nos crimes de "acesso/interceção ilegítima", de "falsidade informática", "outros crimes informáticos" e " viciação ou destruição de dados, dano relativo a dados programas". Cf. RASI 2020 disponível em https://www.portugal.gov.pt/download-ficheiros/ficheiro.aspx?v=%3d%3dBQAAAB%2bLCAAAAAAABAAzNDQ1NAUABR26oAUAAAA%3d [*acedido em 25 setembro de 2021*].

fronteiras de investigação, o local da prática do facto, o recurso a sistemas de anonimização, culminado num défice de cooperação judiciária entre os países, no combate a este tipo de criminalidade à escala global. E os maiores entraves surgem especificamente na faculdade dos crimes informáticos poderem ser cometidos pelo vizinho da vítima, mas ter uma ligação à internet que os coloque em países onde a cooperação judiciária é quase nula, impossibilitando a identificação do seu autor[252].

Utilizando os delinquentes técnicas e meios tecnológicos avançados como será possível fazer frente a este tipo de criminalidade se não se usarem "armas" eficazes que não esbarrem em letras de lei amorfas e desajustadas da realidade?

A necessidade de prevenir e investigar o crime informático é de tal monta que, com base nas estatísticas oficiais[253], tem havido um aumento significativo das queixas apresentadas. Não existem dados relativos ao culminar dos inquéritos, ou seja, se existiu a identificação dos suspeitos e a sua condenação ou se os processos foram arquivados por falta de identificação dos seus autores ou desistência dos seus participantes.

§2. Este capítulo abordará em termos práticos a criminalidade cometida através das redes de informação e comunicação. Da teorização à prática calcorrea-se um longo caminho, nem sempre fácil de entender por se tratarem de dois mundos que não pertencem à face da mesma moeda. A prática, sempre mais enriquecedora que a teoria, leva-nos a demonstrar empiricamente o quão volátil é a prova digital. Ademais, a experiência tem-nos ensinado que com parcos recursos materiais e humanos se conseguem efetuar grandes investigações de crimes informáticos. O maior problema, a acrescentar aos já mencionados, reside quando a investigação não pode avançar pela nulidade da prova que se irá obter. Tal sucede por não existirem normas legais que permitam o recurso a técnicas de

[252] Não se pense que se trata de um processo complicado. Atualmente na internet existem muitos páginas explicativas, fóruns de debate e treinamento e vídeos no youtube, por exemplo, de como ocultar a identificação do IP, recorrendo a VPN's, *Proxys* ou outras ferramentas. *Infra* exploraremos todas estas situações, quer do ponto de vista informático quer do jurídico.

[253] Dados constantes nas estatísticas do RASI entre 2015 e 2020. Todos disponíveis em http://www.ansr.pt/InstrumentosDeGestao/Pages/default.aspx [*acedido em 28 de outubro de 2021*].

obtenção de prova digital que estão banalmente em uso, no seio de outras polícias de investigação. E sem esta obtenção de prova os crimes não podem ser assacados aos seus transgressores e não se fará Justiça, nem se alcançará a verdade material.

2. Problemáticas da investigação em ambientes digitais

2.1. Caraterísticas da prova digital

§1. A prova digital insere-se, no âmbito do CPP, na classificação de prova pericial. Na falta de uma definição legal, definimos prova digital como sendo toda a informação passível de ser obtida ou extraída de um dispositivo eletrónico (local, virtual ou remoto) ou de uma rede de comunicações[254].

A prova digital é constituída por características peculiares, diferentemente das provas físicas inexistindo qualquer paralelo de comparação com estas. Poderemos afirmar que a prova digital é fragmentária, dispersa, frágil, volátil, alterável, apagável e manipulável, invisível e espacialmente dispersa[255]. Efetivamente, a prova digital deve ser manuseada e transportada com especiais cautelas sob pena de se hipotecar a sua validade em sede judicial, no tocante à custódia da prova[256]. Esta é de extrema importância quando se trata da recolha, preservar, analisar ou proceder à exportação de prova digital, face às caraterísticas anteriormente mencionadas[257].

[254] Nosso *A Prova digital em processo penal...*, *Ob. Cit.*, pp. 86-89.

[255] Benjamim Silva Rodrigues, *Da Prova Penal, Tomo IV, Da Prova-Electrónico-Digital e da Criminalidade Informático-Digital*, Rei dos Livros, 2011, p. 29.

[256] Benjamim Silva Rodrigues, *Direito Penal Parte Especial, Tomo I, Direito Penal Informático--Digital*, Coimbra, 2009, pp. 740-742.

[257] Discordamos de Renato Lopes Militão, *A propósito da prova digital no processo penal*, Revista da Ordem dos Advogados – ROA, Ano 72, n.º 1, 2012, quando refere que "*a prova digital é uma prova pouco segura*" face à existência de mecanismos de assinatura digital que conseguem estabelecer a sua autenticidade, *Loc. Cit.*, p. 263. Também disponível no endereço https://www.oa.pt/upl/%7B53f46e96-536f-47bc-919d-525a494e9618%7D.pdf [*acedido em 25 de maio de 2016*]. Eventualmente estamos em crer que o autor pretendia referir-se que a prova digital seria bastante frágil e volátil.

§2. No âmbito desta matéria, diferentemente da terminologia utilizada em Portugal, existem duas expressões para a recolha de prova digital face à sua especificidade na obtenção. A destrinça ocorre entre a prova que é obtida no local da busca, ou efetuada de modo remoto, denominada por *live analysis*, da efetuada em laboratórios especializados, aquando do exame forense ao material informático, denominada de *post-mortem analysis.*[258] Daqui decorrem diferenças significativas no que tange à recolha de prova digital[259]. Na cena do crime é importante analisar e recolher todas as ligações que estão a ser concretizadas naquele momento, que programas estão a "correr" nos sistemas informáticos, averiguar pela existência de máquinas virtuais, entre outros procedimentos que deverão ser tomados em conta. Catalogar essas provas, com indicação de programas em funcionamento, portas abertas[260], ligações a dispositivos virtuais, etc., são elementos que deverão ser tidos em consideração sob pena de irremediavelmente nunca mais se obterem no futuro. É o que sucede, por exemplo, quando se apreende um computador. Chegar à casa do visado e constatar que o computador está ligado não é, por si só, suficiente desligar o mesmo da tomada elétrica, elaborar o auto de apreensão e recolhê-lo para exame *post-morte*[261]. Se o dispositivo informático estiver ligado a sistemas remotos perder-se-ão essas ligações, tal sucede de igual forma

[258] AA.VV, *Investigating Hard Disks; File and Operating Systems*, EC- Council Press, 2010; Evandro Pereira, et al, «Forense computacional: fundamentos, tecnologias e desafios atuais», *VII Simpósio Brasileiro em Segurança da Informação e de Sistemas Computacionais*, 2007, disponível *online* em http://ceseg.inf.ufpr.br/anais/2007/minicursos/cap1-forense.pdf [*acedido em 24 de março de 2016*].

[259] Pedro Penha Leitão da Costa Marques, *Ob. Cit.*, em especial pp. 128 e ss.

[260] As ligações entre computadores realizam-se através de portas/portos que recebem e enviam pacotes. Existindo portas abertas sem que se esteja a utilizar determinado programa pode ser um indicador que há trafégo a circular nas mesmas. A título de exemplo: o correio eletrónico usa a porta 25, protocolo SMTP, a 53 é usada pelo protocolo DNS e a porta 80 pelo protocolo HTTP, ou seja, para as páginas da internet.

[261] Seguiremos a terminologia internacional por se demonstrar a mais adequada. Efetivamente tanto na doutrina como na jurisprudência tem surgido alguma confusão relativamente a determinados conceitos e sua aplicação prática, tais como "*buscas online*", quando na realidade apenas se está a proceder a uma pesquisa de dados remotamente e não concretamente a uma busca, nos termos definidos no CPP.

se o mesmo estiver a utilizar uma máquina virtual[262]. Acresce que o computador alvo de apreensão poderá ter instalado programas informáticos de autodestruição[263] de dados, pelo que um simples desligar poderá apagar a prova que ali se encontrede forma permanente[264].

§3. Com o alojamento de conteúdos na *cloud computing*[265] (abreviadamente designada por *cloud*) trouxeram uma rutura com o paradigma existente até então. A prova digital deixou de estar alocada num só local para ficar acessível, num espaço virtual, a partir de vários dispositivos simultâneamente. Uma prova (digital) que não seja recolhida ou preservada imediatamente pode ser apagada ou modificada pelo suspeito num ápice,

262 Máquina virtual é um software que permite utilizar um sistema operativo, como se um verdadeiro computador se tratasse. Segundo a IBM é "uma cópia isolada de um sistema físico e essa cópia está totalmente protegida". MARCOS LAUREANO, *Máquinas virtuais e emuladores, Conceitos, técnicas e aplicações*, Novatec Editora, 2006, também disponível *online* no endereço em www.mlaureano.org/aulas_material/so/livro_vm_laureano.pdf [*acedido em 25 de abril de 2016*].

263 Um dos programas mais conhecidos é o BackStop, criado pela firma CRM (http://www.backstopsolutions.com/ [*acedido em 27 de abril de 2016*]). Desenhado para proteção de computadores portáteis empresariais, baseia-se em tecnologia de infravermelhos, localização GPS, IP de acesso ao computador, etc., sendo que se o dispositivo for mudado de local apaga toda a informação como forma de garantir a segurança da mesma. Contudo este programa pode ser adquirido por particulares, existindo outros programas do género no mercado.

264 Em Portugal a Polícia Judiciária, OPC que detém a competência para a investigação de crimes informáticos, não tem um Guia prático de procedimentos de recolha e análise de prova digital que seja do conhecimento público, como sucede com a maioria das congéneres de outros países. Meramente a título de exemplo veja-se: FBI, nos Estados Unidos da América, *Forensic Examination of Digital Evidence: A guide for law enforcement*, US Department of Justice, acessível em https://www.ncjrs.gov/pdffiles1/nij/199408.pdf [*acedido em 26 de abril de 2016*]; Europol, *Guidelines of Digital Forensic. Procedures for OLAF Staff*, acessível em https://ec.europa.eu/anti-fraud/sites/antifraud/files/guidelines_en.pdf [*acedido em 26 de abril de 2016*]; Reino Unido, *Good practice guide for computer-based Electronic evidence (Official release version)* acessível em https://www.cps.gov.uk/legal/assets/uploads/files/ACPO_guidelines_computer_evidence[1].pdf [*acedido em 27 de abril de 2016*].

265 Capacidade de armazenamento e acesso remoto a vários conteúdos (programas, arquivos e serviços por meio da internet) de forma infinita, acessível a partir de vários dispositivos e em vários locais.

recorrendo a outro dispositivo que se ligue ao local de armazenamento na *cloud*[266].

Contudo a prova digital, diferentemente da prova tradicional ou analógica, pode estar "codificada" e irremediavelmente sem qualquer utilidade de poder ser utilizada em sede de audiência de discussão e julgamento. Tal sucede por não ter sido possível efetuar uma leitura dessa prova cifrada e consequentemente estarmos perante uma 'não prova'. Recentemente assistimos a um caso, que teve lugar nos Estados Unidos da América, onde tal se ia verificando. Reportamo-nos ao caso que ficou conhecido como "assassino de San Bernardino". Rizwan Syed Farook, partidário do ISIS[267], juntamente com a sua esposa mataram 14 pessoas, naquela cidade, no dia 2 de dezembro de 2015, antes de ter sido abatido pela polícia. Rizwan possuía um telemóvel iPhone 5c, da marca Apple, cujo conteúdo se encontrava criptografado. O FBI solicitou à empresa Apple o desbloqueio do telemóvel, uma vez que digitando erradamente o código do telemóvel, por 10 vezes consecutivas, o aparelho iria bloquear definitivamente. Este código, na data dos factos era constituído por 4 dígitos (atualmente podem ser 6). A empresa fabricante e distribuidora do iPhone recusou a solicitação do FBI com o argumento que fornecendo o código de desencriptação iria abrir um precedente e todos os telemóveis seriam facilmente desbloqueados. Para além disso quebrava a confiança que os seus clientes depositam nestes *smartphones* por serem bastante seguros. O caso chegou a tribunal onde, nem mesmo com a ordem judicial dada à Apple, continuou a verificar-se a recusa na colaboração com o FBI[268]. Passados 6 meses o impasse mantinha-se tendo levado o

[266] O que sucede por exemplo com o uso dos *Webmail's*, sendo os mais populares o Gmail, Outlook Live, Yahoo, do armazenamento de conteúdos na Dropbox, na iCloud, Drive, etc...

[267] ISIS – *Islamic State of Iraq and Syria*, ou simplesmente denominado de "Estado Islâmico", é uma organização terrorista, cuja interpretação extremista do Alcorão tem levado a vários ataques em diversos países, entre eles a 13 de novembro de 2015 em Paris.

[268] A Apple justificou esta recusa referindo que caso revelasse a chave de criptografia para o desbloqueio deste telemóvel colocaria a nu a chave criptográfica de todos os telemóveis. Estaria em perigo a segurança de milhares de utilizadores de iPhones e a confiança que estes depositavam nesta empresa.
Apesar de se tratar do FBI o braço de ferro manteve-se. ""*We have great respect for the professionals at the FBI, and we believe their intentions are good," Apple chief executive Tim Cook said in a strongly*

FBI a desistir da ação judicial, com o argumento que tinha recorrido a ajuda de um *hacker* e desbloqueado o telemóvel[269] [270].

§**4.** Verifica-se, deste modo, que a criptografia[271] é uma característica peculiar da prova digital. Ela é utlizada em muitas situações sem nos darmos conta. Com o desenvolvimento dos telefones inteligentes (vulgo *smartphones*) assistiu-se ao aparecimento de várias aplicações que permitem o envio de mensagens encriptadas de ponta-a-ponta, ou seja, a mensagem é encriptada logo que enviada e só o recetor a consegue desencriptar e tornar legível[272]. De entre as mais utilizadas destaca-se a aplicação

worded open letter posted late Tuesday on the company's website.", noticiou o jornal The Washington Post em https://www.washingtonpost.com/world/national-security/us-wants-apple-to-help-unlock-iphone-used-by-san-bernardino-shooter/2016/02/16/69b903ee-d4d9-11e5-9823-02b905009f99_story.html?utm_term=.0af37b05b9b7 [*acedido em 27 de dezembro de 2016*].

[269] Para além da impressa escrita e *online* veja-se o *Report of the Manhattan District Attorney's Oficce on Smartphone encryption and public safty*, November 2016, disponível em http://manhattanda.org/sites/default/files/Report%20on%20Smartphone%20Encryption%20and%20Public%20Safety:%20An%20Update.pdf [*acedido em 27 de dezembro de 2016*].

[270] O caso ainda não se encontra encerrado definitivamente, pese embora o FBI tenha conseguido desbloquear o referido equipamento telefónico. A Associated Press e outras duas organizações de notícias pediram a um juiz para forçar o governo federal a revelar quanto foi dispendido pelos cofres norte-americanos pela ferramenta que desbloqueou o iPhone, argumentando os seus advogados que a empresa externa possui uma ferramenta que pode comprometer a segurança digital de milhões de americanos. Notícia divulgada pela Associated Press na sua página da internet, em 20 de fevereiro de 2017, disponível em http://hosted.ap.org/dynamic/stories/U/US_APPLE_ENCRYPTION_FBI_LAWSUIT?SITE=AP&SECTION=HOME&TEMPLATE=DEFAULT [*acedido em 25 de fevereiro de 2017*].

[271] Criptografia (em grego: *kryptós*, "escondido", e *gráphein*, "escrita") é o estudo dos princípios e técnicas pelas quais a informação pode ser transformada da sua forma original para outra ilegível, de forma que possa ser conhecida apenas por seu destinatário (detentor da "chave secreta"), o que a torna difícil de ser lida por alguém não autorizado. Assim sendo, só o recetor da mensagem pode ler a informação com facilidade. Há dois tipos de chaves criptográficas: chaves simétricas (criptografia de chave única) e chaves assimétricas (criptografia de chave pública) *in* https://www.cloudflare.com/learning/ssl/what-is-a-cryptographic-key/ [*acedido em 27 de dezembro de 2016*].

[272] Entre diversas aplicações de mensagens surgiu o *Whatsapp*, *Viber*, *Telegram*, entre outras. A funcionalidade inicial era somente de envio de mensagens, mas foram sendo aprimoradas e permitem atualmente efetuar também chamadas de voz (*voIP*) utilizando dados. Desta forma uma interceção de telefone, pelos meios tradicionais, através da rede GSM, não consegue

Whatsapp, empresa proprietária do Facebook, que permite o envio de mensagens de texto e realização de chamadas de forma encriptada. No Brasil já por diversas vezes esta aplicação foi bloqueada a nível nacional por, à semelhança da Apple, esta empresa se ter negado a fornecer dados à justiça em processos judiciais[273]. Mas o avanço tecnológico não se ficou por aqui e existem aplicações que conseguem eliminar a mensagem após a sua leitura[274].

A problemática da criptografia, enquanto elemento de prova digital, por dificultar as investigações preocupa as polícias a nível mundial, como já demonstramos no caso San Bernardino[275]. Disto deu conta o diretor da Europol, Rob Wainwright, quando em causa estão investigações de terrorismo, entre outras, afirmando que há necessidade de encontrar uma solução legislativa para este problema[276].

§5. Também a estenografia é uma ferramenta que permite ocultar prova digital. A técnica mais comum consiste em introduzir informação numa imagem e aos olhos de um leigo ou investigador menos preparado

intercetar as chamadas ou mensagens, sendo necessário efetuar uma interceção de dados. Porém esta interceção de dados fica impercetível se os mesmos estiverem encriptados, pelo que não será possível decifrar o seu conteúdo. Dito de outra forma, de nada valerá recorrer a este meio de obtenção de prova quando exista encriptação de conteúdos na fonte.

[273] http://www.em.com.br/app/noticia/tecnologia/2016/05/03/interna_tecnologia,758652/justica-nega-recurso-e-mantem-bloqueio-do-whatsapp-no-brasil.shtml; https://br.sputniknews.com/brasil/201607195718045-justica-rio-bloqueia-whatsapp-brasil/ [*acedidos em 23 de novembro de 2016*].

[274] Esta inovação surgiu com o *Snapchat*, com as denominadas mensagens instantâneas. Recentemente também o Messenger da rede social Facebook adicionou esta funcionalidade permitindo aos seus utilizadores o envio de mensagens criptografadas, que podem definir o tempo de duração das mesmas após a sua leitura e a consequente auto-destruição. Mais informações em https://www.oficinadanet.com.br/post/17421-como-enviar-mensagens-secretas-e-autodestrutivas-pelo-facebook-messenger [*acedido em 23 de novembro de 2016*].

[275] A nível europeu remetemos para o excelente artigo que traduz uma perspetiva europeia do cibercrime, Bert-Jaap Koops e Tessa Robinson, «Cybercrime Law: A European Perspective» AA.VV, *Digital evidence and computer crime: forensic science, computers and the internet*, Coord. Eoghan Casey, Third Edition, Elsevier, 2011, pp. 123-186.

[276] http://www.politico.eu/article/encryption-probe-in-terror-investigations-probe-say-europol/ [*acedido em 25 de março de 2016*].

apenas consegue visualizar um ficheiro de imagem não conseguindo aperceber-se que existe uma mensagem que está subjacente à mesma[277].

Aliando a criptografia à estenografia a prova digital adquire características únicas que dificultam a investigação criminal mormente ao nível da prova, por aumentarem a dificuldade de imputação de factos aos seus autores[278], ou seja, uma forma de incrementar a anonimização.[279]. Esta anonimização fica reforçada quando as próprias comunicações efetuadas entre elementos delinquentes são totalmente encriptadas ponto-a--ponto[280], seja através de chamadas de voz ou de mensagens escritas, seja a nível das comunicações realizadas por intermédio do correio eletrónico ou de natureza similar[281].

A prova digital assume características que a tornam peculiar face às provas convencionais e encerram em si outro tipo de problemas aos quais os investigadores têm que efetuar novas abordagens. A necessidade de

[277] David Garcia Cano, *Análisis de herramientas esteganográficas*, 2004, disponível em http://e-archivo.uc3m.es/bitstream/handle/10016/7119/PFC_David_Garcia_Cano_2004_201033204919.pdf?sequence=1 [*acedido em 23 de março de 2016*], em especial pp. 22 e ss.
A estenografia é muito utilizada por cibercriminosos que pretendem infetar computadores. Desta forma, através de uma mensagem de correio eletrónico onde consta uma imagem ou um ficheiro PDF conseguem introduzir sub-repticiamente código malicioso e obter acesso ao dispositivo, sem que o seu utilizador se aperceba. Sobre esta técnica: http://www.information-age.com/how-cyber-criminals-are-using-hidden-messages-image-files-infect-your--computer-123459881/ [*acedido em 25 de abril de 2016*].

[278] Emerson Wendt e Higor Vinicius Nogueira Jorge, *Crimes cibernéticos, Ameaças e procedimentos de investigação*, 2.ª Edição, Brasport, 2013, pp. 239-241.

[279] Ronald F. Becker e Aric W. Dutelle, *Criminal Investigation*, 4th Edition, Jones & Bartlett Learning, 2013, pp. 461-462.

[280] A criptografia ponto-a-ponto (também denominada ponta-a-ponta) é mais segura que a simples criptografia. Consiste no estabelecimento de uma ligação cifrada pelo emissor e que apenas é decifrada pelo recetor, sendo toda a comunicação entre a partida e chegado devidamente criptografada e comprimida. É baseada em criptografia simétrica que requer que as duas partes envolvidas partilhem a chave de encriptação e desencriptação. Walter Fumy, «Key Management Techniques», In *State of the art in applied cryptography*, Coord. Bart Preneel e Vicent Rijmem, Springer, 1997, p. 147.

[281] Como refere Bert-Jaap Koops, *The Crypto Controversy, A key conflict in the information society*, Kluwer Law International, 1999, com a tecnologia que estava disponível naquela época, "*[h]ot business such as arms and drug trade is not any more done by telephone, but is being settled in encrypted form on the wordwide data networks*", p. 64.

novas técnicas e formas de investigação apropriadas à realidade criminal em apreço, leva a que o investimento técnico e formação dos agentes da investigação, quer sejam do Ministério Público ou dos OPC's, não seja uma realidade virtual nas atuais sociedades ultramodernas.

2.2. A investigação face à desterritorialidade

§1. A par das características e especificidades da prova digital, o local do cometimento do delito é fulcral para determinar a competência de investigação e julgamento dos ilícitos praticados.

O código penal acolhe o princípio geral da territorialidade, ínsito nos arts. 4.º e 7.º, segundo o qual se estabelece que a lei penal portuguesa é aplicável a factos praticados em território português, seja qual for a nacionalidade do agente[282]. Contudo, a lei portuguesa ainda se aplica a factos praticados fora de Portugal, nas situações estabelecidas no art. 5.º do CP, nas situações ali previstas. Ensinava Cavaleiro de Ferreira que, face à inexistência de uma jurisdição penal internacional e de cada Estado não extraditar os seus cidadãos, cada nação tornar-se-ia num asilo de delinquentes, caso não se previsse a punição de crimes cometidos no estrangeiro por nacionais[283]. Como afirma Figueiredo Dias importa determinar o *locus delicti* ou *sedes delicti* para a perseguição penal[284].

Conquanto, o art. 4.º do CP terá que forçosamente ser conjugado com o art. 7.º do CP que determina que o facto considera-se praticado tanto no lugar em que o agente atuou como naquele em que o resultado típico

[282] Igual princípio é aceite pela ONU, sustentada pelo princípio da reciprocidade entre os Estados e está estritamente vinculado com o princípio da não intervenção nos assuntos e no domínio de outros estados.
"The primacy of the principle of territoriality is generally accepted in sphere of criminal jurisdiction. The principle is based on mutual respect of sovereign equality between States and is linked with the principle of non-intervention in the affairs and exclusive domain of other States. Even in the exceptional event that a country might apply extraterritorial jurisdiction for a sake of protecting its own vital interests, the primacy of the extraterritorial principle is not altered." Cit., United Nations, "Manual on the prevention and control of computer related crime", parágrafo 249, disponível em http://216.55.97.163/wp-content/themes/bcb/bdf/int_regulations/un/CompCrims_UN_Guide.pdf [*acedido em 23 de janeiro de 2016*].

[283] Manuel Cavaleiro de Ferreira, *Lições de Direito Penal, Ob. Cit.*, p. 74.

[284] Jorge de Figueiredo Dias, *Direito Penal, Parte geral, Tomo I, Questões fundamentais, A doutrina geral do crime*, Coimbra Editora, 2004, p. 198.

ou o resultado não compreendido no tipo de crime se tiver produzido. Estamos perante a denominada teoria da ubiquidade[285], onde "*a determinação do lugar da prática do facto depende de um critério misto, que conjuga o critério da conduta e o critério do resultado. Qualquer um dos critérios serve de título de localização da prática do facto, evitando-se assim lacunas de punibilidade*"[286].

§2. No que tange à investigação criminal aplica-se o princípio da territorialidade, embora as investigações possam ser realizadas em países terceiros em determinadas situações. Por força da soberania, da segurança, ordem pública e outros interesses de cada Estado este tipo de investigações, para além do próprio Estado, está dependente dos requisitos constantes na Lei de Cooperação Judiciária em Matéria Penal - Lei n.º 144/99, de 31 de agosto. Os requisitos nesta Lei, art. 6.º estão elencados de forma negativa, ou seja, sempre que o pedido de cooperação viole os termos ali previstos é recusada a colaboração[287].

[285] Maria Fernanda Palma, *Direito Penal, Parte Geral*, Associação Académica da Faculdade de Direito de Lisboa, 1994, pp. 124-127; M. Simas Santos e M. Leal Henriques, *Noções Elementares de Direito Penal*, 3.ª Edição, Rei dos Livros, 2009, p. 47; Germano Marques da Silva, *Direito Penal Português I, Introdução e teoria da lei penal*, 3.ª Edição, Verbo, 2010, p. 332.

[286] Paulo Pinto de Albuquerque, *Comentário do Código Penal à luz da Constituição da República e da Convenção Europeia dos Direitos do Homem, Universidade Católica Editora*, 2008, *Cit.* p. 61.

[287] Artigo 6.º
Requisitos gerais negativos da cooperação internacional
O pedido de cooperação é recusado quando:
a) O processo não satisfizer ou não respeitar as exigências da Convenção Europeia para a Protecção dos Direitos do Homem e das Liberdades Fundamentais, de 4 de Novembro de 1950, ou de outros instrumentos internacionais relevantes na matéria, ratificados por Portugal;
b) Houver fundadas razões para crer que a cooperação é solicitada com o fim de perseguir ou punir uma pessoa em virtude da sua raça, religião, sexo, nacionalidade, língua, das suas convicções políticas ou ideológicas ou da sua pertença a um grupo social determinado;
c) Existir risco de agravamento da situação processual de uma pessoa por qualquer das razões indicadas na alínea anterior;
d) Puder conduzir a julgamento por um tribunal de excepção ou respeitar a execução de sentença proferida por um tribunal dessa natureza;
e) O facto a que respeita for punível com pena de morte ou outra de que possa resultar lesão irreversível da integridade da pessoa;
f) Respeitar a infracção a que corresponda pena de prisão ou medida de segurança com carácter perpétuo ou de duração indefinida.

Já anteriormente demos conta que a prova digital possui características peculiares, que a tornam, entre outras, fungível e volátil. A Lei n.º 144/99, de 31 de agosto, é demasiado burocrata e lenta para dar respostas no combate ao cibercrime e, além do tempo de espera, poderá não existir qualquer resposta de cooperação, como é mencionado no art.º 2.º, n.º 2, deste diploma[288].

§3. A ciberconvenção ou convenção sobre o cibercrime, ciente desta dificuldade prevê medidas processuais de cooperação internacional e de auxílio mútuo em caso de acordo internacional e, inclusivamente, na sua falta[289]. Estabelece ainda no título II, da secção II, do capítulo III, o auxílio mútuo relativamente a poderes de investigação.

2 – O disposto nas alíneas e) e f) do número anterior não obsta à cooperação:
a) Se o Estado que formula o pedido, por acto irrevogável e vinculativo para os seus tribunais ou outras entidades competentes para a execução da pena, tiver previamente comutado a pena de morte ou outra de que possa resultar lesão irreversível da integridade da pessoa ou tiver retirado carácter perpétuo ou duração indefinida à pena ou medida de segurança;
b) Se, com respeito a extradição por crimes a que corresponda, segundo o direito do Estado requerente, pena ou medida de segurança privativa ou restritiva da liberdade com carácter perpétuo ou de duração indefinida, o Estado requerente oferecer garantias de que tal pena ou medida de segurança não será aplicada ou executada;
c) Se o Estado que formula o pedido aceitar a conversão das mesmas penas ou medidas por um tribunal português segundo as disposições da lei portuguesa aplicáveis ao crime que motivou a condenação; ou
d) Se o pedido respeitar ao auxílio previsto na alínea f) do n.º 1 do artigo 1.º, solicitado com fundamento na relevância do acto para presumível não aplicação dessas penas ou medidas.
3 – Para efeitos de apreciação da suficiência das garantias a que se refere a alínea b) do número anterior, ter-se-á em conta, nomeadamente, nos termos da legislação e da prática do Estado requerente, a possibilidade de não aplicação da pena, de reapreciação da situação da pessoa reclamada e de concessão da liberdade condicional, bem como a possibilidade de indulto, perdão, comutação de pena ou medida análoga, previstos na legislação do Estado requerente.
4 – O pedido de cooperação é ainda recusado quando não estiver garantida a reciprocidade, salvo o disposto no n.º 3 do artigo 4.º
5 – Quando for negada a extradição com base nas alíneas d), e) e f) do n.º 1, aplica-se o mecanismo de cooperação previsto no n.º 5 do artigo 32.º

[288] Onde se prevê que não confere o direito de exigir qualquer forma de cooperação internacional em matéria penal.

[289] No capítulo III – Cooperação Internacional, especialmente nos arts. 23.º, 25.º e 27.º.

De realçar na ciberconvenção, no art. 35.º, a criação da rede 24/7, em que cada parte designará um ponto de contacto disponível 24 horas sobre 24 horas, 7 dias por semana, a fim de assegurar a prestação de assistência imediata a investigações ou procedimentos respeitantes a infrações penais relacionadas com dados e sistemas informáticos, ou a fim de recolher provas, sob forma eletrónica, de uma infração penal.

A ciberconvenção foi acolhida no direito interno através da Lei do cibercrime, Lei n.º 109/2009, de 15 de setembro. Procedeu-se a algumas inovações, pouco significativas[290], decalcando este primeiro instrumento internacional de luta contra o cibercrime[291].

Levantam-se, contudo, algumas dificuldades para o que não encontramos solução legislativa a nível interno. A título de exemplo veja-se o contacto 24/7, estabelecido no art. 21.º da LC. Este está sedeado na Polícia Judiciária, por ser o órgão de polícia criminal com competência reservada para a investigação de crimes informáticos[292], enquanto que em outros países está sob a alçada do Ministério Público. Efetivamente se durante a noite existir um ataque informático, num país estrangeiro com origem em IP's[293] portugueses, que seja solicitada a cooperação de Portugal, para suster tal ataque, a PJ terá que contactar os prestadores de serviços (ISP's). Mas como contactar os prestadores de serviços se aqueles não dispõem, durante a noite, de funcionários para dar essa informação? A recente alteração da Lei do Cibercrime, operada pela Lei n.º 79/2021,

[290] Pouco significativas porquanto as inovações operadas na LC remetem para os regimes tradicionais já existentes no CPP ou RJAE, nomeadamente na apreensão de correio eletrónico e registos de comunicações de natureza semelhante (art. 17.º da LC) e ações encobertas (art. 19.º da LC) que não constam da ciberconvenção.

[291] "*The Convention is the first international treaty on crimes committed via the Internet and other computer networks, dealing particularly with infringements of copyright, computer-related fraud, child pornography and violations of network security. It also contains a series of powers and procedures such as the search of computer networks and interception.*
Its main objective, set out in the preamble, is to pursue a common criminal policy aimed at the protection of society against cybercrime, especially by adopting appropriate legislation and fostering international co-operation". Conforme informação do Conselho da Europa, disponível em http://www.coe.int/en/web/conventions/full-list/-/conventions/treaty/185 [*acedido em 23 de fevereiro de 2016*].

[292] LOIC, Lei n.º 49/2008, de 27 de agosto, art. 7.º, n.º 3, alínea l) "informáticos e praticados com recurso à tecnologia informática".

[293] IP – *Internet Protocol.*

de 24 de novembro, veio solucionar outro problema que anteriormente se verificava no tocante ao Ministério Público. Antes, se os inspetores da Polícia Judiciária necessitassem, durante a noite, de uma ordem judicial para solicitar a identificação do titular de um IP, junto do prestador de serviço, por exemplo, não existiam turnos da autoridade judiciária para emitir essa ordem[294]. Com a nova redação do art. 21.º da LC prevê-se que o Ministério Público deve, de modo a responder prontamente a pedidos de assistência imediata, assegurar a disponibilidade de magistrados e meios técnicos para levar a cabo quaisquer intervenções processuais urgentes da sua competência. De fora ficam ainda por solucionar problemas que dependem exclusivamente de ordem emanada pelo JIC, tais como a obtenção de dados de conteúdo de uma comunicação, por exemplo. Donde resulta que efetivamente, ainda que existam contactos informais, ainda há problemas sem solução e "*em termos operativos, a constituição dos ditos grupos de contacto rápido não é suficiente para a sua eficácia, uma vez que o seu papel ultrapassa em muito a mera assistência imediata ao organismo solicitante.*"[295].

§4. Mas os problemas não se ficam por aqui no tangente à desterritorialidade da investigação dos crimes informáticos. Como realizar uma investigação que corre os seus termos em Portugal, mas cuja prova se encontre num servidor do estrangeiro onde, por exemplo, se partilham imagens de menores com finalidades de satisfação sexual, sabendo-se

[294] A LC estipula essa obrigatoriedade nos arts. 12.º, n.º 1 e 14.º, n.º 1. A lei refere-se a "autoridade judiciária", tendo a jurisprudência, após decisões contraditórias, ter assumido que a obtenção em concreto de um endereço IP que esteve na origem da uma determinada comunicação efetuada é da competência do Ministério Público – e não do juiz, conforme Nota Prática n.º 1/2012, "*O endereço de IP e a identificação do seu utilizador*" disponível na página da Procuradoria Geral da República em http://cibercrime.ministeriopublico.pt/sites/default/files/documentos/pdf/nota_pratica_1_pedido_de_ip.pdf [*acedido em 27 de fevereiro de 2016*].
Neste sentido Ac. TRL, Proc. 581/12.6PLSNT.A.L1-5, Relatora: Alda Tomé Casimiro, de 22-01-2013; Ac. TRL, Proc. 1695/09.5PJLSB.L1-9, Relatora: Margarida Vieira de Almeida, de 16-09-2014.
Em sentido contrário Ac. TRC, Proc. 84/11.6JAGRD-A.C1, Relatora: Alice Santos, de 03-10-2012; Ac. TRG, Proc. 1341/08.4TAVCT, Relator: Anselmo Lopes, de 12-04-2010.

[295] Pedro Verdelho, Rogério Bravo e Manuel Lopes Rocha, *Leis do cibercrime*, Vol. 1, Centro Atlântico, 2003, p. 89.

que não existe nesse país preservação de dados IP[296]? Poderão as entidades policiais, como meros utilizadores, inscreverem-se nesse servidor para obter mais elementos de prova, mormente a identificação dos utilizadores deste grupo? Deverão ser desenvolvidas, pelo contrátrio outras diligências, como apurar quem, como e quando foi efetuado o pagamento do *host* do servidor? E se este foi pago com criptomoedas, vulgo Bitcoins, ou outra moeda virtual?

Mais frequente é a deslocalização de servidores para *off-shores*, "paraísos cibernéticos" ou "zonas francas" onde a recolha de prova é dificultada ou, afirmamos com algum conhecimento de causa, é mesmo impossível de obter. Impossibilidade esta que permite e garante a total liberdade dos criminosos nos seus intentos[297].

A desterritorialidade também opera na criação de servidores "*mirrors*", essencialmente colocados na *cloud computing*, cujo conteúdo acaba por se encontrar replicado em vários servidores[298], nos mais distintos locais do planeta. Com esta omnipresença é impossível apagar os conteúdos da internet, de localizar a sua génese e, acima de tudo, de conseguir identificar os seus autores ou apreender o material que está a servir a prática de um crime[299]. É aquilo que na gíria se chama por "*efeito viral*", podendo o mesmo conteúdo estar alojado em diversos servidores de países completamente opostos.

A investigação criminal de delitos cometidos nas redes de informação e comunicação, bem como a respetiva recolha de prova digital, envolvem novos desafios e um novo olhar sobre o mundo que nos rodeia a nível global, que vai além do território em que nos situamos[300]. Urge a efetiva-

296 Por exemplo em determinados países de África ou na Rússia, onde não existe legislação ou as entidades oficiais não respondem aos pedidos de cooperação judicial.

297 Pedro Dias Venâncio, *Breve introdução da questão da investigação..., Ob. Cit.*, p. 6.

298 Vera Marques Dias, «A problemática da investigação do cibercrime», *DataVenia*, Ano 1, n.º 1, (julho-dezembro), 2012, disponível em www.datavenia.pt [*acedido a 27 de março de 2016*], p. 71; Keir Giles, «Russia and Cyber Security», *Nação e Defesa*, IDN, n.º 133, 2012, p. 74 e ss.

299 Art. 178.º do CPP.

300 Paulo Dá Mesquita, *Processo Penal..., Ob. Cit.*, pp. 83-129, Manuel da Costa Andrade, *"Bruscamente no verão passado"..., Ob. Cit.*, 104-118; Denise Provasi Vaz, *Provas Digitais no Processo Penal: Formulação do conceito, definição das características e sistematização do procedimento probatório*, Tese de Doutoramento, inédito, Faculdade de Direito da Universidade de S. Paulo, 2012,

ção de acordos multilaterais em matéria penal seja a nível estadual seja a nível de empresas privadas que prestam serviços tecnológicos, tais como empresas de emails, de redes sociais, de alojamento de conteúdos, etc.

2.3. O avanço da técnica face aos meios investigatórios

§1. A investigação em ambientes digitais está em constante mutação por força da evolução tecnológica. Se atualmente a ciência criminal, em algumas áreas forenses, ainda utiliza as mesmas técnicas de recolha de prova que usava há 20 anos, como por exemplo no exame ao hábito externo de um cadáver vítima de homicídio, o mesmo não sucede quanto à investigação de crimes informáticos ou praticados por via informática. Em 20 anos as técnicas de investigação tiveram forçosamente que mudar por força do desenvolvimento tecnológico e de outros fatores, nomeadamente pela deslocalização de criminosos do mundo real para o mundo cibernético.

Já aludimos ao paradigma do uso de criptografia e estenografia como forma de ocultação de prova[301]. Não poderemos olvidar que tanto uma como outra, continuando com estes exemplos, sofreram evoluções, que se traduziu em atualizações que as tornam mais fortes e menos suscetíveis de serem quebradas, levando a que os criminosos tirem vantagens inqualificáveis destes progressos tecnológicos.

Acresce que sempre que existe uma inovação técnica verifica-se o aparecimento de um novo método para ser colocado ao serviço das lides criminais. As polícias de investigação serão conhecedoras maioritariamente destes novos *modus operandi* quando as vítimas os reportarem, por intermédio das queixas-crime, e se debruçarem afincadamente na sua análise, para a recolha de prova e a identificação dos seus autores. O que nem sempre é fácil, como veremos *infra* por motivos de anonimização. Advém, à evolução tecnológica, que o conhecimento destes novos métodos nem sempre é imediato pelas autoridades policiais face às cifras negras exis-

pp. 80-145, disponível em http://www.teses.usp.br/teses/disponiveis/2/2137/tde-28052013-153123/pt-br.php [*acedido em 15 de novembro de 2016*].

[301] Ou medidas anti-forenses, nas palavras de David Silva Ramalho, *Métodos ocultos de investigação..., Ob. Cit.*, pp. 152-157.

tentes, mormente pela vergonha em denunciar crimes que foram realizados pela internet[302].

§2. O problema é acrescido quando as entidades responsáveis pela investigação não possuem os equipamentos necessários para a recolha e análise de prova, hipotecando desta forma a investigação criminal. Atualmente verifica-se um aumento nos discos de armazenamento, na ordem dos Terabytes[303], necessitando os investigadores de igual espaço para que possam clonar estes discos e efetuar exames *post mortem*. Nem sempre os meios disponíveis são os suficientes e isso reflete-se nas investigações criminais[304].

O uso massivo de *smartphones* e *tablets*, que se transformaram literalmente em computadores de bolso, leva a que seja necessário equipamento específico para análise destes equipamentos, quando apreendidos, uma vez que não possuem disco rígido que possa ser removido e alvo de análise forense[305]. Acresce que cada vez mais os produtores destes equipamentos inserem elementos de segurança, tornando os mesmos mais rebustos a intrusões de terceiros e, consequentemente, a um exame realizado no âmbito criminal. Se a cada seis meses são lançados no mercado equipamentos com alterações significativas, isso significa que a investiga-

302 A título de exemplo nos casos de extorsão sexual (*sextortion*), em que existe vergonha por parte do queixoso/ofendido em apresentar a respetiva queixa-crime.

303 1 Terabyte (TB) equivale a 1000 Gigabytes (GB).

304 Estes atrasos têm se verificado essencialmente pela demora na realização de exames forenses ao material apreendido. Para olvidar estes atrasos a PGR firmou, com várias Universidades e Institutos Politécnicos, a celebração de protocolos de cooperação para a realização de exames forenses ao material informático apreendido. http://www.ministeriopublico.pt/sites/default/files/documentos/pdf/protocolo_pgr_universidade_aveiro.pdf, http://www.ministeriopublico.pt/sites/default/files/protocolobeja.pdf, http://www.ministeriopublico.pt/sites/default/files/documentos/pdf/protocolo_pgr_ipleiria.pdf [*acedidos em 23 de novembro de 2016*]

305 A análise está sempre dependente de se conseguir aceder ao telemóvel ou tablet. Sibelius Lellis Vieira e Adriano Rodrigues da Cruz, *Perícia forense computacional em telefones celulares com sistema Android*, Segurança, Justiça e Cidadania: Perícia e investigação criminal, 2014, disponível *online* em https://www.justica.gov.br/sua-seguranca/seguranca-publica/analise-e-pesquisa/download/estudos/sjcvolume9/pericia_forense_computacional_telefones_celulares_sistema_operacional_android.pdf [*acedido em 23 de novembro de 2016*].

ção criminal tem que possuir equipamentos atualizados para fazer a análise a estes dispositivos. Como é do conhecimento público, os recursos são um bem escasso e nem sempre os Estados, em especial o Português, investe todos os meios na prossecução do combate ao crime informático.

2.4. A investigação criminal face à anonimização

§1. A anonimização sempre foi uma das prioridades dos criminosos. Desde os tempos mais remotos que os assaltos eram realizados em locais ermos e aproveitando a escuridão da noite. Desta forma, ocultava-se duplamente a identidade dos assaltantes pela impossibilidade de testemunhas oculares e de as vítimas os conseguirem reconhecer.

Na era tecnológica atual esta anonimização está facilitada concorrendo diversos fatores para a sua plenitude. Sem prejuízo do que iremos analisar no capítulo seguinte, onde se exige mais conhecimentos de informática, poderemos afirmar que a anonimização é *ouro sobre azul* para os cibercriminosos.

Sob o manto do anonimato, muitas pessoas cometem ilícitos criminais que não cometeriam de outro modo. Consubstancia-se a esta anonimização a motivação para a prática do ato delitual, uma vez que o criminoso não necessita de sair de sua casa para o praticar, refugiando-se atrás de um computador[306].

A investigação criminal perante situações de anonimato poderá enveredar por dois caminhos. Um deles quando o delinquente apenas utiliza um nome fictício ou um *e-mail* criado para essa situação e se esquece que as ligações de IP o denunciam em primeira instância, ligando-o à prática dos factos. Outro caminho, mais difícil de trilhar, será aquele em o delinquente consegue recorrer a mecanismos que mascaram o seu verdadeiro IP e, muitas vezes, só com recursos a outros elementos de prova se chega, mas nem sempre, aos autores dos factos. Deixaremos esta situação para o ponto 3, deste capítulo, onde a desenvolveremos mais afincadamente.

[306] Fernando Miró Llinares, «La oportunidad criminal en el ciberespacio, Aplicación y desarrollo de la teoría de las actividades cotidianas para la prevención del cibercrimen», *Revista Electrónica de Ciencia Penal e Criminología*, n.º 13, 2011, disponível em http://criminet.ugr.es/recpc/13/recpc13-07.pdf [*acedido em 7 de março de 2016*], pp. 14 e ss.

§2. Um dos recursos utilizados por cibercriminosos que não possuam muitos conhecimentos informáticos é recorrer a redes livremente disponíveis, *wi-fi*, *acess point* ou *wireless* de cafés, universidades/escolas, de transportes públicos, etc., pois sabem de antemão que não fica qualquer registo identificativo das pessoas que ali se conectaram. E efetivamente assim sucede, o IP que virá a ser identificado pelas autoridades policiais, referente ao da prática de um crime informático ou com recurso à tecnologia informática, será o do subscritor do serviço de internet (café, universidade/escola, transporte público, etc.), esbarrando a investigação na impossibilidade de identificar o verdadeiro autor do crime cometido[307]. Em Portugal não existe nenhuma norma jurídica que estabeleça a responsabilidade penal (ou mesmo contraordenacional) de quem disponibiliza livremente um ponto de acesso à internet[308].

[307] O TJUE, em 15 de setembro de 2016, foi chamado a pronunciar-se sobre a responsabilidade de um comerciante que disponibilizou a sua rede *wi-fi* (ou *wireless*) para acesso a uma rede *peer-to-peer*, lesando os Direitos de Autor representados pela Sony Music, no processo C-484/14, *Tobias Mc Fadden c. Sony Music Entertainment Germany*. Embora a questão prejudicial fosse referente à interpretação de uma norma da Diretiva sobre comércio eletrónico (art. 12.º, n.º 1 da Diretiva, que foi transposta para o nosso sistema interno pelo art. 14.º do Dec.-Lei n.º 7/2004, de 7 de janeiro, última alteração pela redação da Lei n.º 46/2012, de 29 de agosto), o TJUE concluiu que "*[o] artigo 12.º, n.º 1, da Diretiva 2000/31, em conjugação com o artigo 12.º, n.º 3, desta diretiva, deve ser interpretado, tendo em conta as exigências que decorrem da proteção dos direitos fundamentais e as regras previstas pelas Diretivas 2001/29 e 2004/48, no sentido de que se opõe, em princípio, à adoção de uma injunção que, como a que está em causa no processo principal, exige de um fornecedor de acesso a uma rede de comunicações que permite ao público ligar-se à Internet, sob cominação de uma sanção pecuniária compulsória, que impeça terceiros de colocarem à disposição do público, através dessa conexão à Internet de que dispõe essa rede, uma obra determinada ou partes da mesma protegidas pelo direito de autor, numa bolsa de trocas Internet (peer-to-peer), quando* ***esse fornecedor tem a escolha das medidas técnicas a adotar para dar cumprimento a essa injunção, mesmo que essa escolha se reduza unicamente à medida que consiste em garantir a segurança através de uma palavra-passe, na medida em que os utilizadores dessa rede sejam obrigados a revelar a sua identidade para obterem a palavra-passe exigida e não possam, assim, agir anonimamente****, o que cabe ao órgão jurisdicional de reenvio verificar.*" (negrito nosso).
O texto integral do Acórdão pode ser consultado em http://curia.europa.eu/juris/document/document.jsf?text=&docid=183363&pageIndex=0&doclang=PT&mode=lst&dir=&occ=first&part=1&cid=937503 [*acedido em 26 de dezembro de 2016*].

[308] Encontrava-se para aprovação a proposta de Regulamento do Parlamento Europeu e do Conselho, que revogava os Regulamentos (UE) n.º 1316/2013 e (UE) n.º 283/2014 relativos

O mesmo não sucede na vizinha Espanha. A *Ley general de telecomunicaciones*, Lei n.º 9/2014, de 9 de maio[309], impõe no seu art. 79.º, entre outras, a obrigação de facultar dados dos utilizadores, para sua identificação, que estiveram ligados a uma rede *wi-fi*, cominando a sua falta com uma

à promoção de conectividade à Internet em comunidades locais, desde 14/09/2016. Contudo neste Regulamento, de aplicação imediata em todos os Estados membros, não existe qualquer sanção (contraordenacional ou penal) prevista para quem partilhe a internet. A proposta apela e financia projetos de expansão e partilha de pontos de acesso á internet em comunidades locais assente em sistemas de conectividade de banda larga, de muito alta velocidade, que permitam proporcionar uma experiência de internet de alta qualidade aos utilizadores que: a.) seja gratuita, de fácil acesso e utilize equipamento topo de gama; e, b.) apoie o acesso a serviços digitais inovadores, tais como os prestados por infraestruturas de serviços digitais. Acessível em http://eur-lex.europa.eu/legal-content/PT/TXT/PDF/?uri=CELEX:52016PC0589&from=PT [*acedido em 26 de dezembro de 2016*].
De realçar que a Diretiva 200/31/CE no art. 12.º estabelece:
Art. 12º – Simples transporte
1. No caso de prestações de um serviço da sociedade da informação que consista na transmissão, através de uma rede de comunicações, de informações prestadas pelo destinatário do serviço ou em facultar o acesso a uma rede de comunicações, os Estados-Membros velarão por que a responsabilidade do prestador não possa ser invocada no que respeita às informações transmitidas, desde que o prestador:
a) Não esteja na origem da transmissão;
b) Não selecione o destinatário da transmissão; e
c) Não selecione nem modifique as informações que são objeto da transmissão.
2. As atividades de transmissão e de facultamento de acesso mencionadas no n. 1 abrangem a armazenagem automática, intermédia e transitória das informações transmitidas, desde que essa armazenagem sirva exclusivamente para a execução da transmissão na rede de comunicações e a sua duração não exceda o tempo considerado razoavelmente necessário a essa transmissão.
3. O disposto no presente artigo não afeta a possibilidade de um tribunal ou autoridade administrativa, de acordo com os sistemas legais dos Estados-Membros, exigir do prestador que previna ou ponha termo a uma infração.
A transposição desta Diretiva apenas prevê contraordenações e não é explicitamente clara quanto ao livre acesso de redes de internet livremente disponíveis. Da proposta caíram todas as indicações anteriormente mencionadas, tendo o novo Regulamento (UE) 2021/1153 do Parlamento Europeu e do Conselho, de 7 de julho de 2021, que cria o Mecanismo Interligar a Europa sido publicado no Jornal Oficial da União Europeia, em 14-07-2021.
Deste Regulamento apenas existe uma breve nota sobre a tecnologia 5G relativamente a prioridades de financiamento em consonância com os objetivos estratégicos de conectividade da União (art. 8.º).

[309] Acessível em https://www.boe.es/buscar/pdf/2014/BOE-A-2014-4950-consolidado.pdf [*acedido em 21 de janeiro de 2017*].

coima até 30.000,00€ (trinta mil euros) ou até 150.000,00€ (cento e cinquenta mil euros) caso o incumprimento seja significativo.

Volvendo a Portugal, bem como o que sucede na maioria dos países do mundo, é bastante difícil implementar um registo de pessoas que se ligam a um sistema *wi-fi*. Por outro lado, do ponto de vista meramente comercial, tal implementação poderia ser um entrave ao desenvolvimento de atividades hoteleiras ou de restauração, por exemplo, uma vez que o livre acesso à internet é um dos factores de escolha aquando da marcação de um hotel ou de um restaurante.

Como demonstrado fica o reverso da moeda onde esta forma de anonimização se traduz na impossibilidade de identificar os autores criminosos, culminando eventualmente na desresponsabilização penal de quem lhes prestou auxílio material para a prática do crime, ainda que de forma não intencional, ou seja, negligentemente.

2.5. A cooperação judiciária internacional

§1. A cooperação judiciária internacional como forma de obtenção da prova digital é um dos meios que poderá obstaculizar à investigação de crimes informáticos. Efetivamente já aqui demos conta do nosso regime legal nesta matéria e, para evitar repetições, abordaremos apenas as dificuldades sentidas quando é necessário recorrer a outro Estado para obtenção de prova digital.

No seio da União Europeia tem-se caminhado para a uniformização de algumas medidas processuais, que levam a uma celeridade de pedidos e de respostas[310]. Veja-se a este propósito o mandado de detenção europeu[311]. Visa-se neste regime jurídico o reforço dos meios processuais promovendo-se o reconhecimento mútuo relativamente às decisões dos tribunais[312].

310 Para uma análise histórica sobre a evolução deste instituto, Benjamim Silva Rodrigues, *Da prova penal, Tomo IV..., Ob. Cit.*, pp. 265-320 e também, do mesmo autor, *Direito Penal, Parte Especial, Tomo I..., Ob. Cit.*, pp. 524-606.

311 Lei n.º 65/2003, de 25 de agosto, que aprova o regime jurídico do mandado de detenção europeu (em cumprimento da Decisão Quadro n.º 2002/584/JAI, do Conselho, de 13 de junho).

312 Helena Patrício, *O mandado de detenção europeu na jurisprudência do Tribunal de Justiça*, disponível em http://www.unio.cedu.direito.uminho.pt/Uploads/UNIO%200%20-%20Helena%20Patricio_pt.pdf [*acedido em 23 de janeiro de 2017*].

Se com o Mandado de Detenção Europeu já se avançou na rapidez de resposta solicitada pelos Estados, ainda haverá um longo caminho a trilhar, tanto no seio da Europa como fora dela[313]. Efetivamente a diferente legislação de cada Estado leva a que nem sempre seja possível obter resposta a elementos de prova que se encontrem sobre a sua alçada[314].

É de realçar, a nível europeu, a Convenção Europeia de Auxílio Mútuo em Matéria Penal[315], em vigor desde 1962, com os seus protocolos anexos. O diploma estabelece uma série de procedimentos onde a cooperação pode ter lugar, através da respetiva formalização, ou seja, carta rogatória. Contudo, o art. 19.º prevê a recusa de colaboração, desde que devidamente fundamentada, em situações que colidam com o direito interno, por exemplo[316].

Conclui a autora que "[a]través do mandado de detenção europeu temos afirmada e potenciada a circulação de decisões judiciais no campo do direito penal, realizando-se por esta via também um verdadeiro espaço europeu de liberdade, segurança e justiça, fundamental à afirmação dos direitos e liberdades dos cidadãos da União.".

313 Neste sentido VÂNIA COSTA RAMOS, «O direito penal europeu institucional, O quadro "pós--Lisboa" – por mares nunca dantes navegados, edificar-se-á novo reino?», *Revista da Ordem dos Advogados*, Lisboa, Ano 73, vol. 2/3 (abril-setembro), 2013; ANTÓNIO PIRES HENRIQUES DA GRAÇA, *O regime jurídico do mandado de detenção europeu*, Coimbra Editora, 2014; MANUEL MONTEIRO GUEDES VALENTE, *Do mandado de detenção europeu*, Almedina, 2006.

314 Onde tem havido maior consenso na troca de informações entre Estados é no tocante à investigação de casos de terrorismo, de criminalidade altamente organizada transfronteiriça e imigração ilegal. Com o Tratado de Prüm, assinado na cidade alemã com o mesmo nome, em 27 de maio de 2005, entre 7 estados-membros da UE, reforçou-se o intercâmbio de informações nomeadamente de base de dados de ADN e impressões digitais. Em 2007 a Alemanha propôs que o tratado de Prüm fosse integrado na União Europeia, o que veio a suceder através da Decisão 2008/615/JAI de 23 de junho de 2008, relativa ao aprofundamento da cooperação transfronteiras, em particular no domínio da luta contra o terrorismo e da criminalidade transfronteiras, e da Decisão 2008/616/JAI, de 23 de junho referente à execução da Decisão 2008/615/JAI, relativa ao aprofundamento da cooperação transfronteiras, em particular no domínio da luta contra o terrorismo e da criminalidade transfronteiras (ambas publicadas no Jornal Oficial da União Europeia L 210, de 6 de agosto de 2008). RICARDO MALGAZ ÁLVAREZ, «Respuestas politico-criminales a la delincuencia internacional: narcotráfico y terrorismo», in AA.VV., Coord. ALICIA RODRÍGUEZ NÚÑEZ, *La investigatión policial y sus consecuencias jurídicas*, Dykinsol, Madrid, 2013, pp. 334-335.

315 Ratificada pela Resolução da Assembleia da República, n.º 39/94, de 14 de julho.

316 MARK A. ZÖLLER, «O intercâmbio de informações no domínio da investigação penal entre Estados-membros da União Europeia», AA.VV., *2.º Congresso de Investigação Criminal*, Coord.

§2. O salto mais significativo a nível da cooperação judiciária deu-se com o Tratado de Prüm[317], no que à troca de informações criminais diz respeito. Após os Estados signatários, Bélgica, Alemanha, Espanha, França, Luxemburgo, Holanda e Áustria, terem acertado o diapasão na questão da troca de informações e em outros domínios de cooperação transfronteiriça, outros Estados, entre eles Portugal, aderiam a este Tratado. Daqui resulta um acesso imediato a base de dados, tais como fichas de ADN, base de dados de impressões digitais armazenadas automaticamente, registos informáticos de dados de veículos e proprietários de veículos, não carecendo de pedido prévio de informação. Traduz-se numa mudança de paradigma uma vez que estas bases de dados se encontram *online* e livremente acessíveis existindo uma resposta imediata sobre a pesquisa que se efetue. Face à sensibilidade dos dados tratados nestas bases, com exceção da base de viaturas, a resposta pode ser apenas vinculativa que existe mais informação, necessitando-se de recorrer a outros expedientes para uma resposta mais efetiva[318].

Contudo, foi após o Tratado de Lisboa[319] que se caminhou a passos largos para uma maior uniformização com "*aproximação das disposições legislativas e regulamentares dos Estados-membros nos domínios do que se refere no n.º 2* [do art. 82.º] *e do art. 83.º*". O capítulo da cooperação judiciária em matéria penal encontra-se nos art. 82.º a 86.º do TFUE, seguindo-se os arts. 87.º a 89.º que contém disposições relativas à cooperação policial, sendo estas que efetivamente nos interessam para o nosso estudo[320].

§3. De Lisboa saiu reforçada a Europol, fundada em 1 de outubro de 1998, como organismo europeu de cooperação policial tendo como missão apoiar e reforçar a ação das autoridades policiais e dos outros serviços responsáveis pela aplicação da lei dos Estados-Membros, bem como

Maria Fernanda Palma et al, Almedina, 2010, pp. 308-309.

317 Assinado em maio de 2005, naquela cidade alemã.

318 Mark A. Zöller, *Ob. Cit.*, pp. 311-317.

319 Assinado, pelos Estados-membros da União Europeia, em 13 de dezembro de 2007.

320 A União desenvolve uma cooperação policial que associa todas as autoridades competentes dos Estados-Membros, incluindo os serviços de polícia, das alfândegas e outros serviços responsáveis pela aplicação da lei especializados nos domínios da prevenção ou deteção de infrações penais e das investigações nessa matéria.

a cooperação entre essas autoridades na prevenção das formas graves de criminalidade que afetem dois ou mais Estados-membros, do terrorismo e das formas de criminalidade lesivas de um interesse comum que seja objeto de uma política da União, bem como no combate contra esses fenómenos[321].

No decurso de 2013 nasceu no seio da Europol a unidade *EC3 – European CyberCrime Centre*, que tem como finalidade dar apoio e coordenar investigações relacionadas com crimes informáticos. Contudo o *EC3*, tal como a Europol, é apenas um canal mais expedito de comunicação entre os vários países a nível europeu. Se um Estado-membro não fornecer a informação pretendida por um órgão policial, no âmbito de um processo crime, a *EC3* não poderá ter qualquer intervenção.

Nos dias que correm a informação é poder e nesse sentido a *EC3* é bastante útil para a cooperação judiciária porque reúne e compila informação relativa a *modus operandi* recentes, bem como a coordenação de operações de combate ao cibercrime a nível europeu[322]. De realçar que sempre que um país numa investigação deteta que existem IP's de outros países é a Europol que envia esses dados para que as investigações prossequiam nesse país e, em algumas vezes, consoante o desenvolvimento das investigações, são realizadas ações descentralizadas mas concertadas[323].

[321] Art. 88.º, n.º 1, do TFUE.

[322] Tais como: em 5 de dezembro de 2013 era anunciado pela Europol-EC3 o cancelamento de uma rede de *botnets* que infetaram 2 milhões de computadores, em colaboração com as autoridades policiais germânicas, luxemburguesas, suíças e holandesas. Comunicado de imprensa disponível em https://www.europol.europa.eu/newsroom/news/notorious-botnet-infecting-2-million-computers-disrupted [*acedido em 24 de outubro de 2015*]; ou em 17 de julho de 2014 com o desmantelamento de uma rede internacional de cibercriminosos na Roménia, em colaboração com autoridades policiais romenas e francesas, conforme comunicado de imprensa https://www.europol.europa.eu/newsroom/news/international-network-of-romanian-cybercriminals-dismantled [*acedido em 24 de outubro de 2015*]; entre outras ações conjuntas que culminaram no desmantelamento de organizações criminosas.

[323] Tal sucede com maior frequência nos crimes cometidos pela internet de abuso sexual de menores. https://www.europol.europa.eu/newsroom/news/europol-coordinated-operation-targets-distribution-of-child-sexual-abuse-material, mas também na venda ilegal de armas https://www.europol.europa.eu/newsroom/news/darknet-arms-vendor-arrested-in-slovenia-support-of-europol [*acedido em 12 de outubro de 2016 e 21 de dezembro de 2016, respetivamente*].

§4. Pese embora a estrutura base esteja bem construída e em pleno funcionamento, o que redondamente faz cair por terra a cooperação judiciária europeia é a legislação de cada Estado-membro, mesmo quando esta tem a sua génese nas instâncias políticas europeias. A título de exemplo veja-se a Diretiva 2006/24/CE, do Parlamento e do Conselho, de 15 de março, relativa à conservação de dados gerados ou tratados no contexto da oferta de serviços de comunicações eletrónicas publicamente disponíveis ou de redes públicas de comunicações.

Visando uma Diretiva a tendencial uniformização de políticas dos Estados-Membros, por deixar margem para a sua transposição conforme o Direito interno de cada País, a Diretiva 2006/24/CE foi transposta para o nosso ordenamento jurídico pela Lei n.º 32/2008, de 17 de julho.

Esta diretiva viria a ser sindicada pelo TJUE em dois processos diferentes, tendo ficado conhecido pelo primeiro, *Digital Rights of Irland.* No processo principal C-293/12, o *Hight Court of Irland* suscitou a questão prejudicial sobre a validade da Diretiva quanto à interpretação dos art. 3.º, 4.º e 6.º[324]. O caso resume-se ao facto de a empresa *Digital Rights of*

[324] São do seguinte teor os referidos artigos:

Artigo 3.º
Obrigação de conservação de dados
1. Em derrogação aos artigos 5.º, 6.º e 9.º da Diretiva 2002/58/CE, os Estados-Membros devem tomar medidas para garantir a conservação, em conformidade com as disposições da presente diretiva, dos dados especificados no artigo 5.º da presente diretiva, na medida em que sejam gerados ou tratados no contexto da oferta dos serviços de comunicações em causa por fornecedores de serviços de comunicações eletrónicas publicamente disponíveis ou de uma rede pública de comunicações quando estes fornecedores estejam sob a sua jurisdição.
2. A obrigação de conservação de dados imposta no n.º 1 inclui a conservação dos dados especificados no artigo 5.o relativos a chamadas telefónicas falhadas, quando gerados ou tratados, e armazenados (no caso de dados telefónicos) ou registados (no caso de dados da internet) por fornecedores de serviços de comunicações eletrónicas publicamente disponíveis, ou de uma rede pública de comunicações, que estejam sob a jurisdição do Estado-Membro em questão, no contexto da oferta de serviços de comunicação. A presente diretiva não estabelece a conservação de dados relativos a chamadas não estabelecidas.

Artigo 4.º
Acesso aos dados
Os Estados-Membros devem tomar medidas para assegurar que os dados conservados em conformidade com a presente diretiva só sejam transmitidos às autoridades nacionais competen-

Irland ser proprietária de um telemóvel e de a lei da Irlanda, sobre infrações terroristas [*Criminal Justice (Terrorist Offences) Act 2005*], prever que os fornecedores de serviços de comunicações telefónicas devem conservar os dados respeitantes a estas últimas, relativos ao tráfego e à localização durante um período determinado por lei, com o objetivo de prevenção e deteção das infrações, de investigação e repressão das mesmas e para garantir a segurança do Estado. Estas exigências são incompatíveis com o artigo 5.º, n.º 4, TUE[325], na medida em que é desproporcionada e desnecessária ou inadequada para alcançar os objetivos legítimos de:

a) assegurar que determinados dados são disponibilizados para efeitos de investigação, deteção e repressão de crimes graves?
   e/ou
b) assegurar o funcionamento adequado do mercado interno da União Europeia?

No processo apenso, C-594/12, reenvio prejudicial pelo *Verfassungsgerichtshof* (Tribunal Constitucional da Áustria) é solicitado no processo

tes em casos específicos e de acordo com a legislação nacional. Os procedimentos que devem ser seguidos e as condições que devem ser respeitadas para se ter acesso a dados conservados de acordo com os requisitos da necessidade e da proporcionalidade devem ser definidos por cada Estado-Membro no respetivo direito nacional, sob reserva das disposições pertinentes do Direito da União Europeia ou do Direito Internacional Público, nomeadamente a CEDH na interpretação que lhe é dada pelo Tribunal Europeu dos Direitos do Homem.
Artigo 9.º
Autoridade de controlo
1. Cada Estado-Membro deve designar uma ou mais autoridades públicas para controlar a aplicação, no respetivo território, das disposições adotadas pelos Estados-Membros, nos termos do artigo 7.º, no que diz respeito à segurança dos dados conservados. Essas autoridades podem ser as referidas no artigo 28.º da Diretiva 95/46/CE.
2. As autoridades a que se refere o n.º 1 devem atuar com absoluta independência no exercício do controlo da aplicação a que se refere o mesmo número.

[325] Cujo teor é o seguinte:
"Em virtude do princípio da proporcionalidade, o conteúdo e a forma da ação da União não devem exceder o necessário para alcançar os objetivos dos Tratados.
As instituições da União aplicam o princípio da proporcionalidade em conformidade com o Protocolo relativo à aplicação dos princípios da subsidiariedade e da proporcionalidade."

interno a anulação do art. 102.º-A da Lei de 2003 sobre as telecomunicações [*Telekommunikationsgesetz* 2003], alterada pela transposição da Diretiva 2006/24/CE, porquanto os seus autores referem que este artigo viola o direito fundamental dos particulares à proteção dos seus dados, por imposição da transposição da Diretiva[326].

§5. Destarte, a 8 de abril de 2014 a Grande Secção do Tribunal de Justiça declarou que "[a] Diretiva 2006/24/CE do Parlamento Europeu e do Conselho, de 15 de março de 2006, relativa à conservação de dados gerados ou tratados no contexto da oferta de serviços de comunicações eletrónicas publicamente disponíveis ou de redes públicas de comunicações, e que altera a Diretiva 2002/58/CE, é inválida"[327], por ser desproporcional. Entende o TJUE que "a Diretiva 2006/24 não estabelece regras claras e precisas que regulem o alcance da ingerência nos direitos fundamentais consagrados nos artigos 7.° e 8.° da Carta. Impõe-se, pois, concluir que esta diretiva comporta uma ingerência nestes direitos fundamentais, de grande amplitude e particular gravidade na ordem jurídica da União, sem que essa ingerência seja enquadrada com precisão por disposições que permitam garantir que se limita efetivamente ao estritamente necessário"[328].

Do resultado desta invalidade verificou-se que certos países da União Europeia deixaram de ter legislação sobre a retenção de dados e por

[326] O TEDH tem desenvolvido diversa jurisprudência em torno da proteção do acesso a dados de comunicações, concluindo que os mesmos se encontram abrangidos pelo n.º 1 do art. 8.º da Carta Europeia dos Direitos do Homem e que os mesmos estão abrangidos pela proteção da "vida privada e familiar". Neste sentido Caso *Malone vs Reino Unido*, de 2 de agosto de 1984, https://stewartroom.co.uk/wp-content/uploads/2014/07/Cases-ECHR-Malone.pdf [*acedido em 22 de fevereiro de 2016*]. Bem mais recentemente, sobre a mesma temática, veja-se o Ac. do TJUE no caso *Volkerund Markus Schecke*, de 9 de novembro de 2010, disponível em http://curia.europa.eu/juris/document/document.jsf?text=&docid=79001&pageIndex=0&doclang=PT&mode=lst&dir=&occ=first&part=1&cid=173614 [*acedido em 22 de fevereiro de 2016*].

[327] Acórdão do Tribunal de Justiça da União Europeia (Grande Secção) disponível em http://curia.europa.eu/juris/document/document.jsf?text=&docid=150642&pageIndex=0&doclang=PT&mode=req&dir=&occ=first&part=1&cid=188309 [*acedido em 23 de fevereiro de 2016*]. Para uma análise mais resumida veja-se o comunicado de imprensa do TJUE em http://curia.europa.eu/jcms/upload/docs/application/pdf/2014-04/cp140054pt.pdf [*acedido em 23 de fevereiro de 2016*].

[328] §65 do referido Acórdão.

consequência deixaram de responder aos pedidos das suas congéneres quando os IP's identificados para a práticas de crimes eram desses países[329].

§6. Entre nós a Lei n.º 32/2008, de 17 de julho, continuou em vigor por ser entendimento da jurisprudência que a nossa legislação vai além da diretiva por consagrar medidas e estipular condições de acesso aos dados, exigindo que a divulgação seja precedida de ordem de um juiz (Artigo 9.º, n.º 1, da Lei n.º 32/2008). Neste sentido a Procuradoria Geral da República – Gabinete de Cibercrime, emitiu a Nota Prática n.º 7/2015, de 30 de dezembro de 2015[330], onde se pondera se efetivamente a Lei n.º 32/2008 se encontra em vigor ou não, tendo concluído pela sua validade. Defende este Gabinete da PGR que "*[é] importante sublinhar que a Lei 32/2008, além da transposição da Diretiva 2006/24/CE, introduziu um mais alargado quadro, muito complexo, de regulamentação do processo de retenção de dados (por exemplo, entre outras, as regras que devem ser observadas na retenção, as pessoas habilitadas a aceder os dados ou as condições de armazenamento e de acesso aos dados). Neste exercício, a lei nacional foi muito para lá das exigências da Diretiva. Desta forma, a maior parte das exigências que vieram a ser feitas pelo acórdão do TJUE estariam já anteriormente consideradas no direito interno. Por essa razão, tem sido entendido que a decisão do tribunal do Luxemburgo não afeta a validade da lei nacional.*

Como exemplo do que se disse, a lei portuguesa estipula condições de acesso aos dados, exigindo que a divulgação seja precedida de ordem de um juiz (Artigo 9º, nº 1, da Lei nº 32/2008). Esta condição coincide com a exigência do Tribunal de Jus-

[329] Armando Dias Ramos, «A prova digital na investigação do (ciber)terrorismo», *Ob. Cit.*, pp. 123-128.

[330] Referida nota prática pode ser consultada em http://cibercrime.ministeriopublico.pt/sites/default/files/documentos/pdf/nota_pratica_7_retencao_de_dados.pdf [*acedido em 23 de fevereiro de 2016*].

Pese embora a decisão da PGR somos da opinião que a Lei n.º 32/2008 deveria ter sido sindicada pelo Tribunal Constitucional, o que até à presente data não sucedeu. Existe referência a esta Lei, após decisão do TJUE no Ac. 403/2015, Relator Conselheiro Lino Rodrigues Ribeiro, de 27-08-2015, mas este não é o *thema decidendi* do aresto, mas tão somente a apreciação da constitucionalidade do Regime Jurídico do Sistema de Informações da República Portuguesa relativo ao acesso a dados de comunicações por parte destes serviços.

tiça, quando declara e tira consequências negativas do facto de a Diretiva não prever, no acesso aos dados, a exigência de autorização de uma autoridade independente.".

A Provedora de Justiça, em 26 de agosto de 2019, requereu ao Tribunal Constitucional a fiscalização abstrata da constitucionalidade dos art. 4.º, 6.º e 9.º da Lei n.º 32/2008. Segundo informação do Gabinete da Provedoria "*[O] diploma em causa impõe às operadoras de telecomunicações uma conservação generalizada e indiferenciada, durante um ano, de todos os dados de tráfego e de localização de todos os assinantes e utilizadores registados em relação a todos os meios de comunicação eletrónica. Entende-se que tal regime restringe indevidamente os direitos fundamentais à reserva da intimidade da vida privada e familiar e ao sigilo das comunicações, violando ainda o direito fundamental a uma tutela jurisdicional efetiva, todos consagrados na Constituição da República Portuguesa.*"[331].

Resulta, do que vai dito, que se a nível europeu existem problemas desta monta muitos outros surgirão, a nível da cooperação judiciária internacional, quando extravasamos as fronteiras europeias. O facto de se encontrarem instaladas na Europa empresas como o Facebook, Google e Yahoo, entre outras, estas regem-se pela legislação dos seus países de origem, maioritariamente dos Estados Unidos da América. E neste sentido as investigações saem prejudicadas porque, como é do conhecimento comum, a internet é um mundo que não conhece fronteiras. É através de acordos com os gigantes das tecnologias e celeridades nos MLAT – *Mutual Legal Assistance Treaty* que se poderá empreender uma verdadeira conquista na identificação dos dados de comunicação, entre outros, com a consequente identificação dos autores dos crimes.

3. A anonimização como entrave à investigação de cibercrimes

3.1. Os recursos tecnológicos da *Darkweb*, em especial as redes TOR

§1. A anonimização dos criminosos sempre foi um dos pontos fortes da sua atuação delitual, mormente a partir do momento em que a internet

[331] Conforme requerimento que pode ser acedido integralmente aqui: http://www.provedor-jus.pt/documentos/2019_08_26_Q_7746_2017_Tribunal_Constitucional.pdf [*acedido em 23 de setembro de 2019*].

teve um incremento de tal ordem que passou a fazer parte da vida quotidiana dos cidadãos.

Para além da anonimização que pode ser realizada na *surface web*[332] existe uma internet para além desta, a que daremos conta no ponto seguinte. A imagem iconográfica para a distinção destas duas realidades é a de um iceberg. Acima da linha de água, onde a maioria dos utilizadores navega, encontra-se a *surface web*[333], pesquisável através de motores de busca, tais como o *Google*, *Yahoo*, *Bing* ou *Sapo*[334]. Abaixo da linha

[332] Mencionados *supra*, relativamente a ligações onde não é necessário autenticar-se, ou criação de endereços de e-mail temporários que se autodestroem em minutos, etc.

[333] Também designada por *Clearnet* pelos utilizadores da *Darknet*, dado que a mesma não é encriptada.

[334] David Silva Ramalho, «A investigação criminal na Dark Web», *Revista de Concorrência e Regulação*, Ano IV, n.º 14/15, (abril-setembro), Almedina, 2015, pp. 385-386.
Através de um motor de busca consegue-se aceder à informação indexada nos servidores da empresa detentora desse motor de busca. As páginas apresentadas são pesquisadas por programas denominados *spiders*. Após encontrarem um site entram no mesmo e acedem a todos os links que ali se encontram, acedendo por sua vez, através desses links, a esses outros sites e assim sucessivamente, indexando todos eles na base de dados do motor de busca.
Por isso quando após o Ac. do TJUE (Grande Secção), no Caso C- 131/12, de 13 de maio de 2014, que ficou conhecido como Acórdão *Google Spain*, se vulgarizou a expressão, nos *media* e na doutrina, "*Right to be forgotten*" (direito ao esquecimento), fez-se uma interpretação errada do mesmo. Concisamente o Caso *sub judice* iniciou-se com um cidadão espanhol que apresentou queixa na Comissão Nacional de Proteção de Dados Espanhola porque ao colocar o seu nome no motor de busca Google surgia como resultado a página de um jornal diário de grande tiragem em Espanha, onde se poderia ler que os seus bens tinham sido arrestados e vendidos em hasta pública na sequência de dívidas à segurança social. O cidadão pretendia ver esses resultados de pesquisa eliminados do Google. O TJUE concluiu que efetivamente a empresa detentora do motor de busca efetuava um tratamento de dados, nele se incluindo os dados pessoais, e que a pessoa tinha direito a ver os mesmos suprimidos das pesquisas que possam ser efetuadas no motor de busca.
A expressão "*Right to be forgotten*" não é feliz pois como verificamos existe apenas uma indexação de conteúdos a serem apresentados aquando de uma pesquisa num motor de busca. Perfilhamos a opinião que se deveria ter optado pela expressão "*direito à desindexação*", uma vez que os conteúdos continuam a existir nas páginas em que foram colocados acrescendo apenas a dificuldade de localização através de um motor de busca, sendo que este não efetua a cópia dos referidos sites.
Acórdão do Tribunal de Justiça da União Europeia pode ser consultado integralmente em http://curia.europa.eu/juris/document/document.jsf?text=&docid=152065&pageIndex=0

de água, na *invisible web*, há que distinguir duas zonas: imediatamente abaixo a *Deep Web* (ou *Deep Net*) e nas profundezas a *Darkweb* (ou *Darknet*). Estima-se que a *invisible web* seja 400 a 500/550 vezes maiores que a *surface web*, sendo que esta última apenas se encontra indexada entre 4 a 16%[335].

Na *Deep Web* encontramos diversos recursos que utilizamos diariamente como páginas encriptadas de acessos a sistemas bancários, serviços de *webmail* (Gmail, Outlook da Microsoft, Yahoo Mail, entre outros), base de dados de bibliotecas, etc. Já a *Darkweb*, uma porção mais pequena dentro da *Deep Web* (ou mais profunda, continuando a visualizar a imagem de um iceberg), contém material intencionalmente oculto e é inacessível através de navegadores Web padrão[336].

Na *Darkweb*, face ao facto de os conteúdos não estarem indexados, é necessário recorrer a *software* específico. Entre eles figuram o *Freenet* (rede anónima de computadores que funcionam com armazenamento compartilhado e distribuído), o *I2P* (rede anónima, com uma única

&doclang=PT&mode=req&dir=&occ=first&part=1&cid=405603 [*acedido em 18 de novembro de 2015*].

335 Daniel Sui, James Caverlee e Dakota Rudesill, *The deep web and the darknet: a look inside internet's massive black box*, Wilson Center, 2015, p. 6. Também Bergman *apud* David Silva Ramalho, «A investigação criminal na Dark Web», *Ob. Cit.*, p. 386, disponível em https://www.wilsoncenter.org/sites/default/files/stip_dark_web.pdf [*acedido em 23 de outubro de 2016*].

336 Efetivamente reina alguma confusão sobre a *Deep Web* e a *Dark Web*. Adotamos a designação proposta por Cath Senker, *Cybercrime & the Dark Net: Revealing the hidden underworld of the internet, Arcturus Publishing*, 2016, pp. 6-7, pois faz mais sentido uma vez que *Dark* significa "escuro", isto é, onde existe total anonimização, enquanto que *Deep* se entende por "profundo". Nas palavras do Diretor Executivo da rede Tor, Andrew Lewman, em abril de 2015, *"le terme darknet provient d'une présentation faite par Google ou Alta Vista – si vous vous souvenez de ce moteur de recherche d'il y a 15 ans – sur le sujet des données cachées derrière des péages, des écrans de connexion, dans les réseaux d'entreprise. Et si votre objectif est de rechercher toute l'information disponible, ce qui pour vous est sombre (dark) est tout ce à quoi vous ne pouvez accéder."*, *apud* Philippe Davadie, *La théorie du Daknet*, Article n.º IV.7, Chaire de Cyberdéfense et Cybersecurité, junho de 2015, p. 2, disponível em http://www.chaire-cyber.fr/IMG/pdf/4.7la_theorie_du_darknet.pdf [*acedido em 23 de outubro de 2016*].
Também neste sentido o artigo da Forbes, *Insider Trading On The Dark Web*, de Jesse Atlas, datado de 25 de março de 2014, disponível em https://www.forbes.com/sites/realspin/2014/03/25/insider-trading-on-the-dark-web/#58a751f46a61 [*acedido em 23 de outubro de 2016*].

camada de rede, na qual os aplicativos de computadores, entre eles, podem usar comunicações criptografadas de ponta-a-ponta), *GNUnet* (aplicação para partilha de ficheiro *peer-to-peer* [P2P] de forma descentralizada e anónima. Estes são efetivamente os mais utilizados, contudo existem outros que permitem a criação de redes anónimas, tais como o *Retroshare* e o *SafetyGate Invisible*[337].

§2. Contudo, falar de *Darknet* significa indissociavelmente falar das redes *Tor*. *Tor* significava a abreviatura de *The Onion Router*. Inicialmente criado pela Marinha norte-americana com a finalidade de obter segurança nas comunicações trocadas, por meio de cifra, até ao destinatário final[338], acabou por ser vulgarizado e assumiu o papel de navegador anónimo passando a ser denominado apenas por *Tor*[339].

Mas o que torna este *software* tão peculiar e *amado* por quem se quer manter anónimo ao navegar na internet? Desde já abrimos um parêntesis para referir que o *software* em questão não é específico para a prática de crimes, mas tão somente à navegação anónima na internet[340]. É através dele que os criminosos retiram partido da anonimização e a utilizam para não serem identificados. Tal anonimização também se repercute no facto destas páginas da *Darkweb* não se encontrarem indexadas nos navegadores de pesquisa tradicionais[341].

[337] Para uma compreensão histórica e sobre o funcionamento de dois *softwares* de anonimização mais utilizados (Freenet e Tor), David Silva Ramalho, «A investigação criminal na Dark Web», *Ob. Cit.*, pp. 387-391.

[338] David Silva Ramalho, «A investigação criminal na Dark Web», *Ob. Cit.*, p. 390.

[339] *Software* gratuito, disponível em https://www.torproject.org/ [*acedido em 27 de outubro de 2016*].

[340] Ou nas palavras de Andrew Lewman, Diretor Executivo do Projetor Tor, "*Tor existe para preservar a liberdade da internet e dos dados dos seus utilizadores. É isto que continuamos a fazer, a nossa pesquisa vai nessa direção*", *apud* Philippe Davadie, *Ob. Cit.*, p. 4.

[341] Pese embora na *Dark Web* também existam páginas que permitem efetuar a pesquisa de páginas semelhantes ao que conhecemos com o Google. Entre elas veja-se a página http://grams7enufi7jmdl.onion que permite pesquisar *darkmarket's* que vendem produtos estupefacientes e outros produtos ilícitos ou o indexador, similar ao Google, mas não coleta dados sobre quem efetua pesquisas, sendo totalmente anónimo, denominado "not Evil", disponível no endereço http://hss3uro2hsxfogfq.onion/ [*acedidos em 20 de outubro de 2016*].

§3. O funcionamento da rede *Tor* envolve todos os utilizadores que tenham instalado este programa nos seus computadores. Não só lhes permite navegar de forma anónima como poderão criar serviços ocultos, com o domínio *.onion*[342]. Como é explicado na página oficial do *Projeto Tor*, as comunicações são encriptadas desde o momento que saem do utilizador até chegar ao destinatário. Para que tal aconteça e inexista a possibilidade de rastreamento as comunicações nunca seguem o mesmo trajeto. É aqui que entram os demais utilizadores. À medida que a mensagem segue para o destinatário vai utilizando *nodes*, aos quais os utilizadores apenas conhecem que recebeu dados e que os vai remeter, mas não conhece o conteúdo dos mesmos ou para quem se destinam. Só no último *node* (*exit node*) é que a mensagem é desencriptada e remetida ao seu destinatário[343]. Contudo as autoridades policiais que intercetem esta mensagem acabam por não saber quem a enviou e qual foi o seu trajeto. Daí que muitos utilizadores nem sempre permitam a utilização dos seus sistemas informáticos como *node exit*, uma vez que poderão ser alvo de identificação por parte das autoridades policiais, sem efetivamente estarem diretamente relacionados com os factos em investigação.

Tirando partido desta anonimização na *Darkweb* encontram-se páginas lícitas mas também ilícitas, tais como autênticos mercados de venda de produtos estupefacientes, de pornografia infantil, de armas, de contratação de assassinos, etc[344]. Para além destas páginas existe um manan-

[342] Ao invés do que sucede na *Surface Web* onde é possível criar diversos domínios, tais como .com, .net, .pt, .eu, etc.

[343] Informação recolhida do site https://www.torproject.org/about/overview.html.en [*acedido em 27 de outubro de 2016*].
Os chamados *nodes*, em português "nós" ou, na infeliz expressão "roteadores" operam sob o princípio dos anéis de cebola (daí a designação *onion*=cebola). Todo o tráfego da rede (ou seja, qualquer informação) é criptografado repetidamente entanto passa através de vários nós. Além disso, nenhum nó de rede sabe a fonte do tráfego, o destino ou o conteúdo. Isso garante um alto nível de anonimato. https://blog.kaspersky.com.br/entenda-a-rede-tor/2411/ [*acedido a 29 de outubro de 2016*].
David Silva Ramalho, «A investigação criminal na Dark Web», *Ob. Cit.*, pp. 390-391.
Acerca do funcionamento da rede *Tor* Peter Loshin, *Pratical Anonymity, Hidden in plain sight online*, Elsevier Inc., 2013, em especial pp. 1-52.

[344] Hsinchun Chen, *et al*, *Uncovering the Dark Web: A case study of Jihad on the web*, Journal of the American Society for information science and technology, n.º 59, 2008.

cial de outras que alojam *malware, trojans*, servidores de C&C (comando e controle), painéis de administração, entre outras[345].

A vulgarização da *Darkweb* teve um maior impacto com a detenção de Ross Ulbricht, nos Estados Unidos, por ser o proprietário de uma página de venda de produtos ilícitos, mormente produto estupefaciente, denominada *Silk Road*. Volveremos a este caso *infra* e analisaremos como as autoridades policiais norte-americanas, apesar das dificuldades na investigação, conseguiu identificar e deter o seu proprietário.

§4. A Europol veio, no relatório *Drugs and the Darknet, Perspectives for enforcement research and policy*[346], *referir que as drogas são estimadas em cerca de dois terços dos mercados da Darknet.* Que qualquer tipo de droga é acessível aos compradores com compreensão técnica básica, em poucos cliques, representando este desenvolvimento uma ameaça para a saúde dos cidadãos e de toda a comunidade europeia. No relatório é assumido a falta de legislação harmonizada a nível europeu para a realização de ações de investigação *online* para além da falta de cooperação entre os diversos paí-

No decurso de fevereiro de 2017 foi criada uma página na *Dark Web* que ensina o "ladrão" cibernético tecnicamente mais analfabeto a utilizar técnicas de *ransomware* (consiste na encriptação de conteúdos existentes num dispositivo informático de um particular ou de uma empresa pública ou privada, incluindo servidores desta, exigindo um resgate [extorsão], a ser pago em *bitcoins*, para ceder a senha de desencriptação). Os esquemas são vendidos e incluem o *software* malicioso bem como informações de como criar um registo na moeda virtual *bitcoin*. Segundo as autoridades americanas o custo deste *modus operandi* estima-se em mais de um bilião de dólares de prejuízo, referente a 2016. http://www.zdnet.com/article/new-dark-web-scheme-lets-wannabe-cybercriminals-get-in-on-ransomware-for-free/ e também em http://www.zdnet.com/article/the-cost-of-ransomware-attacks-1-billion-this-year/ [*acedidos em 6 de março de 2017*].

Entre nós veja-se o recente ataque ao sistema informático do Hospital Garcia de Orta – Almada, que se suspeita tenha sido usada a técnica de *ramsomware*, e as consequências que daí poderão advir, como notícia o Jornal Sol em https://sol.sapo.pt/artigo/549734/piratas-informaticos-atacam-hospital-garcia-de-orta- [*acedido em 18 de fevereiro de 2017*].

[345] https://blog.kaspersky.com.br/entenda-a-rede-tor/2411/ [*acedido a 29 de outubro de 2016*].

[346] Disponível em https://www.europol.europa.eu/publications-documents/drugs-and-darknet-perspectives-for-enforcement-research-and-policy [*acedido em 25 de novembro de 2017*].

ses europeus[347]. Acrescentando, de forma indubitável, aquilo que temos vindo a aprofundar na nossa investigação "*[c]urrent legislation is not fully equipped to provide law enforcement authorities with the tools needed to ensure that takedowns and other disruptive activities designed to deter darknet trading in illicit drugs and degrade trust in darknet market platforms have maximum effect. Legislative challenges such as the lack of online investigative powers and the absence of a harmonised framework for handling electronic evidence are impediments to the pursuit of effective investigations into darknet market trading. Existing legislation should be adapted to reflect the needs of practitioners and to equip law enforcement authorities and the judiciary with the tools they need to respond to criminality on the darknet.*[348]"

3.2. O uso de *botnets*, VPN's e *proxys*

§1. Concorrem para o anonimato o uso de botnets e VPN's. Iremos por partes, explicando o que são e quais as suas funcionalidades.

Um *botnet* pode ser definido como uma rede de computadores infetados e controlados pelo seu autor através de um canal de "comando e controle"[349]. O seu autor (*botmaster*) controla toda a rede infetada (*bots* ou *zombie*), dando ordens e manipulando esses dispositivos informáticos para cumprir as suas ordens. A informação recebida por norma é encaminhada para locais alojados na *Darkweb*, onde o acesso, como já se referiu, é bastante dificultado à investigação criminal[350].

As ações empreendidas usando um *botnet* são de tal ordem que podem deixar um país sem comunicações durante vários dias. Tal foi o que suce-

[347] Cf. pp. 58-59.

[348] *Ibidem*, p. 63.

[349] Jan Jaap Oerlemans, *Investigating Cybercrime*, Amsterdam University Press, 2017, p. 22, disponível em https://openaccess.leidenuniv.nl/handle/1887/44879 [*acedido em 22 de fevereiro de 2017*].

[350] As *botnets* usam-se maioritariamente para o envio de mensagens de correio eletrónico de forma massiva (vulgo SPAM), mensagens estas que contém vírus, cavalos de troia, malware, etc., com o intuito principalmente de recolher elementos bancários ou outros dados similares. Luis Joyanes Aguilar, «Introducción: Estado del arte de la ciberseguridad», AA.VV, *Ciberseguridad, Retos y amenazas a la seguridad nacional em el ciberespacio*, Cuadernos de Estrategia n.º 149, 2011, p. 28, disponível em https://www.aeiciberseguridad.es/descargas/categoria6/5979259.pdf [*acedido em 21 de outubro de 2016*].

deu na Estónia, em 2007, e na Geórgia, em 2008, sendo que até aos dias de hoje foi impossível identificar os seus autores, suspeitando-se que os ataques tenham sido originados a partir da Rússia[351].

§2. Analisemos agora a VPN que pode gerar entraves à investigação criminal. VPN é o acrónimo inglês para *Virtual Private Network*, ou seja, é uma ligação virtual porque a informação para uma rede privada é transportada "em cima" de uma rede e é privada face à comunicação ser cifrada ponto-a-ponto, de modo a manter a confidencialidade.

As VPN são efetivamente muito usadas por empresas, universidades, etc. Vejamos um exemplo prático: o funcionário de uma empresa pretende aceder ao seu e-mail de trabalho a partir de casa. De forma a que se estabeleça uma comunicação segura poderá tirar partido do uso de uma VPN, como se efetivamente se encontrasse fisicamente no seu local de trabalho.

Mas uma VPN poderá também interligar serviços de redes privadas quando temos uma empresa com sede em Coimbra e filial em Chaves. Com esta ligação ponto-a-ponto mantém-se uma comunicação segura entre filial e sede, sem necessidade de contratar outros serviços mais específicos. A VPN possui uma *firewall* que proíbe o acesso de outras ligações, recusando pacotes não autorizados de autenticações. Contém a funcionalidade, se efetivamente estiver ativa, de proceder ao registo dos *logs* de acesso dos seus utilizadores[352].

Uma rede privada virtual utiliza uma ligação IP Security Protocol (IPSec) que permite a construção de túneis seguros sobre a internet,

[351] Pedro José Bentes Graça, *O ciberataque como guerra de guerrilha, O caso dos ataques DoS/DDoS à Estónia, Georgia e ao Google – China*, Instituto Superior de Ciências Sociais e Políticas, Universidade de Lisboa, inédito, 2013, pp. 29-32, disponível em https://www.repository.utl.pt/bitstream/10400.5/8000/1/Tese.pdf [*acedido em 22 de outubro de 2016*]; Néstor Ganuza Artiles, «La situación de la ciberseguridad en el ámbito internacional y en la Otan», AA.VV, *Ciberseguridad, Retos y amenazas a la seguridad nacional em el ciberespacio*, Cuadernos de Estrategia n.º 149, 2011, pp. 174-195, disponível em https://www.aeiciberseguridad.es/descargas/categoria6/5979259.pdf [*acedido em 21 de outubro de 2016*].

[352] Douglas E. Comer, *Computer Networks Internets*, Prentice Hall, 2009, pp. 526-528.

onde de um lado se cifra o conteúdo e do outro se procede à operação inversa[353].

A VPN é também muito utilizada para controlar bloqueios de IP's[354]. Em países como a China ou Cuba, onde existe uma censura a muitos conteúdos existentes na internet, os internautas utilizando uma VPN conseguem efetuar a sua ligação como se estivessem noutro país e, deste modo aceder aos conteúdos que os seus governantes mandaram bloquear nos seus países[355].

Sendo uma ferramenta de bastante utilidade prática como é que os criminosos tiram partido das VPN para se manterem anónimos? A resposta reside no facto destes, ao utilizarem uma VPN, efetuarem as suas ações delituosas a partir da ligação que é estabelecida. Destarte, os criminosos conseguem ligar-se a uma VPN e a partir daí está a utilizar o IP dessa VPN, mascarando deste modo o seu verdadeiro IP, porque não se encontra na sua própria rede de internet, mas na rede da internet que estabeleceu ligação através da VPN. E posteriormente efetuam o ataque informático, seja no envio de *malware*, seja em ataques de negação de serviço (DoS/DDoS), ou outro tipo de ação transgressora. Donde, o IP que fica registado no local do ataque é o IP da empresa ou do particular donde se estabeleceu a ligação VPN[356]. A identificação dos criminosos poderá ficar comprometida se o acesso realizado pela VPN não efetuar os respetivos registos (*logs*, na gíria informática) de quem ali se ligou ou, fazendo-o, se os criminosos utilizarem ligações *wi-fi free* ou uma *multi-task*

[353] Informação obtida em https://pplware.sapo.pt/microsoft/windows/redes-sabe-o-que-uma-vpn-virtual-private-network/ [*acedido em 24 de novembro de 2016*].

[354] Para um estudo sobre diversos tipos de VPN's e as suas vulnerabilidades vide Wilmer Daniel Hurtado Calvillo e Sergio Luis Ponce Rivas, *Estudio del comportamiento de vulnerabilidades de una red privada virtual (VPN)*, Universidad Católica Andrés Bello, Caracas, 2013, disponível em http://biblioteca2.ucab.edu.ve/anexos/biblioteca/marc/texto/AAT0210.pdf [*acedido em 23 de novembro de 2016*].

[355] Tricia Wang, *Talking to strangers: Chinese youth and social media*, US San Diego Eletronic Theses and Dissertations, 2013, pp. 129-131, disponível em http://escholarship.org/uc/item/6ns8d42s [*acedido em 26 de novembro de 2016*].

[356] Jan Jaap Oerlemans, *Ob. Cit.*, pp. 39-40; Marco Gercke, *Understanding cybercrime: phenomena, challenges and legal response*, ITU Publication, 2012, p. 80, disponível em www.itu.int/ITU-D/cyb/cybersecurity/legislation.html [*acedido em 26 de novembro de 2016*].

de VPN's. Deste modo a anonimização é possível e dificulta seriamente o trabalho da investigação.

§3. Outro método de ocultar a identidade informática, ou seja, o IP de ligação, consiste na utilização de um servidor *proxy*, isto é, um computador que oferece um serviço de rede que permite que os seus utilizadores estabeleçam ligações indiretas a outras redes. Assim, um utilizador que se ligue a um *proxy* e de seguida solicite uma ligação a outro serviço (página da internet, arquivo, etc...) o *proxy* vai fornecer essa informação usando um IP diferente daquele que o utilizador tem na sua ligação à internet[357]. Desta forma um servidor *proxy* serve de intermediário entre o utilizador e o serviço que este procura, uma vez que o conteúdo pode estar bloqueado no país onde o utilizador se encontra[358]. Outra funcionalidade dos servidores *proxy* é a faculdade de dentro de uma organização poderem ser bloqueadas determinadas páginas impossibilitando que os seus funcionários acedam, por exemplo, na hora de expediente a redes sociais[359].

Os cibercriminosos tiram partido desta ferramenta para assim ocultarem o seu verdadeiro IP e efetuarem ataques informáticos conseguindo evitar a sua localização por parte das autoridades policiais[360]. Contudo, face ao *proxy* conseguir identificar a verdadeira origem da comunica-

[357] Giuseppe Vaciago, *Digital Forensics, Italian Criminal Procedure and Due Process Rights in the Cyber Age*, G. Giappichelli Editore, 2012, p. 37.

[358] Existem diversos tipos de servidores *proxy*, sendo o mais utilizado o *Web Proxy* que dispõem de arquivos da internet. Cfr. https://www.iplocation.net/proxy-server [*acedido em 26 de novembro de 2016*].

[359] Efetivamente existem muitas empresas que bloqueiam determinadas páginas da internet para que os seus colaboradores não permaneçam alheados do trabalho. Contudo, com o recurso a uma ligação a um *web proxy* facilmente se ultrapassa este tipo de bloqueio, como por exemplo, entre muitos disponíveis na internet: https://www.hidemyass.com/pt/proxy [*acedido em 26 de novembro de 2016*].

[360] No Caso *United States vs Sean Roberson*, onde este criou um *website* com a finalidade de vender elementos de identificação para documentos de identificação falsos, restrito a um número reduzido de pessoas e as quais apenas conseguiam aceder por recomendação de clientes já existentes, a investigação chegou a um endereço de *e-mail*, do Gmail, que era acedido através de um *proxy*. Ainda assim da análise dos *e-mail's* dessa caixa de correio eletrónico foi possível verificar o verdadeiro IP e associá-lo a Sean Roberson. Acórdão do Tribunal de New

ção (IP) existem recursos que efetuam um *mix cascades* ou *mix networks*, permitindo que um sistema de *proxys* receba várias comunicações e as misture num lote de entrada e só depois as envie aleatoriamente para outro sistema *proxy*, até que o processo chegue ao seu destinatário final. Aumentando este lote de entrada inicial, maior será o anonimato[361].

3.3. A encriptação de conteúdos digitais

§1. A vulgarização da criptografia deu-se com os *smartphones*, mormente com a divulgação de que algumas aplicações de envio de mensagens e de realização de chamadas *voIP*[362] encriptavam os seus conteúdos[363].

Não indo às origens da encriptação, por não ser a sede própria neste local, poderemos afirmar que desde os tempos mais remotos se recorre a esta técnica para ocultar o verdadeiro conteúdo da comunicação que se quer transmitir sem ser conhecida pelos seus intermediários[364].

Jersey, na integra, disponível em https://www.justice.gov/sites/default/files/usao-wdnc/legacy/2015/02/20/robersoncmp.pdf [*acedido a 26 de novembro de 2016*].

Também sobre este caso, David Silva Ramalho, *Métodos ocultos em investigação criminal em ambiente digital*, Almedina, 2017, pp. 147-150.

361 David Silva Ramalho, *Métodos ocultos em investigação criminal...*, *Ob. Cit.*, pp. 153-157; Krishna Sampigethaya e Radha Poovendran, «A survey on mix networks and their secure applications», *Proceedings of the IEEE*, Vol. 94, n.º 12, December 2006, em especial pp. 2143-2144.

362 *voIP* – voz sobre IP. Comunicações que não necessitam da rede GSM, funcionando com os dados de uma ligação de internet.

363 Os próprios utilizados da aplicação *WhatsApp* receberam uma notificação informando que as comunicações passavam a estar encriptadas de ponta-a-ponta. Segundo esta empresa justifica-se a encriptação pelo facto de *"[a]lguns dos teus momentos mais pessoais são partilhados via WhatsApp, e é por isso que nós implementámos a encriptação de ponta-a-ponta na última versão da aplicação. Quando encriptadas, as tuas mensagens, fotos, vídeos, mensagens de voz, documentos e chamadas estão seguras e não cairão em mãos erradas"*, como se poderá ler no comunicado de 5 de abril de 2016, disponível em https://blog.whatsapp.com/10000618/Criptografia-de-Ponta-a-Ponta? [*acedido em 25 de novembro de 2016*].

364 Para mais informação história e como funciona a encriptação vide António Machiavelo e Rogério Reis, *Uma introdução (ingénua) à criptografia*, Departamentos de Matemática e Ciências de Computadores da Faculdade de Ciências da Universidade do Porto, sem data, disponível em http://www.dcc.fc.up.pt/~rvr/resources/Files/Cap-Cripto.pdf [*acedido em 13 de setembro de 2016*].

Assim, a encriptação é um método de codificar dados, para transformar texto corrente em texto cifrado, através de uma chave criptográfica de forma a evitar que mais ninguém a não ser o legítimo proprietário leia o seu conteúdo[365].

Existem dois tipos de criptografia: a simétrica, que consiste na utilização da mesma chave pelo emissor e pelo recetor e a assimétrica ou criptografia de chaves públicas, na qual a chave utilizada pelo emissor é diferente da do recetor, correspondendo as duas chaves a um par invertível[366].

Se a tecnologia atualmente evolui a cada seis meses[367], a criptografia reconheceu avanços significativos. Com a tecnologia de cifragem a 256 bits, também denominada AES[368], a desencriptação por *força bruta*[369], usando o computador mais potente do mundo demoraria 10^{13} anos para o fazer. Já uma encriptação a 56 bits, por *força bruta* se consegue obter a chave de desencriptação em escassos minutos[370].

Como facilmente de verifica, a encriptação mesmo que seja intercetada pelas autoridades policiais encontra-se codificada, sendo impossível ler o seu conteúdo ou ter ferramentas forenses que auxiliem a tornar a informação decifrável.

[365] Pedro Penha Leitão da Costa Marques, *Ob. Cit.*, p. 153.

[366] Rui Silva, «Cibersegurança e criptografia», AA.VV., *Direito e questões tecnológicas aplicados no desenvolvimento social*, Volume 2, Organizadores: Antônio Carlos Efing e Cinthia Obladen de Almendra Freitas, Juruá Editora, 2012, pp. 381 e ss.
Entre nós vigora o Dec.-Lei n.º 12/2021, de 9 de fevereiro, que assegura a execução na ordem jurídica interna do Regulamento (UE) 910/2014, relativo à identificação eletrónica e aos serviços de confiança para as transações eletrónicas no mercado interno.

[367] Gordon E. Moore no decurso do ano de 1965 profetizou que a tecnologia mudaria a cada 18 meses, tendo tal ficado conhecido como *Lei de Moore*, vide Gordon E. Moore, «Cramming more components onto integrated circuits», *Electronics*, Volume 38, Number 8, April 19, 1965.

[368] *Advanced Encryption Standard.*

[369] Termo informático que consiste em tentar acertar a combinação de uma chave por tentativa/erro. Quanto maior a chave maior a dificuldade de um computador em efetuar as combinações possíveis para encontrar a combinação de desbloqueio.

[370] *"A computer the size of the earth would take more than 10^{13} years (roughly 58 times the estimated age of the earth) to attack a 256 bit algorithm via brute force".* *Cit.* Kerry Maletsky, 256 bit key – is it big enough?, p. 6, disponível em http://www.atmel.com/Images/Atmel-8668-CryptoAuth-256-Bit-Key-Is-It-Big-Enough-WhitePaper.pdf [*acedido em 21 de novembro de 2016*].

§2. Bem recentemente na investigação levada a cabo pelas autoridades brasileiras, denominada *Operação Lava Jato*, onde se investiga, entre outros crimes, o crime de corrupção, foram detetados na Suíça servidores contendo informação relevante para o processo. Cientes da importância da informação ali armazenada e por se encontrar encriptada a Procuradoria Geral da República do Brasil solicitou ajuda ao FBI para ter integral acesso ao servidor da Odebrecht[371], obtendo como resposta que mesmo com toda a tecnologia disponível demorariam aproximadamente 103 anos para descodificar todo o seu conteúdo[372].

Esta técnica de comunicação é usada constantemente por grupos de criminosos tirando daí partido para que a sua anonimização vingue e obstaculize as diligências de investigação, bem como se faça prova dos factos de que são suspeitos e fiquem impunes pela Justiça.

A importância da criptografia encontra-se na ordem do dia, tendo levado a Comissária da Justiça da UE, Vera Jourova, a anunciar mudanças legais, que vai propor em junho, afetando a forma como as polícias acedem aos dados criptografados. Contudo, uma vez que o processo legislativo poderá ser longo e demorado, onde se incluem negociações com os diferentes países, a Comissária propõe medidas provisórias "*para ter uma solução mais rápida*" (*sic*)[373].

De salientar que esta alteração da legislação se deveu à pressão exercida por três países europeus (Alemanha, França e Reino Unido)[374] na sequên-

[371] Empresa, de origem brasileira, que atua nos setores de Engenharia & Construção, Indústria, Imobiliário e no desenvolvimento e operação de projetos de Infraestrutura e Energia, criando soluções integradas, inovadoras e de relevância para Clientes e Comunidades, conforme informação retirada do próprio site em http://www.odebrecht.com/pt-br/organizacao-odebrecht/sobre-a-organizacao [*acedido em 25 de janeiro de 2017*].

[372] *Cfr.* entre outros meios de comunicação que divulgaram esta notícia http://politica.estadao.com.br/noticias/geral,103-anos-para-fbi-decifrar-dados-da-odebrecht,70001639167 [*acedido em 25 de janeiro de 2017*].

[373] http://www.euractiv.com/section/data-protection/news/eu-to-propose-new-rules-on--police-access-to-encrypted-data-in-june/ [*acedido em 29 de março de 2017*]. Segundo é mencionado no texto desta notícia a Alemanha refere que qualquer regulamentação não deve enfraquecer a privacidade, acrescentando que "*[a]uthorities in Germany have instead* ***used software to secretly monitor communication on devices before it is encrypted***" (negrito nosso).

[374] Já em novembro de 2016 cinco países da UE, entre eles Croácia, Letónia, Itália, Polónia e Hungria, tinham solicitado à UE alteração da legislação europeia para que as autoridades nacio-

cia do ataque terrorista ocorrido em Londres, no qual um carro desgovernado atingiu várias pessoas na ponte de Westminster e foi embater nas vedações do Parlamento, tendo sucumbido um polícia e mais 3 cidadãos[375]. Segundo a polícia londrina o autor do atentado usou a aplicação *whatsapp* para comunicar momentos antes de ter perpetrado o ataque[376].

3.4. Os sistemas de pagamento *online* – Bitcoins

§1. No final da década de 80 do século passado, Eric Hughes escreveu sobre a necessidade de existir privacidade na internet. O referido documento ficou conhecido como *Manifesto Cypherpunk's*, onde se defendia a criação de sistemas criptografados, incluído uma moeda virtual, para salvaguarda da privacidade individual dos seus utilizadores[377].

Este manifesto foi o impulso para a criação de uma moeda digital que permitisse o anonimato de quem a usa. Surgiu desta forma a *bitcoin*[378], criada por Satoshi Nakamoto em 2009, a que se sucederam outras moedas virtuais como a *litecoin*, em outubro de 2011, e mais recentemente a *peercoin*, *feathercoin*, *terracoin*, *freicon*, entre outras. Existem atualmente

nais pudessem aceder a informações codificadas e existisse partilha dessa informação com outros países, como é mencionado em http://www.euractiv.com/section/social-europe-jobs/news/five-member-states-want-eu-wide-laws-on-encryption/ [*acedido em 29 de março de 2017*].

[375] http://www.euronews.com/2017/03/22/shooting-reported-near-houses-of-parliament--in-london-parliament-session [*acedido em 22 de março de 2017*].

[376] http://www.foxnews.com/tech/2017/03/27/london-terror-attack-uk-wants-encrypted--whatsapp-messages.html [*acedido em 27 de março de 2017*].

[377] No manifesto é referido "*[s]ince we desire privacy, we must ensure that each party to a transaction have knowledge only of that which is directly necessary for that transaction. Since any information can be spoken of, we must ensure that we reveal as little as possible. In most cases personal identity is not salient. When I purchase a magazine at a store and hand cash to the clerk, there is no need to know who I am. When I ask my electronic mail provider to send and receive messages, my provider need not know to whom I am speaking or what I am saying or what others are saying to me; my provider only need know how to get the message there and how much I owe them in fees. When my identity is revealed by the underlying mechanism of the transaction, I have no privacy. I cannot here selectively reveal myself; I must _always_ reveal myself. (...) We the Cypherpunks are dedicated to building anonymous systems. We are defending our privacy with cryptography, with anonymous mail forwarding systems, with digital signatures, and* ***with electronic money***." (negrito nosso). Disponível em https://w2.eff.org/Privacy/Crypto/Crypto_misc/cypherpunk.manifesto [*acedido em 23 de novembro de 2016*].

[378] Sistema de pagamento *peer-to-peer* (ponto a ponto), que usa a criptografia para maior segurança das transações. http://bitcoin.org/en/vocabulary [*acedido em 25 de novembro de 2016*].

mais de 12 mil criptomoedas[379] [380], embora a mais utilizada seja o *bitcoin*, motivo pelo qual iremos analisá-la[381].

§2. A moeda virtual *bitcoin* não possui nenhum sistema bancário de suporte, tal como conhecemos atualmente o sistema fiduciário dos mais diversos países. Mais não é que um *software* digital, descentralizado onde incumbe a todos os seus utilizadores a gestão do sistema, sem necessidade de autoridade central ou intermediários, pois cada um possui a sua *wallet*[382](carteira) de *bitcoins*.

O sistema é protegido por um conjunto de equações matemáticas que são invioláveis. Deste modo a cada transação é criada uma assinatura digital que impede qualquer tipo de violação e comprova a autenticidade da transação.

Vejamos um caso prático para compreender o modo de funcionamento: se "A" efetua uma transação de 10 *bitcoins* para "B", cada computador que controla o sistema irá atualizar a contabilidade do sistema *Bitcoin* de modo a incorporar aquela transação, através de *input's*. "B" irá confirmar a receção destas 10 *bitcoins* através da sua chave privada, da assinatura digital, sendo que a chave pública foi criada pelo sistema aquando do iní-

[379] Embora devido à sua utilização, divulgação e fiabilização existam moedas que são mais populares e conhecidas dos internautas da *Dark Web*. http://www.investopedia.com/articles/investing/121014/5-most-important-virtual-currencies-other-bitcoin.asp [*acedido em 23 de novembro de 2016*].

Criptomoedas é a assimilação das palavras *criptografia+moeda*, uma vez que a moeda virtual usa a tecnologia da criptografia para a tornar segura.

[380] Em 28 de outubro de 2016 assistiu-se ao nascimento de mais uma moeda digital, denominada Zcash, que promete anonimato total nas transações on-line, tirando partido de novas tecnologias. Cfr. http://www.seeker.com/new-digital-currency-promises-total-anonymity-2067640566.html.

Como é referido no site oficial desta moeda digital *"zcash is pioneering the use of zero-knowledge proofs, applying cutting-edge cryptography to blockchain technology. Zero-knowledge proofs allow fully encrypted transactions to be confirmed as valid. This new property will enable entire new classes of blockchain applications to be built."*, in https://z.cash [*acedidos em 23 de novembro de 2016*].

[381] O processamento da sua obtenção (mineralização) e transação realizada de forma anónima é semelhante na grande maioria das moedas virtuais mais utilizadas.

[382] David Silva Ramalho, *Métodos ocultos de investigação criminal em ambiente digital, Ob. Cit.*, p. 160.

cio da transação. Deste modo todos os utilizadores deste sistema conseguem visualizar as transações de *bitcoins*, inclusive saber quantas moedas virtuais cada utilizador tem, mas não conseguem identificar quem são esses utilizadores. O próprio sistema ordena as várias transações em blocos, unindo-os naquilo que se chama cadeia de blocos ou *blockchain*[383].

Ainda poderemos questionar como é que esta moeda obtém a sua cotação no mercado. Entre os mais diversos fatores a lei da oferta e da procura interfere no valor do *bitcoin*. Outros fatores são: a sua aceitação no mercado, o aumento de carteiras virtuais, bem como o papel do mercado tradicional – panorama financeiro[384].

Se a *bitcoin* for utilizada através do acesso à rede Tor apenas se saberá a chave pública criada pelo sistema e nada mais face ao anonimato criado por esta rede, como mencionamos anteriormente.

§3. Outra forma de anonimizar o registo público das *bitcoins* é através dos *tumblers*, isto é, tômbolas. Nestas tômbolas entram diversas transações de *bitcoins* que posteriormente emite um novo registo, aumentando significativamente o anonimato[385].

[383] Para uma compreensão mais profunda sobre este sistema anónimo de pagamento https://bitcoin.org/en/faq ou também em http://blog.bussoladoinvestidor.com.br/o-que-e-bitcoin/ [*acedidos em 25 de novembro de 2016*].

[384] https://foxbit.com.br/blog/como-o-valor-do-bitcoin-e-calculado/ [*acedido em 25 de novembro de 2016*].

A *bitcoin* ultrapassou o valor do ouro, no dia 02 de março de 2017, tendo-se fixado no valor de 1.268,00 dólares, enquanto uma onça de ouro valia, na mesma data, 1.233,00 dólares. Tal deveu-se à grande procura por parte dos cidadãos chineses, para contornar as limitações à movimentação de divisas impostas pelo governo de Pequim. http://pt.euronews.com/2017/03/03/bitcoin-ultrapassa-ouro [*acedido em 3 de março de 2017*]. A evolução desta moeda virtual tem surpreendido tudo e todos, tendo em novembro de 2017 superado a barreira dos 9.000,00 dólares e em 20 de outubro de 2021 atingido o valor de 66.000,00 dólares. A evolução de preço desta moeda pode ser acompanhada em https://www.coindesk.com/price/ [*acedido em 27 de outubro de 2021*].

[385] Também denominados por *Mixer*, ou seja, um serviço que mistura diferentes fluxos de criptomoedas potencialmente identificáveis. O proprietário das bitcoin transfere os fundos para um mixer e este mistura-os com os fundos de outros utilizadores. Posteriormente os valores podem ser retirados do "misturador" em quantias parciais com valores aleatoriamente escolhidos, por um longo período de tempo, aumentando o anonimato. Cf. https://www.

A privacidade de utilização desta moeda virtual leva a que redes de criminosos a utilizem frequentemente[386], como forma de pagamento de armas, de produtos estupefacientes, de troca de imagens de cariz sexual de menores, entre outras ilicitudes, uma vez que não deixa rasto. Rasto este que existe caso utilizassem uma transferência bancária normal ou cartão de crédito, incluso mais seguro que o uso do pagamento virtual realizado através do sistema de pagamento criado pela Paypal[387].

O Estudo realizado pela Comissão Europeia relativo a futuras iniciativas políticas no domínio da luta contra a criminalidade: a eficácia de medidas específicas de direito penal contra o crime organizado, aborda a temática da utilização de *bitcoins* por criminosos e a necessidade urgente de criar legislação para regular esta nova forma de pagamento[388].

eurospider.com/en/know-how/compliance/211-what-is-a-cryptocurrency-mixer [*acedido em 27 de novembro de 2017*].

386 As moedas virtuais podem ser utilizadas para fins lícitos, tais como a compra de um livro, de um filme ou de um outro produto, desde que o vendedor destes bens a aceite como forma de pagamento. Não é exclusivamente usada para fins ilícitos.

387 José Martínez Martínez, *Estrategias multidisciplinarias de seguridad para prevenir el crimen organizado*, Tese de Doutoramento, Universid Autónoma de Barcelona, Inédito, 2015, disponível em http://www.tdx.cat/handle/10803/298308 [*acedido em 27 de novembro de 2016*].
O único inconveniente do uso de *Bitcoins* existe quando se perde o disco ou suporte digital onde se encontra registada a chave privada da carteira do utilizador, uma vez que sem esta é impossível gastar ou transferir o dinheiro virtual. O que já sucedeu com alguns utilizadores, que perderam alguns milhares, como é mencionado numa situação ocorrida no Reino Unido. James Howells tinha na sua carteira 7.500 *Bitcoins* num disco rígido de um computador, que desmanchou após ter deixado cair uma bebida sobre o mesmo. Anos mais tarde, sem nunca mais se recordar das criptomoedas, deitou esse disco rígido no lixo, perdendo irrecuperavelmente as mesmas, que entretanto tinham valorizado bastante. Cfr. http://www.bbc.com/news/uk-wales-south-east-wales-25134289 [*acedido em novembro de 2016*].

388 "Study on paving the way for future policy initiatives in the field of fight against organized crime: the effectiveness of specific criminal law measures targeting organised crime", Final Report, February 2015, disponível em https://ec.europa.eu/home-affairs/sites/homeaffairs/files/e-library/docs/20150312_1_amoc_report_020315_0_220_part_2_en.pdf [*acedido em 27 de novembro de 2016*].
No Relatório realizado pela Livraria de Direito do Congresso, EUA, "*Regulation of Bitcoin in selected jurisdictions*", de janeiro de 2014, são analisados 41 países (18 dos quais são europeus), sendo que a maioria não possui legislação sobre a transação de *bitcoins*. Para uma leitura mais pormenorizada cf. http://www.loc.gov/law/help/bitcoin-survey/regulation-of-bitcoin.pdf [*acedido em 29 de novembro de 2016*].

Este reconhecimento vem na série de outros trabalhos efetuados, dos quais se destaca o relatório "*[c]hanges in modus operandi of Islamic State terrorist attacks*"[389]. Pese embora não existam evidências claras do uso da moeda *Bitcoin* por este tipo de associações terroristas, é aqui mencionado que o cenário de financiamento mudou nos últimos tempos. Que existem relatórios de terceiros a sugerir o uso desta moeda por estas organizações, não só na compra de armas, de explosivos, de comunicações, mas também na aquisição de viagens.

4. A investigação em fontes abertas: OSINT (*Open Source Intelligence*)

4.1. A criação de perfis falsos nas redes sociais pelos agentes de investigação

§1. A *World Wide Web* aloja toda a informação que ali é alocada, seja pelo próprio seja por terceiros e muito dificilmente a mesma poderá ser totalmente removida[390]. Surgiu desta forma a expressão "pegada digital", i.e., tudo o que está na internet a respeito de uma pessoa, ou seja, o "rasto", "a marca" digital que é ali deixado[391].

A pesquisa de informação em redes abertas, também designada por OSINT (*Open Source Intelligence*), fica facilitada pelos OPC's por a mesma poder ser realizada à distância e permitir um cruzamento de informa-

Em Portugal o regulador nacional da Banca emitiu um comunicado de alerta sobre a utilização de moedas virtuais, na sequência do alerta do BCE sobre o mesmo assunto. https://www.bportugal.pt/comunicado/alerta-aos-consumidores-para-os-riscos-de-utilizacao-de-moedas-virtuais [*acedido em 29 de novembro de 2016*].

[389] Disponível em https://www.europol.europa.eu/publications-documents/changes-in-modus-operandi-of-islamic-state-terrorist-attacks [*acedido em 29 de novembro de 2016*].

[390] A expressão "uma vez na internet, para sempre na internet" faz cada vez mais sentido. Para além das pesquisas que se podem realizar nos motores de busca, tais como o Google, Sapo, etc..., existe uma página da internet, no endereço https://archive.org/, que guarda todo o histórico das páginas, efetuando *snapshots* das mesmas. Assim, ainda que uma página já não exista *on-line* poder-se-á verificar o seu conteúdo anterior numa determinada data.

[391] Rasto este que aumentou significativamente com o acesso mais facilitado em vários locais às RIC e preços mais competitivos a nível das operadoras de comunicações nos "pacotes de dados de tráfego".

ção mais célere entre as diversas pesquisas que se efetuam na internet[392]. Cerca de 80% da informação obtida pelos serviços de *intelligence* é obtida com recurso a fontes abertas[393]. Por "fonte aberta" poderá entender-se a informação "*perfeita e totalmente acessível por terceiros, seja ela de origem individual ou colectiva, independentemente de se poder efectuar a recolha e o processamento automaticamente, ou não*"[394]. No fundo existe sempre o recurso a uma "fonte aberta" (OSINT) quando não se violam acessos condicionados para ter acesso a essa fonte de informação[395].

§2. Não se levantam dúvidas que efetivamente as polícias podem recorrer à internet para efetuar pesquisas sobre indivíduos e correlacionar a informação que ali se encontra livremente disponível. Estas pes-

392 Como ferramenta gratuita e útil para a investigação temos os motores de busca, tais como o Google, sapo, Yahoo e outros, que indexam conteúdos. Nestes motores de busca é possível utilizar diversos comandos que facilitam a pesquisa, reduzindo assim o resultado e direcionado a pesquisa em função daquilo que se procura. Entre estes comandos temos o operador Filetype: que restringe os resultados da pesquisa pela extensão do ficheiro, exemplo: filetype:PDF; operador *site*: devolve todos os conteúdos que existem em determinado *site*, exemplo "agente encoberto" site:www.dn.pt; operador allintitle, que pesquisa somente imagens, entre outros operadores específicos de pesquisa.
Manuel Eduardo Aires Magriço, *A exploração sexual de crianças no ciberespaço*, Sinapis Editores, 2014, pp. 36-39, apresenta quatro tabelas com diversos comandos que podem ser utilizados nos motores de busca, em especial no Google por ser o mais utilizado e apresentar maior número de resultados indexados.

393 Manual do curso "*Open Source Intelligence*", Reuser's Information Service, Oct. 2016, Version 4.6., p. 58, disponível em http://arnoreuser.com/osint-repertorium/ [*acedido em 27 de dezembro de 2016*].

394 Rogério Bravo, "*Open sources*" *na investigação do cibercrime: conceito e implicações*, inédito, 2014, p. 3, disponibilizado pelo autor na sua página pessoal da academia.edu, no endereço https://www.academia.edu/5906230/O_Conceito_de_Fontes_Abertas_na_Investigação_do_Cibercrime [*acedido em 27 de dezembro de 2016*].

395 Assim, aceder a um fórum privado não se viola nenhum acesso condicionado, porque qualquer pessoa se pode inscrever, ficando em algumas situações tal entrada nesse fórum dependente de aprovação do administrador do mesmo. Diferentemente haveria violação do acesso condicionado se fosse efetuada uma entrada nesse fórum utilizando as credenciais de acesso, obtidas ilicitamente, de um dos membros. No primeiro caso estamos na presença de pesquisa em OSINT, no segundo já não face a esse acesso ter sido precedido de um crime punível por lei (acesso ilegítimo, art. 6.º da LC).

quisas podem ser realizadas de modo passivo ou de modo ativo[396]. Tal recolha é similar à que é efetuada por um investigador criminal quando procura informações *in loco* sobre um suspeito e questiona vizinhos ou outras pessoas, sem revelar a sua verdadeira identidade. A referida ação de investigação não se insere no âmbito de uma ação encoberta, mas tão somente nas medidas cautelares de polícia, previstas no CPP, mormente no art. 249.º, e nas competências gerais de investigação criminal que lhe foram delegadas pelo titular da ação penal[397].

Das inúmeras vantagens da utilização da recolha de informação em OSINT destaca-se: a facilidade de obtenção, seja num computador, seja num *tablet* ou *smartphone*; a disponibilização da informação 24 horas por dia, 7 dias por semana; não necessitar de permissões legais das autoridades judiciárias; ser obtida em tempo real (em especial nas redes sociais); a facilidade de aquisição, salvaguarda e possibilidade de confirmação com outras fontes de informação. Da outra banda encontramos algumas desvantagens, nomeadamente pela informação poder ser "informação não confirmada" e necessitar de um processo mais completo para validar a informação obtida e do processo de pesquisa poder ser realizado por outras pessoas, uma vez que está livremente disponível.

[396] O modo passivo, refere-se à possibilidade do Google emitir alertas, ou seja, de permitir a atualização de informação com frequência base diária, automática, de registos contendo determinadas expressões pretendidas e explicitadas pelo interessado, enviando os resultados para um endereço de correio eletrónico indicado pelo utilizador. Veja a informação do Google Alert FAQS, 2012. O modo ativo refere-se à busca de informação diretamente efetuada pelo utilizador no motor de busca. *Cit.* Manuel Eduardo Aires Magriço, *Ob. Cit.*, notas de rodapé n.º 7 e 8, p. 36.

[397] Manuel da Costa Andrade, *"Bruscamente no verão passado"...*, *Ob. Cit.*, pp. 158-160, esclarece que não existe o crime de violação do sigilo das comunicações quando um dos intervenientes numa conversa telefónica, à revelia do seu interlocutor, permite a um terceiro, por exemplo a um agente de autoridade, tenha acesso à conversação, a escute, registe e posteriormente valore no contexto de investigação e da produção da prova. O mesmo acontecendo se um dos participantes num programa de *chat* na internet e sem dar conhecimento aos demais participantes do fórum, autoriza um terceiro a participar na conversa.

§3. No âmbito da internet, a Europol dispõe de um documento onde refere que é lícita a recolha e cruzamento de informação, incluíndo dados pessoais, a partir de fontes abertas livremente disponíveis[398].

Mas com as RIC, novos problemas se levantam no tocante às informações que se podem obter, sem que haja uma obtenção ilícita de prova ou provocação.

Rogério Bravo questiona alguns desses problemas, entre outros, se a utilização de *scripts* automáticos em motores de busca é permitida por lei ou se um polícia, no âmbito das suas funções de investigação, se pode inscrever numa *mailing lists* ou em fóruns que carecem de registo, concluindo pela sua admissibilidade[399]. O autor, contudo, não se debruça sobre a utilização de determinadas fontes abertas, que poderão ser utilizadas como ferramentas indispensáveis pelas autoridades policiais, tais como a criação de perfis falsos nas redes sociais, tendo circunscrito o seu estudo à inscrição em fóruns de acesso livre.

As redes sociais continuam a ser uma das ferramentas onde as pessoas mais partilham o seu dia-a-dia, nomeadamente no *facebook*, no *twitter*, no *instagram*, no *linkdin*, etc... Dependendo das configurações que tenham nestas redes sociais, as mensagens ali colocadas podem dar muita informação do seu utilizador/suspeito em questão[400]. Poder-se-á obter informação sobre o local onde se encontra, com quem se encontra acompanhado naquele momento, o que vai fazer dali a umas horas ou em determinado dia, etc. Releva-se de extrema importância o facto de se

[398] ACTS ADOPTED UNDER TITLE VI OF THE EU TREATY COUNCIL DECISION of 6 April 2009 establishing the European Police Office (Europol) (2009/371/JHA); Disponível em https://www.europol.europa.eu/sites/default/files/council_decision.pdf; [*acedido em 27 de dezembro de 2016*].
Cfr. "Article 25 – Information from private parties and private persons";

[399] "*Open sources*" na investigação do cibercrime... *Ob. Cit.*, pp. 3-4.

[400] O OSINT está em franco desenvolvimento por ser completamente gratuito. Não se julgue ser difícil cruzar informação livremente disponível na internet, pois desde que exista indexação desses conteúdos, tal e qual como faz o motor de pesquisa Google, ela é obtida numa fração de segundos. Existem alguns sites que efetuem este trabalho de indexação segmentada, ou seja, podemos só pesquisar no *Facebook, Instagram,* na pesquisa de coordenadas de GPS de fotos publicadas, etc..., entre eles destacamos o site https://inteltechniques.com por ser o mais completo de todos os que conhecemos.

poder encontrar ativa a localização de georreferência. Assim, ainda que o suspeito mencione que naquele momento se encontre em local X, pode verificar-se que efetivamente se encontra no local Y e essa informação pode ser relevante para a investigação em curso[401].

§4. Mais discutível será se as polícias poderão criar perfis nas redes sociais, usando um nome fictício e fotos de perfil de outras pessoas para investigar um suspeito, enviando-lhe um pedido de "amizade". De realçar que nas redes sociais há um histórico de publicações, que já identificamos como *pegada digital*, e criar um perfil horas antes de enviar o pedido de amizade poderá levantar suspeitas. Não podemos menosprezar que os criminosos são indivíduos astuciosos e mais alertados que outros cidadãos. Donde, é notícia que o FBI compra perfis já criados, para que exista um histórico de publicações, levando a que os suspeitos aceitem esse pedido de amizade[402]. Estas ações levaram os responsáveis do Facebook a enviar uma carta para o responsável pela investigação do narcotráfico

[401] Existem aplicações para *smartphones* que automaticamente publicam nas redes sociais a localização do seu titular, tal como a app *foursquare*, nomeadamente informando que se encontra num determinado local como restaurantes, lojas de compras, terminais de transportes, etc., sem que haja necessidade de intervenção do próprio, necessitando apenas de autorizar as publicações aquando da sua instalação. Mais informações sobre as potencialidades desta aplicação em https://pt.foursquare.com/about [*acedido em 4 de janeiro de 2017*].

[402] Esta denúncia foi efetuada pela Electronic Frontier Foundation, que revelou na sua página da internet um documento onde é expressamente mencionado o uso desta técnica pelo FBI para investigação de crimes. Cfr. https://www.eff.org/document/obtaining-and-using-evidence-social-networking-sites [*acedido em 4 de janeiro de 2017*].
Em novembro de 2014 um estudo da empresa LexisNexis, que pesquisaram mais de 1.2000 agências norte-americanas de polícia, concluiu que 70% utiliza as redes sociais para investigação, sendo que 91% recorre ao Facebook e 83% dos polícias referiram não ter escrúpulos em usar um perfil falso para efetuar as investigações. Referido estudo "*Social media use in Law Enforcement*" encontra-se disponível em http://www.lexisnexis.com/risk/downloads/whitepaper/2014-social-media-use-in-law-enforcement.pdf [*acedido em 4 de janeiro de 2017*].
Referida prática é usada também por outras polícias, embora nem sempre essa informação seja veiculada no processo ou "transborde" para a comunicação social. No Brasil, no Rio de Janeiro em inícios de novembro de 2016, um assaltante foi "atraído" para um centro comercial após um polícia ter usado o perfil falso de uma mulher e lhe ter solicitado "amizade". Após de mais de duas horas de conversa no chat do facebook combinaram o encontro no centro comercial onde o assaltante acabou por ser detido pelas autoridades policiais. Cfr. http://

dos Estados Unidos, DEA – *Drug Enforcement Administration*, referindo que o uso de perfis falsos para investigação viola os termos de uso do Facebook[403].

Também nos EUA decorreu o julgamento de Daniel Gatson, tendo o mesmo sido identificado, através de fotografias, com o material furtado que exibia na rede social Instagram. Gatson era suspeito de vários furtos, tendo os investigadores criado um perfil falso nesta rede social e solicitado o pedido de "amizade", uma vez que as fotografias se encontravam privadas, ao que Gatson aceitou, desconhecendo a verdadeira identidade do referido perfil. Segundo a sentença do Tribunal de New Jersy[404] os investigadores podem usar este método de investigação, não sendo necessário qualquer mandado de busca[405].

www.osul.com.br/policial-usa-perfil-falso-no-facebook-para-prender-ladrao/ [*acedido em 27 de novembro de 2016*].
Mais informações acerca da aquisição de perfis das redes sociais pelo FBI e as suas implicações podem ser obtidas aqui:
http://www.businessinsider.com/police-make-fake-facebook-profiles-to-arrest-people-2013-10
http://www.anonews.co/facebook-friends-undercover-federal-agents/
http://yournewswire.com/how-many-of-your-facebook-friends-are-undercover-fbi-agents/ [*acedidos em 27 de novembro de 2016*].

403 Disponível em http://s3.documentcloud.org/documents/1341649/facebook-letter-to--dea.pdf [*acedido em 4 de janeiro de 2017*].
O Facebook, nos termos de uso menciona explicitamente que são proibidos nomes fictícios e informações falsas acerca do perfil criado. Certo é que é deveras difícil controlar este facto e a eliminação de perfis falsos apenas surgirá, por parte da equipa do Facebook, se o mesmo for denunciado ou se apresentar elementos que permitam concluir essa falsidade, tais como fotografias contendo nudez, violência, etc. Nestas últimas situações é o próprio algoritmo criado pelo Facebook que elimina de forma automática, sem intervenção humana. *Cfr.* https://www.facebook.com/legal/terms [*acedido em 4 de janeiro de 2017*].

404 Caso *EUA vs Daniel Gatson*, de 15/12/2014, disponível integralmente em http://www.leagle.com/decision/In%20FDCO%2020141217D27/U.S.%20v.%20GATSON [*acedido em 23 de novembro de 2016*].

405 "*Gatson next challenges evidence obtained by law enforcement during visits to his Instagram webpages. Gatson argues that there was no probable cause to search and seize items in his Instagram account, and he attacks as flawed the "government application" for that information.*
As part of their investigation into Gatson and other co-conspirators, law enforcement officers used an undercover account to become Instagram "friends" with Gatson. Gatson accepted the request to become friends. As a result, law enforcement officers were able to view photos and other information Gatson

Entre nós inexiste qualquer discussão jurídica sobre esta situação e não encontramos nenhuma decisão de tribunais superiores que entroncasse na mesma.

4.2. A engenharia social e as suas repercussões práticas

§1. Inserido ainda no âmbito das fontes abertas temos a engenharia social. O termo "engenharia social" designa certas práticas que podem ser utilizadas para acesso a informações/dados pessoais de pessoas singulares ou coletivas.

Estas práticas consubstanciam-se em diversas formas de atuação, mormente utilizadas por criminosos, para aceder à informação dos visados. Uma dessas formas é o cruzamento de informações entre diversas páginas, onde se obtém informação acerca da pessoa e dos seus gostos e por tentativa/erro conseguirem aceder por exemplo ao seu correio eletrónico ou a outra informação relevante[406].

É sabido que o ser humano possui determinadas caraterísticas que o deixam mais vulnerável. Assim, se uma pessoa for elogiada, se for confrontada com a possibilidade de ganhar algum prémio/dinheiro sem esforço, se lhe for solicitado o apoio para uma causa nobre, se for persuadida para dar algumas respostas "inocentes", seja por telefone ou através de correio eletrónico, entre outras situações similares, tornam o alvo como fonte da informação. Na posse da informação disponibilizada poderão os meliantes usá-la discricionariamente, sendo que as suas

posted to his Instagram account. No search warrant is required for the consensual sharing of this type of information. See generally U.S. v. Meregildo, 883 F.Supp.2d 523 (S.D.N.Y. 2012). Gatson's motion to suppress the evidence obtained through the undercover account will be denied".

[406] Foi assim que em 2014 diversas atrizes norte-americanas foram alvo de acesso ilegítimo às suas contas da *iCloud* e permitiu a divulgação das suas fotos, incluindo as mais íntimas, que ali tinham armazenadas, porquanto responderam a certas perguntas sobre a sua vida e/ou tinham respostas evidentes às perguntas de recuperação de *password*, tais como: qual a sua profissão de sonho (resposta: atriz), qual o seu jogador de futebol preferido (resposta: Ronaldo), ou qual a sua cor preferida (resposta: preto). Cf. https://www.wired.com/2012/08/apple-amazon-mat-honan-hacking/all/ [*acedido em 23 de maio de 2016*].
Também em 2012 o mesmo tinha sucedido com a atriz Carolina Dieckmann, tendo inclusive sido criada legislação sobre crimes informáticos, alterando o Código Penal Brasileiro, ficando esta Lei conhecida pelo nome da atriz, *Lei Carolina Dieckmann*, que entrou em vigor em abril de 2013.

motivações maiores visam a obtenção de dinheiro de forma ilícita[407]. É isto a engenharia social, ou seja, são as próprias vítimas que acabam por ceder a sua informação pessoal, de forma não intencional, sem que disso se apercebam.

§2. Poderão os investigadores criminais usar estas técnicas para conseguir obter mais informações sobre os indivíduos que investigam? Ou estamos perante uma forma de atuação que, por sujeição ao Princípio da não autoincriminação, é uma prática vedada à investigação criminal?

Retomaremos estas perguntas quando abordarmos na Parte Especial a questão relativa ao envio de *software* para os computadores dos suspeitos, no âmbito de uma ação encoberta realizada com recurso às tecnologias informático-digitais.

A engenharia social revela-se de extrema utilidade, por parte das autoridades de investigação criminal, para a definição de perfis psicológicos dos criminosos. Assim, o cruzamento de informações obtidas com recurso a esta técnica, sem que efetivamente se pratiquem crimes por parte das autoridades policiais, nomeadamente de acessos ilegítimos, poderão conduzir à identificação de autores de determinados ilícitos criminais[408].

[407] Outros casos de engenharia social temos: as chamadas telefónicas realizadas para as vítimas informando que são da empresa X, que lhes presta serviço informático e que necessitam da senha de acesso para corrigir o problema que existe com o computador, quando na realidade não são funcionários dessa mencionada empresa. Mais exemplos poderão ser encontrados em SPENCER TOTH SYDOW, *Delitos informáticos próprios: uma abordagem sob a perspectiva vitimodogmática*, tese de mestrado, inédito, Universidade de São Paulo, 2009, pp. 111-114, disponível em http://www.teses.usp.br/teses/disponiveis/2/2136/tde-15062011-161113/publico/Dissertacao_Mestrado_versao_final_formatada_padroes_US.pdf e também FRANCISCO JOSÉ ALBINO FARIA CASTRO E SILVA, *Classificação taxonómica dos ataques de engenharia social, caracterização da problemática da segurança de informação em Portugal relativamente à engenharia social*, tese de mestrado, inédito, Universidade Católica Portuguesa, 2013, pp. 23-30, [*acedidos em 23 de maio de 2016*].

[408] BÁRBARA SOFIA ALMEIDA MENDES, *Profiling criminal: técnica auxiliar de investigação criminal*, tese de mestrado, inédito, Instituto de Ciências Biomédicas Abel Salazar, Universidade do Porto, 2014, pp. 12-32, disponível em https://sigarra.up.pt/fmup/pt/pub_geral.show_file?pi_gdoc_id=613955 [*acedido em 27 de maio de 2016*].

No âmbito das ações encobertas informático-digitais a engenharia social pode ser utilizada para determinar o IP que determinado suspeito utiliza, ou outro tipo de informação relacionada com a informática, como qual o sistema operativo que tem instalado no seu equipamento informático, qual o *browser* e versão que utiliza, etc... O suspeito, por não se encontrar a cometer crimes, poderá ter uma maior predisposição para a utilização da sua verdadeira ligação à internet.

4.3. Os *Torrent* e outros programas *P2P*

§1. Os *Torrent* são programas, entre outros, que possibilitam a troca de ficheiros de grande dimensão, distinguindo-se dos demais, não só por esta particularidade, mas essencialmente por utilizarem a técnica de *Peep-to-Peer* (*P2P*) no *download* desses arquivos[409]. Este tipo de *software* é usado, na grande maioria, com finalidades ilícitas, nomeadamente ao nível da partilha de vídeos de abuso sexual de menores, de fotografias, de filmes de cinema, série televisivas, etc[410].

No *Torrent* os protocolos de ligação permitem efetuar o *download* de ficheiros de uma forma mais célere que pelo sistema comum. No sistema tradicional a descarga de um ficheiro está depende do tráfego do servidor, isto é, se existirem muitos acessos a um servidor ou ao mesmo ficheiro ali alocado o *download* acaba por ser mais demorado. Nestes *P2P* a rapidez obtém-se pelo facto de vários computadores, ligados em rede, disponibilizarem simultaneamente parte do ficheiro que um indivíduo esteja a descarregar[411]. Assim, o ficheiro é dividido em pacotes e cada pessoa que já possui esse arquivo ou partes dele ajuda a fazer o *upload*

[409] Para além dos *Torrents*, o mais famoso foi o *BitTorrent*, existem diversos programas P2P, entre os quais se destacam o *Emule*, o *Kazaa*, o *LimeWire*. Alguns destes programas já não se encontram em funcionamento e aqueles que ainda funcionam já não têm a popularidade que tiveram nos anos 2000 a 2010.

[410] Ryan Hurley, et al, *Measurement and Analysis of Child Pornography Trafficking on Gnutella and eMule*, 2012, acessível em https://web.cs.umass.edu/publication/docs/2012/UM-CS-2012-016.pdf [*acedido em 20 de outubro de 2017*].

[411] Esquematicamente poderemos comprar a descarga de um ficheiro como uma autoestrada compacta de carros, em que uns vão atrás dos outros até todos chegarem ao mesmo destino. Se existirem mais vias, onde os carros possam circular para chegar ao mesmo destino, o percurso destes vai ser mais rápido e sem constrangimentos de tráfego.

desse arquivo para partilha com outros utilizadores possam fazer o *download* mais rápido. Todas as partes são reorganizadas no fim da descarga, construindo o ficheiro completo e ordenando automaticamente, no seu devido lugar, os pacotes respetivos.

Efetivamente para que esta forma rápida de *download* aconteça todos os intervenientes têm que possuir um programa específico, denominado de cliente. Os ficheiros terão a extensão *.torrent* e quando um cliente acede para efetuar a descarga de um ficheiro, procurando-o pelo nome, encontra uma lista de potenciais clientes que lhe podem fornecer o arquivo pretendido[412]. Desta forma a partilha e a velocidade de *download* aumentam exponencialmente. Com a transferência do ficheiro é possível identificar os IP's dos clientes que estão a partilhar o ficheiro. Pode, contudo, suceder quem esteja a partilhar não tenha ainda o ficheiro integral[413].

§2. A possibilidade de investigação nas redes *P2P* e identificação dos seus autores, através dos IP's, é possível uma vez que basta instalar o *software* e pesquisar os nomes dos ficheiros a descarregar[414]. Donde, defendemos que não existe nenhuma ilegalidade de obtenção de prova quando os OPC's efetuam a investigação recorrendo a esta técnica. Efetivamente não existe nenhum meio enganoso limitando-se a efetuar a recolha dos elementos provatórios em fontes abertas.

Existe, porém, uma situação que deverá ser acautelada por parte da investigação. Aquando da utilização deste tipo de programas *P2P* é mandatório, como contrapartida, que exista uma percentagem de ficheiros partilhados com a comunidade, sem a qual não haverá hipótese de efetuar

[412] THOMAS M. DUNLAP e NICHOLAS A. KURTZ, «Electronic evidence in torrent copyright cases», *Digital Evidence and Electronic Signature Law Review*, Vol 8, 2011, disponível em http://sas-space.sas.ac.uk/5480/1/1967-2797-1-SM.pdf [*acedido em 23 de outubro de 2017*].

[413] ALI ALHAZMI, *et al*, «Torrent Forensics: are your files being shared in the BitTorrent network?», *Cyber2017: The second internacional conference on cyber-technologies and cyber-systems*, 2017, pp. 7-10, disponível em https://www.thinkmind.org/download.php?articleid=cyber_2017_1_20_80024 [*acedido em 20 de outubro de 2017*].

[414] ROBERT ERDELY, *et al*, «Forensic investigation of peer-to-peer file sharing network», *The Digital Forensic Research Conference, Digital Investigation*, n.º 7, 2000, pp. 95-103, disponível em https://www.dfrws.org/sites/default/files/session-files/paper-forensic_investigation_of_peer-to-peer_file_sharing_network.pdf [*acedido em 20 de outubro de 2017*].

o *download* de arquivos detidos pelos demais utilizadores. Os ficheiros a distribuir deverão, ainda que tenham nomes sugestivos, ser imagens ou vídeos que não configurem a prática de qualquer crime. Por outro lado, ao ser efetuado o *download* de qualquer ficheiro o *software P2P* automaticamente inicia a partilha dos pacotes já descarregados com terceiros, sem que ainda se tenha visualizado o ficheiro completo, como referimos anteriormente. Pese embora não haja provocação, na obtenção deste tipo de prova digital, poderá o investigador do OPC estar a cometer um crime? Usando o investigador a prerrogativa de agente encoberto, nos termos do RJAE, essa conduta deixa de ser punível[415]. Caso não se opte por este caminho o investigador está, aquando da recolha de prova, a praticar factos que são puníveis e a incorrer, consequentemente, em responsabilidade criminal.

A investigação em programas de Torrent e P2P, por se tratar de fontes abertas, não requerem nenhum despacho específico para a sua realização. Há, contudo, apenas que acautelar que o agente não pratica crimes em busca da incriminação de criminosos.

[415] Cfr. Art. 6.º, n.º 1, do RJAE.
A utilização de programas P2P ainda se encontra na ordem do dia das preocupações e investigações das autoridades de investigação criminal. A este respeito veja-se o Internet Organised Crime Threat Assessment (IOCTA) 2017, da Europol, pp. 12-13 e 34-41 onde é mencionado que um só país iniciou 700 novos casos de investigações relacionadas com P2P, referindo-se aí que a dificuldade de investigação fica acrescida com a introdução de aplicativos que incorporam nas suas redes criptografia de ponto a ponta.
"*A perhaps more worrying trend than continued P2P use is the growing complacent use of conventional, every-day communication and social media applications for the same purpose. The growing number of apps incorporating media sharing which also provide end-to-end encryption provides offenders with a wide range of easily accessible, popular and ostensibly safe tools by which they can share child abuse material. Almost all commonly used mobile messaging or communications applications feature repeatedly in law enforcement investigations. To a lesser extent webhosting and traditional email services are also used to distribute CSEM (child sexual exploitation material). Most offenders will combine the use of multiple platforms to gather and share, or attempt to generate, CSEM*", *Cit.*, p. 36, disponível em https://www.europol.europa.eu/sites/default/files/documents/iocta2017.pdf [*acedido em 20 de outubro de 2017*]. No IOCTA 2021, verifica-se um incremento destas redes P2P, por força da COVID19, Cf. pp. 10 e 26, disponível em https://www.europol.europa.eu/publications-events/main-reports/internet-organised-crime-threat-assessment-iocta-2021 [*acedido em 28 de novembro de 2021*].

4.4. A recolha e validade da prova obtida em fontes abertas

§1. Efetivamente, como já mencionado anteriormente, o legislador definiu as provas proibidas pela forma negativa, ou seja, são válidas todas as provas que não forem proibidas por lei, nos termos do art. 125.º do CPP.

As provas obtidas com recurso a "fontes abertas" na internet são provas que se encontram livremente disponíveis, que qualquer pessoa pode ter acesso e consultar inúmeras vezes. Por força de terem a caraterística de livre disponibilidade, resulta que a validade destas provas deve ser apreciada pelo julgador segundo as regras da experiência e a sua livre convicção[416].

Maior controvérsia poder-se-á encontrar no que diz respeito às provas que se encontram protegidas nas redes sociais. No caso de um suspeito aceitar um pedido de "amizade", numa rede social, desconhecendo quem é o seu utilizador, podendo inclusive ser um agente de investigação, poderão estas provas ser válidas? Certo é que não se violou nenhuma regra de segurança, ou seja, continua-se a obter provas em "fontes abertas", o suspeito é livre de aceitar ou recusar o referido pedido de "amizade".

Com esta ação estar-se-á a utilizar um meio enganoso para obter prova ou informações relevantes? Como refere MANUEL COSTA ANDRADE "*apenas deverão ter-se como proibidos os meios enganosos «susceptíveis de colocar o arguido numa situação de coação idêntica à dos demais» métodos proibidos de prova*"[417]. Efetivamente o suspeito, ao aceitar o referido pedido de "amizade", não está sujeito a nenhuma coação. Pelo contrário, ele é livre de aceitar ou recusar o pedido que lhe foi endereçado. Sabendo de antemão que ao aceitar irá dar acesso a publicações que estão reservadas aos seus "amigos" e longe dos olhares do público em geral. Conclui o Mestre de Coimbra que "*[e]ste deverá ser, pelo menos, o critério privilegiado para a equacionação e superação dos casos mais duvidosos*"[418].

§2. Embora não tenha sido sindicado pelos tribunais superiores o uso de fontes abertas na investigação, mormente quando o suspeito/arguido aceita um pedido de "amizade" de quem o está a investigar, certo é que

[416] Art. 127.º do CPP.

[417] MANUEL DA COSTA ANDRADE, *Sobre as proibições de prova em processo penal, Ob. Cit.*, p. 236.

[418] *Ibidem*, p. 236.

são vários os arestos que têm como temática a utilização de redes sociais, em especial do facebook.

Reportando-se a esta rede social refere um aresto do Tribunal da Relação de Lisboa[419] que "*[n]o conceito de "amigos" do Facebook cabem não só os amigos mais próximos, como também outros amigos, simples conhecidos ou até pessoas que não se conhece pessoalmente, apenas se estabelecendo alguma afinidade de interesses no âmbito da comunicação na rede social que leva a aceitá-los como «amigos»*", concluindo que "*[a]ssim, está claramente afastado o carácter privado do grupo e a natureza "privada" ou "pessoal" das publicações e, logo, aquele conteúdo (post) e o seu autor não beneficiam da tutela da confidencialidade*".

§3. Concordamos integralmente com o acórdão mencionado, tanto mais ainda que o suspeito não aceite o pedido de "amizade" que lhe foi enviado pelo falso perfil sempre poderá um amigo deste partilhar ou divulgar individualmente as publicações (*post*) que aquele publicou. Estamos, na realidade, na presença de fontes abertas da investigação, que deverão ser usadas com a finalidade da descoberta da verdade material e punir os autores de crimes cometidos. E se são fontes abertas não são necessárias quaisquer medidas excecionais de investigação, como a utilização do agente encoberto. Discordamos, por isso mesmo, da posição defendida por Duarte Nunes, quando afirma que "*a conduta do agente encoberto poderá consistir no "patrulhamento" de sítios da Internet,* chats *ou* newsgroups *abertos ou acedidos com o consentimento de um dos participantes*"[420]. O simples facto de um agente efetuar um "patrulhamento" a um local ou *site* da internet não configura uma ação encoberta, nos termos definidos no RJAE, uma vez que uma simples ação de investigação, consistindo numa vigilância disfarçada, não poderá ter esta qualificação.

Será sempre se cumprir o princípio do contraditório e da livre apreciação da prova, quando esta é obtida com recurso a fontes abertas. Sabemos que o se procura no âmbito de um processo penal não é a condenação forçada de um arguido. A descoberta da verdade material está subjacente

[419] Ac. do TRL, Proc. 431/13.6TTFUN.L1-4, Relator: Jerónimo Freitas, de 24-09-2014, disponível em www.dgsi.pt [*acedido em 23 de setembro de 2016*].

[420] Duarte Alberto Rodrigues Nunes, *O problema da admissibilidade dos métodos "ocultos"..., Ob. Cit.*, pp. 501-502.

a todo o processo penal e é com base neste príncipio basilar que devem ser tidas em consideração as provas obtidas[421]. Por força da sua livre disponibilidade em fontes abertas, a prova em si congrega catacterísticas que deverão ser escrutinadas, em obediência à sua legalidade de obtenção.

Na apreciação da sua validade o julgador deverá fundamentar a sua relevância para a condenação ou absolvição do arguido.

[421] Fernando Gonçalves e Manuel João Alves, *A prova do crime, Meios legais para a sua obtenção*, Almedina, 2009, pp. 41-43.

PARTE ESPECIAL

O Agente Encoberto vs as Tecnologias de Informação e Comunicação

I
O Agente Encoberto em Ambientes Digitais

1. O estado da arte

§1. O recurso ao agente encoberto deve ser utilizado quando falharam as demais técnicas de investigação ou quando se verifica que efetivamente outras formas de investigação não são suficientemente aptas a recolher a prova que se almeja[422].

Em Portugal, como na maioria dos países desenvolvidos, o recurso ao agente encoberto tem o seu auge nas investigações ao tráfico de estupefacientes[423]. Inexistem, contudo, dados estatísticos sobre a sua utilização e os resultados obtidos[424].

Como referimos na primeira parte da nossa investigação, o avanço da ciência tecnológica leva a que cada vez mais criminosos optem por caminhos que conduzam ao anonimato[425]. E esses caminhos são trilhados com a utilização das redes de informação e comunicação, seja com recurso à *Deep Web*, seja com a encriptação de conteúdos.[426]

[422] António Francisco Sousa, *Manual de Direito Policial, Direito da ordem e segurança públicas*, Vida Económica, 2016, pp. 586-587.

[423] Iolanda Alexandrina Fernandes Mesquita, *O agente infiltrado, "Análise jurisprudencial"*, tese de mestrado, inédito, Faculdade de Direito da Universidade de Coimbra, 2016, pp. 18-19, disponível em https://estudogeral.sib.uc.pt/jspui/bitstream/10316/34771/1/O%20agente%20infiltrado%20analise%20jurisprudencial.pdf [*acedido em 23 de setembro de 2016*].

[424] Tal como surgem no RASI a indicação da quantidade de escutas telefónicas que são realizadas, as ações encobertas deveriam igualmente constar do referido Relatório Anual de Segurança Interna.

[425] Veja-se o uso da encriptação ou a facilidade de utilização de uma VPN. *Cfr. supra* ponto 3. A anonimização como entrave à investigação de cibercrimes.

[426] Que como já se verificou obstaculiza a que, por parte das polícias ou das autoridades judiciária, possa existir uma recolha e análise de prova, face ao seu conteúdo encriptado ser ininteligível.

O mecanismo processual de utilização do agente encoberto, incluindo o agente encoberto digital, é sempre um processo secreto. Não nos debruçando em que moldes são realizados os pedidos para a realização de ações encobertas digitais, afigura-se-nos que exista alguma similitude com os pedidos que são realizados para as ações encobertas no terreno físico. Tal constatação deriva tão-somente da letra da lei que manda aplicar *mutatis mutandis* o mesmo regime a situações que efetivamente são tudo menos análogas, como veremos em seguida.

§2. Vejamos um caso prático[427], com o qual pretendemos dar uma resposta à nossa interrogação. Instituições dos Estado têm sido alvo de ataques informáticos nas suas páginas da internet, sendo estes ataques reivindicados por um grupo que se denomina, por exemplo, *Anonymous Forever*. Da investigação realizada verifica-se que os seus membros surgem em várias páginas da internet[428], sob a indicação de pseudo-nomes, onde se vangloriam dos ataques realizados. E estes ataques podem ir desde a simples negação de serviço à intrusão no mesmo e alteração do seu conteúdo ou divulgação de dados que ali se encontrem de forma inacessível ao público em geral[429]. Como investigar estes criminosos?

[427] Qualquer semelhança com a realidade não é pura ficção.

[428] A maioria dos ataques são publicitados na rede social *Twitter*, sob o nome de anonimato de quem efetuou o ataque, ou na rede social *Facebook*, nos mesmos moldes. No *site* https://pastebin.com/ e https://ghostbin.com/, entre outros, encontram-se diversas publicações de ataques realizados, alguns deles com provas evidentes do que se encontrava no site, tais como listagens de profissionais, com os seus dados pessoais ou outros elementos confidenciais ou divulgação de eventuais pedófilos, etc...

[429] A negação de serviço, designado por DDoS, i. e., *Denial-of-service*, consiste em efetuar milhares de pedidos de acesso a um determinado site até o servidor ficar congestionado e não conseguir responder. A intrusão num *site* poderá ser uma ação qualificada de acesso ilegítimo (art. 6.º da LC) ou outro crime previsto na LC consoante os danos reais que se verificarem. Ataques DDoS são os mais habituais, por requererem menores conhecimentos informáticos, e foram os que atingiram em maior número sites institucionais portugueses (e alguns particulares também), entre eles a Procuradoria Geral Distrital de Lisboa, a Polícia Judiciária, o Ministério da Justiça, entre outros. https://www.publico.pt/2014/06/11/sociedade/noticia/mp-investiga-e-acusa-anonymous-de-falso-ataque-ao-site-da-procuradoria-de-lisboa-1639542 [*acedido em 23 de outubro de 2016*].

O emprego de ferramentas que permita o anonimato será certamente utilizado por estes indivíduos não permitindo, desta forma, que o IP da ligação da sua internet seja conhecido. Resta, usando outras técnicas de investigação, conseguir outros elementos. Ora desconhecendo-se o IP dos autores/suspeitos dos factos será difícil, se não mesmo impossível, realizar uma interceção das comunicações, como estipula o n.º 2, do art. 19.º da LC. E ainda que fosse conhecido um IP nacional como se poderia aplicar o regime do art. 187.º do CPP, se este apenas prevê um catálogo fechado dos alvos[430]? O suspeito poderá estar a usar a ligação da internet de alguém que nada tenha a ver com a situação e/ou um *acess point* público disponibilizado por uma entidade pública ou particular (câmara municipal, escola, ou um simples restaurante, respetivamente). Paulo Pinto de Albuquerque manifesta-se contra a interceção de escutas a determinados grupos de pessoas cujo único traço comum é ocuparem habitualmente ou esporadicamente um determinado espaço físico. Defende o autor, ancorado no CPP, que uma escuta telefónica só poderá realizar-se na constância de um processo crime com alvos definidos[431]. No caso de uma escuta de dados a ligação que sai para o exterior é igual para todos os elementos de uma família ou grupo de pessoas que se ligue ao router da internet, uma vez que o IP externo é igual e é este que é identificado pelos operadores de comunicações. Ao *router* irão chegar ligações de IP's privados da família, correspondendo à ligação estabelecida ao computador do pai, ao telemóvel da mãe, ao *tablet* do filho, etc... É no router, através do NAT (*Network Adress Translation*), que vai existir uma tradução do IP de uma rede privada para o IP da internet. E quando se tem apenas um IP da internet válido, o que sucede na maioria de famílias que tem internet em casa, ocorre um processo denominado PAT (*Port Adress Translation*). É o PAT que vai traduzir qual o dispositivo informático (computador A ou B, *smartphone*, *tablet*, etc...) que entrou num determinado site e vai mandar os pacotes corretamente para essas máquinas que fizeram o pedido de

[430] Nas palavras de Paulo Pinto de Albuquerque, *Comentário do Código de Processo Penal...*, *Ob. Cit.*, nota n.º 7 ao comentário do art. 187.º, p. 509.

[431] *Ibidem*, p. 509, nota n.º 8.

acesso[432]. Deste modo, apenas com a identificação dos *MacAdress*[433] das máquinas que se ligaram ao *router wi-fi* é possível identificar a máquina que o suspeito se encontra a utilizar[434].

§3. Poder-se-á recorrer à intervenção do agente encoberto? Nos termos da lei em vigor poderemos afirmar que sim, desde que já se encontre a decorrer um processo de inquérito. Mas que prova irá o agente encoberto recolher *in loco*, por aplicação *ipsis verbis* do RJAE, se os seus alvos se encontram na redoma dos seus quartos e apenas comunicam através de dispositivos informático-digitais?

Assim, é este o *estado da arte* em que encontramos a legislação nacional no tocante às ações encobertas realizadas em dispositivos informáticos ou redes de informação e comunicação. Estado este que se encontra deveras ultrapassado por inutilidade superveniente da utilização do RJAE. É que caso os inspetores da Polícia Judiciária ou terceiros sobre o controle destes, a quem compete realizar ações encobertas, extravasarem a obtenção de prova infligindo as normas positivadas, entraremos no campo das proibições de prova. O mesmo será dizer que as provas obtidas, ainda que incriminem o suspeito, não poderão ser usadas contra ele[435].

[432] Para tornar possível vários IP's da rede privada usarem um único IP da internet o PAT vai traduzir as portas, sendo que poderá usar todas as 65535 portas disponíveis. https://www.cisco.com/c/en/us/support/docs/ip/network-address-translation-nat/26704-nat-faq-00.html#qa14 [*acedido em 27 de novembro de 2016*].

[433] *Media Access Control* é um endereço físico associado à interface de comunicação que permite a conexão de um equipamento à rede. O *MacAdress* é único para cada máquina, pese embora possa ser adulterado. *Cfr.* http://searchnetworking.techtarget.com/definition/MAC-address [*acedido em 28 de novembro de 2016*].

[434] Pedro Veiga, *Tecnologias e Sistemas de Informação, Redes e Segurança*, SPI – Sociedade Portuguesa de Inovação, 2004, também acessível em http://www.spi.pt/documents/books/inovacao_autarquia/docs/Manual_III.pdf [*acedido em 10 de março de 2017*], pp. 30-32.

[435] Germano Marques da Silva, *Curso de Processo Penal II, Ob. Cit.*, pp. 209-210; Manuel da Costa Andrade, *Sobre as proibições de prova em processo penal, Ob. Cit.*, pp. 312-318.

2. Enquadramento e regime jurídico no ordenamento jurídico português

§1. O agente encoberto digital encontra base legal, no nosso ordenamento jurídico, no art. 19.º da LC, sob a epígrafe "ações encobertas"[436].

O legislador, através da técnica de remissão, convencionou o uso do agente encoberto digital nas mesmas condições já existentes no RJAE, que se encontra previsto na Lei n.º 101/2001, de 25 de agosto. Ademais cria uma situação peculiar que não sucede no RJAE, lancetando a possibilidade de aplicação deste regime às situações de prevenção, que ocorrem através de uma investigação *ex-ante* inquérito. Efetivamente, o legislador ao ter mencionado no n.º 1, do art. 19.º da LC, "*no decurso de inquérito*" afasta liminarmente que se possa utilizar este regime em ações de prevenção. Esta medida preventiva assenta como elemento essencial no RJAE ao se estabelecer nesta lei, no n.º 1, do art. 1.º, que "*[a] presente lei estabelece o regime das ações encobertas* ***para fins de prevenção*** *e investigação criminal.*" (Negrito nosso).

Para além desta situação a LC prevê que sempre que seja necessário o recurso a meios e dispositivos informáticos observam-se, naquilo que for aplicável, as regras previstas para a interceção de comunicações. Não poderemos olvidar que nos encontramos no âmbito de legislação penal extravagante específica que regula, de modo objetivo e subjetivo, as normas relativas ao cibercrime. Remeter a ação do agente encoberto digital para normas sobre a interceção de comunicações não se enquadra no âmbito do regime do agente encoberto. Aliás, para efetuar uma interce-

[436] Cujo teor é o seguinte:
1 – É admissível o recurso às ações encobertas previstas na Lei n.º 101/2001, de 25 de Agosto, nos termos aí previstos, no decurso de inquérito relativo aos seguintes crimes:
a) Os previstos na presente lei;
b) Os cometidos por meio de um sistema informático, quando lhes corresponda, em abstrato, pena de prisão de máximo superior a 5 anos ou, ainda que a pena seja inferior, e sendo dolosos, os crimes contra a liberdade e autodeterminação sexual nos casos em que os ofendidos sejam menores ou incapazes, a burla qualificada, a burla informática e nas comunicações, a discriminação racial, religiosa ou sexual, as infrações económico-financeiras, bem como os crimes consagrados no título iv do Código do Direito de Autor e dos Direitos Conexos.
2 – Sendo necessário o recurso a meios e dispositivos informáticos observam-se, naquilo que for aplicável, as regras previstas para a interceção de comunicações.

ção de uma comunicação, isto é, de dados informáticos, não será necessário recorrer à figura do agente encoberto, mas, tão somente, solicitar aos operadores de comunicações a respetiva interceção, precedida de ordem do juiz de investigação criminal. Donde resulta inequivocamente que interceção de comunicações e ações encobertas são figuras distintas de investigação criminal, com catálogos de crimes diferentes e formalidades das operações inigualáveis.

§2. Serão estas medidas suficientemente eficazes para que possamos efetivamente ter uma ação encoberta digital, onde proliferam cada vez mais ferramentas *freeware*[437] e informações *online* sobre como manter o anonimato de uma comunicação?

Em sede de audição parlamentar, na Assembleia da República, aquando da discussão na generalidade da proposta de lei do Governo sobre o cibercrime, o então deputado do PSD Fernando Negrão interpelava o Secretário de Estado da Justiça nos seguintes moldes: "*[p]or que é que não foi contemplada neste diploma a possibilidade de as entidades de investigação criminal introduzirem, em determinado sistema que esteja sob investigação, o que podemos designar por «cavalo de Tróia informático», para poder obter informação contínua e em tempo real, assim facilitando as investigações criminais, designadamente através dos meios informáticos?*[438]" Pese embora tenha havido direito de resposta, esta pergunta não mereceu qualquer comentário por parte do Secretário de Estado da Justiça. Após o referido deputado ter reiterado a mesma questão recebeu a indicação do Presidente da Assembleia da República que "*o Sr. Secretário de Estado também já não dispõe de tempo para responder. Talvez possa fazê-lo noutra altura, porventura na sequência dos trabalhos em sede de especialidade, se for caso disso.*[439]"

A questão era efetivamente pertinente, a qual nem em sede de especialidade foi objeto de abordagem[440], mantendo-se o artigo da proposta

[437] *Software* gratuito que não necessita de qualquer pagamento para que possa ser utilizado com todas as funcionalidades que lhe são inerentes.

[438] Diário da Assembleia da República, I – Série, n.º 102, de 10 de julho de 2009, p. 40.

[439] *Ibidem*, p. 45.

[440] Veja-se o Relatório da discussão e votação na especialidade publicado em Diário da Assembleia da República, II – Série A, n.º 167, pp. 176-197, não tendo o PSD apresentado nenhuma

de lei, relativo às ações encobertas, inalterado e aprovado pelos partidos do PS, PSD e CDS-PP, com abstenção do PCP e BE.

3. A legislação europeia em matéria de cibercriminalidade

3.1. Ciberconvenção

§1. A Ciberconvenção, também denominada Convenção sobre o Cibercrime do Conselho da Europa ou Convenção de Budapeste, local onde foi assinada a 23 de novembro de 2001, foi um dos primeiros instrumentos internacionais de combate ao cibercrime[441]. Desde a sua aprovação, Portugal foi um dos países subscritores da Convenção, mas só viria a ratificá-la em 29 de agosto de 2009[442].

Gerado no seio da União Europeia este instrumento de direito internacional público tem uma abrangência mundial, onde intervieram na sua formação países fora da Europa, tais como os Estados Unidos da América, Japão e Canadá[443].

A convenção encontra-se dividida em três partes fundamentais. Na primeira parte constam normas de direito objetivo, com tipificação das condutas que os Estados subscritores devem prever na sua legislação interna; na segunda parte encontramos normas processuais e na última, e terceira, normas relativas à cooperação judiciária mútua internacional.

A Ciberconvenção não estipula normas processuais relativas à recolha de prova digital utilizando a figura do agente encoberto. Aliás esse

proposta de alteração ao artigo das ações encobertas, tendo vingado apenas as alterações apresentadas pelo grupo parlamentar do PS.

441 Em 28 de fevereiro de 2003, em Estrasburgo, procedeu-se à assinatura do Protocolo Adicional à Convenção sobre cibercrime relativo à incriminação de atos de natureza racista e xenófoba praticada através de sistemas informáticos. Portugal procedeu à sua assinatura em 17 de março de 2003 e apenas foi ratificado pelo Presidente da República, através do Decreto 94/2009, em 15 de setembro de 2009.

442 Publicado em DR, I Série, n.º 179, de 15 de setembro, através do Decreto do Presidente da República n.º 91/2009. Nesse mesmo Diário oficial foi publicada a Lei do Cibercrime, Lei n.º 109/2009, de 15 de setembro, que adaptou ao direito interno a referida Convenção, bem como transpôs para a ordem jurídica interna a Decisão Quadro n.º 2005/222/JAI, do Conselho, de 24 de fevereiro, relativa a ataques contra sistemas de informação.

443 Pedro Verdelho, et al, *Leis do Cibercrime, Ob. Cit.*, p. 10.

foi um dos problemas que a próprio Comité, encarregue de elaborar o projeto da Ciberconvenção, encontrou e deu conta no §137 do relatório explicativo[444]. Mas inclui normas respeitantes à conservação expedita de dados informáticos armazenados (art. 16.º), injunção de dados informáticos armazenados (art. 18.º), busca e apreensão de dados informáticos armazenados (art. 19.º), recolha em tempo real de dados relativos ao tráfego (art. 20.º) e interceção de dados relativos ao conteúdo (art. 21.º)[445].

§2. Destes artigos, os que efetivamente se encontram mais próximos do tema central da nossa investigação são indubitavelmente os art. 20.º e 21.º da Ciberconvenção. Ainda assim estes artigos referem-se a "escutas" de dados de tráfego ou de conteúdo, seja efetuando uma recolha em tempo real, seja procedendo a uma interceção. Estamos por isso convictos que se for utilizada informação encriptada, como já mencionamos, as autoridades policiais ou judiciárias não obterão qualquer utilidade com estas diligências. Acresce que a ação encoberta vai mais além que uma interceção de dados, nos moldes previstos na Convenção[446], pelo que não será de aplicar estas normas a este tipo de recolha de prova.

Contudo, este instrumento internacional veio uniformizar conteúdos e trazer uma mais valia a nível da cooperação judiciária, em especial com

[444] Transcrevemos o §137 "*[a]o adaptar as leis processuais clássicas ao novo meio tecnológico, surge a questão da terminologia apropriada, no âmbito das disposições da presente secção. As opções resumiram-se a manter a linguagem tradicional ("busca" e "apreensão"), utilizar novos termos informáticos mais orientados para o domínio tecnológico ("acesso" e "cópia") – como adotados nos textos de outras instâncias internacionais relativas a este assunto (tal como o subgrupo do G8 especializado em crime de alta tecnologia) – ou adotar uma solução de compromisso em que a linguagem seria mista ("a investigação, ou de forma semelhante, o "acesso" e "a apreensão, ou de forma semelhante, a guarda). Uma vez reconhecida a importância de que o meio eletrónico reflita a evolução dos conceitos, identificando e mantendo as suas raízes tradicionais, foi seguida uma abordagem flexível que consiste em permitir que os Estados utilizem quer as antigas noções de "busca e apreensão" quer as novas noções de "acesso e cópia"*.", Pedro Verdelho, et al, *Leis do Cibercrime, Ob. Cit.*, p. 146 e também em Pedro Dias Venâncio, *Lei do Cibercrime..., Ob. Cit.*, p. 201.

[445] Estes artigos foram *decalcados* para a Lei do Cibercrime, com a mesma epígrafe em alguns artigos.

[446] De igual forma não se compreende como o legislador português insere no art. 19.º da LC o agente encoberto, remetendo depois, no n.º 2 do mesmo artigo para a interceção de comunicações, quando seja necessário o recurso a meios e dispositivos informáticos.

a criação da Rede 24/7. Esta Rede assegura 24 horas, 7 dias por semana, um contacto permanente entre os países que assinaram a Convenção e a ratificaram[447]. Desta forma é possível solicitar através desta Rede, seja por telefone ou por mensagem de correio eletrónico, a preservação expedita de dados, a informação sobre determinado assinante daquele IP ou outras diligências tidas por pertinentes[448].

Estamos cientes que prever num diploma internacional a utilização do agente encoberto digital acarretaria consigo questões delicadas, nomeadamente pela eventual violação do princípio da soberania. Não poderemos, contudo, olvidar que as redes de informação e comunicação são globais, sendo impossível definir fronteiras e, consequentemente, delimitar espaços jurídicos de investigação. Destarte, esta medida deveria ter sido incluída na Ciberconvenção e previsto um mecanismo legal de comunicação entre Estados, de forma a que uma investigação iniciada por um país pudesse ser continuada pelo país onde os factos efetivamente estivessem em curso.

[447] Por força do art. 21.º da LC em Portugal o ponto de contacto ficou sob a alçada da Polícia Judiciária.
Pese embora o ponto de contacto tenha uma disponibilidade 24h/dia, 7 dias/semana, certo é que existem entraves a esta atuação durante a noite. Vejamos um exemplo que evidência esta problemática: imaginemos que no Japão (país subscritor da Ciberconvenção) se está a dar um ataque informático DDoS cujos IP's pertencem à range de IP's atribuídos a Portugal. Recebida a mensagem, às 3 da manhã, no Contacto 24/7 para obter a informação do titular do IP e realizar diligências para por cobro ao ataque verificam-se os seguintes problemas: 1.º – O JIC durante a noite não possui uma escala de serviço, logo seria impossível contactar a autoridade judiciária para afeitos de recolha de alguns dados. Só com a alteração da LC em novembro de 2021 se previu a disponibilidade dos magistrados do MP a fim de assegurar uma resposta a pedidos de assistência imediata (aditamento do n.º 5 do art. 21.º da LC); 2.º – Os ISP´s durante a noite não possuem funcionários a trabalhar que possam disponibilizar os elementos pretendidos e ainda que houvesse disponibilidade para fornecer os dados necessários os ISP's apenas o cumpririam com um pedido judicial do MP ou do JIC. Donde, resulta uma dupla barreira na atuação da Rede 24/7 em Portugal. Ainda que a PJ pretendesse atuar no âmbito das medidas cautelares e de polícia não lograria tal intento face às demais estruturas do sistema não se encontrarem a funcionar durante a noite.

[448] De realçar que este mecanismo não substitui a necessidade de emissão de Carta Rogatória, nos termos da Legislação sobre a Cooperação Judiciária Internacional, mas tão somente pretende-se evitar que a prova digital seja destruída ou manipulada e possa ser salvaguardada.

3.2. Das instâncias europeias

§1. Desde a criação da Comunidade Económica Europeia que os Estados-membros cederam parte da sua soberania para as instituições criadas, nomeadamente a nível da legislação que ali se produz e que direta ou indiretamente afetam os demais cidadãos europeus.

Com o longo percurso de construção de uma Europa una e a uma só velocidade, a abolição de fronteiras físicas, a introdução do mercado único, a quase concretização de uma "Constituição comum", vieram alterar o paradigma legislativo dos Estados-membros.

Cedo a atual União Europeia se deu conta da necessidade de regulamentar condutas ilícitas no âmbito da utilização da internet. O primeiro passo surgiu com a Recomendação do Conselho da Europa n.º R(89)9, de 13 de setembro de 1989, que estabelece as diretrizes para os legisladores nacionais referentes a certos crimes informáticos[449].

Posteriormente a Decisão-Quadro 2005/222/JAI do Conselho, de 24 de fevereiro[450], relativa a ataque contra os sistemas de informação, veio definir conceitos relativos a "sistema de informação", "dados informáticos", "pessoa coletiva" e acesso "não autorizado", bem como criar tipos legais de crimes. Visava-se nesta Decisão-Quadro, como é mencionado no preâmbulo em tom justificativo, uniformizar legislações, mediante uma aproximação das suas disposições de direito penal e a necessidade de completar o trabalho realizado pelas organizações internacionais, especialmente ao nível do Conselho da Europa, no domínio da aproximação do direito penal e os trabalhos do G8 sobre cooperação transnacional, no âmbito da criminalidade de alta tecnologia, propondo uma abordagem comum neste domínio ao nível da União Europeia[451].

[449] Tendo por base esta recomendação Portugal foi um dos primeiros países europeus a ter uma lei especificamente dedicada ao crime informático – Lei da Criminalidade Informática, Lei n.º 109/91, de 17 de agosto.

[450] Publicado em 16 de março de 2005, no Jornal Oficial da União Europeia. A transposição da presente Decisão-Quadro, segundo o art. 12.º, deveria ter ocorrido até 16 de março de 2007, tendo Portugal feito a sua transposição através da Lei do Cibercrime, Lei n.º 109/2009, de 15 de setembro.

[451] Considerados n.ºs 1 e 7, respetivamente.

§2. A Decisão-Quadro 2005/222/JAI foi substituída pela Diretiva 2013/40/UE, do Parlamento Europeu e do Conselho, de 12 de agosto de 2013. Esta Diretiva pouco ou nada veio acrescentar ao panorama europeu na investigação da criminalidade. Com efeito, os tipos legais que existiam na Decisão-Quadro mantiveram-se, nos mesmos moldes. Existiu um enfoque nos ciberataques em larga escala, em especial no uso de *botnets*. Não foram introduzidas quaisquer medidas processuais, pelo que não nos iremos debruçar sobre esta Diretiva, por forma a não nos afastarmos da nossa investigação relativa ao agente encoberto digital[452].

As instâncias europeias têm mantido uma especial atenção sobre o que acontece na internet, mormente no que à segurança informática diz respeito. Consequentemente, esta preocupação não poderá olvidar os ataques informáticos e outras formas cometimento de crimes através da internet[453].

Muitas vezes as instâncias europeias apenas "acordam" para legislar quando são assoladas por crimes perpetrados de forma hedionda. Veja-se o que efetivamente tem ocorrido com os atos de terrorismo. De cada vez que existe um atentado terrorista cria-se uma nova legislação[454].

[452] Remetemos, com maior acuidade, para nosso estudo sobre esta Diretiva, «A novíssima Diretiva relativa ao cibercrime», AA.VV., *O espaço de liberdade, segurança e justiça da UE: desenvolvimentos recentes, The EU area of freedom, security and justice: recent developments*, Coord. Constança Urbano de Sousa, Departamento de Direito, EDIUAL, Universidade Autónoma Editora, 2014, pp. 176-192. Este nosso estudo foi recentemente republicado em Armando Dias Ramos, *A prova digital em processo penal...*, *Ob. Cit.*, pp. 117- 131.

[453] A este respeito veja-se o Relatório da Comissão Europeia, *Cybersecurity in the European Digital Single Market*, High Level Group of Scientific Advisors, Brussels, 24 March 2017, onde é dado destaque à criptografia e à recolha de prova digital e partilha pelos Estados Membros. Referido relatório pode ser consultado em http://ec.europa.eu/research/sam/pdf/sam_cybersecurity_report.pdf [*acedido em 2 de abril de 2017*].

[454] Após os ataques terroristas em França, em 7 de janeiro de 2015, no jornal satírico Charlie Hebdo, foi publicada a Diretiva (UE) 2015/849 do Parlamento Europeu e do Conselho, de 20 de maio de 2015, relativa à prevenção da utilização do sistema financeiro para efeitos de branqueamento de capitais ou de financiamento do terrorismo, que altera o Regulamento (UE) n.º 648/2012 do Parlamento Europeu e do Conselho, e que revoga a Diretiva 2005/60/CE do Parlamento Europeu e do Conselho e a Diretiva 2006/70/CE da Comissão (JO L 141 de 5.6.2015, p. 73).

§3. Foi publicada no Jornal Oficial da União Europeia, em 31 de março de 2017, a Diretiva (UE) 2017/541 do Parlamento Europeu e do Conselho, de 15 de março de 2017, relativa à luta contra o terrorismo e que substitui a Decisão-Quadro 2002/275/JAI do Conselho e altera a Decisão 2005/671/JAI do Conselho. De realçar nesta Diretiva dois pontos:

1.º – o art. 20.º que estabelece que os Estados-Membros devem disponibilizar instrumentos de investigação eficazes, como os utilizados nos casos de criminalidade organizada ou de outros crimes graves, às pessoas, às unidades ou aos serviços responsáveis por investigar ou por promover a ação penal no que respeita às infrações referidas nos artigos 3.º a 12.º;

2.º – o art. 21.º enumera ações que os Estados-Membros podem efetuar como medidas contra conteúdos *on-line* de incitamento público, nomeadamente através do bloqueio imediato de conteúdos, mesmo que alojados em servidores estrangeiros, ou efetuar o bloqueio somente a quem utilize IP's nacionais.

Da leitura que fazemos, salvo melhor opinião em contrário, parece-nos que o art. 20.º desta Diretiva *abre a porta*[455] a que se possa reformular a legislação relativa à investigação nas RIC através do agente encoberto digital. A medida inserida no art. 21.º é de todo irrealista. Quem pretender procurar informação sobre treino terrorista, ou outros elementos relacionados com o terrorismo, não o vai fazer a partir da sua própria ligação IP de casa e, ainda que o faça, utilizará uma VPN ou uma ligação TOR, que irá alterar o seu endereço IP e/ou encriptar as suas comunica-

Relativamente a outras alterações legislativas, por todos, Armando Dias Ramos, *A prova digital em processo penal...*, *Ob. Cit.*, pp. 132-136.

[455] Abrir a porta não significa "escancarar" a porta, tal como aconteceu com o *Patriot Act* nos EUA após os atentados terroristas de 2001 onde, sob a capa do Terrorismo, se efetuaram diversos atropelos aos Direitos, Liberdades e Garantias dos cidadãos, mormente ao nível de interceções telefónicas e de dados de comunicações ou de vigilâncias a cidadãos inocentes que nem detinham a qualificação de suspeitos.
Irene Maria Portela, *A segurança e a escolha do inimigo: o efeito double-blind do 11-S. Uma análise comparada de legislação Antiterrorista,* Tese de Doutoramento, Universidad de Santiago de Compostela, Servizo de Publicacións e Intercambio Científico, 2008, pp. 59-414.

ções[456]. De tal forma que bloquear a nível do IP nacional a ligação a um serviço disponibilizado na internet em nada acrescentará, pois basta que se utilize um outro IP, uma vez mais com recurso a uma VPN ou *Proxy*, por exemplo, para se continuar a aceder aos mesmos[457].

§4. Enquanto se legisla superficialmente, sem aprofundar as matérias e sem se empenhar num efetivo combate ao crime informático, andaremos à deriva nesta luta desigual entre cibercriminosos, de um lado, e organismos de justiça do outro.

Se em 8 de abril de 2014 a Grande Secção do Tribunal de Justiça da União Europeia veio declarar que a Diretiva de Retenção de Dados (Diretiva n.º 2006/24/CE, do Parlamento Europeu e do Conselho, de 15 de março de 2006) era inválida[458], não se compreende como até à presente data ainda não surgiu um novo instrumento legislativo para suprir as deficiências invocadas por aquele Órgão Jurisdicional[459].

Sendo a matéria penal e processual penal de difícil conjugação a nível europeu, verificamos que quando se trata de prevenir e investigar um flagelo sem fronteiras, como o terrorismo, praticado pela internet nas suas formas de apologia ou recrutamento, existe um consenso geral de unidade. As instâncias europeias deveriam aproveitar este clima propício para legislar através de Regulamentos, cuja aplicabilidade é imediata nos ordenamentos jurídicos dos Estados-membros e não através de meras Diretivas, que visam uma harmonização legislativa. Acrescendo esta

[456] Yigal Carmon, «The enemy within: where are the Islamist/Jihadist websites hosted, and what can be done about it?», in AA.VV., *Security Informatics and Terrorism: patrolling the web*, Coord. Cecilia S. Gal, *et al*, Nato Science for Peace and Security Series D: Information and Communication Security – Vol. 15, IOS Press, Netherlands, 2008, pp. 26-41.

[457] Arnaud Henry-Labordère, Virtual Roaming Data Services and Seamless Technology Change – GSM, LTE, WiFi, Satellit, CDMA, River Publishess, Denmark, 2014, pp. 112-115.

[458] Texto integral do Acórdão do TJUE (grande secção) disponível em http://curia.europa.eu/juris/document/document.jsf?docid=150642&mode=req&pageIndex=1&dir=&occ=first&part=1&text=&doclang=PT&cid=245898 [*acedido em 22 de novembro de 2016*].

[459] David Silva Ramalho e José Duarte Coimbra, «A declaração de invalidade da Diretiva 2006/24/CE: presente e futuro da regulação sobre a conservação de dados de tráfego para fins de investigação, deteção e repressão, de crimes graves», *O Direito*, Ano 147.º (2015) IV, Almedina, pp. 997-1046.

transposição um moroso processo legislativo em cada Estado-Membro, para além de na grande maioria não serem cumpridos os prazos impostos pela Diretiva para esse efeito.

4. O agente encoberto digital na legislação europeia

4.1. Direito comparado

§1. A maioria do nosso Direito Penal positivado, objetivo e subjetivo, advém da comparação com outros sistemas jurídicos que é realizada por ilustres pensadores do mundo jurídico e vertidos nos seus estudos e publicações, com o fito de alterar as normas jurídicas[460]. Não almejando tal desiderato, o nosso trabalho de investigação científica ficaria incompleto se não fosse concretizado uma análise ao conjunto de normas jurídicas sobre o agente encoberto digital que existem noutros países. Ou seja, usando as palavras de DÁRIO MOURA VICENTE, "*[c]hama-se Direito Comparado ao ramo da Ciência Jurídica que tem por objecto o Direito na sua pluralidade e diversidade de expressões culturais e procede ao estudo comparativo destas*"[461]. Para além dessa análise comparativa legal iremos, até onde nos for possível, verificar que problemas se encontram com a utilização do agente encoberto digital e de que forma a doutrina e jurisprudência têm atuado na resolução dos mesmos[462].

§2. A escolha destes países comparativos foi criteriosa e assentou essencialmente em dois pilares substanciais: por um lado que o sistema jurídico fosse semelhante ao que vigora entre nós e, da outra banda, que o primado do direito assentasse nas mesmas premissas constitucionais.

[460] Entre os quais se destacam Jorge de Figueiredo Dias, Manuel da Costa Andrade, José Francisco de Faria Costa, entre outros.

[461] DÁRIO MOURA VICENTE, *Direito Comparado – Volume I – Introdução e Parte Geral*, Almedina, 2008, p. 19.

[462] Diz-nos CARLOS FERREIRA DE ALMEIDA que a "comparação" de direitos (em alemão, *Rechtsvergleichung*), deve entender-se como a atividade que consiste em estabelecer sistematicamente semelhanças e diferenças, isto é, pesquisar e relacionar semelhanças e diferenças segundo um método adequado a um objectivo nos sistemas jurídicos (ou ordens jurídicas). CARLOS FERREIRA DE ALMEIDA, *Introdução ao Direito Comparado*, 2.ª Edição, Almedina, Coimbra, 1998, p. 9.

Resultam destes dois fatores os ordenamentos jurídicos alemão e italiano como aqueles que mais têm sido a "nascente da fonte" de inspiração do nosso sistema jurídico. Daí ter recaído neles a nossa escolha de forma liminar. Por outro lado, a opção pelo sistema jurídico espanhol deveu-se não somente às razões já invocadas, mas por outras que lhe dão valor acrescido: de ser um país com o qual Portugal faz fronteira, ao qual nos unem laços estreitos de cooperação judiciária no combate ao crime transfronteiriço; e, de em finais de 2015 ter alterado a Lei Processual Penal onde foi inserido o uso do agente encoberto digital.

Uma análise comparada serve os desígnios de efetuar tão-somente uma comparação instrumental-material e nada mais. Desta análise deveremos obter afinal resultados que nos indiquem os benefícios e os inconvenientes do uso do agente encoberto digital na investigação da criminalidade informática.

Para se iniciar uma comparação, teremos que ter um objeto para comprar. O nosso objeto inicial será o art. 19.º da Lei do Cibercrime[463] (na sua redação atual pela Lei n.º 79/2021, de 24 de novembro), que permite a utilização da figura do agente encoberto e remete para o RJAE as formalidades das operações. Caso seja necessário recorrer ao agente encoberto com recurso a meios e dispositivos informáticos aplicam-se as regras previstas para a interceção de comunicações. Regras estas ínsitas nos arts. 187.º a 190.º do CPP.

[463] Artigo 19.º
Ações encobertas
1 – É admissível o recurso às ações encobertas previstas na Lei n.º 101/2001, de 25 de Agosto, nos termos aí previstos, no decurso de inquérito relativo aos seguintes crimes:
a) Os previstos na presente lei;
b) Os cometidos por meio de um sistema informático, quando lhes corresponda, em abstrato, pena de prisão de máximo superior a 5 anos ou, ainda que a pena seja inferior, e sendo dolosos, os crimes contra a liberdade e autodeterminação sexual nos casos em que os ofendidos sejam menores ou incapazes, a burla qualificada, a burla informática e nas comunicações, o abuso de cartão de garantia ou de cartão, dispositivo ou dados de pagamento, a discriminação racial, religiosa ou sexual, as infrações económico-financeiras, bem como os crimes consagrados no título iv do Código do Direito de Autor e dos Direitos Conexos.
2 – Sendo necessário o recurso a meios e dispositivos informáticos observam-se, naquilo que for aplicável, as regras previstas para a interceção de comunicações.

4.2. No ordenamento jurídico alemão

§1. A legislação alemã estabeleceu a figura do agente encoberto, no decurso do ano de 1992, através de uma lei para o combate do tráfico ilícito de estupefacientes e outras formas de criminalidade organizada[464], tendo aditado os §110a a §110e do Código de Processo Penal Alemão (*Strafprozeßordnung* – *StPO*)[465].

Desde logo o legislador estabeleceu que apenas podem realizar ações encobertas agentes policiais e perante um catálogo de crimes restrito[466], estando arredada de tal possibilidade a utilização de terceiros[467], ainda que sob o comando da polícia, como sucede no regime jurídico português[468].

O §110b estabelece o regime de utilização do agente encoberto, sendo que a sua ação apenas é permitida após aprovação pelo Ministério Público. Contudo caso haja *periculum in mora* e impossibilidade de contactar o Ministério Público, a ação encoberta pode ser realizada, tendo que ser ratificada pelo Procurador do Ministério Público no prazo de 3 dias.

A identidade do agente encoberto pode ser alterada, mantendo-se esta mesmo após a investigação, nos termos do §96, especialmente se

[464] Lei ORGK de 15 de julho de 1992 – *Gesetz zur Bekämpfung des illegalen Rauschgifthandels und Anderer Erscheinungsformen der Organisierten Kriminalität* – OrKG.

[465] Isabel Oneto, *Ob. Cit.*, pp. 95-98.

[466] Segundo Marcelo Batlouni Mendroni, "*[d]entre outras medidas de combate às organizações criminosas, esta lei prevê a infiltração de agentes. A lei introduziu, nos §§110 e 110b do Código de Processo Penal Alemão (StPO), a regulamentação da infiltração de agentes (Verdeckter Ermittler). A regulamentação alemã sobre o aludido tema é uma vanguarda para as legislações dos modernos Estados democráticos.*", in *Crime organizado, aspetos gerais e mecanismos legais*, 3.ª Edição, São Paulo, Atlas, 2009, *Cit.* p. 257.

[467] Por decisão do Tribunal Federal de Justiça – *Bundesgerichtshof* – *BGH*, de 20 de junho de 2007, Ac. BGH 1 StR 251/07, o §110a do StPO não permite a utilização de "terceiros", ainda que sejam polícias estrangeiros, como agentes encobertos, tratando-se por isso de meros confidentes da Polícia. Disponível em http://www.hrr-strafrecht.de/hrr/1/07/1-251-07.php [*acedido em 22 de janeiro de 2017*].

[468] Daí a discussão que se opera no seio da doutrina e jurisprudência alemã relativamente aos chamados *homens de confiança* (*Gewährs – ou Vertrauens – Männer*). Por todos, Manuel da Costa Andrade, *Sobre as proibições de prova...*, *Ob. Cit.*, pp. 219-233, e, também, em *Métodos ocultos de investigação...*, *Ob. Cit.*, pp. 531-536.

existir receio quanto à integridade física ou liberdade do investigador disfarçado ou a possibilidade de este continuar a utilizar o disfarce em outra ação encoberta.

O §110c estabelece que o agente encoberto pode entrar numa habitação, desde que tenha consentimento pelo investigado, usando os poderes da história de cobertura da ação encoberta. A entrada não poderá ser provocada nem ir além da investigação da ação encoberta.

Os §§110d e 110e[469] foram revogados, com efeitos a 1 de janeiro de 2008, em virtude da lei que veio estabelecer novas regras de vigilância das telecomunicações e outras medidas secretas, que transpôs a Diretiva 2006/24/CE[470].

§2. O *StPO* não prevê a atuação do agente encoberto na internet nos moldes que permita enviar *software* específico e inóculo (*Bundestrojaner*)[471] para os dispositivos do suspeito, no que muitos autores designam por buscas *online* (*Online Durchsuchngen*)[472], regendo-se pelas disposições referentes a uma ação encoberta dita "tradicional"[473]. Tal ação é, contudo,

[469] Os referidos §§ estabeleciam a possibilidade do agente encoberto poder entrar em habitação sem consentimento do visado e a possibilidade de os dados pessoais obtidos pelo agente encoberto poderem ser utilizados em outros processos penais como prova, respetivamente.

[470] Gesetz zur Neuregelung der Telekommunikationsüberwachung und anderer verdeckter Ermittlungsmaßnahmen sowie zur Umsetzung der Richtlinie 2006/24/EG vom 21.12.2007 (BGBl. I S. 3198), in Kraft getreten am 01.01.2008, acessível em http://www.bundesgerichtshof.de/SharedDocs/Downloads/DE/Bibliothek/Gesetzesmaterialien/16_wp/telekueberw/bgbl107s3198nd.pdf?__blob=publicationFile [*acedido em 26 de janeiro de 2017*].

[471] Giuseppe Vaciago e David Silva Ramalho, «Online searches and online surveillance: the use of trojans and other types of malware as means of obtaining evidence in criminal proceedings», *Digital Evidence and Electronic Signature Law Review*, n.º 13, 2016, disponível em http://journals.sas.ac.uk/deeslr/article/view/2299/2252 [acedido em 27 de janeiro de 2017], pp. 89-90, referem que este *malware* pode ser instalado pelo próprio sob a forma de falsas atualizações de *software*, ser enviado em anexos de mensagens de correio eletrónico ou descarregados a partir de determinados programas executáveis.

[472] Matthias Loeding, *Unterrichtsstunde: Brauchen wir staatliche Online-Durchsuchungen in Deutschland?*, Grin Verlag, 2008.

[473] Volker F. Krey afirma que existe uma necessidade de realização de investigações secretas no seu país, mas refere que as ações encobertas são muito pouco utilizadas. Nesse seguimento o autor apresenta outras formas de investigação como os informadores de polícia, observações de longo prazo (onde se incluem sistemas GPS, circuito fechado de televisão, binóculos de infra-vermelhos), escutas telefónicas e vigilância eletrónica. Volker F. Krey, «Legal

pacífica e aceite a nível do Tribunal Constitucional Federal (*Bundesverfassungsgericht*). Nos acórdãos *1 BvR 370/07* e *1 BvR 595/07*[474], ambos de 27 de fevereiro de 2008, o Tribunal Constitucional Alemão decidiu que a infiltração secreta num sistema de tecnologia de informação, onde seja monitorizado o sistema informático e o seu disco de armazenamento, é constitucional desde que existam indícios reais de um perigo concreto para um direito de suprema existência, tal como a vida, a liberdade da pessoa ou uma ameaça pública que afete esses bens. E vai mais longe ao referir que a ação de investigação pode ser justificada se existir uma probabilidade suficiente de que o perigo surgirá num futuro próximo, se determinados factos indiciam uma ameaça para a vida ou para o interesse geral de uma comunidade. Como requisitos o Tribunal Constitucional refere que a infiltração secreta num sistema de tecnologia de informação deve ser sempre autorizada sob reserva de uma ordem judicial, devendo a autorização desta intervenção incluir medidas para proteger a área central da vida privada. Nestes acórdãos o Tribunal Constitucional cria, pela primeira vez, o direito básico à confidencialidade e integridade dos sistemas de tecnologia da informação[475].

§3. Fruto desta jurisprudência, em novembro de 2008 o *Bundestag* (câmara baixa do parlamento alemão) criou legislação que permite ao Departamento Central de Investigações da Polícia Criminal Federal (BKA) realizar investigações *online* caso o objetivo seja exclusivamente o combate ao terrorismo internacional. Esta Lei de Prevenção dos Perigos do Terrorismo Internacional pelo Departamento Federal de Investigações (*Gesetz der Verhütung des Terrorismus Gefahren durch das Federal Bureau of Investigation*)[476], que ficou conhecida como "Lei BKA", permite realizar

problems in using undercover agents including electronic surveillance for their backup and as instrumento of crime prosecution in Germany», *Scientia Iuridica*, T. – L., 2001, n.º 290, pp. 213-214.

[474] Referidos acórdãos encontram-se disponíveis, em língua alemã, no site do Tribunal Constitucional em http://www.bundesverfassungsgericht.de/SharedDocs/Entscheidungen/DE/2008/02/rs20080227_1bvr037007.html [*acedido em 23 de fevereiro de 2017*].

[475] Alexandre Sousa Pinheiro, *Ob. Cit.*, pp. 498-501.

[476] Disponível em https://www.bka.de/SharedDocs/Downloads/DE/DasBKA/Auftrag/bkag/bkaGesetz.pdf [*acedido em 23 de fevereiro de 2017*].

investigações sigilosas em sistema de tecnologia da informação (§20k)[477], de forma remota, bem como vigiar residências com câmaras de vídeo e aparelhos de escuta, em casos de terrorismo, seja numa fase preventiva seja na investigação de crimes já ocorridos[478].

Esta legislação foi *ab initio* muito controversa por poderem estar a ser violados direitos pessoais de cidadãos inocentes. Das diversas ações judiciais intentadas veio, em 20 de abril de 2016, o *Bundesverfassungsgericht*, nos acórdãos 1 BvR 966/09 e 1 BvR 1140-1109[479], considerar a Lei BKA em parte inconstitucional. O Tribunal Constitucional Alemão invoca o Princípio da proporcionalidade, da vinculação ao fim e da mudança de finalidade para aferir da inconstitucionalidade desta lei, uma vez que há recolha de dados com uma finalidade que depois são utilizados, pela mesma autoridade, para outros fins. Por isso o Tribunal recomenda ao *Bundestag* a alteração desta lei até finais de 2018[480].

Ainda no decurso de 2016 a utilização de *software* (*Bundestrojaner*) que capte elementos áudio, de imagem, arquivos armazenados ou comunicações em tempo real, esteve em discussão. Em causa, ainda que contra a decisão do Tribunal Supremo, a possibilidade do BKA poder usar o referido *Bundestrojaner* agora em *smartphones* e *tablets*, ultrapassando, desta forma, as contingências da encriptação de conteúdos[481].

4.3. No ordenamento jurídico italiano

§1. No decurso de 1990, a Lei n.º 162/1990 estabeleceu a figura do agente encoberto no ordenamento jurídico italiano, numa lei de 1975 relativa à matéria de combate ao tráfico de estupefacientes. Ainda nesse mesmo

477 *Verdeckter Eingriff in informationstechnische Systeme.*

478 Duarte Alberto Rodrigues Nunes, *Ob. Cit.*, p. 497.

479 Referidos acórdãos encontram-se disponíveis, em língua alemã, no site do Tribunal Constitucional em https://www.bundesverfassungsgericht.de/SharedDocs/Entscheidungen/DE/2016/04/rs20160420_1bvr096609.html [*acedido em 23 de fevereiro de 2017*].

480 https://www.heise.de/newsticker/meldung/Bundesverfassungsgericht-BKA-Gesetz-im-Grundsatz-rechtens-aber-teilweise-verfassungswidrig-3178248.html [*acedido em 25 de fevereiro de 2018*].

481 Como bem refere a notícia de 30 de setembro de 2016 no *site* do jornal Süddeutsche

ano a reforma desta legislação levou ao surgimento do DPR 309/1990[482], onde se prevê no art. 97.º a *attività sotto copertura*[483]. Esta legislação foi alvo de diversas atualizações, mormente por nela constar a tabela de produtos considerados estupefacientes e, consequentemente, proibidos de comercialização[484].

De realçar que para além dos agentes dos *Carabinieri* ou da Guardia di Finanza, terceiros podem realizar operações encobertas desde que sob o controle daqueles, proibindo-se a ação provocatória para a recolha de prova[485].

O *Codice di procedura penale* italiano, bem com a legislação sobre a atuação do agente encoberto, não preveem especificamente a utilização de programas informáticos para obtenção de prova digital, sob disfarce. A discussão tem passado pela jurisprudência e pela doutrina, nomeadamente se é lícita ou não a utilização inócula de *malware*, a que alguns autores designam por *malware di stato* ou *captatore informatico*[486], para efetuar esta recolha de prova e em que condições.

§2. Existem diversos acórdãos de tribunais superiores sobre a utilização de *captatore informatico* para obtenção de recolha de prova digital. Analisaremos aqueles que nos parecem mais importantes, tendo como referência a sua ordem cronológica.

A primeira vez que o Supremo Tribunal Italiano (*Corte Suprema di Cassazione*) se debruçou sobre a análise da utilização de um *software* infor-

Zeitung, em http://www.sueddeutsche.de/politik/bundeskriminalamt-bundestrojaner-fuer-smartphones-und-tablets-1.3186711 [*acedido em 22 de março de 2017*].

482 DPR – Decreto do Presidente da República n.º 309, de 09 de outubro de 1990, Lei consolidada sobre a regulação de estupefacientes e de substâncias psicotrópicas, prevenção, tratamento e reabilitação da toxicodependência.

483 Vicenzo Maiello, *La legislazione penale in matéria di criminalità organizzata, misure di prevenzione ed armi*, G. Giappichelli Editore, 2015, p. 165.

484 Para um enquadramento histórico sobre o surgimento do agente encoberto e a sua evolução legislativa em Itália, Giovanni Barrocu, *Le indagini sotto copertura*, Jovene editore, 2011, pp. 25-53.

485 Vicenzo Maiello, *La legislazione penale..., Ob. Cit.*, pp. 171-172.

486 Marco Torre, *Indagini informatiche e processo penale*, Tese de doutoramento, Università Degli Studi Firenze, inédito, 2015, pp. 124 e ss, disponível em https://flore.unifi.it/retrieve/handle/2158/1028650/114466/Tesi%20completa.pdf [*acedido em 23 de março de 2017*].

mático, com intuito de recolher prova penal, foi no caso "Virruso"[487], em 2009.

O caso "Virruso" resume-se deste modo: em abril de 2004, nos termos do art. 234.º do CPP italiano[488], com autorização do Ministério Público, foi implementado pela Polícia, um ficheiro no computador de trabalho de um dos principais suspeitos da máfia italiana. O despacho previa não só a captura de arquivos existentes, no referido sistema informático, como de todos os dados que viessem posteriormente a ser inseridos naquele computador, bem como uma monitorização contínua, em tempo real, das ações realizadas no mesmo. O referido *captatore informatico* esteve ativo mais de 8 meses, enquanto durou a investigação.[489]

O arguido foi condenado em primeira instância, pelo Tribunal de Palermo, em 2006, tendo considerado legítima a aquisição de prova, enquadrando-a em prova atipíca, nos termos do art. 189.º do CPP italiano[490]. Esta confirmação de prova atípica foi reiterada pela *Corte Suprema di Cassazione* que considerou não haver violação de direitos fundamentais e pessoais do cidadão em causa, nos termos da Constituição italiana[491],

[487] Cass. pen., sez. V, 14 ottobre 2009, n. 16556, *in* CED 246954, *Cit.* Marco Torre, *Ob. Cit.*, p. 124.

[488] *Art. 234. Prova documentale.*

1. E' consentita l'acquisizione di scritti o di altri documenti che rappresentano fatti, persone o cose mediante la fotografia, la cinematografia, la fonografia o qualsiasi altro mezzo.

2. Quando l'originale di un documento del quale occorre far uso è per qualsiasi causa distrutto, smarrito o sottratto e non è possibile recuperarlo, può esserne acquisita copia.

3. E' vietata l'acquisizione di documenti che contengono informazioni sulle voci correnti nel pubblico intorno ai fatti di cui si tratta nel processo o sulla moralità in generale delle parti, dei testimoni, dei consulenti tecnici e dei periti.

Art. 234-bis. Acquisizione di documenti e dati informatici.

É sempre consentita l'acquisizione di documenti e dati informatici conservat all'estero, anche diversi da quelli disponibili al pubblico, previo consenso, in quest'ultimo caso, del legittimo titolare.

[489] Marco Torre, *Ob. Cit.*, pp. 124-125.

[490] *Art. 189. Prove non disciplinate dalla legge.*

Quando è richiesta una prova non disciplinata dalla legge, il giudice può assumerla se essa risulta idonea ad assicurare l'accertamento dei fatti e non pregiudica la libertà morale della persona. Il giudice provvede all'ammissione, sentite le parti sulle modalità di assunzione della prova.

[491] Art. 14.º e 15.º – *Libertà e segretezza della corrispondenza e di ogni altra forma di comunicazione.*

uma vez que o *vírus de stato* foi colocado num computador da sede da empresa onde trabalhava[492].

§3. Seguiu-se o caso "Bisignani", que teve origem em 2007 onde se investigavam suspeitas de corrupção e de ligações à máfia italiana. Os investigadores para além de terem logrado a introdução de *software* malicioso inóculo no computador do suspeito, capturando todos os dados que ali se encontravam armazenados e os que posteriormente foram ali acrescentados/produzidos, conseguiram ir mais longe e ativaram o micro e a câmara do computador (*webcam*), conseguindo, desde forma disfarçada, uma verdadeira escuta ambiental, com registo de som e imagem.

Uma vez mais esta aquisição de prova foi autorizada pelo juiz do Tribunal de Nápoles, nos termos do art. 267.º do CPP italiano, no sentido de que se tratava de uma escuta ambiental, realizada por um meio atípico, "*computer bug*", previsto no n.º 2, do art. 266.º do CPP italiano[493].

Este caso chegou ao Supremo Tribunal que, em 16 de novembro de 2012, confirmou a decisão do tribunal de Nápoles, referindo que a sua decisão se encontrava na linha das disposições do Supremo Tribunal em

[492] Paola Felicione, «L'acquisizione da remoto di dati digitali nel procedimento penale: evoluzione giurisprudenziale e prospettive di riforma. Remote digital data capture in criminal proceedings: evolution of the case-law and prospects for reform», *Processo penale e giustizia*, n.º 5, 2016, pp. 131-132, disponível *on-line* em http://www.processopenaleegiustizia.it/materiali/Contenuti/RIVISTE/Riviste%20pdf/2016/5_2016/18_Felicioni.pdf [*acedido em 23 de fevereiro de 2017*].
Na sentença pode ler-se que "*Invero, l'apparecchio monitorato con l'installazione del captatore informatico non era collocato in un luogo domiciliare ovvero in un luogo di privata dimora, ancorché intesa nella sua più ampia accezione, bensì in un luogo aperto al pubblico. Il personal computer, infatti, "si trovava nei locali sede di un ufficio pubblico comunale, ove sia l'imputato sia gli altri impiegati avevano accesso per svolgere le loro mansioni ed ove potevano fare ingresso, sia pure in determinate condizioni temporali, il pubblico degli utenti ed il personale delle pulizie, insomma una comunità di soggetti non particolarmente estesa, ma nemmeno limitata o determinabile a priori in ragione di una determinazione personale dell'imputato*", *cit.* Luca Battinieri, «La perquizione online tra esigenze investigative e ricecerca atípica della prova», *Sicurezza e guistiza*, n.º IV, MMXIII, 2014, p. 45, disponível *online* em https://www.sicurezzaegiustizia.com/wp-content/uploads/2014/01/SeG_IV_MMXIII_BATTINIERI.pdf [*acedido em 23 de fevereiro de 2017*].
[493] Marco Torre, *Ob. Cit.*, pp. 129-131.

2010, acrescentando que a colocação do software não violava a noção de habitação privada, uma vez que foi colocado num computador existente num edifício público[494].

§4. Por último, a mais recente doutrina da jurisprudência da *Corte Suprema di Cassazione*, encontra-se vertida no acórdão de 1 de julho de 2016, onde a deliberação de arquivamento do caso *sub judice* teve lugar pelo pleno das secções criminais[495]. No caso em recurso, proveniente do Tribunal de apelação de Palermo, a defesa alega violação dos arts. 416 *bis* e 629 do *Codice di procedura penale*, uma vez que a detenção do suspeito se baseou em declarações de testemunhas e, principalmente, na forma ilegal de utilização de um "vírus informático" colocado no telemóvel que efetuou a captação do registo de voz de forma secreta. Deste modo, a defesa alega que o decreto do Ministério Público deveria indicar quais os locais em que a "escuta ambiental"[496] poderia ser efetivamente levada a cabo. O Tribunal concluiu que é impossível determinar com antecedência e com precisão os locais onde este tipo de interceção se vai realizar[497]. Por outro lado, trata-se de uma medida proporcional e razoável no âmbito dos crimes organizados, previsto em legislação especial pelo

[494] Cass., Sez. VI, 27 novembre 2012, in Mass. Uff.,n. 254865, *cit.*, Michela Tresca, «I programmi spia: il diritto alla privacy di fronte ai nuovi strumenti tecnologici di in dagine», *Amministrazione in cammino, Rivista elettronica di diritto pubblico, di diritto dell'economia e di scienza dell'amministrazione a cura del Centro di ricerca sulle amministrazioni pubbliche "Vittorio Bachelet"*, aprile, 2016, disponível *on-line* em http://www.amministrazioneincammino.luiss.it/app/uploads/2016/04/Tresca_I-programmi-spia.pdf [*acedido em 23 de março de 2017*].

[495] Cass.,Sezioni Unite n.º 26889 de 01.07.2016, in www.CortediCassazione.it [*acedido em 23 de março de 2017*].

[496] Como já se referiu anteriormente a lei italiana considera a utilização do "captatore informatico" como uma prova atípica e que pode ser uma extensão da realização das escutas ambientais, previstas no CPP.

[497] No acórdão pode ler-se *"la legge non pretende che il decreto indichi con precisione i luoghi interessati dalla attività captativa e né, tantomeno la giurisprudenza ha mai affermato tale principio, non solo, la stessa Corte Europea non ne fa menzione". E, ainda, que "la pretesa di indicare con precisione e anticipatamente i luoghi di interessati dall'attività captativa appare incompatibile con questo tipo di intercettazione, che per ragioni tecniche prescinde dal riferimento al luogo, in quanto è collegato al dispositivo elettronico, sia esso smartphone, tablet, pc, sicché l'attività di captazione segue tutti gli spostamenti nello spazio dell'utilizzatore".*

art. 13.º da Lei 203 de 1991. Ademais anseia que o poder legislativo possa legislar em breve sobre esta temática[498].

§5. Efetivamente o poder político italiano há muito que tem manifestado intenção de alterar a legislação processual penal, no sentido de poder ser utilizado o *captatore informatico*. Desde logo em 2015 com a alteração do art. 266 *bis* do CPP abrindo a possibilidade de "utilização de ferramentas e programas informáticos para a aquisição remota de comunicações e de dados presentes num sistema de computador"[499]. Nesse mesmo ano, em março, face às fortes críticas na opinião pública, a proposta de alteração foi retirada[500].

A 20 de abril de 2016, um grupo de deputados (a maioria independentes), por sua iniciativa própria, entregaram na câmara de deputados um projeto de lei com vista à modificação de vários artigos do Código de Processo Penal, em especial o art. 266.º, prevendo a utilização do *captatore informatico* para captação de conversas entre presentes, em função da posição geográfica do dispositivo, bem como para a recolha de outros elementos digitais alojados ou enviados a partir de um dispositivo informático, em tempo real[501]. A referida proposta de lei não foi objeto de votação final em virtude de o governo ter elaborado uma nova contraproposta, com base na iniciativa parlamentar destes deputados. Até à presente data, segundo informação obtida no site do Parlamento italiano – *Camara dei Deputati*, não existe agendamento para a discussão das

[498] As notas, para memória futura, da secção plena penal do Supremo Tribunal de Justiça podem ser consultadas em http://www.questionegiustizia.it/doc/memoria-ssuu-procura-generale-trojan.pdf [*acedido em 23 de abril de 2017*].

[499] Alteração estava inserida no âmbito do projeto de Decreto "anti-terrorista" n.º 7/2015, que previa não só a introdução desta medida de investigação nos crimes de terrorismo, como em outros crimes. Este projeto foi amplamente discutido na sociedade italiana por estar em causa a criação de legislação inconstitucional. *Cfr.* http://www.ilpost.it/2015/03/26/disegno-legge-antiterrorismo-trojan-privacy/ [*acedido em 22 de abril de 2017*].

[500] David Silva Ramalho, *Métodos ocultos de investigação criminal em ambiente digital, Ob. Cit.*, p. 330.

[501] A mencionada proposta de lei, a motivação para a referida alteração legislativa e vídeos de discussão na assembleia de deputados encontram-se acessíveis, respetivamente, em http://www.civicieinnovatori.it/wp-content/uploads/2017/02/PDL-Captatori-Legali_DEFV3.pdf e em http://www.civicieinnovatori.it/?page_id=211 [*acedidos em 23 de abril de 2017*].

referidas propostas de alteração do CPP e introdução desta técnica de investigação[502].

4.4. No ordenamento jurídico espanhol

§1. A ordem jurídica espanhola regula no Código de Processo Penal (*Ley de Enjuiciamento Criminal*) a figura do agente encoberto. Estabelece o art. 282 *bis*[503] que o Juiz competente ou o Ministério Público, dando conhecimento imediato ao juiz, podem autorizar funcionários da Polícia Judiciária para a realização de uma investigação encoberta, mediante despacho devidamente fundado e tendo em conta a sua necessidade e os fins da investigação. Contrariamente ao regime português, onde podem atuar somente funcionários de investigação criminal da Polícia Judiciária ou terceiros a esta força policial, atuando sob o seu controle, em Espanha são apenas permitidos funcionários da Polícia Judiciária[504]. Por outro lado, no país vizinho, a figura do agente encoberto apenas é permitida para fins de investigação em sede de processo crime, diferentemente do que sucede em Portugal em que o seu uso é permitido para fins de prevenção criminal.

O agente encoberto pode atuar com uma identidade falsa, fazendo uso da mesma no restante tráfego jurídico e social, desde que ortograda pelo Ministério do Interior e pelo período de 6 meses, prorrogáveis por iguais períodos. Nenhum funcionário da Polícia Judiciária pode ser obrigado a participar como agente encoberto.

§2. O ordenamento jurídico espanhol sofreu, em 2015, alterações de monta no que à *Ley de Enjuiciamento Criminal* (*LECrim*) diz respeito. A

502 http://www.camera.it/ [*acedido em 23 de abril de 2017*].

503 Preceito introduzido pela Ley Orgánica 5/1999, de 13 de janeiro, que modificou o CPP espanhol em matéria de aperfeiçoamento da investigação relacionada com o tráfico ilegal de drogas e outras actividades ilíctas graves. Isabel Villar Fuentes, «Reflexiones sobre el agente encubierto informático», AA.VV., *El Processo Penal del Siglo XXI: Quo Vadis Iustitia*, Actas de la Jornada de Derecho Procesal, Jerez de La Frontera, 24 de abril de 2015, Fueca, 2015, pp.-109-110.

504 Sendo aceitável que estes funcionários possam ser polícias de outros países. Neste sentido Ac. do Tribunal Supremo, Proc. STS 2114/2014, de 13/05/2015, acessível em http://www.poderjudicial.es [*acedido em 13 de abril de 2017*].

Ley orgánica 13/2015, de 5 de outubro[505], introduziu, desta forma, novos artigos e novos capítulos, com especial incidência para os relacionados com a utilização das redes de informação e comunicação como meios de obtenção de prova[506].

No que ao regime do agente encoberto diz respeito, foi aditado ao art. 282 *bis* os números 6 e 7. Estabelecem estes novos números a possibilidade de o juiz de instrução autorizar os funcionários da Polícia Judiciária a atuar com falsa identidade em comunicações mantidas em canais fechados de comunicações, com o fim de esclarecer algum dos delitos previstos no n.º 4[507] do referido artigo e acrescenta os crimes previstos no art. 588 *ter a*, ou seja, crimes cometidos através de instrumentos informáticos ou de qualquer outra tecnologia de informação ou comunicação ou serviço de comunicação[508].

Acresce que durante uma ação encoberta, praticada através da internet, o juiz competente poderá autorizar a obtenção de imagens e a gravação de conversações que possam manter-se entre o agente encoberto e o suspeito ou, quando estas se desenvolvem, no interior de uma habitação.

[505] Publicado em https://www.boe.es/diario_boe/txt.php?id=BOE-A-2015-10725 [*acedido em 24 de abril de 2017*].

[506] Isabel Villar Fuentes, «Reflexiones sobre el agente encubierto informático», *Ob. Cit.*, p. 116.

[507] Tal como sucede em Portugal, em Espanha o legislador prevê apenas a utilização das ações encobertas para um catálogo de crimes, desde tráfico de estupefacientes, tráfico de material nuclear e radioativo a crimes contra os direitos dos trabalhadores, por exemplo.

[508] Já em 2012, antes de ter operado esta alteração legislativa, Federico Bueno de Mata, defendia que a utilização da identidade falsa do agente numa ação encoberta poderia ser utilizada na internet, com a mesma finalidade.
Refere o autor *"[u]na figura que si la trasladamos a Internet, debe obligatoriamente cambiar sus características y su modus operandi para adaptarlo a los entornos virtuales, pero sin hacer que pierda su esencia. Una esencia polémica y muy debatida basada en el engaño y con la que se trataría de utilizar técnicas usadas para delinquir como técnicas a su vez de investigación o combate de este tipo de delincuencia"*, p. 296, *Cit.*, Federico Bueno da Mata, *El agente encubierto en internet: mentiras virtuales para alcanzar la justicia*, comunicação disponível em http://ruc.udc.es/dspace/bitstream/handle/2183/9179/comunicacions_01_Bueno_de_Mata_295-306.pdf;jsessionid=D859DCD2AACFD715232C759DB4B1B18E?sequence=1 [*acedido em 27 de abril de 2017*].

§3. De realçar que nesta alteração legislativa de 2015 se encontra previsto, neste art. 282 *bis*, n.º 6, desde que o agente encoberto tenha autorização do juiz para tal, a poder trocar ou enviar por si mesmo ficheiros ilícitos, em razão do seu conteúdo, e analisar os resultados dos algoritmos aplicados para a identificação de arquivos ilícitos. Por outras palavras, o agente encoberto poderá enviar ficheiros contendo *software* específico, sem que o suspeito disso se aperceba, para localizar e recolher ficheiros ilícitos, contendo elementos de prova delitual[509]. Prevê-se, no art. *588 bis h.*, que as medidas de investigação eletrónica podem ser realizadas mesmo quando afetam terceiros, com as disposições específicas de cada uma delas. ANA SÁNCHEZ RUBIO questiona a utilização destas medidas quando em causa estejam acessos remotos a computadores de terceiros[510].

[509] ORTIZ PRADILLO critica veemente a reforma legislativa espanhola referindo que o legislador utiliza uma terminologia intencionalemente imprecisa. Que em várias ocasiões emprega a expressão "*qualquer meio técnico*", fala de "*algorítimos aplicados para a identificação de arquivos ilícitos*", na regulamentação do agente encoberto *online* (art. 282 bis 6.º), utiliza as expressões "*códigos*" e "*software*", entre outras expressões, convertendo jurisprudência já existente em lei. O autor refere-se à Sentença do Supremo Tribunal Espanhol, STS n.º 1563/2004, de 24 enero de 2005, quando dicidiu que "*El Juez no tiene obligación de precisar los sistemas técnicos o los medios electrónicos a emplear por la Policía Judicial en la ejucución de la medida, por ser cuestiones ajenas y propiás de los especialistas policiales*".
Conclui, contudo, que na reforma espanhola o legislador reconheceu que os dispositivos de armazenamento digitais não são equiparáveis a uma simples mochila ou outro objeto corpóreo de informação e que muita desta informação, em formato digital, não existe de outro modo no âmbito físico.
JUAN CARLOS ORTIZ PRADILLO, «Desafíos legales de las diligencias de investigación tecnológica», *El Processo Penal*, Org. OLGA FUENTES SORIANO, Tirant lo blanch, 2017, pp. 303-315.

[510] ANA SÁNCHEZ RUBIO, «Los registros remotos sobre equipos informáticos: la investigación del "Hacker Legal"», *Fodertics 6.0, Los nuevos retos del Derecho ante la era digital*, Coord. FEDERICO BUENO DE MATA, set. 2017, pp. 220-221. A autora neste artigo também nos dá conta de algumas dificuldades técnicas e alguns aspetos jurídicos, que considera existirem para almejar o acesso remoto de um computador e a recolha de prova digital. Discordamos dos aspetos técnicos uma vez que remotamente existem diversas formas de "infetar" um computador com *software* específico ("*vírus troyano investigador*", na designação da autora), seja por meio de um arquivo de ficheiro enviado por e-mail, uma falsa atualização de *software*, redireccionamento para uma página da internet infetada, etc. Quanto aos aspetos jurídicos a autora aborda que este tipo de investigação não só facilita a obtenção de prova, como se obtem toda a informação acerca do suspeito, mormente que páginas visita na internet, havendo uma maior intromissão na intimidade do investigado.

Entendemos que é a própria *Ley* que dá resposta a esta interrogação, no art. *588 ter c.*, ao mencionar que as comunicações emitidas de dispositivos informáticos de terceiros podem ser alvo de intervenção judicial quando existam suspeitas que é utilizado pelo suspeito. Para além de que o art. 588 bis a., estabelece princípios de Direito consagrados por mais altos cânones de Direitos Humanos. O legislador espanhol estabeleceu os princípios da especialidade, da idoneidade, da excecionalidade, da necessidade e, ainda, o da proporcionalidade, como fulcrais na investigação de crimes através do uso de tecnologias informáticas[511].

§4. Esta nova disciplina de recolha de prova digital obrigou o legislador espanhol a aditar um novo capítulo na *LECrim*. O novo capítulo IX, no titulo VIII do livro II, dedica-se em exclusivo às regras processuais que se devem observar quanto aos "registos remotos sobre equipamentos informáticos"[512]. O art. 588 *septies a.*, no n.º 1[512], estabelece que o juiz

[511] Também neste sentido Cristina Zoco Zabala, *Nuevas tecnologías y control de las comunicaciones, LO 13/2015, de 5 de octubre, de modificación de la Ley de Enjudiciamento Criminal para el fortelacimiento de las garantias procesales y la regulación de las medidas de investigación tecnológica*, Thomson Reuters, 2015, pp. 132-143, acrescentando que o juiz está vinculado não só pela lei mas também pelas exigências de constitucionalidade.

[512] Já em 2011 o Juiz do Julgado Central de Instrução, n.º 6, da Audiência Nacional, referia que *"[e]l problema en los delitos informáticos es la peculiaridad de la circulación por donde rueda el objeto delictivo, que a diferencia de lo que ocurre en el mundo convencional, que al ser físico es de mayor fácil control, en el virtual, presenta precisamente la dificultad de que los agentes policiales puedan asegurar el debido control de lo que circula a través de las telecomunicaciones que se hacen por la Red"*. Eloy Velasco Núñez, «Novedades técnicas de investigación penal vinculadas a las nuevas tecnologias», *Revista digital El Derecho*, publicado em 24-02-2011, no endereço http://www.elderecho.com/tribuna/penal/Novedades-tecnicas-investigacion-vinculadas-tecnologias_11_237430010.html [*acedido em 20 de abril de 2017*].

Pese embora esta preocupação à data, atualmente é relativamente fácil o controle da informação, bastando para tal que se conheça o(s) dispositivo(s) que o suspeito utiliza e quais as redes da internet a que se liga. Desde que devidamente autorizado pela autoridade judiciária existem diversos mecanismos de acesso, tais como *sniffers*, *catch imei*, *benware*, etc... Captando o tráfego antes da saída da informação além de não existir a preocupação das redes que vai percorrer, até chegar ao seu destino, obtem-se a vantagem de que se existirem ficheiros ou comunicações encriptadas elas são, *ex ante*, acessíveis. Por outro lado, podemos avançar esquematicamente que a transmissão de dados que circula na internet não segue toda o mesmo destino na rede. Ela circula em forma de pacotes subdivididos, onde cada pacote contém a

competente poderá autorizar a instalação de um *software* que permita, de forma remota e telemática, o exame à distância e sem o conhecimento do seu titular ou do utilizador do conteúdo de um computador, dispositivo eletrónico, sistema informático, sistema de armazenamento de dados informáticos ou base de dados, sempre que estejam em causa os crimes enumerados nas alíneas a) a e) daquele mesmo artigo[514]. Contudo vai mais longe e estabelece que o despacho judicial que autorizar esta medida deve especificar quais os dispositivos informáticos que ficam abrangidos pelo uso do referido *software*; o alcance que a medida, a forma como se procederá ao acesso e à apreensão de dados ou arquivos informáticos relevantes para o processo e o software utilizado para executar o controle da informação obrida remotamente. Também o despacho judicial deverá indicar os agentes autorizados para executar a investigação à distância.

Refere o art. 588 *septies c.* que esta medida de investigação remota terá uma duração máxima de 1 mês, prorrogável por iguais períodos, até um máximo de 3 meses.

informação que permite o seu encaminhamento pela rede e só posteriormente, consoante os *headers* de cada pacote, se voltam a (re)organizar quando chegam ao seu destino, tornando-se assim a mensagem legível por quem a recebe. PEDRO VEIGA, *Ob. Cit.*, pp. 24-27.

513 *Artículo 588 septies a. Presupuestos.*

1. El juez competente podrá autorizar la utilización de datos de identificación y códigos, así como la instalación de un software, que permitan, de forma remota y telemática, el examen a distancia y sin conocimiento de su titular o usuario del contenido de un ordenador, dispositivo electrónico, sistema informático, instrumento de almacenamiento masivo de datos informáticos o base de datos, siempre que persiga la investigación de alguno de los siguientes delitos:

a) Delitos cometidos en el seno de organizaciones criminales.

b) Delitos de terrorismo.

c) Delitos cometidos contra menores o personas con capacidad modificada judicialmente.

d) Delitos contra la Constitución, de traición y relativos a la defensa nacional.

e) Delitos cometidos a través de instrumentos informáticos o de cualquier otra tecnología de la información o la telecomunicación o servicio de comunicación.

514 GIUSEPPE VACIAGO e DAVID SILVA RAMALHO, «Online searches and online surveillance: the use of trojans and other types of malware as means of obtaining evidence in criminal proceedings», *Ob. Cit.*, pp. 93-95.

5. O uso de *benware* e outros recursos digitais usados pelo agente encoberto

5.1. *Benware* um meio lícito de obtenção de prova?

§1. Como verificamos anteriormente, da análise comparativa de três ordenamentos jurídicos, o uso de um *software* que permita a recolha de prova digital e/ou ambiental é uma realidade cada vez mais utilizada, tirando partidos das potencialidades que as tecnologias de informação e comunicação nos oferecem.

A generalidade da doutrina refere-se a este tipo de *software* com diversas designações. Uns entendem chamar-lhe *malware*, outros *trojan*, vírus, *keylogger*, etc. Informaticamente todas estas denominações existem, mas reportam-se a situações distintas e com finalidades diferenciadas[515].

Urge, na utilização de um *software* para fins de investigação criminal, definir um conceito que seja neutro e transmita uma ação lícita, sem a carga subjetiva que está associado aos nomes mencionados anteriormente. Poder-se-á considerar que tal é de somenos importância, contudo tal não se prende com a alteração de nome ou não. Efetivamente deverá fazer-se menção, no auto elaborado pelo OPC, qual o tipo de *software* utilizado, indicando, sempre que possível a sua especificidade de atuação, tais como: possibilidade de recolher elementos do teclado e rato ou de recolha de som e imagem, entre outras.

§2. Destarte, defendemos que o nome do *software* utilizado para fins de obtenção de prova digital deverá ter a designação de *benware*. Se *malware* significa a conjugação de duas palavras *malicious+software*, *benware* deriva da contração das palavras *benign+software*, ou seja, *software* benigno, o que se opõe a *malware*[516]. Concordamos igualmente com a proposta de nome

[515] Efetivamente se na linguagem corrente se usa indistintamente os termos "roubar e furtar", para a mesma ação de furto ou roubo; "arrendar e alugar" para a ação de arrendamento, etc., juridicamente tais conceitos são diferentes e com consequências jurídicas nada similares. Informaticamente também os nomes atribuídos a diversos programas apresentam conceitos diferentes, pelo que deveremos usar os termos adequados à finalidade que pretendemos atingir.

[516] Simon Kramer e Julian C. Bradfield, «A general definition of malware», *Journal of Computer Virology and Hacking Techniques*, (May 2010), Vol. 6, Issue 2, Springer Link, pp. 105-

apresentado pelos deputados italianos, ao designarem este *software* por "captador do Estado" ou "sensor do Estado", uma vez que a sua utilização tem finalidades exclusivas de realização da justiça. Deste modo, existe uma vigilância apertada sobre a sua utilização por serviços exclusivos do Estado e relativas às finalidades que se visam atingir.

Verificamos que em Espanha, onde atualmente este *modus* de recolha de prova digital é permitido, o legislador utilizou uma palavra inócua, usando tão-somente a designação *software*, não tendo ido mais longe, nem traduzido para castelhano a expressão inglesa, que significa "*programa de ordenador*".

§3. O tema é pertinente e de extrema utilidade para a ação desenvolvida pelas polícias, donde a discussão se encontra atualmente no seio dos órgãos da União Europeia. Em março de 2017 foi entregue o relatório *Legal Frameworks for Hacking by Law Enforcement: Identification, Evaluation and Comparison of Practices* à Comissão de Liberdades Civis, Justiça e Assuntos Internos que o havia solicitado a um grupo de trabalho[517], constituído para esse efeito, tendo o mesmo sido supervisionado e publicado pelo Departamento de Políticas para os Direitos dos Cidadãos e Assuntos Constitucionais[518].

Nesta sede os autores do estudo questionam a utilização de *hacking* por parte das polícias tendo em conta os direitos liberdades e garantias

114, disponível em http://www.springer.com/gp/. Essa é também a definição encontrada no dicionário *online* http://www.urbandictionary.com/define.php?term=benware [*acedidos em 25 de janeiro de 2015*], para além da já mencionada no Dicionário AZDictionary, acessível em https://www.azdictionary.com/urban-dictionary/definition/benware [*acedido em 25 de janeiro de 2015*].

[517] Cujos autores são: Mirja Gutheil, Optimity Advisors, Quentin Liger, Optimity Advisors, Aurélie Heetman, Optimity Advisors, James Eager, Optimity Advisors e Max Crawford, Optimity Advisors, com a colaboração de Professor Bert-Jaap Koops e Ivan Skorvánek of the Tilburg Institute for Law, Technology, and Society (TILT) at Tilburg University; Carly Nyst, independent expert; Gerben Klein Baltink, Chairman of the Dutch Internet Standards Platform; e pela Professora Catherine Crump, Assistant Clinical Professor of Law and Acting Director of the Samuelson Law, Technology & Public Policy Clinic, University of California.

[518] Disponível em http://www.europarl.europa.eu/RegData/etudes/STUD/2017/583137/IPOL_STU(2017)583137_EN.pdf [*acedido em 28 de abril de 2017*].

dos cidadãos e a segurança na internet. Ao longo do texto é utilizado indiferenciadamente as expressões de *malware*, cavalos de tróia (*trojan horses*), etc., consoante as respostas obtidas pelos responsáveis dos países estudados, contudo a expressão mais usada é a de *hacking*.

Este relatório, após uma incursão por seis países da UE (França, Alemanha, Reino Unido, Itália, Holanda e Polónia) e por 3 países extra comunidade europeia (Israel, Austrália e Estados Unidos da América) conclui que os países que já implementaram estas medidas possuem um conjunto de requisitos *ex ante* e *ex post* que visam garantir que o uso de técnicas de *hacking* seja proporcional e necessário. Mormente, resulta daqui, a exigência de uma ordem judicial para efetuar tal procedimento, a existência de um catálogo de crimes mais gravosos, que limitam a utilização desta técnica, e a durabilidade que esta intrusão pode ocorrer, no mínimo 1 mês e no máximo 3 meses[519].

§4. Questiona-se se atualmente a legislação portuguesa prevê ou não a utilização deste instrumento como forma de obtenção de prova num inquérito penal. Há autores que encontram na Lei do Cibercrime o caminho para a utilização do *benware* como forma de obtenção de prova digital. DAVID SILVA RAMALHO defende que a intenção do legislador, ao considerar no art. 19.º, n.º 2, da Lei do Cibercrime as ações encobertas "com recurso a meio e dispositivos informáticos", era a introdução desta forma de investigação[520]. Contudo este autor acaba por concluir que, pese embora fosse uma mais valia para a investigação criminal, o uso de *malware*[521] *necessita de densificação legal, "porquanto, em medidas desta natureza, quase tão importante quanto a reserva de lei é a reserva de precisão legal*" e "*dentro dos meios ocultos de investigação criminal, a que está subjacente à utilização de* malware *não se compadece com uma mera referência à sua necessidade*"[522]. Por

[519] *Idem*, pp. 66-68.

[520] DAVID SILVA RAMALHO, «The use of malware as a means of obtaining evidence in Portuguese criminal proceeding», *Ob. Cit.*, pp. 55-75; Ainda do mesmo autor em «O uso de malware como obtenção de prova em processo penal», *Revista de Concorrência e Regulação*, Ano IV, n.º 16, (outubro-dezembro), Almedina, 2013, pp. 195-243.

[521] Expressão adotada pelo autor, da qual não comungamos, como referido anteriormente.

[522] DAVID SILVA RAMALHO, «O uso de malware como obtenção de prova em processo penal», *Ob. Cit.*, pp. 233-234.

outro lado, refere ainda este autor, citando PAULO PINTO DE ALBUQUERQUE, existe uma violação de normas constitucionais, mormente da conjugação dos arts. 19.º, n.º 2, da LC e dos artigos 26.º, n.º 1 e 2 e 32.º, n.º 4, da CRP[523]. Por seu turno JOÃO CONDE CORREIA defende que o art. 19.º, n.º 2, da LC admite a possibilidade de realização de buscas *online*, possibilidade esta incluída em contexto das ações encobertas[524].

5.2. A utilização de balizas de geolocalização (GPS) com recurso à tecnologia de dispositivos móveis

§1. O uso de tecnologia de geolocalização, comummente designado por GPS[525], é outra das formas que poderá ser enquadrada numa ação encoberta em sede de investigação criminal quando a esta adicionarmos outros elementos técnicos que nos permitam obter mais elementos que uma simples localização geográfica de um suspeito.

E neste modo de atuação o agente encoberto digital poderá realizar monitorizações de forma a poder controlar o alvo sob investigação

Cf. PAULO PINTO DE ALBUQUERQUE, *Comentário do Código de Processo Penal..., Ob. Cit.*, p. 502.

[523] *Ibidem*, pp. 234 e também em *Métodos ocultos de investigação criminal em ambiente digital, Ob. Cit.*, p. 342.

[524] JOÃO CONDE CORREIA, «Prova digital: as leis que temos e a lei que devíamos ter», *Revista do Ministério Público*, Ano 35, n.º 139, julho-setembro 2014, p. 42.

[525] Acrónimo de *global positioning system*, «sistema de posicionamento global».

É um sistema de radionavegação por satélite desenvolvido e operado pelo Ministério da Defesa dos E.U.A. O GPS permite determinar a posição, velocidade e o fuso horário dos utilizadores em terra, mar e aerotransportados 24 horas por dia, em todas as condições climatéricas e em qualquer parte do mundo. Os sinais GPS são disponibilizados simultaneamente para um número ilimitado de utilizadores. Os satélites GPS podem ser utilizados por todos sem custos.

Cada satélite do sistema GPS transmite sinais para equipamentos no solo. Os recetores GPS recebem passivamente os sinais provenientes dos satélites, mas não transmitem. Os recetores GPS necessitam de ter o campo visual em altitude desimpedido, pelo que só podem ser utilizados no exterior e, ainda assim, poderão ter um desempenho menos bom em áreas arborizadas ou perto de edifícios altos. As operações do GPS dependem de uma referência horária muito precisa, a qual é fornecida por relógios atómicos do Observatório Naval nos E.U.A. Cada satélite GPS tem um relógio atómico a bordo. O sistema GPS usa uma rede de satélites que permite assinalar a localização de pessoas com recetores GPS em qualquer parte do mundo. Informação obtida em http://pt.support.tomtom.com/app/answers/detail/a_id/8299/~/o-que-é-o-gps%3F [*acedido em 23 de junho de 2017*].

sabendo exatamente onde se encontra e que conversas está a ter, bem como, existindo a possibilidade, de ativar a câmara do dispositivo móvel para obter mais informações.

A diversidade tecnológica atual, nas suas mais diversas formas, permite que a geolocalização se possa realizar por outros meios dos que se usavam há alguns anos, que na gíria se denominavam de *balizas*[526], e obter outros elementos determinantes para a prova dos factos em investigação.

§2. Em Portugal a legislação não prevê a utilização deste método de investigação criminal[527]. A querela está instalada porquanto os Tribunais da Relação que já se debruçaram sobre este tema contendem em posi-

[526] A nossa legislação nunca estabeleceu o uso de dispositivos que colocados em embarcações ou viaturas permitissem dar informação acerca do local onde se encontrava o suspeito a ser investigado. Aliás a celeuma veio de novo à tona de água, mas agora concretamente em relação ao uso do GPS, pela pena de Duarte Alberto Rodrigues Nunes, «A admissibilidade de obtenção, diretamente pelas autoridades, de dados de localização por meio do sistema GPS à luz do direito processual português», *Julgar*, n.º 32, maio-agosto, Almedina, 2017, pp. 97-122. O termo *baliza* é utilizado na doutrina do ordenamento jurídico espanhol, muito anteriormente à reforma de 2015. Pela primeira vez, na sentença de 22 de junho de 2007 o Supremo Tribunal de Justiça excluía a autorização judicial para a colocação de balizas que permitam localizar uma pessoa em determinado lugar porque não vulnerava direitos fundamentais. Refere este acórdão: "*El artificio colocado permitió a los agentes de investigación el seguimiento por mar de la embarcación respecto a la que existían fundadas sospechas de su dedicación al tráfico de drogas. La colocación de esa baliza permitió realizar el seguimiento de la embarcación, ubicarla en alta mar y para su colocación, en los exteriores del barco, no se precisó ninguna injerencia en ámbitos de intimidad constitucionalmente protegidos. Se trata, en definitiva, de una diligencia de investigación, legítima desde la función constitucional que tiene la policía judicial, sin que en su colocación se interfiriera en un derecho fundamental que requeriría la intervención judicial.*", *cit.* Ana Villogómena Munõz, *Otras medidadas de investigación limitativas de derechos reconocidos por el art. 18.° C.E. Referencia concreta a los dispositivos de seguimiento y localización*, disponível *on-line* em https://www.fiscal.es/ [*acedido em 14 de junho de 2017*].

[527] Pese embora tal não tenha sucedido, para já, em Portugal afirma Manuel Guedes Valente que "*[o] desejo de uma justiça célere e veloz, que satisfaça o clamor dos cidadãos, que se encontram em estado paneónico – medo esquizofrénico – perante os fenómenos da criminalidade (...) conduziram os decisores políticos a implementar meios de obtenção de prova especializados, especiais e excecionais: ampliação do âmbito das interceções telefónicas, registo de voz off e imagem, gravações ambientais, gravações e fotografias por meio de câmaras de videovigilância, agentes infiltrados física e digitalmente, rastreios e persecuções digitais, localizações celulares, controlo e monitoramento concreto de IP, IMEI e GPS...*", Manuel Monteiro Guedes Valente, "Investigação preliminar, meios ocultos e novas tec-

ções diversas e o Ac. do STJ veio criar confusão entre sistemas distintos, agregando no mesmo conceito o GPS, o GSM e a localização celular[528].

A jurisprudência tem aprofundado o debate sobre a utilização exclusiva do GPS, sem recolha de outros elementos, tais como dados de comunicação. A questão aflorada pelo STJ sobre a localização celular não é de facto uma verdadeira localização GPS. A localização celular consiste na triangulação de 3 antenas BTS e o resultado, aproximadamente com uma margem de erro que pode ir até aos 1.000 metros, dá-nos a localização do alvo. A localização do alvo não necessita de que se realize uma chamada telefónica ou se envie um sms, poderá consistir no envio de ping's para o número de telemóvel ou IMEI associado ao mesmo para que se possa fazer o rastreamento e, comsequentemente, a sua localização pela trian-

nologias", *Revista Brasileira de Direito Processual Penal*, Porto Alegre, vol. 3, n.º 2, mai./ago, 2017, p. 474, disponível em https://doi.org/10.22197/rbdpp.v3i2.82 [*acedido em 20 de junho de 2017*].

528 Duarte Alberto Rodrigues Nunes, «A admissibilidade de obtenção...», *Ob. cit.*, pp. 98-103. O autor refere que existem apenas três únicos acórdãos e indica-os, transcrevendo grande parte dos seus respetivos sumários. Acresce, em falta no mencionado estudo, o Ac. do STJ, Proc. 7/10.0TELSB.L1.S1, de 08-01-2014, Relator: Armindo Monteiro, que numa amálgama de sistemas diferentes agrega-os num mesmo conceito ao referir que "*A obtenção de dados através da localização celular, muito em uso no meio militar e até civil, para controle da localização de pessoas, pela adaptação de um dispositivo (GPS ou GSM) ao telemóvel, diz respeito à utilização de dados, revela o percurso físico que o titular do telemóvel fez ou a está a fazer, a sua mobilidade ou permanência; por via da sua ligação à rede telefónica revela a localização do aparelho telefónico, obedecendo ao mesmo propósito que uma vigilância policial sobre um dado indivíduo potenciada pelos meios electrónicos disponíveis pelas forças policiais, não permitindo aperceber ou revelar quaisquer comunicações nem o seu conteúdo. São aí incluídos «a latitude, longitude e altitude, a direcção de deslocação, o nível de precisão da informação de localização, a identificação da célula da rede em que o equipamento terminal está localizado em dado momento e hora de registo de informação da localização», complementa o Parecer da PGR de 02-10-2009.*"

Ainda Duarte Alberto Rodrigues Nunes, *O problema da admissibilidade dos métodos "ocultos...*, *Ob. Cit.*, pp. 483 e ss, procede à mesma confusão entre GPS, GSM, localização celular ou sistemas análogos, incluindo tudo na mesma forma de atuação tecnológica.

Filipa Covacich Segura, *A questão da colocação de um recetor de GPS no veículo de um suspeito ou arguido como meio de obtenção de prova em Processo Penal*, dissertação de mestrado, Universidade Católica Portuguesa, inédito, 2013, disponível *online* em http://repositorio.ucp.pt/bitstream/10400.14/17156/1/TESE.pdf [*acedido em 10 de março de 2017*], em especial pp. 4 a 11.

gualação das antenas BTS[529]. Verifica-se que efetivamente a localização celular não é fidedigna relativamente ao GPS, sendo que este, usando a mesma técnica de triangulação com satélites, dá-nos a localização do alvo com uma margem de erro entre 3 e 15 metros[530]. Acresce que na localização celular a margem de erro aumenta exponencialmente quanto mais distanciadas estiverem as antenas BTS, podendo até não se obter informação se não existir rede (zona na qual não se consegue lograr a ligação a uma antena BTS), ao invés da tecnologia GPS que permite a constante monitorização do alvo, exceto se este entrar em locais fechados, tais como locais subterrâneos de prédios.

§3. Destarte, analisando unicamente a utilização do GPS, para localizar *in loco* um suspeito, comungamos da posição do TRE quando refere que a utilização do GPS mais não é que um prolongamento de uma vigilância, realizada de moldes diferentes, menos intrusiva de direitos, liberdades e garantias dos cidadãos[531]. Efetivamente, se numa vigilância o OPC poderá verificar com quem o seu alvo se encontrou, se transacionaram algum bem ou objeto, etc., na utilização de GPS apenas se constata à distância a posição do alvo e nada mais, ou seja, inexiste qualquer tráfego de comunicações ou de dados móveis[532]. O GPS funciona, ainda que

[529] Reg Coutts and Hugh Selby, «'Mobile Ping Data' – Metadata for Tracking», *Digital Evidence and Electronic Signature Law Review*, 14 (2017), pp. 22-23, disponível *online* em http://journals.sas.ac.uk/deeslr/article/view/2363/2311 [*acedido em 24 de outubro de 2017*].

[530] Ricardo José Andrade Lopes Perdigão e Silva, *mtAndroid, Aplicação Móvel Andróid de Apoio a Percursos Pedestres Outdoor*, inédito, dissertação de mestrado em engenharia informática e de computadores, Instituto Superior Técnico, 2013, p.14, disponível em https://fenix.tecnico.ulisboa.pt/downloadFile/395145407945/dissertação.pdf [*acedido em 23 de junho de 2017*].

[531] Opõe-se a esta posição Filipa Covacich Segura, *Ob. Cit.*, invocando o Princípio fundamental á liberdade previsto no art. 27.º da CRP, a reserva da intimidade da vida privada, entre a falta de legislação e reserva de juiz na aplicação deste método de recolha de posição geográfica do suspeito.

[532] Ac. TRE, Proc. 2005/08-1, de 07-10-2008, Relator: Martinho Cardoso, que refere: "*A localização por GPS é activada por um aparelho sintonizado com pelo menos dois satélites, dos quais recebe a informação das coordenadas da longitude e da latitude a que o aparelho se encontra, fornecendo-lhe assim a localização do sítio exacto por reporte ao mapa das estradas dessa região, informação que é transmitida e reproduzida num receptor na posse, neste caso, da autoridade policial.*

instalado num *smartphone*, sem utilização da rede GSM, donde se retira a premissa que efetivamente não há, *prima facie*, qualquer transmissão de

Ora o legislador, que bem recentemente em Agosto de 2007, através da Lei n.º 48/2007, de 29-8, se preocupou a aperfeiçoar a individualização e o acautelamento do uso de diversos mecanismos electrónicos tais como o telefone e o telemóvel (art.º 187.º), o correio electrónico ou outras formas de transmissão de dados por via telemática, bem como os sofisticados e ainda raros aparelhos de escuta à distância de conversas a ocorrerem entre pessoas presentes num local (art.º 189.º), a localização celular e os registos da realização de conversas ou comunicações (art.º 190.º) – não podia desconhecer a existência de localizadores GPS e as virtudes da sua utilização na investigação criminal. Não obstante, nada regulamentou sobre a sua utilização, nem os proibiu.
Assim, aplica-se o art.º 125.º: «São admissíveis as provas que não forem proibidas por lei».
Sendo que a utilização de localizadores GPS não consubstancia qualquer dos métodos proibidos de prova a que se refere o art.º 126.º.
Certo que no n.º 3 deste último preceito legal se estabelece que são nulas, não podendo ser utilizadas, as provas obtidas mediante intromissão na vida privada. Mas o ter a autoridade policial no decurso de um inquérito criminal acesso à informação de onde está a cada momento um determinado veículo automóvel, não pode ser visto como uma intromissão na vida privada de quem vai nesse veículo, pois que o GPS é um aparelho surdo e cego no sentido de que não escuta as conversas dos ocupantes do carro, nem identifica quem lá vai e o que estão a fazer, apenas informa aonde está o veículo, circunstância que é visível a olho nu para quem olhe para o carro e lhe vê a matrícula. Daí que expressões ou divulgações como: «estava lá o carro de Fulano», «vi passar o carro de Sicrano» ou «o carro de Beltrano fica todas as noites estacionado à porta da Maria», não constituam qualquer comportamento tipificado como crime de devassa da vida privada, p. e p. pelo art.º 192.º do Código Penal.
Situação bem diferente seria – como está bom de ver – a de utilizar localizadores GPS em pessoas individuais ou grupos de pessoas individuais. Mas não é esse, de forma alguma, o caso dos autos
De resto, se bem atentarmos, não é por acaso que por exemplo na investigação de crimes ocorridos em alto mar como o de tráfico de estupefacientes, as autoridades, sem necessidade de autorização judicial prévia, leiam e juntem ao processo como prova o mapa do itinerário da embarcação marcado no GPS da mesma.
De resto, digamos que a localização por GPS é o «irmão gémeo electrónico» do clássico seguimento do alvo por pessoas a bordo de um carro. E que tem vantagens e desvantagens em relação a este seguimento personalizado. A principal vantagem será o permanente acesso à localização em que se encontra o carro-alvo. A desvantagem mais evidente será a de que, apesar de em qualquer momento se saber aonde está o carro, se desconhecer por completo o que é que o seu ocupante ou os seus ocupantes estão a fazer de concreto. Nesse aspecto, o seguimento clássico, por permitir, além do mais, escrutinar quem vai no carro e o que fazem os ocupantes pelo menos quando o carro pára, para onde vão quando saem dele e com quem falam, é um método muito mais intrusivo e abrangente do que o mero conhecimento da localização do carro, pelo que o GPS servirá sobretudo como meio coadjuvante do seguimento clássico – o qual, aliás, também pode ocorrer 24 sobre 24 horas. E não é por isso que as autoridades policiais precisam de obter uma autorização judicial prévia para fazerem o seguimento de uma pessoa que vai num veículo automóvel.
Daí e em resumo que entendamos que não carece de prévia autorização judicial o uso pelos órgãos de polícia criminal de localizadores de GPS colocados em veículos utilizados por pessoas investigadas em inquérito".

comunicações. Aliás, a este respeito, vejam-se os equipamentos exclusivamente de utilização GPS que não possuem qualquer cartão SIM, de comunicações GSM ou GPRS[533], para funcionar[534]. Diferentemente foi a posição tomada pelo legislador espanhol na reforma efetuada em 2015[535], ao ter introduzido especificamente o *art. 588 quinquies b.* na *Ley de Enjuiciamento Criminal* relativo à utilização de dispositivos ou meios técnicos de seguimento e localização. Estabelece esta norma do *LECRIM* que a autorização do juiz deverá especificar qual o método técnico que vai ser usado. Contudo, a norma jurídica não prevê que métodos técnicos se possam utilizar[536], sendo a norma aplicável a todos os métodos existentes ou que possam no futuro existir, contudo é previsível que o legislador tenha pensado na situação da triangulação de antenas BTS, onde efetivamente contende mais com direitos e liberdades dos cidadãos[537]. A este respeito veja-se entre nós as decisões do TRL que negaram provimento aos recursos do MP quando este pretendia obter informação de quem se encontrava em determinado local, a uma determinada hora, através das ligações do envio de listagem, por parte das operadoras de comunicações móveis,

[533] GSM acrónimo de *Global System for Mobile Communications*, originalmente *Groupe Special Mobile* e GPRS acrónimo de *General Packet Radio Services*, sendo esta última uma tecnologia que aumenta a as taxas de transferências de dados nas redes GSM.

[534] Conforme explicado supra sobre o funcionamento do sistema GPS, nota de rodapé 441.

[535] Lei Orgânica n.º 13/2015, de 5 de outubro, publicado no BOE em 5 de outubro de 2015. A localização através das BTS é registada pelas operadoras de comunicações em metadados. É com base na localização das antenas, posição esta que é do conhecimento das operadoras de comunicações, que efetuada a triangulação se determina, com alguma margem de erro, a localização da pessoa.

[536] Dúvida também formulada por Ana Sánchez Rubio, *Ob. Cit.*, pp. 224-225.

[537] Na opinião de Javier Ignacio Reyes López, Magistrado del Juzgado de Instrucción n.º3 de Denia, Alicante, em *Los dispositivos de geolocalización (GPS) en la LECrim, a partir de la L.O. 13/2015*, disponível em http://blogs.ucjc.edu/criminologia-iter-criminis/los-dispositivos-de--geolocalizacion-gps-en-la-lecrim-a-partir-de-la-l-o-132015/ [*acedido em 15 de março de 2017*]. Também neste sentido o Parecer da PGR n.º P000792008, de 02-10-2009, Relator: Pereira Coutinho, quando refere, relativamente à localização, "*[v]ão aí incluídos a latitude, longitude e altitude do equipamento terminal do utilizador, a direcção de deslocação, o nível de precisão da informação de localização, a identificação da célula de rede em que o equipamento terminal está localizado em determinado momento e a hora de registo da informação de localização, segundo se refere no considerando (14) da Directiva 2002/58/CE.*", *in* www.dgsi.pt.

contendo todos os dados de tráfego – registos completos das comunicações efetuadas e recebidas nas BTS com indicação da hora e com indicação dos números chamados e chamadores, incluindo as mensagens de texto, duração e hora das chamadas e localização celular – relativos aos cartões SIM que operaram num determinado período de tempo[538].

§4. Diversamente do que até aqui temos vindo a afirmar será a utilização do GPS, no qual tem acoplado a possibilidade de colocação de cartão SIM que permite captar e reproduzir conversações, em tempo real ou deferidas, bem como indicar a posição geográfica ou trajeto efetuado do visado. No mesmo sentido será a utilização de um GPS num dispositivo móvel com funções adicionais, mormente com a possibilidade de captar imagem e som. A função agora trazida à colação não se reconduz apenas à possibilidade de injetar *benware* no dispositivo móvel, à semelhança do que afloramos antecedentemente para os dispositivos informáticos. Concomitantemente, há o incremento de se poder localizar através do GPS a posição real do utilizador alvo de investigação.

A Lei n.º 101/2001, de 25 de agosto, RJAE, não estabelece qualquer norma referente à recolha de prova pelo agente encoberto[539] e, por isso, não se encontra qualquer norma relativa à recolha de som e imagem. É na Lei n.º 5/2002, de 11 de janeiro, que se prevê no seu art. 6.º, n.º 1, o registo de voz e de imagem, por qualquer meio, sem consentimento do visado. Ademais, ainda refere este inciso que tal registo apenas terá lugar

[538] Ac. TRL, Proc. 131/14.0JBLSB-A.L1-9, de 17-12-2014, Relator: Carlos Benido; Ac. TRL, Proc. 73/16.4PFCSC-A.L1-5, de 03-05-2016, Relator: Vieira Lamim; Ac. TRL, Proc. 48/16.3PBCSC-A.L1.9, de 22-06-2016, Relator: Sérgio Calheiros da Gama.
A jurisprudência, nestes acórdãos, estriba a sua decisão na inadmissibilidade de identificação de pessoas que não são suspeitas de determinada ação criminosa só porque se encontram em determinado local a certa hora. No último Ac. o relator vai mais longe e coloca em causa a admissibilidade porquanto poderia estar abrangido, pela localização da antena BTS, o Presidente da República, que reside em Cascais.

[539] Donde é de admitir a regra geral prevista no art. 125.º do CPP, sendo admitidas todas as provas que não forem proibidas por lei.

para os crimes de catálogo mencionados no art. 1.º, n.º 1[540], desta mesma lei, não existindo qualquer referência para o regime jurídico das ações encobertas. O catálogo de crimes previsto no RJAE[541], no qual o agente

[540] Os crimes são:
a) Tráfico de estupefacientes, nos termos dos artigos 21.º a 23.º e 28.º do Decreto-Lei n.º 15/93, de 22 de janeiro;
b) Terrorismo, organizações terroristas, terrorismo internacional e financiamento do terrorismo;
c) Tráfico de armas;
d) Tráfico de influência;
e) Recebimento indevido de vantagem;
f) Corrupção ativa e passiva, incluindo a praticada nos setores público e privado e no comércio internacional, bem como na atividade desportiva;
g) Peculato;
h) Participação económica em negócio;
i) Branqueamento de capitais;
j) Associação criminosa;
l) Pornografia infantil e lenocínio de menores;
m) Dano relativo a programas ou outros dados informáticos e a sabotagem informática, nos termos dos artigos 4.º e 5.º da Lei n.º 109/2009, de 15 de setembro, e ainda o acesso ilegítimo a sistema informático, se tiver produzido um dos resultados previstos no n.º 4 do artigo 6.º daquela lei, for realizado com recurso a um dos instrumentos referidos ou integrar uma das condutas tipificadas no n.º 2 do mesmo artigo;
n) Tráfico de pessoas;
o) Contrafação de moeda e de títulos equiparados a moeda;
p) Lenocínio;
q) Contrabando;
r) Tráfico e viciação de veículos furtados.

[541] Os crimes são:
a) Homicídio voluntário, desde que o agente não seja conhecido;
b) Contra a liberdade e contra a autodeterminação sexual a que corresponda, em abstrato, pena superior a 5 anos de prisão, desde que o agente não seja conhecido, ou sempre que sejam expressamente referidos ofendidos menores de 16 anos ou outros incapazes;
c) Relativos ao tráfico e viciação de veículos furtados ou roubados;
d) Escravidão, sequestro e rapto ou tomada de reféns;
e) Tráfico de pessoas;
f) Organizações terroristas, terrorismo, terrorismo internacional e financiamento do terrorismo;
g) Captura ou atentado à segurança de transporte por ar, água, caminho-de-ferro ou rodovia a que corresponda, em abstrato, pena igual ou superior a 8 anos de prisão;

encoberto pode atuar, difere do catálogo plasmado nesta lei de combate à criminalidade organizada, havendo, contudo, crimes que se encontram previstos simultaneamente nestes diplomas.

A referência a "*qualquer meio*" para o registo de voz e de imagem, sem o consentimento do visado, leva-nos necessariamente para as situações em que o agente encoberto digital possa obter elementos de prova ativando microfones ou câmaras dos dispositivos informáticos utilizados pelo visado ou por terceiros, com consentimento do visado. Diferentemente do que já abordamos anteriormente quando nos debruçamos sobre a viabilidade de instalação de *benware*, para obter acesso aos conteúdos do dispositivo informático, esta situação requer uma análise autónoma e refletida. Efetivamente, como nos ensina FERREIRA MONTE, esta lei veio "*criar um regime de excepção relativamente ao tratamento daqueles direitos constitucionalmente tutelados, constituído uma restrição dos direitos fundamentais da imagem e da palavra*[542]." Também difere do regime das interceções telefónicas, previsto no CPP[543], porquanto prevê a gravação de voz e de imagem por *qualquer meio*, alargando o objeto para além de simples conversações telefónicas.

h) Executados com bombas, granadas, matérias ou engenhos explosivos, armas de fogo e objetos armadilhados, armas nucleares, químicas ou radioativas;
i) Roubo em instituições de crédito, repartições da Fazenda Pública e correios;
j) Associações criminosas;
l) Relativos ao tráfico de estupefacientes e de substâncias psicotrópicas;
m) Branqueamento de capitais, outros bens ou produtos;
n) Corrupção, peculato e participação económica em negócio e tráfico de influências;
o) Fraude na obtenção ou desvio de subsídio ou subvenção;
p) Infrações económico-financeiras cometidas de forma organizada ou com recurso à tecnologia informática;
q) Infrações económico-financeiras de dimensão internacional ou transnacional;
r) Contrafação de moeda, títulos de créditos, valores selados, selos e outros valores equiparados ou a respetiva passagem;
s) Relativos ao mercado de valores mobiliários.

542 MÁRIO FERREIRA MONTE, «O registo de voz e imagem no âmbito do combate à criminalidade organizada e económico-financeira – Lei n.º 5/2002, de 11 de janeiro», *Ob. Cit.*, p. 83.

543 Art. 187.º e ss, prevendo-se no art. 187.º um catálogo fechado de crimes cuja admissibilidade de escutas telefónicas é admissível.

§5. O agente encoberto digital, também não encontra amparo na Lei do Cibercrime, para a realização de registos de voz e imagem, uma vez que o n.º 2, do art. 19.º refere expressamente que "*sendo necessário o recurso a meios e dispositivos informáticos observam-se, naquilo que for aplicável, as regras previstas para a interceção de comunicações*"[544]. Ora não estamos na presença de uma situação de interceção de comunicações, mas sim na factualidade de verificar se é admissível ou não proceder à gravação de imagens e som ambiental, obtendo a localização por GPS, através de *benware* instalado em dispositivos móveis do suspeito.

A contração de direitos, liberdades e garantias, consagrados constitucionalmente, só por si não são argumentos suficientes para que se possa obter prova que não se encontra prevista e que carece de reserva de lei. Neste sentido e nos moldes em que se encontra atualmente o RJAE, o agente encoberto não pode proceder a escutas, gravações fonográficas, formas de devassa que a lei não inscreveu no pertinente âmbito de legitimação[545].

5.3. O uso de drones, pelo agente encoberto, na investigação criminal

§1. A tecnologia ainda nos consegue surpreender nos dias de correm. Não há muitos anos atrás surgiram os drones[546]. Hoje são cada vez mais

[544] Regras estas que implicam não só um catálogo de crimes como também um catálogo de alvos, sendo apenas possível efetuar interceções telefónicas a suspeitos ou arguidos, a pessoa que sirva de intermediário relativamente à qual haja fundadas razões para crer que recebe ou transmite mensagens destinadas ou provenientes de suspeito ou arguido ou a vítima de crime, mediante o respetivo consentimento, efetivo ou presumindo.

[545] *Cit.* Manuel da Costa Andrade, "Métodos ocultos de investigação –plãydoer para uma teoria geral", *Ob. Cit.*, p. 541.

[546] O termo é inglês, traduzido literalmente significa "zangão". O estrangeirismo ficou associado mundialmente por designar qualquer aeronave que não seja tripulada, mas comandada à distância. https://www.significados.com.br/drone/ [*acedido em 23 de junho de 2017*].
Contudo também se utilizam algumas siglas, derivados dos nomes em inglês, para qualificar estes objetos voadores: UAV (Unnmanned Aerial Vehicle), UA (Unmanned Aircraft), UAS (Unmanned Aerial System), RPA (Remotely Piloted Aircraft) ou RPAS (Remotely Piloted Aircraft System), Joaquín Sarrión Esteve, *El régimen jurídico de la utilización de drones en España*, Working Paper del Seminari de la Facultat de Dret de València, 26/05/2016, disponível em https://www.uv.es/seminaridret/sesiones2016/drones/ponenciaSarrion2016.pdf [*acedido em 23 de janeiro de 2017*].

utilizados pelo cidadão comum, conseguindo estes aparelhos voar a elevadas altitudes, atingir distâncias bastante consideráveis e ter uma autonomia cada vez maior. Acoplados a estes aparelhos podem estar câmaras de gravação de imagem e som para além de outros artefactos que, instalados nos drones, permitem realizar outros prismas de utilização[547].

Se inicialmente estes aparelhos se mostravam inofensivos e de puro lazer, cedo de descortinaram problemas, levando a que atualmente exista a necessidade de criação de normas regulatórias e sancionatórias penais no setor e não somente contraordenacionais[548].

§2. Também a investigação criminal tem tirado proveito do uso desta tecnologia para efetuar reconhecimento de locais[549], para ações preven-

[547] A título de mera curiosidade sobre a utilidade destes pequenos aparelhos voadores damos nota da gigante loja *on-line* Amazon que no Reino Unido já utiliza os drones para entrega de encomendas. http://www.sabado.pt/ciencia---saude/tecnologia/detalhe/amazon-faz-primeira-entrega-com-drone [*acedido em 16 de dezembro de 2016*].

[548] O que já foi objeto de estudo no seio da União Europeia, com o estudo relacionado com "*Implicações da utilização civil de «drones» para a privacidade e a proteção de dados. Análise aprofundada*", elaborado por Ottavio Marzocchi a pedido do Departamento Temático C: Direitos dos Cidadãos e Assuntos Constitucionais do Parlamento Europeu, junho de 2015, http://www.europarl.europa.eu/RegData/etudes/IDAN/2015/519221/IPOL_IDA(2015)519221_PT.pdf [*acedido em 16 de dezembro de 2016*].
Em Portugal inexiste qualquer sanção penal para o uso de drones, estando em discussão a criação de legislação face a alguns problemas com drones e aviões nas imediações dos aeroportos, em especial em Lisboa e no Porto.
Existe um regulamento sobre a utilização de Drones, em especial junto de aeroportos, criada pela Autoridade Nacional de Aviação Civil (ANAC), Regulamento n.º 1093/2016, de 24 de novembro de 2016, publicado no Diário da República, 2.ª Série, n.º 238, de 14 de dezembro. Nele encontramos um regime contraordenacional, art. 13.º, que remete para o Dec.-Lei n.º 10/2004, de 9 de janeiro, que aprova o regime aplicável às contraordenações aeronáuticas civis.
O Governo possui um projeto de legislação de drones em consulta pública, até outubro de 2017, prevendo-se, entre outras medidas, a obrigatoriedade de registo dos aparelhos e de seguro de responsabilidade civil, https://www.publico.pt/2017/08/10/sociedade/noticia/legislacao-sobre-drones-em-consulta-publica-ate-10-de-outubro-1782001 [*acedido em 25 de agosto de 2017*].

[549] http://www.jn.pt/justica/interior/drones-ja-sao-usados-na-investigacao-criminal-5340647.html [*acedido em 30 de agosto de 2016*].

tivas de videovigilância, mormente em locais de grande ajuntamento de pessoas, como forma de controlar eventuais ataques terroristas, entre outras. Em Portugal não existe jurisprudência dos tribunais superiores, a nível penal, sobre a viabilidade da prova obtida por este meio, nem tão-pouco existe legislação que permita, sem reservas, a possibilidade de estes aparelhos voadores poderem ser usados na recolha de prova penal. Tratar-se-ão de meras câmaras de vigilância portáteis ou instrumentos de gravação de som e imagem? Admite-se a sua utilização penal nos termos de legislação que existe para a recolha de imagens e sons? Ainda assim, atento na singularidade destes objetos, podemos concordar com a sua utilização, tal qual o Tribunal da Relação de Évora o fez quando esgrimiu argumentos a favor da utilização do GPS na investigação criminal[550], contudo não deixaremos de indicar algumas reservas na sua utilização.

§3. Vejamos. Se o drone for utilizado com o fito de apenas reconhecer locais, podendo ter-se uma perspetiva diferente de uma zona, que eventualmente poderá ser alvo de uma busca, alvo da localização de um suspeito que se encontra furtado à justiça, entre outras situações similares, a sua utilização não nos parece proibida. Desde logo estamos na presença de uma extensão de uma observação que poderia ser realizada *in loco* por polícias apeados ou recorrendo a aeronaves tripuladas. Trata-se por isso, nas palavras de Germano Marques da Silva, de serem admissíveis para a prova de quaisquer factos todos os meios de prova admitidos em Direito, ou seja, que não sejam proibidos por lei. Dito de outra forma, a sua admissibilidade é aceite desde que não seja proibida, mesmo quando se recorre a meios de prova atípicos, como é o caso[551]. Diferentemente será a sua utilização para investigar, através das janelas da habitação, por exemplo, o que ali se passa, captando imagem e/ou som. De similar forma, discordamos da sua utilização *tout court*, quando os drones servem para disseminar *benware*[552] com intuito de conseguir entrar nos

[550] Ac. TRE, Proc. 2005/08-1, de 07-10-2008, Relator: Martinho Cardoso, desde que não se viole o art. 126.º, n.º 3, do CPP.

[551] Germano Marques da Silva, *Curso de Processo Penal, II, Ob. Cit.*, pp. 119-121.

[552] Na prática a polícia não utiliza *software* malicioso, daí a designação de *benware*, como já tivemos oportunidade de defender anteriormente. Efetivamente, há relatos de utilização de

sistemas informáticos de um suspeito[553]. Esta disseminação poderá consistir em se ligar a redes *wifi* ou efetuar *sniffer* de pacotes de dados[554], de modo a obter elementos de prova. É do conhecimento comum que as redes *wireless* possuem uma largura de banda de reduzido alcance, sendo este ainda mais reduzido quando a sua difusão de sinal colide com paredes, elevadores ou outros objetos mais espessos. Introduzir *benware* num *router* de uma casa, com muitos andares pode ser uma tarefa difícil. Não será de descartar a possibilidade de se entrar no prédio e no andar respetivo disseminar o *software benigno* de captação de elementos de prova,

drones para disseminar *malware* (*software* com fins maliciosos). Assim, "*Drones infected with malware can drop from the sky or be hijacked for surveillance*", disponível em https://www.computerworld.com/article/2876912/drones-infected-with-malware-can-drop-from-the-sky-or-be-hijacked-for-surveillance.html [*acedido em 23 de fevereiro de 2015*].

553 Verifica-se que este modo de atuação tem sido realizado com finalidades comerciais e fins menos lícitos, nos quais elementos da *Hacking Team*, empresa italiana sedeada em Milão, vende ferramentas específicas de acesso remoto e monitorização de computadores (RCS – Remote Control System) com finalidades de *sypware* e vigilância oculta, infetando redes *wireless* com *malware* com recurso a drones. Entre outras funções a empresa garante a possibilidade acesso oculto a email's e mensagens de texto, a histórico de ligações telefónicas e lista de contactos; registo de todas as ações realizadas com as teclas do teclado e uso do rato; aceder a todo o histórico do browser da internet e capturar a imagem do ecrã; utilizar telefones para capturar o som ambiente e conversas; ativar, de modo dosfarçado, a câmara de video de computadores e telemóveis; aceder ao sistema de GPS do telemóvel e monitorizar a sua localização, entre outras ações. A disseminação deste *malware* é realizada tirando partido do uso dos drones, como foi publicado pela *WikiLeaks* após uma fuga de informação, http://gadgets.ndtv.com/internet/news/hacking-team-boeing-worked-on-drones-that-infect-computers-over-wi-fi-719033 [*acedido em 23 de março de 2017*].

Pese embora a denuncia de tais factos em nenhum país foi instaurado qualquer procedimento criminal e a empresa continua a laborar normalmente, conforme informação recolhida no seu site http://www.hackingteam.it [*acedido em 18 de dezembro de 2016*].

Acerca dos modos de atuação da *Hacking Team* e do uso de RCS Cfr. Gisela Pérez de Acha, *Hacking Team Malware para la vigilancia en América Latina*, Derechos Digitales, Marzo 2016, pp. 12-17, disponível *online* em https://www.derechosdigitales.org/wp-content/uploads/malware-para-la-vigilancia.pdf [*acedido em 20 de dezembro de 2016*].

554 *Sniffer* em linguagem informática é o procedimento de alguém conseguir intercetar pacotes de dados e posteriormente reorganizar esses pacotes e tornar a informação legível. É um método muito usado por cibercriminosos, nomeadamente em redes *wifi* livremente acessíveis ao público, como em cafés, aeroportos e outros, possibilitando decifrar alguns dados confidenciais, chaves de rede, capturar *passwords*, etc.

mas tal ação poderá não passar despercebida às pessoas do prédio, que ali encontram um estranho, com um computador na mão. Com o uso de um drone tal diligência revelar-se-á mais profícua e levantará, por certo, menos suspeitas. O mesmo acontece quando se pretende captar elementos da rede da internet de um local menos acessível, tais como, quantos dispositivos se encontram ligados ao *router*, se existe tráfego em quantidades acima das referências normais, entre outros elementos úteis que poderão interessar à investigação.

§4. A questão que se coloca é se verdadeiramente o recurso a drones, com finalidades distintas da recolha de imagem, pode ser utilizado por qualquer OPC ou deverá estar restringido ao agente encoberto digital, por conflitar com o âmago de direitos, liberdades e garantias constitucionalmente consagradas? A resposta surge em função da finalidade com que se utilize um drone para fins de investigação criminal. A mera recolha de imagens, por câmaras de vigilância, enquadradas na via pública ou em espaços abertos é comummente aceite pela jurisprudência e não constitui, por isso, um ilícito penal ou proibição de obtenção de prova[555].

Estamos em crer que por força da inexistência de legislação[556], que deverá materializar as normas consagradas na Constituição quanto à restrição de Direitos, Liberdades e Garantias, a mera perseguição penal, recorrendo a todas as possibilidades que as tecnologias nos oferecem nos

[555] A jurisprudência portuguesa tem vindo a abrir o leque de admissão de imagens de câmaras de vigilância, mesmo quando instaladas sem autorização da CNPD, por não corresponder a qualquer método proibitivo de prova, desde que exista uma justa causa para a sua obtenção, como é o caso de documentar a prática de uma infracção criminal, e não diga respeito ao "núcleo duro da vida privada" da pessoa visionada. Ac. TRL, Proc. 1630/08.8PGSXL.L1-9, de 04-03-2010, Relator: Calheiros da Gama; Ac. TRC, Proc. 19/11.6TAPBL.C1, de 10-10-2012, Relator: Elisa Sales; Ac. TRP, Proc. 349/13.2PEGDM.P1, de 25-02-2015, Relatora: Maria Deolinda Dionísio; entre outros.

[556] A captação de imagem é possível nos termos do art. 6.º da Lei n.º 5/2002, de 11 de janeiro. Tudo o que referimos anteriormente sobre o registo de som e de imagem aplica-se também à utilização dos drones, fora das situações de captação de imagem em espaços abertos e públicos.
Mário Ferreira Monte, «O registo de voz e imagem no âmbito do combate à criminalidade organizada e económico-financeira – Lei n.º 5/2002, de 11 de janeiro», *Ob. Cit.*, p. 83.

dias de hoje, não ligitima, por si só, a violação destes Direitos, também consagrados internacionalmente[557].

6. A utilização de *cybercops* automatizados, ou de figuras afins, na investigação de crimes informáticos

§1. A robótica está na ordem do dia no que toca ao desenvolvimento tecnológico e ao aproveitamento que é possível ser feito para o desempenho de tarefas que dispensam a presença humana[558].

Nos dias que correm é possível criar programas informáticos que substituem pessoas sem que, quem esteja a interagir com estas máquinas robotizadas, se aperceba de que efetivamente não é uma pessoa verdadeira.

Daremos destaque *infra* a um caso verídico no qual uma imagem virtual, tipo robot, simulando uma menina Filipina de aproximadamente 11 anos de idade, atraiu diversos predadores sexuais, levando à identificação de vários abusadores em diversos países[559].

Para além dos programas de computador que conseguem, através de palavras chave, analisar todo o tráfego que circula nas redes de informação e comunicação (RIC)[560] existem máquinas virtuais que interagem com outras máquinas virtuais, sem necessidade de intervenção humana.

[557] Manuel da Costa Andrade, «Métodos ocultos de investigação –plädoer para uma teoria geral», *Ob. Cit.*, p. 541.

[558] Entre outros exemplos temos aspiradores que se ligam e desligam sozinhos do seu ponto de carregamento e fazem a aspiração da casa, necessitando apenas de serem programáveis; máquinas de lavar roupa que doseam os detergentes consoante o tipo e quantidade de roupa presente no tambor da máquina; frigoríficos inteligentes que procedem a encomendas de produtos consoante os *stocks* diminuam no seu interior, entre outros.

[559] A imagem criada assemelha-se em tudo aos traços físicos do rosto de uma menina Filipina, mas na realidade não o é, conforme comprovam as imagens de computador em https://www.youtube.com/watch?v=IJp2zzdn3wA [*acedido em 27 de maio de 2017*].

[560] Tecnologia esta bastante desenvolvida e que tem levando gigantes da internet, como a Google, a conseguirem ler mensagens de correio eletrónico e consequentemente adaptar a publicidade específica para o seu utilizador consoante o teor das mensagens recebidas. Esta política de atuação foi expressamente confirmada pela Google e incluída nas regras gerais de utilização do servidor de e-mail da Google, o Gmail. A este respeito remetemos para o nosso *A prova digital em processo penal...*, *Ob. Cit.*, p. 41.

§2. No âmbito do nosso trabalho de investigação científica assalta-nos a questão, todavia bastante real e viável, se um *agente policial virtual*-[561]pode realizar ações encobertas na internet. É consabido que existem certas investigações que são demoradas no tempo e que não tem horas programadas para que a sua ação (investigação) se desenrole. Ademais, é profundamente conhecido do senso comum, a maioria dos internautas que praticam crimes são notívagos[562], levando a que a monitorização destes, quando seja realizada por humanos, se torne mais dispendiosa e psicologicamente mais desgastante do que o recurso a máquinas virtuais que efetuem a monitorização do alvo a investigar. Este tipo de monitorização pode consistir na recolha de elementos de prova através de palavras-chave, monitorização das redes sociais, etc.

§3. Juridicamente questiona-se se efetivamente estes procedimentos poderão ter aplicabilidade prática, com as provas obtidas a serem juridicamente válidas, no atual quadro legislativo que vigora entre nós. A questão ora suscitada merece de imediato uma resposta negativa porquanto o próprio RJAE determina que consideram-se ações encobertas aquelas que sejam desenvolvidas por funcionários de investigação criminal ou por terceiros atuando sobre o controlo da Polícia Judiciária[563].

A inteligência artificial, na denominada *internet of things* (IoT), está a ser desenvolvida de forma galopante, prevendo-se que máquinas virtuais ou físicas, tais como robots, venham substituir muitas profissões[564].

[561] Não nos estamos a referir ao caso em que um agente policial efetua investigações através da internet, com ou sem ocultação da sua verdadeira identidade. Por agente policial virtual reportamo-nos a máquinas virtuais que operam sem intervenção humana e recolhem elementos de prova com base nos *scripts* de programação que os desenharam.

[562] SUSAN W. BRENNER, *Cybercrime, Criminal Threats from Cyberspace*, Praeger, 2010, pp. 121-134.

[563] Art. 1.°, n.° 2, do RJAE.

[564] Sem prejuízo de abordarmos esta questão no capítulo relativo à internet das coisas, levantemos apenas a ponta do véu referindo que entre as várias profissões a de advogado é uma das que está em maior risco de vir a ser substituída por *robots*, conforme dá notícia o jornal *on-line The Guardian* na sua página em https://www.theguardian.com/law/2017/jul/31/ready-for-robot-lawyers-how-students-can-prepare-for-the-future-of-law [*acedido em 31 de julho de 2017*].

O caminho da investigação na internet vai passar obrigatoriamente pela inclusão de *cybercops* que irão realizar diligências de investigação na internet, sob diversas formas, na qual se inclui a do agente encoberto, e conseguirão reunir provas que permitam inequivocamente afirmar ou infirmar a identidade dos suspeitos sob investigação.[565].

[565] A investigação realizada nesta área temática da informática é assustadora e a maioria do cidadão comum ainda não se deu conta que efetivamente por detrás de uma máquina (vulgo computador) pode estar tudo menos um ser humano.
A este respeito a notícia que informa que o Facebook *is getting closer to building chatbots that are capable of planning conversations and negotiating with humans in a realistic way. By training the bots to mimic human responses, Facebook claims they can then make decisions on their own.* http://www.digitaljournal.com/tech-and-science/technology/facebook-close-to-building-chat-bots--with-true-negotiation-skills/article/495203#ixzz4oRk10kaV [*acedido em 15 de junho de 2017*].

II
A Aplicabilidade do Agente Encoberto Digital e seus Resultados

1. Casos de sucesso do uso do agente encoberto digital

§1. Os ordenamentos jurídicos dos países desenvolvidos estão a mudar por força das alterações tecnológica que forçam a mudança de paradigma. Se efetivamente a internet veio trazer uma visão mais realista e transparente do mundo, o Direito teve que seguir a reboque dos conflitos que foram gerados pelo uso desta tecnologia.

Surgiram novos métodos de recolha de prova[566], iniciou-se o recurso a ferramentas forenses de recolha de prova que até então jamais tinham sido pensados ou usados neste ambiente virtual. Logrou-se obter remotamente acesso a dados informáticos ou recolher esses dados, fazendo prova dos mesmos em sede processual para efeitos de aplicação de sanções penais.

Os ventos de mudança da era digital, com especial incidência para a obnubilação de provas digitais, carecem de normas jurídicas que contendam com a legalidade na insistente busca pela verdade material e em conformidade com a Constituição da República Portuguesa.

§2. Os três casos que apresentamos de seguida são verídicos e decorreram por força das normas jurídicas existentes nos seus respetivos ordenamentos jurídicos, utilizando metodologias de investigação criminal no mundo digital. Um dos casos foi investigado e decorreu nos EUA e o

566 Com especial incidência para aquilo que alguns autores denominam de "*métodos ocultos de investigação criminal*", expressão com a qual, como já se referiu *supra*, não concordamos na sua designação, pois mais não são que métodos técnicos de investigação criminal.

outros dois na Europa, mais precisamente na Holanda. Não iremos debater, como questão de fundo, se tais procedimentos são de *iure conditio* desses ordenamentos jurídicos, cabendo essa apreciação aos seus respetivos tribunais judiciais. Interessa-nos, acima de tudo, demonstrar as potencialidades que se podem retirar do recurso ao agente encoberto digital, no que à prova digital diz respeito, e à identificação de suspeitos que praticam crimes atrás de um dispositivo informático, na expetativa de que não sejam identificados. Teremos sempre em mente, sem beliscar a figura do agente encoberto digital, que as ações provocatórias não são admitidas e como tal se tais provas forem obtidas desta forma não deverão ser valoradas em sede judicial, por força das violações que daí resultam.

§3. Os casos que ora se apresentam tiveram a sua relevância devido aos seguintes factos: no caso *Silk Road*, foi pela primeira vez identificado e condenado um individuo que utilizava a *Darknet* para a venda de produtos estupefacientes e outros ilícitos criminais. No caso *Sweetie* foram identificados milhares de IP's referentes a indivíduos tidos como predadores sexuais, que buscavam na internet o ensejo de manter relações sexuais com menores de idade. No caso Bayonet trata-se de uma investigação muito similar ao caso Silk Road, tendo apenas como destrinça que foi efetuado com recurso à cooperação judiciária entre o FBI e a Polícia Holandesa, com a coordenação da Europol.

2. O caso *Silk Road*, nos EUA

§1. O caso *Silk Road*[567] está relacionado com um mercado digital *online*, criado na *darkweb*, com o nome *The Silk Road*, onde se vendiam produtos e serviços ilegais com a promessa de não serem controlados pelo Estado.

A conjugação era perfeita: para além de estar localizada na *Darkweb*, para o qual o acesso apenas se poderia realizar com um browser reconhecido naquela internet, o pagamento dos produtos adquiridos era reali-

[567] Para um desenvolvimento mais detalhado acerca deste caso *vide* https://silkroaddrugs.org/ [acedido em 28 de fevereiro de 2016], que vai dando pormenores acerca do caso e dos recursos pendentes, e entre nós DAVID SILVA RAMALHO, *Métodos ocultos de investigação criminal...., Ob. Cit.*, pp. 27-33.

zado em bitcoins. Além disso os utilizadores ainda poderiam assegurar o seu anonimato recorrendo a redes Tor.

Esta tríplice anonimização fez com que durante mais de 2 anos, no período de janeiro de 2011 a outubro de 2013, o website *The Silk Road* funcionasse perfeitamente e se mantivesse incólume à ação da justiça norte americana. Para além de um sem número de vendedores de produtos ilícitos (essencialmente produtos estupefacientes e armas, entre outros), contava com mais de 100 mil utilizadores registados, chegando a movimentar mais de 9,5 milhões de *bitcoins*[568].

§2. O criador deste mercado na *Darkweb*, *Ross Ulbricht*, utilizava para efeitos de contacto com os seus clientes *online* o *nickname* de *Dread Pirate Roberts* ou simplesmente *DRP*, viria a ser identificado face ao trabalho desenvolvido por uma *task force* constituída pelos agentes especiais do FBI[569], DEA[570], IRS[571] e HSI[572], utilizando para o efeito a figura do agente encoberto digital[573].

Porém, antes mesmo de um longo trabalho de investigação criminal, há pelo menos 6 relatos de mortes causadas por excesso de consumo de produtos estupefacientes. Entre estas mortes revelou-se elo de ligação, após análises forenses aos computadores das vítimas, a existência de um site no domínio *orion*, denominado *Silk Road*, com recurso à rede Tor, a encriptação de conteúdos usando o PGP e o pagamento efetuado em *bitcoins*[574].

568 https://www.theverge.com/2013/10/2/4794780/fbi-seizes-underground-drug-market--silk-road-owner-indicted-in-new [*acedido em 20 de junho de 2017*].

569 *Federal Bureau of Investigation.*

570 *Drug Enforcement Administration*, órgão da Polícia Federal com funções específicas de combate aos crimes relacionados com produtos estupefacientes.

571 *Internal Revenue Service.*

572 *Homeland Security Investigations.*

573 Após a detenção do proprietário do site *Silk Road* surgiram diversos nomes fictícios usados pelos agentes encobertos. Entre estes destaca-se *Carl Mark Force IV*. O *alias* de *Cirrus*, um dos moderadores do fórum do site, de maior confiança de Ulbricht, foi apoderada por um dos agentes do HSI que continuou a usar a mesma fazendo-se passar por este e comunicando inclusive com Ulbricht.

574 Estes elementos encontram-se detalhadamente descritos na acusação, disponível em https://cryptome.org/2015/05/ulbricht-256.pdf [*acedido em 23 de junho de 2017*].

§3. No decurso do processo judicial veio a saber-se que a identificação de Ross Ulbricht resultou da análise e cruzamento da informação criminal que foi obtida na investigação. O maior desafio da investigação criminal, inerente à utilização da internet na *Darkweb*, foi a dificuldade da localização dos servidores do site *Silk Road.* Por outro lado, existia ainda uma conjuntura de factos que conduziam à anonimização, que esbarrabam em qualquer estratégia da investigação que fosse profícua para a identificação dos seus autores[575]. Donde, o recurso a agentes encobertos digitais, de várias autoridades policiais norte americanas, foi o único e o que era viavelmente indicado para a prossecução das investigações. Para desempenhar este papel o agente encoberto teve que grangear a simpatia do administrador do site e dos moderadores do fórum do mesmo, começando-se a envolver no meio, sem nunca ultrapassar o limiar da provocação. A favor dos agentes encobertos digitais militou o facto do *Dread Pirate Roberts* se ter tornado arrogante e ter deixado cair a fasquia de segurança. Consta, através de uma pesquisa em fontes aberta, que o *DRP* (*aka* Ross Ulbricht) partilhavam não só mesmo fuso horário, mas também interesses pessoais e políticos. O sinal de alerta, de que o *Dread Pirate Roberts* e Ulbricht poderiam ser a mesma pessoa, adveio após este ter deixado uma mensagem num fórum da comunidade *Bitcoin,* em que procurava um especialista em informática, deixando o seu endereço de e-mail: rossulbricht@gmail.com[576].

[575] A este respeito veja-se o §16 e §18 do relatório do agente especial do FBI que esteve infiltrado, "*[b]ased on my training and experience, Silk Road has emerged as the most sophisticated and extensive criminal marketplace on the Internet today. The site has sought to make conducting illegal transactions on the Internet as easy and frictionless as shopping online at mainstream e-commerce websites*"(...) "*In the course of this investigation., I have gained extensive familiarity with the Silk Road website through various means, including undercover activity on the website by myself and other law enforcement agents, as well as forensic analysis of computer servers used to operate the Silk Road website that have been located and imaged during the investigation.*" Disponível para consulta em http://krebsonsecurity.com/wp-content/uploads/2013/10/UlbrichtCriminalComplaint.pdf [*acedido em 23 de junho de 2017*].

[576] David Silva Ramalho, *Métodos Ocultos de Investigação..., Ob. Cit.*, p. 31 e também em https://www.wired.com/2015/05/silk-road-2/, *cit.*, "*Googling elsewhere for the username Altoid revealed a question about database programming posted on Stack Overflow, dated March 16, 2013, asking, "How do I connect to a Tor hidden service using curl in php?" The email listed was rossulbricht@gmail.com. A minute later, that user changed the alias to Frosty.*", [*acedido em 24 de junho de 2017*].

A 1 de outubro de 2013 Ross Ulbricht era detido na biblioteca Glen Park, em San Francisco. A ação desencadeada pelo FBI foi *sui generis*, uma vez que Ulbricht tinha mencionado no fórum do site que o seu computador possuía ferramentas anti-forenses, de modo a eliminar vestígios, caso detetasse a presença de agentes da autoridade por perto. Para tal era necessário que não pudesse desencadear o mecanismo de apagamento de provas, comprometendo, caso tal viesse a suceder, a investigação que tinha sido realizada. Assim, os agentes do FBI encenaram uma discussão, nas imediações de Ulbricht, a tal ponto que quando se virou para verificar o que se passava outros agentes do FBI retiram-lhe o computador, que se encontrava ligado e, posteriormente, foi formalmente apreendido.

O caso *Silk Road* deu origem a um processo judicial em San Francisco, bastante publicitado quer pela imprensa nacional americana quer pela estrangeira, culminando com a sentença de prisão perpétua para Ross Ulbricht, sem possibilidade de liberdade condicional.

Em finais de maio de 2017 Ulbricht viu negado, pelo Tribunal Federal de Apelação, o pedido de revogação da sentença, emanada do tribunal de júri de San Francisco[577].

§4. A investigação criminal desenvolvida pelos agentes encobertos digitais foi fulcral para a identificação do proprietário do *site (marketplace) Silk Road* e, consequentemente, para o encerramento definitivo do mesmo[578]. Efetivamente, só desta forma encoberta se conseguiu grangear a confiança depositada nestes agentes e proceder-se à descoberta dos autores dos factos ilícitos e deter os mesmos. É certo que após o encerramento deste *site* outros similares surgiram, localizados também na *Darkweb*, com o mesmo *modus operandi*, incluindo nomes similares: *Silk Road*

[577] https://www.wired.com/2017/05/silk-road-creator-ross-ulbricht-loses-life-sentence--appeal/ [*acedido em 24 de junho de 2017*], onde se ensina como adquirir uma anonimização mais eficiente, com uso de *bitcoins*, de VPN e Tor no acesso a estes novos *marketplaces*.

[578] Paralelamente a este processo principal correram dois processos-crime contra dois agentes encobertos, culminado ambos na condenação dos dois principais agentes especiais que agiram no Caso *Silk Road* como agentes encobertos digitais. A condenção dos agentes não se deveu a possíveis obtenções de prova de forma proibida, mas a suspeitas de corrupção, extorção e apropriação ilegítima de *bitcoins* pertencentes à carteira de Ross Ulbricht.

2.0, Silk Road 3.0, Silk Road 3.1, etc...[579]. Conquanto o período de funcionamento destes tem sido cada vez menor, não só devido a falhas de segurança, a nível da anonimização, como pelo facto de os elementos policiais já terem adquirido prática na investigação na *Darkweb*, reforçando a sua ação através de agentes encobertos e mapeando a informação disponível na internet.

3. O caso *Sweetie*, na Holanda

§1. *Sweetie* foi o nome escolhido para dar "vida" a uma boneca virtual, criada pela Organização não Governamental (ONG) *Terre des Hommes*[580].

Em 2013 esta ONG constatou que existia na internet aquilo que apelidou de "*child sex tourism*". O turismo sexual de crianças é uma forma de prostituição que leva a uma exploração sexual de mais de 2 milhões de crianças em todo o mundo[581]. Consiste, inicialmente, em incentivar crianças, com parcos recursos económicos, a que se dispam perante *webcam's*, a troco de quantias monetárias ínfimas, e, posteriormente, a que existam encontros pessoais que culminem em relações sexuais. Estes abusos, quer os obtidos através da *webcam* quer os pessoais, são na maioria das vezes gravados e partilhados, em grupos restritos na internet, com maior incidência na *Darkweb*, com outros indivíduos que procuram satisfazer a sua líbido sexual da mesma forma[582].

[579] https://silkroaddrugs.org/how-to-buy-from-the-silk-road-3-0/ [*acedido em 20 de junho de 2017*].

[580] *Terre des Hommes* é uma federação de 10 organizações nacionais que trabalham para os direitos das crianças e para promover o desenvolvimento equitativo sem discriminação racial, religiosa, política, cultural ou de género, conforme mencionado na página desta ONG em http://www.terredeshommes.org [*acedido em 15 de maio de 2017*].

[581] SUSAN SONG, *Children as Tourist Attraction* in *Global Chil Sex Tourism*, march, 2012, disponível em http://www.yapi.org/rpchildsextourism.pdf [*acedido em 18 de junho de 2017*].

[582] Estes grupos restritos são grupos completamente fechados e quase impermeáveis à entrada de novos elementos no grupo. Para que se verifique uma entrada nova o membro tem que provar que efetivamente possui outros vídeos para partilha, sendo, não raras vezes, solicitado vídeos pessoais de abuso de menores. Desta forma para além de se comprovar a autenticidade do novo membro (e de que não se trata de nenhum polícia encoberto, por exemplo) alimenta-se o grupo com a divulgação de novos vídeos de cariz sexual.

§2. A *Terre des Hommes*, no relatório elaborado em finais de 2013, afirma que esta forma de exploração sexual envolve sempre agressores que vivem fora do território nacional onde a criança vive[583]. Fruto deste trabalho foi criada uma imagem virtual de uma menina Filipina, de 11 anos de idade, por ser esse país o mais afetado. Durante 10 semanas a "menina" esteve *online* em salas de conversação pública e foi possível à ONG identificar mais de 1.000 adultos, de 71 países, dispostos a pagar para visualizar atos sexuais da referida "menor", através de câmara de vídeo (*webcam*)[584].

Após a obtenção da identificação dos IP's dos eventuais abusadores, a *Terre des Homme* entregou à Interpol as identificações dos eventuais abusadores, para que se procedesse a uma investigação criminal[585]. O *El País* refere que por a vítima não ser real poderá não haver lugar a qualquer procedimento criminal em Espanha, onde foram identificados alguns abusadores[586]. Em Portugal o *Jornal de Notícias* reportou-se a esta iniciativa da ONG holandesa e noticiou que existiam 3 suspeitos identificados em Portugal, embora nunca mais tenham existido notícias sobre este assunto[587].

§3. Efetivamente, em Portugal a estrutura do crime assenta no conjunto de pressupostos de que depende a aplicação ao agente de uma pena ou de uma medida de segurança criminais[588]. Ora inexistindo o objeto

583 *Webcam Child Sex Tourism, Becoming Sweetie: a novel approach to stopping the global rise of Webcam Child Sex Tourism*, publicado em abril de 2014 e disponível em https://resourcecentre.savethechildren.net/sites/default/files/documents/webcam-child-sex-tourism-terre-des-hommes-nl-nov-2013.pdf, pp. 11 a 14 [*acedido em 23 de julho de 2017*].

584 *Idem*, pp. 4 e 5.

585 Na maioria dos países este método de recolha de prova é proibido, consciente disso o diretor de campanhas da *Terre des Hommes*, Hans Guyt, afirmou que "*pretendiamos mostrar às autoridades policiais como era fácil localizar e combater o fenómeno de abuso sexual de crianças*". https://www.cnet.com/news/meet-sweetie-a-virtual-girl-created-to-target-child-predators/ [*acedido em 25 de julho de 2017*].

586 https://elpais.com/sociedad/2013/11/04/actualidad/1383586504_108141.html [*acedido em 25 de julho de 2017*].

587 http://www.jn.pt/mundo/interior/menina-virtual-caca-mil-pedofilos-em-dois-meses-tres-em-portugal-3515307.html [*acedido em 25 de julho de 2017*].

588 Art. 1.º, alínea a) do CPP.

do crime, por se tratar de uma *boneca virtual*, poderemos afirmar que não estamos perante um crime e torna-se, desta forma, impossível a aplicação de uma sanção penal[589 590]. Existe uma tentativa inidónea que se alcança facilmente do disposto no art. 23.º, n.º 3 do CP[591]. Embora, defendamos que os supostos abusadores desconheciam que se tratava de uma boneca virtual, julgando que era uma criança de verdade, pelo que releva, em nosso entendimento e salvo melhor opinião em contrário, a intenção dos agentes e consequentemente a sua punibilidade[592].

§4. Ainda assim, teremos que analisar profusamente a situação do caso *Sweetie*, como se um caso académico de tratasse. Estaria a boneca virtual, a ser manobrada, apenas em salas de conversação com um papel passivo? Ou, pelo contrário, teria um papel ativo, de entabulação de conversas com os demais utilizadores? A verificar-se a situação de um papel ativo estaríamos perante a situação de agente provocador e consequentemente, como já fizemos referência *supra*, numa proibição de prova. Diferentemente será a situação da *Sweetie* ter um papel meramente passivo e

[589] Jorge de Figueiredo Dias, *Direito Penal, Parte Geral,..., Ob.Cit.*, pp. 165 e ss.

[590] Com outro exemplo académico, mas na mesma senda e conclusões a que chegou Danni Sales Silva, «Da validade processual das provas obtidas em sites de relacionamento e a infiltração de agentes policiais no meio virtual», *Revista Brasileira de Ciencias Criminais*, Ano 24, n.º 120, maio-junho de 2016, pp. 218-220.

[591] *Ibidem*, p. 297, defende Figueiredo Dias que nos crimes de empreendorismo, equiparação típica entre tentativa e consumação, poder ser pensável e punível, como tentativa, a chamada tentativa inidónea ou impossível (art. 23.º, n.º 3 do CP, *a contrário*).

[592] Nos crimes difusos não se encontra definido um titular do bem lesado e não é por isso que a punição não deixa de ser aplicada aos seus prevaricadores. A punição por crimes contra crianças, que muitas das vezes não se queixam por vergonha ou temor do abusador, deveria ser considerada sem necessidade de uma lesão efetiva. A vulgarização da internet e o fácil acesso dos menores a esta *rede* implicam que o legislador reforce medidas de proteção dos menores. Neste sentido Hugo Cunha Lança, *A regulação dos conteúdos disponíveis na internet*, Chiado Editora, 2016, pp. 113 a 189, afirmando que "*[a]s sequelas do abuso sexual perpetrado através da internet são semelhantes às que decorrem do abuso presencial*", *cit.* p. 151.
De igual modo quando existe um erro no objeto, na prática de um crime, exemplo académico quando A decidir tirar a vida a B, que sabe todas as noites percorre um espaço semiescuro em direção a sua casa, por volta da mesma hora e no dia em que vai colocar em prática a sua intenção, por ver um local escuro e pensando que era B acaba por matar C que ia ter com B a casa deste.

de serem os supostos predadores sexuais a tomarem a iniciativa. Neste caso a prova obtiva é válida e consequentemente os predadores sexuais identificados deveriam ser punidos, a título de tentativa. Não abona a favor destes o predicado que se trata de uma imagem virtual, pois se efetivamente tivessem conhecimento anteriormente não teriam, por certo, iniciado o diálogo ou avançado para um ponto de satisfação dos seus ímptos sexuais.

Last but not least, acresce referir que o RJAE não prevê a utilização desta forma encoberta, ou seja, a utilização de tecnologia virtual sem intervenção humana. Efetivamente a disposição presente no art. 19.º, n.º 2, da Lei do Cibercrime, ainda que se entenda que poderá ser utilizada para ações encobertas na internet, o RJAE apenas admite que possam ser desenvolvidas por funcionários de investigação criminal ou por terceiros, actuando sob o controlo da Polícia Judiciária[593].

4. A operação *Bayonet*, da Europol

§1. A 20 de julho de 2017 a Europol anunciava, em comunicado de imprensa[594], o sucesso da investigação realizado na *Darkweb*, que culminou com o encerramento dos dois maiores mercados criminais que existiam naquele momento.

A operação, designada por *Bayonet*, foi realizada pelo FBI, através da Agência de Controle das Drogas – DEA, e pela Polícia Nacional Holandesa, com o apoio da Europol.

O FBI, após o sucesso na investigação que levou ao encerramento do mercado *Silk Road*, investigou a migração de utilizadores deste mercado para outras plataformas ilegais na *Darkweb*. Um dos que mais cresceu era o denominado *AlphaBay* que possuía servidores em várias partes do mundo, vendendo todo o tipo de drogas, armas, números de cartões

[593] Alexandra Catarina Silva Abrantes, *O problema do aliciamento de menores através da internet para fins sexuais*, inédito, tese de mestrado, Universidade Católica Portuguesa, 2016, pp. 32 a 35, pugna pela admissibilidade deste meio de obtenção de prova enquanto forma de atuação do agente encoberto, com o qual discordamos, face à legislação em vigor. Disponível em http://repositorio.ucp.pt/bitstream/10400.14/21940/1/Alexandra%20Catarina%20Silva%20Abrantes.pdf [*acedido em 23 de agosto de 2017*].

[594] https://www.europol.europa.eu/newsroom/news/massive-blow-to-criminal-dark-web-activities-after-globally-coordinated-operation [*acedido em 3 de agosto de 2017*].

de crédito, pornografia infantil, etc. No site encontravam-se registados mais de 200.000 utilizadores e 40.000 vendedores de todo o mundo. Continha mais de 250 mil listas de drogas ilegais e produtos químicos tóxicos, mais de 100 mil listas de documentos de identificação furtados ou fraudulentos, produtos falsificados, diversos programas de malware e demais ferramentas de hacking, armas de fogo ilegais, entre outros produtos[595].

§2. A cooperação internacional foi essencial para o desmantelamento deste comércio ilegal e para a detenção do seu principal autor. Foi liderada pelo FBI e envolveu os esforços de cooperação das agências congéneres da Tailândia, Holanda, Lituânia, Canadá, Reino Unido e França, juntamente com a Europol. Segundo afirmou o diretor interino do FBI, Andrew McCabe, na conferência de imprensa, *"[w]e're talking about multiple servers in different countries, hundreds of millions in cryptocurrency, and a Darknet drug trade that spanned the globe"*[596].

A dimensão deste mercado era enorme e segundo os investigadores tinha uma abrangência mundial, uma vez que as encomendas eram expedidas de todas as partes do mundo para todos os lugares do mundo. Pretendia-se iludir os investigadores relativamente à sua origem e aos seus autores. Apurou-se que o criador do site tinha consciência que eventualmente poderia ser monitorizado pelas autoridades, mas que devido à tecnologia Tor, encriptação de conteúdos e à dispersão geográfica, estivesse a salvo da ação da Justiça[597].

§3. A investigação desenvolvida utilizou uma combinação de técnicas conducentes à recolha de prova, tendo uma duração de 2 anos. Para além da monitorização do site, foi possível infiltrar agentes encobertos,

[595] O FBI descreveu o site *AlphaBay* como sendo 10 vezes maior que o seu antecessor *Silk Road*. A principal droga vendida era a heroína e fenantil, um produto químico que causa maior dependência, suspeitando-se que estes dois produtos tenham levado a várias mortes nos EUA por overdose, https://www.fbi.gov/news/stories/alphabay-takedown [*acedido em 3 de agosto de 2017*].

[596] https://www.fbi.gov/news/stories/alphabay-takedown [*acedido em 3 de agosto de 2017*].

[597] https://www.europol.europa.eu/newsroom/news/massive-blow-to-criminal-dark-web-activities-after-globally-coordinated-operation [*acedido em 3 de agosto de 2017*].

como se de verdadeiros utilizadores do site se tratassem. Foram usadas ferramentas forenses de recolha de prova digital e efetuaram-se compras neste mercado para se lograr a identificação dos remetentes[598].

§4. No início de julho o FBI deteve um cidadão canadiense, Alexandre Cazes, de 25 anos, que residia habitualmente na Tailândia, como sendo o autor do site. Este cidadão viria a pôr termo à vida, dias depois da sua detenção, no estabelecimento prisional onde se encontrava detido na Tailândia.

O trabalho do FBI ficou facilitado por diversos erros cometidos por Alexandre Cazes. Desde logo o facto de ter sempre utilizado o mesmo endereço de *email*, Pimp_Alex_91@hotmail.com, quer no site da empresa de que era titular quer quando este era associado aos *posts* que publicava em alguns sites da internet. Além disso Cazes também se identificava em fóruns utilizando o mesmo endereço de *email*.

No relatório de investigação do agente do FBI é referido que Cazes tinha os nicknames de "*Alpha02*" e de "*Admin*" e era o fundador do *AlphaBay*. Nos cabeçalhos técnicos das mensagens de correio eletrónico, que serviam para dar as boas-vindas aos utilizadores que se registavam no mercado *AlphaBay*, foram encontradas referências a este mesmo endereço de *email*. Endereço este que o FBI veio de decifrar como sendo do Alexandre Cazes, por conter a abreviatura do seu nome, Alex, o seu ano de nascimento, 91, e Pimp é um vocábulo inglês associado a proxenetas[599].

A infiltração dos agentes da CIA, com aquisição de heroína, fenantil e cartas de condução falsas, em cooperação com as congéneres dos países já mencionados logrou desmantelar o site da *Darkweb*, bem como deter

598 É impossível, por se tratarem de investigações tão recentes, quantificar os métodos utilizados na recolha de prova e identificação dos autores dos factos. Só com o desenrolar do processo, mormente ao nível do julgamento e recurso, se venham a apurar quais as técnicas utlizadas pela investigação.

599 Cfr. relatório detalhado do agente especial Jonh Rabaut, do DEA, disponível em https://regmedia.co.uk/2017/07/20/alphabay-cazes.pdf [*acedido em 4 de agosto de 2017*].

o seu autor e identificar muitos outros vendedores[600], os quais estão a ser alvo de investigações[601].

§5. Paralelamente a Polícia Nacional Holandesa investigava, também na internet profunda, o mercado concorrente do *AlphaBay*, denominado *Hansa*. Após o encerramento do primeiro, muitos vendedores e compradores deslocaram-se para o mercado *Hansa*, tendo sido possível identificar muitos deles pelo mesmo *nickname*[602].

A investigação realizada, com recurso a agentes encobertos digitais da Polícia Holandesa, levou a que fossem identificados dois indivíduos como sendo os administradores do mercado *Hansa*[603]. Estes indivíduos, de 30 e 31 anos, foram detidos em Siegen, NorthRhine-Westphalia, Alemanha, foram mantidos em prisão preventiva e só lhe foram permitidos contactos com os seus advogados.

A polícia holandesa logrou concomitantemente a identificação da hospedagem dos servidores, encontrando-se alojados na Lituânia. Deste modo efetuaram uma cópia exata de todo o conteúdo existe no servidor que continha o mercado *Hansa* e transferiram os seus serviços para a Holanda, logo após a detenção dos seus dois administradores. Durante algum tempo, sem que os utilizadores se tivessem apercebido que o mercado estava sobre controle da polícia, os investigadores[604] conseguiram obter prova que um grande número de vendedores e compradores nego-

[600] Cfr. acusação do Ministério Público no caso *USA vs Cazes*, disponível em https://www.justice.gov/opa/press-release/file/982826/download [*acedido em 4 de agosto de 2017*].

[601] O Ministério Público dos EUA já deduziu onze acusações contra vendedores identificados, que utilizavam o mercado *AlphaBay* como plataforma de venda, https://arstechnica.com/tech-policy/2017/09/feds-in-california-are-aggressively-going-after-silk-road-alphabay-vendors/ [*acedido em 23 de outubro de 2017*].

[602] https://www.fbi.gov/news/stories/alphabay-takedown [*acedido em 3 de agosto de 2017*].
A polícia holandesa verificou que após o encerramento do mercado *AlphaBay*, o mercado *Hansa* teve um incremento de 1.000 para 8.000 utilizadores diários, https://thenextweb.com/insider/2017/07/21/dark-web-drug-market-alphabay-dream/ [*acedido em 3 de agosto de 2017*].

[603] Cfr. https://nos.nl/artikel/2184181-politie-pakt-criminelen-door-overname-illegale-han delsplaats-hansa.html [*acedido em 1 de agosto de 2017*].

[604] *High Tech Crime Team* e *Darkweb Team* da Polícia Holandesa e o *Public Prosecution Service* (Ministério Público) https://www.politie.nl/en/news/2017/july/20/underground-hansa-market-taken-over-and-shut-down.html [*acedido em 3 de agosto de 2017*].

ciavam principalmente drogas duras naquela plataforma digital[605]. Todos os nomes dos utilizadores e suas respetivas senhas foram intercetados, bem como mensagens sem qualquer tipo de encriptação[606]. À Europol foram transmitidos mais de 10.000 endereços estrangeiros de compradores e na Holanda, junto dos serviços de distribuição postal foram emanadas ordens para que cessassem a entrega de mais de 500 encomendas[607].

Com o controle[608] sobre o mercado *Hansa* a polícia consegui identificar os IP's dos utilizadores e consequentemente, através dos ISP's, a identificação dos clientes a quem tinha sido atribuído aquele IP, na data e hora apurados.

§6. A operação *Bayonet* conseguiu provar que a cooperação judiciária, aliada a técnicas de investigação na *Darkweb*, tais como o uso do agente encoberto digital, o cruzamento de informação dos remetentes de encomendas, a pesquisa em fontes abertas e a utilização de ferramentas foren-

[605] Informação da Polícia Nacional Holandesa refere que em média 1.000 pedidos por dia foram colocados em resposta a 40.000 anúncios, existindo mais de 50 mil transações, desde que a polícia deteve o controle do site, https://www.politie.nl/en/news/2017/july/20/underground-hansa-market-taken-over-and-shut-down.html [*acedido em 3 de agosto de 2017*].

[606] Tal foi possível face à polícia estar a controlar as comunicações num dos extremos, ou seja, as mensagens chegavam encriptadas, posteriormente o sistema procedia à sua desencriptação. Como referimos se a polícia estivesse a proceder a uma interceção da comunicação não conseguiria compreender o conteúdo das mensagens por estas estarem codificadas.

[607] Cfr. https://www.politie.nl/en/news/2017/july/20/underground-hansa-market-taken-over-and-shut-down.html [*acedido em 3 de agosto de 2017*].

[608] Não questionamos, por não termos analisado a legislação Holandesa, se este tipo de aquisição de prova é considerado ação encoberta ou se é permitida legalmente naquele país por força de outra disposição jurídica. Em Portugal cremos que tal situação deverá ser considerada prova nula por não se enquadrar nem nos termos do RJAE nem nos termos do art. 19.º da Lei n.º 109/2009, uma vez que não se está a realizar nenhuma interceção de comunicações. Efetivamente, se esta situação fosse em Portugal, os agentes policiais *in casu* encontram-se no fim da comunicação e estão a agir, utilizando um meio enganoso de obtenção de prova, levando a crer aos utilizadores do mercado Hansa que eram os seus administradores. COSTA ANDRADE refere, com referência ao §136 a) *StPO*, "*[c]omo se compreende a extensão da proibição de valoração às provas obtidas mediante* erro fraudulentamente induzido, *pelo menos tratando-se de erro dolosamente provocado pelos agentes das instâncias formais de controlo.*" MANUEL DA COSTA ANDRADE, *Sobre as proibições de prova...*, *Ob. Cit.*, *Cit.* p. 152.

ses na aquisição de dados digitais, produz resultados profícuos no combate da crminialidade à escala mundial.

A investigação deste tipo de criminalidade, que opera no *lado escuro* da internet tem que passar, necessariamente, pela cooperação judiciária e envolvimento de agências de *intelligence*, como a Europol e Interpol, entre outras.

III
O Futuro e a Investigação de Crimes Digitais

1. A urgência de novas leis processuais de âmbito digital

§1. Ficaria incompleto o nosso trabalho, após esta exposição, se não dedicássemos um espaço ao futuro da investigação de crimes digitais. Com humildade sugerimos alterações legislativas que se impõem face aos problemas aqui vertidos e que se irão adensar com a evolução da tecnologia, num futuro próximo. Neste capítulo, em jeito de motivação da criação de nova legislação ou contributo sério para a discussão deste tema, sob outro prisma, resumimos os principais vetores que nos levam a sugerir tais alterações.

Desde já temos que referir que as leis processuais que atualmente temos em vigor não são as mais adequadas aos fins que se pretendem atingir quando nos debruçamos sobre investigações na internet. Necessitamos por isso de nova legislação ou de uma alteração profunda na legislação existente para que possamos enxargar que a realidade virtual não é uma mascara da analógica, face à conjuntura atual do desenvolvimento tecnológico.

O mundo *virtual* não se equipara, de modo algum, com o mundo real. Esta equiparação jamais se deverá fazer, por se cair no erro de igualar situações que são distintas e que requerem tratamentos e abordagens de formas diversas. Donde se exige uma mente mais aberta e abrangente, questionando novos *modus operandi*, novas situações de práticas criminais e formas eficazes de combate[609].

[609] Cameron S. D. Brown, «Investigating and Prosecuting Cyber Crime: Forensic Dependencies and Barriers to Justice», *International Journal of Cyber Criminology*, Vol 9 Issue 1, Janu-

§2. Ao longo desta monografia tentamos demonstrar que efetuar uma ação encoberta na internet, com as normas jurídicas atualmente positivadas não é tarefa fácil. Não nos podemos apenas deter no que à ação provocadora o agente encoberto possa empreender, para obter prova que indicíe o suspeito. Urge demonstrar que as provas obtidas, sem que tenha havido provocação, estão de acordo com os princípios estruturantes da Constituição da República e das *infra leges* que lhe devem obdiência[610].

Num sistema cada vez mais global, onde o balizamento de fronteiras – no que toca à internet – sucumbe por terra por serem impossíveis de definir, tem que assentar a recolha de prova digital, pelo agente encoberto digital, na cooperação judiciária internacional[611]. A prova digital com todas as características que lhe estão associadas, as quais fomos dando detalhadamente referência ao longo do texto, necessita de ser expeditamente recolhida e de forma inequívoca, para que não seja contaminada ou que a parte da defesa coloque em crise a sua recolha. Cada vez mais a recolha de prova necessita de ser obtida com recurso a ferramentas forenses que certifiquem a sua aquisição, afastando qualquer *indubio pro reo* que possa surgir em fase de julgamento.

§3. Na senda mundial temos assistido ao terrorismo e ao clima de terror que tem espalhado nos mais diversos países, em especial para aqueles que se encontram mais desenvolvidos. Muitas das ações terroristas, ainda que perpetradas por um só indivíduo, são orquestradas através de comunicações realizadas em diversos canais da internet. Não se deverá, sob a

ary – June, 2015, pp. 61-68.

[610] Rogério Bravo chega mesmo a afirmar "*[d]onde falar em "mitigação de incidentes de segurança", "prevenção criminal", "repressão criminal" quando relacionado com o ciberespaço obriga a ter a consciência das características especiais deste espaço quando comparado com os demais. Trata-se de uma escala global, transnacional, fácil de citar, mas difícil de apreender.*" Rogério Bravo, «Cibercriminalidade o desafio jurídico da "revolução tecnológica"», *Boletim da Ordem dos Advogados*, n.º 2, julho de 2017, disponível *online* em http://boletim.oa.pt/oa-02/entrevistas [*acedido em 23 de julho de 2017*].

[611] Veja-se recentemente, em julho de 2017, o sucesso da operação *Bayonet* coordenada pela Europol onde a cooperação judiciária com o FBI, a Polícia Nacional Holandesa e demais congéneres policiais https://www.europol.europa.eu/newsroom/news/massive-blow-to-criminal-dark-web-activities-after-globally-coordinated-operation [*acedido em 3 de agosto de 2017*].

capa do terrorismo, legislar de forma compulsiva e abrupta, como parece ter vindo a suceder nas instâncias europeias e, por arrasto, no nosso país[612]. Antes se deverão seguir, não só no tocante ao terrorismo, como na generalidade da criminalidade, políticas de prevenção, antecipando o facto constituivo de crime e evitando que o dano se produza no indivíduo e na sociedade em geral[613].

Deveremos ter leis que efetivamente reforcem a segurança do cidadão e que os criminosos não saiam impunes do sistema de justiça. De nada serve ter leis antiquadas e desajustadas da realidade levando a que os suspeitos do crime saiam ilesos dos factos que cometeram[614]. E não se

[612] A este respeito remetemos para o nosso estudo «A prova digital na investigação do (ciber) terrorismo», *Investigação Criminal*, n.º 9, (dezembro 2015), Lisboa, pp. 111 a 135.

[613] A Resolução n.º 7-A/2015, de 20 de fevereiro, do Conselho de Ministros, vem definir 5 itens referente ao combate ao terrismo, baseados na prevenção, ou seja:

a) Detetar – Identificar precocemente potenciais ameaças terroristas, mediante a aquisição do conhecimento essencial para um combate eficaz, tanto na perspetiva do seu desmantelamento isolado, quanto da deteção de outros focos de ação terrorista. A recolha, tratamento e análise de dados e informações e a sua disponibilização recíproca entre entidades responsáveis neste domínio, no território nacional e no estrangeiro, permite antecipar o conhecimento e a avaliação de ofensivas em preparação;

b) Prevenir – Conhecer e identificar as causas que determinam o surgimento de processos de radicalização, de recrutamento e de atos terroristas. O domínio dos factos que potenciam a sua expansão permite a adoção de medidas que obstem ao seu surgimento e desenvolvimento;

c) Proteger – Fortalecer a segurança dos alvos prioritários, reduzindo quer a sua vulnerabilidade, quer o impacto de potenciais ameaças terroristas. A proteção concretiza-se no aumento da segurança das pessoas, das fronteiras, da circulação de capitais, das mercadorias, dos transportes, da energia e das infraestruturas críticas, nacionais e ou europeias;

d) Perseguir – Desmantelar ou neutralizar as iniciativas terroristas, projetadas ou em execução, e as suas redes de apoio, impedir as deslocações e as comunicações e o acesso ao financiamento e aos materiais utilizáveis em atentados e submeter os fenómenos terroristas à ação da justiça;

e) Responder – Gerir operacionalmente todos os meios a utilizar na reação a ocorrências terroristas. A capacidade de resposta permite limitar as suas consequências, quer ao nível humano, quer ao nível das infraestruturas. A resposta incide ainda na assistência, tendo em consideração as necessidades especiais das vítimas e das testemunhas.

[614] Nos dias que correm é usual e recorrente o uso de redes sociais. Inexiste em Portugal qualquer tipificação que condene a usurpação de identidade (também há quem se refira a esta usurpação como furto ou roubo de identidade). Desta forma os meliantes retiram partido ao criarem perfis com o nome de uma terceira pessoa, usando por vezes fotografias dessa pessoa

trata somente de atos de terrorismo, como de criminalidade altamente organizada que recorre aos mais diversos expedientes para a prossecução da sua atividade delitual.

§4. A *oportunidade perdida* da reforma de 2007[615], e posteriormente em 2009 e 2012, no que toca a legislação penal, poderá ainda ser colmatada se forem tomados em conta os argumentos que explanamos anteriormente. "*O Tribunal Constitucional vem naturalmente abrindo o processo penal às possibilidades de investigação sem precedentes que as novas tecnologias oferecem. Fá-lo, porém sob reserva de um conjunto de articulado e exigente de pressupostos e condicionalismos. Entre os quais avulta, à cabeça, uma expressa e cortante exigência de* legalidade *e de* reserva de lei. *Só uma lei expressa, clara e determinada, especificamente reportada à técnica em causa, definidora e delimitadora da respectiva medida de invasividade e devassa, pode legitimar a sua utilização como meio de obtenção de prova em processo penal*"[616].

A alteração à LC em 2021[617], redundou apenas na introdução de novos artigos na Lei do Cibercrime, referente aos crimes relacionados com a fraude e a contrafação de meios de pagamento que não em numerário. Alterou os artigos 3.º, 6.º, 19.º, 20.º, 21.º, 25 e 30.º da Lei do Cibercrime. No tocante ao art. 19.º – ações encobertas – a alteração prendeu-se com os meios de pagamento que não em numerário, aditando a expressão "*o abuso de cartão de garantia ou de cartão, dispositivo ou dados de pagamento*".

Donde, apenas se ampliou o catálogo de crimes onde é admissível a realização de ações encobertas, não tendo havido qualquer alteração substâncial na formalidade deste meio de obtenção de prova.

e montam um esquema de burla junto dos amigos da verdadeira pessoa ou increvem a verdadeira pessoa em serviços, para os quais não pretende ser contactada, para futura aquisição.

[615] Nas palavras de Manuel da Costa Andrade, «Bruscamente no verão passado», a reforma do Código de Processo Penal..., *Ob. Cit.*, pp. 28-43.

[616] *Ibidem, Cit.*, pp. 22-23.

[617] Operada pela Lei n.º 79/2021, de 24 de novembro.

2. A evolução tecnológica ainda nos consegue surpreender

2.1. A internet das coisas e as práticas criminais

§1. A internet das coisas (*Internet of Things* ou, simplesmente, IoT) é um novo mundo que todos os dias nos traz novidades tecnológicas. O desenvolvimento da tecnologia informática que por si só consegue realizar tarefas rotineiras está na ordem do dia e é um nicho de mercado apetível pelos consumidores.

Mas afinal o que é a IoT? Poderemos definir internet das coisas como um sistema de dispositivos inter-relacionados, máquinas e objetos mecânicos digitais, providos de um identificador único (sensores RFID[618]) que lhes permite a capacidade de transferir dados através de uma rede sem requerer a intervenção humana[619].

A internet das coisas já existe há alguns anos, mas tem, nos últimos tempos, intensificado o seu desenvolvimento, mormente com o surgimento da tecnologia 5G. Atualmente é possível a partir de uma aplicação de telemóvel ligar ou desligar as luzes de casa, subir ou descer as persianas da mesma ou realizar uma série de outras atividades conexas no interior de uma habitação, de forma remota. De igual modo é possível programar o aspirador para efetuar a aspiração quando todos estão ausentes ou programar o frigorífico para que efetue as compras on-line sempre que o *stock* de determinado produto esteja a esgotar-se. Exemplos não nos faltariam para exemplificar a aplicabilidade da IoT nas rotinas do dia-a-dia na atualidade. Mas a aplicabilidade da IoT não se fica por lides domésticas. Há sapatilhas que comunicam com o *smartphone* ou *smartwatch* enviando dados estatísticos do percurso percorrido, médias atingidas a cada quilómetro, etc, etc. Há relógios inteligentes que monitorizam a frequência cardíaca do seu utilizador, o sono, as atividades desportivas e as calorias queimadas, entre outras opções de receber e enviar mensagens escritas, atender e realizar chamadas telefónicas e, da principal tarefa enquanto relógio, mostrar as horas.

[618] Radio frequency identification.

[619] http://internetofthingsagenda.techtarget.com/definition/Internet-of-Things-IoT [*acedido em 2 de agosto de 2017*].

§2. O avanço da tecnologia na IoT deve-se em grande parte à possibilidade de ser atribuído um IP a cada máquina. Com a mudança do IPv4 para IPv6, é possível atribuir a cada átomo existente no planeta Terra um endereço de IP e ainda sobram mais endereços para aproximadamente outros 100 planetas Terra[620]. Com esta possibilidade de atribuição de IP's as máquinas poderão ficar constantemente ligadas, com o mesmo IP, facilitando o acesso remoto às mesmas e o controlo à distância.

Sendo uma área em expansão, é naturalmente muito apetecível pelos cibercriminosos, uma vez que poderão obter lucros através de atividades ilícitas, explorando fragilidades dos sistemas informáticos. Acresce que se pensarmos na utilização da IoT para além da utilização doméstica, mormente no âmbito industrial, os efeitos nefastos poderão ser em larga escala. A este respeito veja-se o caso meramente académico de um sistema hospitalar que comunica automaticamente a falta de stock de um componente nos seus frigoríficos ao seu fornecedor. Existindo uma intrusão no sistema informático, esse componente pode ser alterado e a compra efetuada a outro fornecedor, sendo que aplicado em doentes esse componente pode levar à morte dos pacientes daquele serviço hospitalar[621].

§3. A IoT tem efetivamente sido alvo de cobiça por indivíduos no mundo criminal. Muitas vezes não são apenas os resgates de dados digitais que estão na ordem do dia, tais como sucede com a encriptação de dados através do uso de ransomware. Nos dias atuais a compilação de Dados Pessoais e o seu tratamento, que posteriormente são vendidos a empresas, valem milhares e milhares de euros. Acresce que esta forma de ataque pode ser silênciosa, desde logo porque a segurança no IoT é

[620] Sobre as carateristicas do IPv6 e as suas funcionalidades remetemos para http://searchenterprisewan.techtarget.com/definition/IPv6 [*acedido em 2 de agosto de 2017*]. Michael Dooley e Timothy Rooney, *IPv6 Deployment and Management*, IEEE Press, 2013, pp. 13-35.

[621] Embora não tenha existido algo semelhante já entre nós tivemos situações que poderiam ter ocasionado efeitos nefastos, sendo que tal não chegou a acontecer, tais como troca de exames médicos, alteração de medicação, etc., como foi o recente ataque ao sistema informático do Hospital Garcia de Orta – Almada, que se suspeita tenha sido usada a técnica de *ramsomware* – encriptação dos conteúdos digitais e posterior resgaste em moeda virtual *Bitcoin* – como foi noticiado pelo Jornal Sol em https://sol.sapo.pt/artigo/549734/piratas-informaticos-atacam-hospital-garcia-de-orta- [*acedido em 18 de fevereiro de 2017*].

menor e porque a maioria dos utilizadores não se encontra sensibilizado para a segurança informática.

Casos como os divulgados, em fevereiro de 2015, pela marca de televisores Samsung[622], alertando os seus consumidores para que não tenham conversas privadas junto destes aparelhos inteligentes (*smartTV*) em virtude de estas capturarem, e partilharem esta informação, são cada vez mais frequentes. Mais recentemente uma empresa que produziu robôs de aspiração autónomos e decidiu implementar um módulo nestes aparelhos de forma a que eles interajam com outros eletrodomésticos e obtenham dados das dimensões da casa, reenviando esses elementos para o produtor[623]. O produtor após a difusão anónima desta notícia veio corrigir a informação veiculada afirmando que esta recolha de dados apenas seria efetuada com o consentimento do cliente.

§4. O uso massivo da IoT, nesta dicotomia entre a evolução para o bem da ciência e para o mal, levará certamente a um aumento exponencial de cibercrimes. Neste campo os órgãos de polícia criminal terão que atuar em conformidade com a evolução tecnológica e dispor de ferramentas legais e técnicas para procederem às respetivas investigações com sucesso. Como será expectável o recurso ao agente encoberto digital irá ser uma valência fulcral para a descoberta da verdade material e imputação objetiva dos factos aos delinquentes. Com o desenvolvimento da tecnologia é igualmente expectável que aumentem as formas de anonimização e estas sejam redundantemente usadas pelos cibercriminosos.

Urge, também por outro lado, que a Polícia se socorra do uso do agente encoberto digital para prevenir a prática de ilícitos criminosos. Tal como já sucede no RJAE, a prevenção deverá ser tida em conta. Não se pretende afirmar que que o futuro passe por uma monitorização da

[622] Comunicado oficial da Samsung pode ser acedido aqui: https://www.samsung.com/uk/info/privacy-SmartTV/?CID=AFL-hq-mul-0813-11000170. Entre nós a notícia foi amplamente divulgada entre outros https://www.publico.pt/2015/02/09/tecnologia/noticia/smarttv-da-samsung-pode-gravar-conversas-e-partilhar-informacao-1685528 [*acedidos em 2 de agosto de 2017*]

[623] https://www.reuters.com/article/us-irobot-strategy-idUSKBN1A91A5 [*acedido em 2 de agosto de 2017*].

internet ou da IoT, mas tão somente que em casos sinalizados, devidamente justificados e de especial complexidade de investigação se recorra ao agente encoberto digital para deslindar e prevenir a prática de crimes perpetrados através das redes de informação e comunicação. Um forte dispositivo preventivo acarretará consigo não só um país mais seguro, como uma maior confiança dos cidadãos no sistema democrático e consequentemente uma redução do número de vítimas de crimes informáticos.

Resumindo, usando as palavras do maior poeta português, há que "*adivinhar perigos e evitá-los*"[624] de modo a que as práticas criminais não se sobreponham aos avanços tecnológicos.

2.2. Tendências do futuro

§1. É difícil efetuar uma previsão do futuro a nível da evolução da tecnologia e da necessidade de normas jurídicas para a investigação de crimes informáticos, em especial quando for necessário recorrendo ao agente encoberto digital. Aliás um dos princípios do Direito Penal é o da intervenção mínima, isto é, que deve apenas ser utilizado quando efetivamente se revele como estritamente necessário, salvaguardando, desde logo, que o recurso a outros sistemas ou medidas se tenham tornado ineficazes ou tenham sido manifestamente insuficientes, como decorre do art. 18.º, n.º 2, da CRP[625].

Poderemos dizer que o futuro já é cada vez mais o dia de hoje, tal é a rapidez com que os acontecimentos tecnológicos acontecem e radicalizam a vida de uma sociedade. Nestes avanços e inovações tecnológicas

[624] Luis de Camões, *Os Lusíadas*, Canto VIII – §89, Porto Editora.

[625] A este respeito refere-nos Jorge de Figueiredo Dias que "*[o] art. 18.° – 2 da CRP, por seu lado, deve porventura reputar-se o preceito político-criminalmente mais relevante de todo o texto constitucional: vinculando a uma estreita analogia material entre a ordem axiológica constitucional e a ordem legal dos bens jurídico-penais, e subordinando toda a intervenção penal a um estrito princípio da necessidade, ele obriga, por um lado, a toda a descriminalização possível; proíbe, por outro lado, qualquer criminalização dispensável, o que vale por dizer que não impõe, em via de princípio, qualquer criminalização em função exclusiva de um certo bem jurídico; e sugere, ainda por outro lado, que só razões de prevenção nomeadamente de prevenção geral de integração, podem justificar a aplicação de reacções criminais.*" Jorge de Figueiredo Dias, *Direito Penal Portugês – As consequências Jurídicas do Crime*, Coimbra Editora, 2005, p. 84.

encontramos o maior desafio do Séc. XXI: o uso da robótica e da inteligência artificial.

§2. A robótica está a ganhar terreno, sendo constantemente utilizada na indústria e muito em breve entre os particulares também. Os gigantes das tecnologias, como a *Google, Microsoft, Facebook, Apple*, entre outros, utilizam diariamente máquinas robôs para desempenharem tarefas como assistentes pessoais, reconhecimento de imagens, de voz, de abuso de publicações contendo imagens de cariz sexual, por exemplo, etc. Este incremento levou inclusive a que algumas destas empresas unissem esforços para desenvolverem projetos comuns relativos a pesquisa de inteligência artificial[626].

Entre nós a inteligência artificial e a robótica também já começam a dar sinais de existência e de utilidade. A este respeito veja-se o projeto desenvolvido, por um conceituado escritório de advogados, para o uso de um robô que desempenhe no futuro as funções de acesso ao portal do Citius, verifique prazos e notificações de todos os advogados desse escritório[627].

Ainda bem recentementemente foi noticiado que a rede social *Facebook* tinha desligado dois sistemas de inteligência artificial por estes terem conseguido, de forma autónoma, desenvolver um novo tipo de linguagem que lhes permitia comunicar entre eles mais facilmente[628].

§3. Os desafios, como será expectável, serão imensos. E não só ao nível de até onde poderão a robótica e a inteligência artificial chegar, mas que consequências advirão de algumas condutas empreendidas por robôs ou humanos adulterando estes, para outras finalidades que não as inicialmente programadas.

[626] https://www.theguardian.com/technology/2016/sep/28/google-facebook-amazon-ibm-microsoft-partnership-on-ai-tech-firms [*acedido em 5 de agosto de 2017*].

[627] http://www.advocatus.pt/sociedades-de-advogados/14534-plmj-implementa-inteligencia-artificial.html [*acedido em 25 de agosto de 2017*].

[628] Cfr. http://observador.pt/2017/08/01/facebook-desliga-dois-robos-de-inteligencia-artificial-que-inventaram-a-propria-lingua/ [*acedido em 1 de agosto de 2017*].

Analisaremos três situações em concreto que poderão ocorrer no futuro. Primeiro: um robô que consiga ganhar autonomia e venha a praticar crimes[629]. Deverá ser "condenado"? Qual a medida da pena? E, em último recurso, será admissível que o robô seja desligado, equivalendo este "desligamento" à pena de morte? Interjeições que necessariamente, num futuro próximo, estarão em cima da mesa e subverterão também os princípios de Direito e a forma como na atualidade encaramos os cibercriminosos. Segundo: um crime provocado pela colisão de dois robôs, ou seja, dois robôs-carros levando os seus passageiros chocam, provocando a morte dos utilizadores porque existiu desrespeito pela sinalização de trânsito[630]. Terceiro: o robô que é manipulado por um ser-humano e é (re)programado para a prática de crimes.

Estas e outras aplicações influenciarão o futuro das sociedades, não só ao nível da tecnologia como ao nível das relações pessoais-robóticas e da intervenção necessária que caberá ao Direito para solucionar conflitos que irão existir.

§4. Apontamos, por estes factores enunciados e outros tanto que nos escapam e que poderão existir no futuro, que os meios de investigação tenham que evoluir no sentido de conseguir não só acompanhar a evolução tecnológica como o desenvolvimento da sociedade em que está inserida, no seu todo. Se hoje poderá não fazer sentido colocar um robô como agente encoberto digital, num futuro próximo esse será o caminho que as autoridades policiais terão que calcorrear para conseguirem investigar certos e determinados crimes[631]. A robótica auxiliará de forma autonoma

[629] Se atualmente se discute se os robôs deverão ou não pagar impostos, seria também útil uma discussão pública sobre a responsabilidade criminal dos robôs.

[630] No futuro estima-se que existam automóveis inteligentes que se guiam por si próprio e que sejam partilhados entre diversos utilizadores, https://www.forbes.com/sites/pikeresearch/2016/06/13/the-future-is-now-smart-cars/#6401cfdb509c [*acedido em 31 de janeiro de 2017*].

[631] Ana Elisabete Ferreira, investigadora do Centro de Direito Biomédico da Faculdade de Direito da Universidade de Coimbra, alerta para a necessidade de se criar um estatuto próprio para os robôs. No estudo que está a realizar desde 2011, a investigadora afirma que "*[o] Direito não está preparado para regular as relações sociais, profissionais e pessoais entre humanos e robôs*" e que "*a programação da inteligência artificial é hoje muito complexa e já não se limita a dizer ao robô*

a recolha de prova, mormente na análise de imagens em tempo real, onde a análise algorítma aos rostos, por exemplo, poderão levar indubitavelmente à identificação de suspeitos[632]. Este é já a solução implementada pela Polícia de Chicago onde está a ser utilizada a Inteligência Artificial, que correlaciona mapas e dados de crimes referentes a uma determinada área, um bairro problemático, obtendo-se uma redução da criminalidade em 39%, quando comparado no mesmo período homólogo de 2016 e 2017[633]. Outras atividades podem ser desenvolvidas por robôs, a nível da investigação criminal, tais como a análise de *logs* num sistema informático ou para ler expressões faciais, por exemplo[634].

Vaticinamos que todos os esforços que forem empreendidos no combate ao crime são sempre de acolher, desde que os valores éticos e morais

o que fazer – prepara o robô para fazer escolhas éticas, com base naquilo que um ser humano, em regra, faria". https://www.delas.pt/inteligenciaartificial-estatutojuridico/ [*acedido em 23 de setembro de 2017*].

Também o Parlamento Europeu se debruça sobre esta temática através da constituição de um grupo de trabalho relacionado com a Robótica e Inteligência Artificial, tendo sido já apresentado, em março de 2017, um trabalho relacionado com o futuro dos transportes e as novas tecnologias. Disponível em http://www.europarl.europa.eu/committees/pt/juri/subject-files.html?id=20150504CDT00301 [*acedido em 20 de agosto de 2017*].

Estas e outras informações, acerca da Robótica e Inteligência Artificial, podem ser consultados no site elaborado especificamente para o efeito em https://ec.europa.eu/digital-single-market/en/news/robots-more-europeans-know-them-more-they-them [*acedido em 26 de agosto de 2017*].

632 A Google anunciava em 22 de setembro de 2016, no seu blog de tecnologia, que o código usado [naquela data] conseguia identificar 93,9% de fotos com imagens de rostos. https://research.googleblog.com/2016/09/show-and-tell-image-captioning-open.html [*acedido em 26 de agosto de 2017*].

633 https://www.muycomputer.com/2017/08/08/inteligencia-artificial-policia-delitos/ [*acedido em 27 de agosto de 2017*].

634 Os registos informáticos dos utilizadores dos serviços de redes de informação e comunicação são cada vez mais e maiores. Sem registos é impossível imputar a um utilizador determinada ação realizada através da internet ou de acesso a bases de dados, por exemplo. A análise exaustiva destes registos é deveras enfadonha e cansativa, embora ela possa ser realizada em segundos por um robô. A analise de expressões faciais, já utilizada na Polícia do Dubai por um robô polícia, é uma mais valia para averiguar se as testemunham estão a falar com verdade. Cfr., para mais desenvolvimentos, https://www.forbes.com/sites/bernardmarr/2017/09/19/how-robots-iot-and-artificial-intelligence-are-transforming-the-police/#2d4dd7805d61 [*acedido em 23 de outubro de 2017*].

sejam jamais ultrapassados ou relegados para segundo plano. Embora a Inteligência Artificial e a Robótica não tenham para já sentimentos, urge salvaguardar que a condição humana não fique subjugada aos atropelos que se poderão cometer por estas máquinas por si inventadas.

3. Proposta de legislação processual penal sobre o agente encoberto digital

3.1. Considerações explicativas

§1. Nas linhas que se seguem não pretendemos criar normas jurídicas completas. Esse labor científico requer, entre outros, conhecimentos de legística, isto é, métodos e técnicas que se destinam a assegurar a qualidade formal e substancial dos atos legislativos[635]. Os diplomas que analisaremos refletem o vazio legislativo a que se encontra a recolha de prova de âmbito digital, mormente no que diz respeito à utilização do agente encoberto em investigações de crimes cometidos através de dispositivos informáticos. Pretendemos despretenciosamente elencar alguns diplomas que necessitam urgentemente de ser revistos ou revogados definitivamente, sob pena de que futuramente a prova obtida por meios informáticos esteja inquinada e não possa ser valorada em sede de julgamento.

§2. Somos apologistas que, à semelhança do que se faz em Espanha, Itália e Alemanha, sistemas jurídicos que analisamos anteriormente, deveriam constar no Código de Processo Penal todas as normas relativamente à marcha processual, onde se inclui a recolha de prova[636]. Inclusive deveria constar do CPP o regime jurídico do agente encoberto.

[635] Carlos Blanco de Morais, *Manual de Legística – Critérios científicos e técnicos para legislar melhor*, Editorial Verbo, 2007, *cit.* p. 209.

[636] Manuel Costa Andrade, Manuel Guedes Valente, entre outros, defendem o princípio da reserva de código, por ser desta forma que por um lado se garantia a função de segurança (jurídica) aos cidadãos – ao povo – e a exigente e imperiosa necessidade de consciência sistemática-dognática do e ao Direito Penal.
A este respeito também Luigi Ferrajoli, *Direito e razão: teoria do garantismo penal*, Editora Revista dos Tribunais, S. Paulo, 2002; Norberto Bobbio, *Giusnaturalismo e positivismo giuridico*, Edizioni di Comunità, Milano, 1965, pp. 81-83 e 116.; Reinhold Zippelius, *Juristische Methodenlehre*, 11.ª ed., Munique, 2012.

Entre nós há o hábito de se legislar bastante e daí advirem novas leis avulsas, alterações sobre alterações, inclusive com repristinação de normas anteriormente revogadas[637]. Tal gera a existência de muitas leis que, não só dificultam o papel do aplicador do direito como do intérprete, culminam algumas vezes, no tocante ao mesmo assunto, em sentidos contraditórios ou incompletos[638].

Se as normas objetivas poderão efetivamente ser mais voláteis ao avanço dos tempos, com a modificação dos valores da sociedade e alteração das condutas nelas inseridas, as normas adjetivas são mais estanques a essa evolução e perduram mais tempo sem sofrerem alterações.

§3. Não advogamos que exista legislação tabelar sobre a forma de métodos de recolha de prova, mas num Estado de Direito Democrático e em obediência a princípios basilares e estruturantes da nossa sociedade, exige-se que exista um mínimo de normas relativas à prova, protegendo-se o cidadão de provas obtidas de forma ilegal. Efetivamente alguns autores[639], remetem para o regime de provas atípicas, ou seja, para o art. 126.º do CPP (em especial para o n.º 3) a obtenção de prova com recurso a novas tecnologias. E, desta forma, todas as provas obtidas que não colidam com este artigo são consideradas provas válidas. Deste modo, consideremos inaceitável esta forma de justificação porquanto, mesmo que não se encontre debaixo deste "chapéu" normativo, há métodos proibidos de prova que, pese embora não se encontrem aqui consagrados, são

[637] Foi a Ministra da Justiça, Francisca Van Dunen, que o assumiu sem rodeios, no discurso que proferiu na cerimónia de abertura do ano judicial, em 1 de setembro de 2016, no Supremo Tribunal de Justiça, afirmando: *"[i]mpõe-se, sim, no presente e no futuro próximo, intervir nas componentes do sistema em que se diagnosticam entropias.*
Desde logo, na superstrutura: a legislação. Legislar menos, mas legislar melhor. Com mais ponderação da necessidade, melhor articulação, mais clareza." Boletim da Ordem dos Advogados, n.º 142, setembro de 2016, pp. 13-16, *Cit.*, p. 14, disponível também em https://portal.oa.pt/media/119877/ordem_142_baixa.pdf [*acedido em 10 de julho de 2017*].

[638] Vejam-se as definições de *Dados de Tráfego* constante no art. 2.º da Lei 41/2004 e no art. 2.º da Lei n.º 109/2009 ou da Lei n.º 32/2008 que adota a definição da Lei n.º 41/2004.

[639] Duarte Alberto Rodrigues Nunes, *O problema da admissibilidade...*, *Ob. Cit.*, pp. 414-416.

inaceitáveis no Séc. XXI, tal como a usurpação de identidade por elemento policial, sem conhecimento do seu titular[640].

3.2. Alteração da Lei n.º 101/2001, de 25 de agosto

§1. O RJAE, como já foi referido, remonta a 2001 e apenas sofreu duas alterações legislativas para introdução de crimes no catálogo ali previsto, nos quais é admissível a realização de ações encobertas, seja a título preventivo seja na pendência de um inquérito.

Trata-se de um diploma com mais de 20 anos, elaborado para uma realidade que atualmente se encontra bastante modificada a todos os níveis. Em 20 anos as tecnologias informáticas, as redes de informação e comunicação sofreram um avassalador desenvolvimento. A capacidade de armazemento de dispositivos aumentou, reduzindo-se o tamanho físico e também a velocidade de envio/receção de dados aumentou abruptamente.

Poderemos dizer que o RJAE foi criado para fazer face ao combate do tráfico de produtos estupefacientes, criminalidade económica e criminalidade altamente organizada e assim uniformizar num só diploma um regime jurídico necessário. Como demos conta *supra*, foram revogados artigos de legislação avulsa aquando da criação deste Regime Júridico das Ações Encobertas[641].

[640] Reportamo-nos à situação de um utilizador de um grupo restrito de troca de imagens de abuso sexual de menores ter sido alvo de busca domiciliária e detenção. Nesse âmbito, porque o computador se encontrava ligado e com acesso ao grupo restrito, a polícia apoderou-se das credenciais de acesso (que se encontravam registadas no browser de acesso à internet) e continou a utilizar este acesso, fazendo-se passar pelo referido utilizador, com a finalidade de identificar outros abusadores sexuais em território nacional e no estrangeiro, comunicando esta identificação a esses países via Interpol. Este procedimento foi autorizado pelo Ministério Público e enquadrado como agente encoberto, nos termos do RJAE, embora não tenha havido por parte do Diretor Nacional da PJ a solicitação, junto da Ministra da Justiça para alteração da identidade do agente. Por outro lado, porém, o RJAE não dispõe de qualquer norma relativamente à recolha de prova pelo agente encoberto, apenas estipula os seus pressupostos. Donde, salvo melhor entendimento em sentido contrário, que existiu aqui a identificação de suspeitos recorrendo a meio de obtenção de prova proibido.

[641] Referido no art. 7.º do RJAE:
"São revogados:
Os artigos 59.º e 59.º-A do Decreto-Lei n.º 15/93, de 22 de Janeiro;
O artigo 6.º da Lei n.º 36/94, de 29 de Setembro."

§2. Atualmente o RJAE deveria prever situações de ações encobertas através da internet e/ou usando tecnologia informática digital. Por questões de economia de texto, evitando repetir o que já defendemos nas linhas anteriores, remetemos para os argumentos aí expostos.

Assim, sugerimos que este diploma sofra uma alteração profunda permitindo que seja possível o envio de *benware* através das redes de informação e comunicação. O uso deste *software* deve estar bem explícito na lei[642]e ser devidamente fundamentado no despacho a ser emitido pelo JIC, consistindo o mesmo quer na observação do que existe no dispositivo informático, a captura de som ou de imagem.

Acresce que o controle da ação encoberta deverá ser realizado pelo JIC, com uma periocidade de 30 dias, no máximo dos máximos, e não se protele para o fim da investigação, usando este meio de obtenção de prova, a emissão do relato da intervenção do agente encoberto. É natural que esse relato, pelo decurso do tempo, já não reporte todas as situações efetivamente importantes, podendo inclusive ter existido violações de direito que poderiam ter sido prevenidas. Deste modo há um controle mais efetivo sobre a atividade do agente encoberto digital evitando-se a transgressão de direitos inaleanáveis dos visados na investigação e sobressaindo a transparência da investigação criminal[643].

[642] Costa Andrade, tendo por base os arestos do *BVerfG*, refere como requisito a reserva de lei, devendo esta prever expressamente e explicitamente o "método oculto", fixar a sua compreensão, extensão e vinculação finalístico-teleológica e definir os seus limites.
Manuel da Costa Andrade, «Métodos Ocultos de Investigação (Plädoyer para uma Teoria Geral)», *Ob. Cit.*, pp. 541-542, e também em *"Bruscamente no Verão Passado"..., Ob. Cit.*, pp. 112-113.

[643] "*Os direitos fundamentais impõem uma atitude contra o exercício do poder autoritário no sentido de que exigem que todo e qualquer processo se execute segundo as regras da transparência democrática. O processo crime maxime a investigação criminal, deve decorrer na forma transparente sem qualquer subterfúgio capaz de conduzir o cidadão mais incauto a acto ilícitos*", Manuel Monteiro Guedes Valente, *Regime Jurídico da Investigação Criminal – Comentado e Anotado*, 3.ª Edição, Almedina, 2006, *Cit.*, p. 44.

3.3. Revogação da Lei n.º 32/2008, de 17 de julho

§1. A Lei 32/2008[644], de 17 de julho, está diretamente relacionada com a obtenção da prova digital, porquanto determina que os prestadores de serviços (ISP's) devam proceder à salvaguarda dos dados de comunicações dos seus clientes pelo período de 1 ano[645].

Desde logo é uma lei que apenas se aplica a um catálogo de crimes específicos, uma vez que no n.º 1, do art. 1, se refere que o fito da presente lei será a identificação do assinante ou do utilizador registado, para fins de investigação, detecção e repressão de crimes graves por parte das autoridades competentes. Donde teremos que nos socorrer da definição, constante no art. 2.º, do mesmo diploma legal, onde se estabelece, na alínea g) do n.º 1, que na definição de «Crime grave», se abarcam os crimes de terrorismo, criminalidade violenta, criminalidade altamente organizada, sequestro, rapto e tomada de reféns, crimes contra a identidade cultural e integridade pessoal, contra a segurança do Estado, falsificação de moeda ou títulos equiparados a moeda e crimes abrangidos por convenção sobre segurança da navegação aérea ou marítima.

Este artigo foi alterado pela lei n.º 79/2021, de 24 de novembro, tendo sido acrescentado ao catálogo os crimes de contrafação de cartões ou outros dispositivos de pagamento, uso de cartões ou outros dispositivos de pagamento contrafeitos, aquisição de cartões ou outros dispositivos de pagamento contrafeitos, atos preparatórios da contrafação.

§3. De realçar que esta lei transpôs para o ordenamento jurídico interno a Diretiva 2006/24/CE, do Parlamento Europeu e do Conselho, de 15 de Março[646], relativa à conservação de dados gerados ou tratados no contexto da oferta de serviços de comunicações eletrónicas publicamente disponíveis ou de redes públicas de comunicações, e que altera a

[644] Também designada por Lei da conservação de dados, que transpõe para a ordem jurídica interna a Diretiva n.º 2006/24/CE, do Parlamento Europeu e do Conselho, de 15 de Março, relativa à conservação de dados gerados ou tratados no contexto da oferta de serviços de comunicações eletrónicas publicamente disponíveis ou de redes públicas de comunicações.
[645] Art. 6.º da referida lei.
[646] Vide texto integral desta Diretiva no endereço www.eur-lex.europa.eu/legal-content/PT/TXT/PDF/?uri=CELEX:32006L0024&from=PT [*acedido em 23 de agosto de 2017*].

Diretiva n.º 2002/58/CE, do Parlamento Europeu e do Conselho, de 12 de Junho, relativa ao tratamento de dados pessoais e à protecção da privacidade no sector das comunicações eletrónicas.

É sobre a Diretiva 2006/24/CE que nos iremos debruçar nas próximas linhas, porém, deixamos, desde já, uma nota para justificar este parêntesis que se impõe por motivo dos efeitos produzidos pela jurisprudência do Tribunal de Justiça da União Europeia. Ademais, não poderemos continuar sem deixar uma nota importante: a salvaguarda de dados gerados no âmbito de uma comunicação, tal como a identificação de a quem estava atribuído determinado IP, pode ser o ponto de partida para a investigação do agente encoberto digital. Com este IP e consoante os dados que se recolham podem resultar informações valiosas para a investigação criminal, tal como o MacAdress do equipamento, o tipo de sistema operativo que usa, o browser que utiliza no acesso à internet, etc...

§4. Volvemos, pois, à Diretiva 2006/24/CE. A UE sentiu necessidade de criar legislação que uniformizasse procedimentos. Neste sentido, a Diretiva 2006/24/CE veio implementar regras conducentes à recolha e preservação de prova digital no âmbito da oferta de serviços de comunicações. A Diretiva estabelece uma série de definições e que dados deverão ser conservados, bem como deixa à consideração dos Estados-Membros o período de conservação, impondo como limite inferior os 6 meses e o superior os 2 anos.

Esta Diretiva foi objeto de transposição para todos os Estados-membros, nos termos definidos no Direito Comunitário, tendo entre nós, como já se referiu, dado origem à Lei n.º 32/2008.

Porém o TJUE, por força do pedido de reenvio prejudicial para dirimir a interpretação de normas europeias, foi chamado a pronunciar-se sobre a validade da Diretiva[647]. O Acórdão da Grande Secção do TJUE,

[647] Para não fugirmos ao tema da nossa investigação remetemos para a análise que fizemos sobre a decisão do TJUE de 8 de Abril de 2014, acórdão conhecido como "*Digital Rights*" no nosso *A prova digital em processo penal...*, *Ob. Cit.*, pp. 148-154.

Também sobre a questão da invalidade desta Diretiva Cfr. David Silva Ramalho e José Duarte Coimbra, «A Declaração de invalidade da Diretiva 2006/24/CE: presente e futuro da regulação sobre a conservação de dados de tráfego para fins de investigação criminal, dete-

também conhecido como Acórdão *Digital Rights Ireland*, (processos apensos C-293/12 e 594/12[648]) veio, em 8 de abril de 2014, declarar a Diretiva como inválida, por violação dos arts. 7.º e 8.º e n.º 1, do art. 52.º, da Carta dos Direitos Fundamentais da União Europeia[649].

Já anteriormente a esta decisão do TJUE vários países europeus tinham sindicado internamente a validade da referida Diretiva, levando a que a legislação nacional desses países, por força da sua transposição, fosse considerada inconstitucional pelos Tribunais Constitucionais da Roménia[650], da Alemanha[651] e da República Checa[652].

ção e repressão de crimes graves», In *O Direito*, Ano 147.º, n.º IV (2015), Almedina, pp. 997-1045; ALESSANDRA SILVEIRA e PEDRO MIGUEL FREITAS, «Implicações da declaração de invalidade da Diretiva 2006/24 na conservação de dados ("metadados") nos Estados-Membros da UE: uma leitura jusfundamental», *Revista de Direito, Estado e Telecomunicações*, Brasília, v. 9, n.º 1, maio de 2017, p. 47-68.

648 Processos apensos C-293/12 e C-594/12, respetivamente Digital Rights Ireland Ltd (C 293/12) contra Minister for Communications, Marine and Natural Resources, Minister for Justice, Equality and Law Reform, Commissioner of the Garda Síochána, Irlanda, The Attorney General, sendo intervenientes: Irish Human Rights Commission, e Kärntner Landesregierung (C 594/12), Michael Seitlinger, Christof Tschohl e outros.

649 Publicada no Jornal Oficial das Comunidades Europeias, n.º C 364, em 18-12-2000, cuja redação dos artigos é o seguinte:
Artigo 7.º
Respeito pela vida privada e familiar
Todas as pessoas êm direito ao respeito pela sua vida privada e familiar, pelo seu domicílio e pelas suas comunicações.
Artigo 8.º
Protecçao de dados pessoais
1. Todas as pessoas têm direito à protecçao dos dados de carácter pessoal que lhes digam respeito.
2. (...)
3. (...)

650 Sentença n.º 1258, de 8 de outubro de 2009, disponível em http://www.ccr.ro/decisions/pdf/ro/2009/D1258_09.pdf [*acedido em 23 de outubro de 2009*].

651 Sentença n.º 10/2010, de 2 de março, disponível em inglês no endereço http://www.bundesverfassungsgericht.de/SharedDocs/Entscheidungen/EN/2010/03/rs20100302_1bvr025608en.html [*acedido em 23 de março de 2010*].

652 Sentença PI. ÚS 24/10, de 22 de março de 2011, disponível em inglês no endereço https://www.usoud.cz/en/decisions/20110322-pl-us-2410-data-retention-in-telecommunications-services/ [*acedido em 6 de maio de 2011*].

§5. A questão que vem à tona, desde logo, é se efetivamente a Lei n.º 32/2008 se encontra afetada, ou não, pela declaração de invalidade da Diretiva que lhe deu origem[653]. Ou seja, se a Lei n.º 32/2008 é inconstitucional por força do primado do Direito Europeu, a partir o momento em que o TJUE declarou a Diretiva como inválida[654].

O Tribunal Constitucional nunca se pronunciou, como questão de fundo, sobre a inconstitucionalidade da Lei n.º 32/2008 por força da Diretiva que lhe deu origem ter sido considerada inválida pela Grande Secção do TJUE. Fê-lo, contudo, em situações *ad hoc*, no âmbito de fiscalização da constitucionalidade de normas específicas da Lei em causa. Entre as quais, no âmbito da inconstitucionalidade invocado pelo JIC, que indeferiu o pedido do Ministério Público de autorização de transmissão dos dados de identificação de um utilizador a quem estava atribuído um determinado endereço de protocolo IP. Tal indeferimento teve como fundamento a inconstitucionalidade do artigo 6.º da Lei n.º 32/2008, por referência ao artigo 4.º da mesma lei, sustentado na invocação do Acórdão do TJUE *Digital Rights Ireland.* O TC considerou que efetivamente não existia qualquer inconstitucionalidade, porquanto "*a declaração de invalidade de uma diretiva não tem uma consequência automática sobre a validade de um ato legislativo português que a transponha. O ato legislativo nacional, embora tendo como objetivo o cumprimento do dever de transposição de uma diretiva, decorrente do Direito da UE (artigo 4.º, n.º 3, do Tratado da EU, artigo 288.º, 3.º parágrafo, do Tratado sobre o Funcionamento da EU e artigo 112.º, n.º*

[653] David Silva Ramalho e José Duarte Coimbra vão mais longe e questionam desde quando é que a invalidade da Diretiva opera. Se desde a sua origem ou a partir do momento em que foi declarada pelo TJUE. «A Declaração de invalidade da Diretiva 2006/24/CE...», *Ob. Cit.*, pp. 1015-1016.

[654] Como já referiu o Tribunal de Justiça das (então) Comunidades Europeias *"o Tratado da Comunidade Económica Europeia institui uma ordem jurídica própria integrada no sistema jurídico dos Estados-membros aquando da entrada em vigor do Tratado e que se impõe às suas jurisdições; Com efeito ao instituir uma comunidade de duração ilimitada, dotada de órgãos próprios, de personalidade, de capacidade jurídica, de uma capacidade de representação internacional e mais particularmente de poderes reais saídos de uma limitação de competência ou de uma transferência de atribuições dos Estados à Comunidade: estes limitaram, ainda que em domínios restritos, os seus direitos soberanos e criaram assim um corpo direito aplicável aos seus nacionais e a si próprio"* Ac. de 15/07/64, caso *Costa vs ENEL*, Proc. n.º 6/64, Rec. 1964, p. 1160.

8, da Constituição), tem uma fonte autónoma de validade e legitimidade." Mais referiu o Tribunal Constitucional que "*[o] Tribunal de Justiça não tem jurisdição para apreciar a validade dos atos de direito nacional dos Estados-Membros, sendo que a sua análise apenas incidiu sobre o texto da diretiva. A validade da Lei n.º 32/2008, de 17 de julho, não pode ser posta em causa apenas devido ao facto de este ato normativo da União ter sido declarado inválido.*[655]"

§6. Analisou também este questão controvertida , anteriormente no Ac. 403/2015[656], referente à admissibilidade de acesso a tais dados pelos Serviços de Informações da República Portuguesa, tendo concluído que "*[e] semelhante entendimento tem o Tribunal de Justiça da União que, no já referido Acórdão de 08/04/2014, Digital Rights Ireland Ltd., processos n.º C-293/12 e C-594/12, que anulou a Diretiva 2004/26/CE, referiu ilustrativamente que, no que toca aos dados de tráfego das comunicações, «a conservação dos dados imposta pela Diretiva 2006/24 constitu[i] uma ingerência particularmente grave nesses direitos», embora não seja «suscetível de afetar o referido conteúdo, tendo em conta que, como resulta do seu artigo 1.º, n.º 2, esta diretiva não permite tomar conhecimento do conteúdo das comunicações eletrónicas, enquanto tal» (parágrafo 39). O TJ sublinhou várias vezes a gravidade da ingerência resultante de uma conservação ilimitada de dados de tráfego, pelo facto de os mesmos permitirem «designadamente, saber qual é a pessoa com quem um assinante ou um utilizador registado comunicou, e através de que meio, assim como determinar o tempo da comunicação e o local a partir do qual esta foi efetuada. Além disso, permitem saber com que frequência o assinante ou o utilizador registado comunicam com certas pessoas, durante um determinado período» (parágrafo 26). Mais afirmou: «estes dados, considerados no seu todo, são suscetíveis de permitir tirar conclusões muito precisas sobre a vida privada das pessoas cujos dados foram conservados, como os hábitos da vida quotidiana, os lugares onde se encontram de forma permanente ou temporária, as deslocações diárias ou outras, as atividades exercidas, as relações sociais e os meios sociais frequentados» (parágrafo 27). Assim, conclui, inter alia, que «apesar de a Diretiva 2006/24 não autorizar (...) a conservação do conteúdo da comunica-*

[655] Ac. do TC n.º 420/2017, de 13-07-2017, Relatora: Maria de Fátima Mata-Mouros, disponível em www.tribunalconstitucional.pt [*acedido em 25 de agosto de 2017*].

[656] De 27-08-2015, Relator: Lino Rodrigues Ribeiro disponível em www.tribunalconstitucional.pt [*acedido em 25 de agosto de 2017*].

ção e das informações consultadas através de uma rede de comunicações eletrónicas, não está excluído que a conservação dos dados em causa possa ter incidência na utilização, pelos assinantes ou pelos utilizadores registados, dos meios de comunicação previstos por esta diretiva e, consequentemente, no exercício, por estes últimos, da sua liberdade de expressão, garantida pelo artigo 11.° da Carta» (considerando 28)."

§7. Também a este respeito o Gabinete do Cibercrime da Procuradoria Geral da República, na nota prática n.º 7/2015, de 30 de dezembro de 2015[657], analisou a conformidade da Lei n.º 32/2008 com a decisão do TJUE e concluiu pela aplicabilidade desta legislação nacional sobre a retenção de dados[658]. Ali se afirma que "*[É] importante sublinhar que a Lei 32/2008, além da transposição da Diretiva 2006/24/CE, introduziu um mais alargado quadro, muito complexo, de regulamentação do processo de retenção de dados (por exemplo, entre outras, as regras que devem ser observadas na retenção, as pessoas habilitadas a aceder os dados ou as condições de armazenamento e de acesso aos dados). Neste exercício, a lei nacional foi muito para lá das exigências da Diretiva. Desta forma, a maior parte das exigências que vieram a ser feitas pelo acórdão do TJUE estariam já anteriormente consideradas no direito interno. Por essa razão, tem sido entendido que a decisão do tribunal do Luxemburgo não afeta a validade da lei nacional.*"

§8. Contudo a discussão não se encontra encerrada face aos últimos desenvolvimentos emanados do TJUE. Desta feita o TJUE veio, no Acórdão que ficou conhecido como *Tele 2*[659], *referir que: i) a declaração de invalidade das disposições constantes de uma diretiva afeta inelutavelmente o ato legal de transposição das mesmas para a ordem jurídica dos Estados-Membros e ii) um*

[657] http://cibercrime.ministeriopublico.pt/sites/default/files/documentos/pdf/nota_pratica_7_retencao_de_dados.pdf [*acedido em 4 de fevereiro de 2016*].

[658] David Silva Ramalho e José Duarte Coimbra concluem por uma dualidade: as operadoras não deverão fornecer dados às entidades judiciais, no sentido que «*não têm essa obrigação*», mas, acrescentam, podem fazê-lo, no sentido de «*não sofrerem consequências*» pela não conservação ou transmissão dos dados conservados. «A Declaração de invalidade da Diretiva 2006/24/CE...», *Ob. Cit.*, pp. 1039-1041.

[659] Disponível em http://curia.europa.eu/, Decisão da Grande Secção, nos processos apensos C-203/15 e C-698/15, de 21 de dezembro de 2016 [*acedido em 26 de maio de 2017*].

Estado-Membro não pode valer-se da Diretiva 2002/58 para impor a manutenção de uma obrigação generalizada e indiferenciada de conservação de dados de tráfego e de localização na sequência da declaração de invalidade da Diretiva 2006/24[660].

Donde se poderá concluir que a Lei n.º 32/2008, é inválida, não só chamando à colação o Princípio dos frutos da árvore envenenada[661], com o argumento de que se a legislação (Diretiva) que lhe deu origem foi considerada inválida, como também pelo facto de a jurisprudência do Tribunal de Justiça da União Europeia servir de orientação na interpretação do Direito Europeu e vincular o caso concreto onde tal pedido de interpretação foi solicitado[662].

§9. As alterações deverão, na nossa modesta opinião, verificarem a nível de uma uniformidade e clareza de normas jurídicas porquanto a Lei n.º 32/2008 colide com o n.º 1 do art. 187.º do CPP e com a Lei do Cibercrime. O art. 11.º da Lei do Cibercrime determina que todas as normas processuais aqui presentes se aplicam a processos relativos a crimes a) previsto na presente lei, b) cometidos por meio de um sistema informá-

[660] Cit. Alessandra Silveira e Pedro Miguel Freitas, «Implicações da declaração de invalidade da Diretiva 2006/24...», *Ob. Cit.*, p. 66.

[661] Tal como observa Giuseppe Vaciago, «The invalidation of the Data Retention Diretive, A first impact assessment of the CJEU decisions in the joint cases, C-293/12 and C-594/12», *Computer Law Review International*, Issue 3, 15 june 2014, pp. 65-96.

[662] De realçar que o Ac. do TC n.º 420/2017, de 13-07-2017 apenas se debruça em três linhas sobre o recente Acordão do TJUE, *Tele2 vs Sverige*, referindo o seguinte: "*[a]ssim, não é correto basear a invalidade da lei nacional numa transposição do juízo efetuado pelo Tribunal de Justiça sobre a globalidade do texto da diretiva que esta transpõe, sem proceder a uma análise específica e autónoma da norma nacional que esteja em causa e, no presente caso, sem atender à natureza dos dados de base.*"
Não concordamos com tal entendimento, com o devido respeito que é muito, pelo facto de a diretiva ter sido transposta em obediência ao que ali se consagrava, sendo apenas deixado à consideração dos Estados Membros a opção pelos prazos. Nisto consiste a harmonização do Direito Comunitário, ou seja, que os Estados Membros atinjam determinado resultado, deixando-lhes a competência quanto à forma de o fazerem. Neste sentido se um Estado membro não efetuar a transposição dentro do prazo estabelecido pode ser sancionado pelas instâncias europeias e os particulares poderão requerer uma indeminização junto do TJUE relativo a atrasos ou por deficiente transposição. Neste sentido, sobre o que acabamos de expor, veja-se o acórdão relativo aos processos C-6/90 e C-9/90 *Francovich* e *Bonifaci*, de 19 de novembro de 1991, disponível em http://curia.europa.eu [*acedido em 30 de junho de 2017*].

tico, ou c) em relação aos quais seja necessário proceder à recolha de prova em suporte electrónico. A exceção destas normas reflete-se nos arts. 18.º e 19.º, ou seja, interceção das comunicações e acções encobertas, respetivamente, onde não terão aplicabilidade. Contudo, no n.º 2 deste mesmo art. da LC é estabelecido que as disposições processuais deste capítulo não prejudicam o regime da Lei n.º 32/2008, de 17 de julho.

Torna-se de grande dificuldade interpretar a Lei n.º 32/2008, conjugada com a LC e o CPP. Como conclui Carlos Pinho, "*[T]endo em conta o quadro traçado, entendemos que se impõe a reforma da Lei n.º 32/2008, mantendo o critério da conservação de dados, a qual deverá ser norteada pela lógica de criação do repositório único de dados gerados ou tratados no contexto da oferta de serviços de comunicações eletrónicas publicamente disponíveis ou de redes públicas de comunicações pelas entidades prestadoras desse serviço, com um só prazo de conservação, para fim exclusivo de investigação, deteção e repressão criminal no âmbito do processo penal.*"[663] Apenas discordamos na reforma desta Lei, devendo a mesma ser revogada e criada uma nova que não conflitue com outros regimes.

§10. Sempre que se mostrar necessário realizar uma ação encoberta na internet, na qual seja imprescindível aceder a dados cuja previsibilidade de conservação não se enquadre na Lei n.º 32/2008, mostra-se impossível a sua realização quando em causa não estiverem os crimes previstos nesta legislação. Em causa, refere-se no art. 3.º, n.º 1, estão os crimes graves, definidos no mesmo diploma legal, na alínea g), do n.º 1, do art. 1.º[664]. Não poderemos esquecer que a realização de ações encobertas,

[663] Carlos Pinho, «Lei de retenção de dados de comunicações eletrónicas: aposentar ou reformar?», *Revista do Ministério Público*, n.º 154, abril-junho de 2018, pp. 167-192, disponível online em https://rmp.smmp.pt/wp-content/uploads/2018/07/7.RMP_154_Carlos_Pinho.pdf [*acedido em 15 de maio de 2021*].

[664] Ou seja, entende-se por "crime grave", crimes de terrorismo, criminalidade violenta, criminalidade altamente organizada, sequestro, rapto e tomada de reféns, crimes contra a identidade cultural e integridade pessoal, contra a segurança do Estado, falsificação de moeda ou títulos equiparados a moeda e crimes abrangidos por convenção sobre segurança da navegação aérea ou marítima.

O que tem levado à prolação de jurisprudência no qual o regime processual da Lei n.º 32/2008 (designadamente o Artigo 3º, nº 1 e 2 e o Artigo 9º) está revogado e substituído pelo regime

nos termos do art. 19.º da LC, se aplica aos crimes previstos nesta legislação, pese embora as regras processuais não sejam aplicáveis. Aqui o legislador optou crassamente, na nossa modesta opinião e como já tivemos oportunidade de o referir, pelo regime das interceções de comunicações.

Conclui-se, deste modo, que a Lei n.º 32/2008 deveria ser revogada e o art. 11.º, n.º 2, da Lei do cibercrime alterado fazendo nascer legislação nova que efetivamente não colidisse e provocasse a dispersão de interpretações com estas normas bem como com as normas do CPP.

3.4. Alteração da Lei n.º 109/2009, de 15 de setembro

§1. A Lei n.º 109/2009, também conhecida como Lei do Cibercrime, é um dos principais instrumentos de trabalho em matéria de cibercriminalidade. A investigação que temos vindo a desenvolver nesta sede reporta-se, em exclusivo, ao art. 19.º desta Lei e os seus resultados práticos face a novos métodos especiais e técnicos de recolha de prova.

Não será de olvidar que a LC viu a luz do dia pela transposição para a ordem jurídica interna da Decisão Quadro n.º 2005/222/JAI, do Conselho, de 24 de Fevereiro, relativa a ataques contra sistemas de informação, e adaptou ao direito interno a Convenção sobre Cibercrime do Conselho da Europa. Em 14 de agosto de 2013 foi publicado no Jornal Oficial da União Europeia a Diretiva 2013/40/UE do Parlamento Europeu e do Conselho, de 12 de agosto de 2013 relativa a ataques contra os sistemas de informação e que substituiu a Decisão Quadro n.º 2005/222/JAI. Ora os Estados Membros que participaram na elaboração desta Diretiva, entre os quais Portugal, estavam obrigados à sua transposição até 4 de setembro de 2015[665]. Volvidos mais de 6 anos, Portugal ainda não procedeu à sua transposição, encontrando-se em franco incumprimento.

processual contido na Lei nº 109/2009 para todos os dados que não estejam especificamente previstos no art. 4º, nº 1, daquela lei, ou seja, dados conservados em geral. Neste sentido Ac. TRE, Proc. 6793/11.2.TDLSB-A.E1, Relator: João Gomes da Silva, de 06-01-2015; Ac. TRE, Proc. 648/14.6GCFAR-A.E1, Relator: João Gomes da Silva, de 20-01-2015; Ac. TRE, Proc. 223/16.0GBLLE-A.E1, Relator: João Gomes da Silva, de 25-10-2016.

[665] Sobre o estudo detalhado desta Diretiva remetemos para o nosso artigo «A novíssima Diretiva relativa ao cibercrime», *Ob. Cit.*, pp. 176-192.

§2. Ainda a LC deveria ser alterada relativamente ao art. 17.º – apreensão de correio eletrónico e registos de comunicações de natureza semelhante – porquanto um *e-mail* ou registo similar, não se assemelha em nada à correspondência tradicional. As implicações desta equiparação levam a tratar de forma igual situações que são deveras muito distintas e que gravitam em diferentes realidades [666].

Este artigo da LC esteve na iminência de ser alterado em 2021[667], contudo o Tribunal Constitucional, no âmbito da fiscalização preventiva da constitucionalidade, solicitado pelo Presidente da República, declarou

[666] Remetemos para o profundo estudo que desenvolvemos no mestrado, em ciências jurídico-crimimais, na FDUL e que se encontra publicado, *A prova digital em processo penal: o correio eletrónico, Ob. Cit.*.

[667] Alteração aprovada pelos deputados da Assembleia da República, através do Decreto n.º 167/XIV, na qual a nova redação contemplava a possibilidade de apreensão de correio eletrónico pelo Ministério Público. A redação aprovada tinha o seguinte teor:
«Artigo 5.º
Alteração à Lei n.º 109/2009, de 15 de setembro
Os artigos 3.º, 6.º, 17.º, 19.º, 20.º, 21.º, 25.º e 30.º da Lei n.º 109/2009, de 15 de setembro, passam a ter a seguinte redação:
(...)
Artigo 17.º
Apreensão de mensagens de correio eletrónico ou de natureza semelhante
1 – Quando, no decurso de uma pesquisa informática ou de outro acesso legítimo a um sistema informático, forem encontradas, armazenadas nesse sistema informático ou noutro a que seja permitido o acesso legítimo a partir do primeiro, mensagens de correio eletrónico ou de natureza semelhante que sejam necessárias à produção de prova, tendo em vista a descoberta da verdade, a autoridade judiciária competente autoriza ou ordena por despacho a sua apreensão.
2 – O órgão de polícia criminal pode efetuar as apreensões referidas no número anterior, sem prévia autorização da autoridade judiciária, no decurso de pesquisa informática legitimamente ordenada e executada nos termos do artigo 15.º, bem como quando haja urgência ou perigo na demora, devendo tal apreensão ser validada pela autoridade judiciária no prazo máximo de 72 horas.
3 – À apreensão de mensagens de correio eletrónico e de natureza semelhante aplica-se o disposto nos n.os 5 a 8 do artigo anterior.
4 – O Ministério Público apresenta ao juiz, sob pena de nulidade, as mensagens de correio eletrónico ou de natureza semelhante cuja apreensão tiver ordenado ou validado e que considere serem de grande interesse para a descoberta da verdade ou para a prova, ponderando o juiz a sua junção aos autos tendo em conta os interesses do caso concreto.

a redação da norma inconstitucional. Defenderam os juízes conselheiros que a norma alterada, relativa à apreensão do correio eletrónico, "*é inconstitucional por violação dos direitos fundamentais à inviolabilidade da correspondência e das comunicações (consagrado no artigo 34.º, n.º 1, da CRP), à proteção dos dados pessoais no âmbito da utilização da informática (nos termos do artigo 35.º, n.ºs 1 e 4, da CRP), enquanto refrações específicas do direito à reserva de intimidade da vida privada, (consagrado no artigo 26.º, n.º 1, da Constituição), em conjugação com o princípio da proporcionalidade (nos termos do artigo 18.º, n.º 2, da CRP) e com as garantias constitucionais de defesa em processo penal (previstas no artigo 32.º, n.º 4, da Lei Fundamental)*".[668]

§3. Também o art. 19.º da LC – ações encobertas – deve ser sujeito a alteração, em razão dos argumentos que fomos aduzindo ao longo do presente texto. A insuficiência desta legislação não nos permite realizar ações encobertas em meios digitais, a começar, desde logo pelo uso de *benware* como meio de obtenção de prova[669].

A nível processual deveria ser mais claro na presente LC o regime da sua aplicação, não se compreendendo a exclusão do regime do agente encoberto digital[670]. Desde logo sanar a contradição existente nesta lei e

5 – Os suportes técnicos que contenham as mensagens apreendidas cuja junção não tenha sido determinada pelo juiz são guardados em envelope lacrado, à ordem do tribunal, e destruídos após o trânsito em julgado da decisão que puser termo ao processo.
6 – No que não se encontrar previsto nos números anteriores, é aplicável, com as necessárias adaptações, o regime da apreensão de correspondência previsto no Código de Processo Penal».

[668] Ac. do TC n.º 687/2021, de 30 de agosto, disponível *online* em http://www.tribunalconstitucional.pt/tc/acordaos/20210687.html.html?fbclid=IwAR2fci3L2nRHZbfATzd1-QJBzODJNfmvjfeJbEWbFiUBKuAY37bmKDnlrsc [*acedido em 3 de setembro de 2021*].

[669] David Silva Ramalho, *Métodos ocultos de investigação Criminal em ambiente digital, Ob. Cit.*, pp. 351-352; João Conde Ferreira, *Ob. Cit.*, p. 45.

[670] Por força do art. 11.º, n.º 1, da LC. Não poderá numa ação encoberta efetuar-se uma pesquisa de dados informáticos no sistema informático do suspeito, desde que devidamente emanada pela autoridade judiciária competente? E havendo perigo de destruição de provas não poderá o agente encoberto digital proceder a apreensões de dados informáticos nos termos do art. 16.º, n.º 4, da LC?

no CPP, que levou à prolação de acórdãos dos Tribunais da Relação em sentido diverso e confuso[671].

§4. Por outro lado, a Lei do Cibercrime necessita de ser clarificada quanto à pesquisa de dados informáticos, constante no art. 15.º[672], em virtude de na prática haver divergências de interpretação e de aplicação. Quem poderá emitir mandado de pesquisa ou será o mesmo necessário se a diligência decorrer na sequência de um mandado de busca[673]? Na verdade tem surgido, paralelamente à emissão de mandados de busca e apreensão, a emissão de mandados de pesquisa informáticos emanados pelo JIC, em certas situações, e noutras, na qual o MP tem competência para emitir os respetivos mandados de busca e apreensão, emitidos pelo MP. Acompanhamos aqui o que defende PAULO DÁ MESQUITA, ao referir que *"[a]pesar da originalidade terminológica da lei do cibercrime, **continuam a valer os cânones estabelecidos no art. 174.º, n.º 1, do CPP**, pelo que: 1. Quando houver indícios de que dados informáticos relacionados com um crime ou que possam servir de prova se encontram **num determinado sistema informático é ordenada a busca informática**; 2. A busca informática é ordenada por despacho pela autoridade judiciária competente, devendo esta, sempre que possível, presidir à diligência"*[674] (negrito nosso).

[671] Vejam-se os Ac. TRE, Proc. 648/14.6GCFAR-A.E1, de 20-01-2015, Relator: João Gomes de Sousa, cujo sumário se poderá ler: *"1 – O regime processual das comunicações telefónicas previsto nos artigos 187º a 190º do Código de Processo Penal deixou de ser aplicável por extensão às "telecomunicações electrónicas", "crimes informáticos" e "recolha de prova electrónica (informática)" desde a entrada em vigor da Lei 109/2009, de 15-09 (Lei do Cibercrime) como regime regra. 2 – Esse mesmo regime processual das comunicações telefónicas deixara de ser aplicável à recolha de prova por "localização celular conservada" – uma forma de "recolha de prova electrónica – desde a entrada em vigor da Lei 32/2008, de 17-07"*; Ac. TRL, Proc. 73/16.4PFCSC-A.L1-5, de 03-05-2016, Relator: Vieira Lamim, onde se refere que *"[o]s arts.187.º a 189.º, do CPP, regulam o recurso aos dados relativos a conversações ou comunicações telefónicas em tempo real, enquanto o acesso aos dados conservados pelas operadoras por conversações ou comunicações telefónicas passadas é regulado pela Lei nº32/2008, de 17Julho"*.

[672] DAVID SILVA RAMALHO, *Métodos ocultos de investigação Criminal em ambiente digital, Ob. Cit.*, pp. 342-346; JOÃO CONDE FERREIRA, *Ob. Cit.*, p. 42.

[673] Realça-se que o CPP não prevê a emissão de mandados de pesquisa, encontrando-se apenas previsto no Cap. II, do Título III, o regime das revistas e das buscas – art. 174.º a 177.º.

[674] In *Processo Penal, Prova e Sistema Judiciário, Ob. Cit., Cit.*, p. 115.

Seguindo os ensinamentos deste ilustre Procurador da República, é nossa convicção que será desnecessário a emissão de mandado de pesquisa (busca) informático quando já exista mandado de busca para determinado local, uma vez que este tem uma abrangência genérica e se dirige a tudo o que se encontre nesse determinado local[675]. Donde, apenas será de emitir mandado de busca para pesquisa de dados informáticos quando houver nos autos matéria suficiente que a prova se encontra em formato digital, reduzindo assim a intrusão resultante desta diligência e a compressão de Direitos, Liberdades e Garantias constitucionalmente consagrados.

Poderá tornar-se necessário emitir apenas um mandado de busca informática (e não uma busca genérica) para iniciar o procedimento da ação encoberta, como forma de instalar o *benware* nos sistemas informáticos do arguido, se não for possível esta realização de forma diversa[676].

3.5. Introdução de novos artigos processuais

§1. Do que temos afirmado neste capítulo, somos a favor da compilação de normas substantivas[677] e adjetivas. As normas processuais deveriam

[675] A não se ter este entendimento cair-se-ia no rídiculo de ter que se emitir mandado de busca para todas as divisões de uma casa ou para determinados locais dentro da casa, tais como cofres ou armários que ali se encontrassem.

[676] David Silva Ramalho, *Métodos ocultos de investigação criminal..., Ob. Cit.*, pp. 322-324.

[677] Sobre estas normas não nos iremos deter, contudo atualmente e com a profileração das redes sociais há cada vez mais perfis falsos, não culminando qualquer sanção penal se não existir usurpação de fotografia de perfil. Contudo, muitos destes perfis têm a finalidade de se fazer passar pelo perfil verdadeiro de terceiro, requerendo amizade a pessoas próximas do perfil verdadeiro. Nestes casos a conduta dolosa não deveria ficar impune e deveria ser punida com o crime de "usurpação de identidade". Apesas se poderá aplicar o art. 3.º da LC , Falsidade Informática, quando o agente provocar engano nas relações jurídicas, introduzir, modificar, apagar ou suprimir dados informáticos ou por qualquer forma interferir num tratamento informático de dados, produzindo dados ou documentos não genuínos, com a intenção de que estes sejam considerados ou utilizados para finalidades juridicamente relevantes como se o fossem. A simples criação de um perfil nas redes sociais, em nome de outra pessoa, para difamar um terceiro não integra os elementos objetivos do tipo de crime de falsidade informática, entre outras situações similares.
A existência de outros tipos legais deveria resultar de um aprofundamento e estudo dos crimes informáticos e um levantamento exaustivo de situações que não são puníveis em face de

centrar-se num só diploma, ou seja, no Código de Processo Penal. A vantagem desta unificação traria ganhos a nível processual pelo facto de deixar de haver contradições entre normas de diferentes diplomas ou remissões para regimes que não são equiparáveis. Para além destas e de outros benefícios, acrescentaria uma maior celeridade processual em virtude de a compilação das normas se encontrarem num só local e de ser mais fácil detetarem-se incongruências entre normas.

Assim, algumas das normas da LC dever-se-iam encontrar no CPP por uma questão de sistematização. Entre estas destacamos as constantes nos artigos 15.° – pesquisa de dados informáticos; 16.° – apreensão de dados informáticos; 17.° – apreensão de correio eletrónico e registos de natureza semelhante; 18.° – interceções de comunicações.

§2. No tocante à apreensão de dados informáticos deveria excecionar-se a emissão de mandado de busca apenas e quando esta apreensão fosse realizada de forma isolada, isto é, tendo apenas em vista a realização de buscas e apreensões em dispositivos informáticos. A realização de uma busca, como meio de obtenção de prova, já incorpora em si a pesquisa de todos os locais abrangidos pelo mandado, sendo desnecessário e redundante a emissão de um mandado para pesquisa de dados informáticos.

§3. A apreensão de correio eletrónico e registos de natureza semelhante, deveriam ter um regime diferente daquele que o legislador agora consagra, isto é, não tem qualquer equiparação com a apreensão de correspondência tradicional[678]. Desde a vigência da LC defendemos esta

não existir norma penal. Por outro lado, os crimes exclusivamente informáticos dispersos em diversos diplomas avulsos deveriam ser condensados numa só secção do Código Penal.
A este respeito, com a indicação dos crimes em falta, vide PEDRO VERDELHO, *Comentário das Leis Penais Extravagantes, Vol. I,* Org. PAULO PINTO DE ALBUQUERQUE e JOSÉ BRANCO, Universidade Católica Portuguesa, 2010, pp. 505-523.

[678] Com o surgimento de questões relacionadas com o uso indevido do correio eletrónico, as mensagens de Facebook e de outras redes sociais foram surgindo no seio académico diversas teses de mestrado que abordam esta incomparável realidade. Tal não sucedia quando defendemos esta não equiparação na dissertação de mestrado, em maio de 2012, posteriormente vertido no nosso *A prova digital em processo penal..., Ob. Cit.*; BENJAMIM SILVA RODRIGUES, *Da Prova Penal, Tomo II..., Ob. Cit.*, pp. 330-341.

não equiparação, sendo urgente alterar este regime em virtude de os magistrados judiciais não terem tempo para proceder em primeiro lugar ao conhecimento das mensagens com interesse para os autos e juntarem essa informação aos autos[679].

A CRP estipula que a ingerência na correspondência, nas comunicações e nos demais meios de comunicação apenas é admissível nos casos previstos na lei em matéria de processo criminal[680].

A alteração que se pretendeu efetuar no decurso de 2021, com o Decreto n.º 167/XIV, sufragado na AR e vetado pelo PR, após decisão de inconstitucionalidade pelo Tribunal Constitucional[681], visava permitir que o Ministério Público pudesse apreender correio eletrónico. Ademais previa-se no n.º 4 da referida alteração do art. 17.º da LC que o MP apresentaria ao juiz, sob pena de nulidade, as mensagens de correio eletrónico ou de natureza semelhante cuja apreensão tiver ordenado ou validado e que considere serem de grande interesse para a descoberta da verdade ou para a prova. O argumento aduzido que "*se é verdade que a intervenção nos direitos fundamentais aqui em causa não se transformou, por força das normas questionadas, num* espaço livre de controlo jurisdicional, *tal não evitará, porém, eventuais apreensões abusivas, nem a tomada de conhecimento indevida de dados de conteúdo e de tráfego relativos ao correio eletrónico de eventuais arguidos ou de terceiros, por parte do Ministério Público ou dos Órgãos de Polícia Criminal*" e "*[O] que o Ministério Público ou o Órgão de Polícia Criminal atuante viu, indevidamente, não pode deixar de ser visto, mesmo que a informação não seja junta aos autos.", não colhe per si para a decisão final.*". De realçar que igual tratamento era tido em conta com as escutas telefónicas, no qual o JIC era o primeiro a tomar conhecimento do seu teor, sendo que atualmente é o Ministério Público que após as receber dos OPC's as remete para o JIC. Por outro lado, concordando-se com a restrição aos direitos fundamentais ao sigilo

[679] Ver os arguementos esgrimidos que nos levam a concluir pela não equiparação, por força de muitos fatores relacionados com a informática e acesso a mensagens de correio eletrónico no nosso *A prova digital em processo penal: o correio eletrónico, Ob. Cit.* ROGÉRIO BRAVO, «Da não equiparação do correio-electrónico ao conceito tradicional de correspondência por carta», *Polícia e Justiça,* Revista do Instituto Superior de Polícia Judiciária e de Ciências Criminais, III Série, n.º 7, Jan-Jun 2006, Coimbra Editora.

[680] Art. 34.º, n.º 4.

[681] Acórdão n.º 687/2021.

da correspondência e de outros meios de comunicação privada, à proteção dos dados pessoais, teremos que ter em mente que nos dias que correm a informática está indissocialvel das ações que praticamos diariamente. Mesmo após o JIC tomar conhecimento, em primeiro lugar, do correio eletrónico o seu conteúdo é visualizado conjuntamente com o perito nomeado por não ter o juiz conhecimentos informáticos suficientes npara desencapsular o referido conteúdo digital.

A tomada de conhecimento do correio eletrónico, seja pelo MP seja pelos OPC, vincula-os ao segredo de justiça e ao segredo profissional. Igual procedimento se utilizava aquando da apreensão de diários íntimos que encerravam em si núcleos de reserva da vida privada especifica e intensamente tutelados pela Lei Fundamental.

§4. Importa também não esquecer que deveria ser dirimido à nascença o problema da legitimidade para a prática de determinados atos processuais. Atento a volatilidade da prova digital os OPC's, à semelhança do que já acontece na realização de buscas domiciliárias[682], no caso de *periculum in mora* da intervenção da autoridade judiciária, poderiam realizar diligências urgentes e comunica-las imediatamente para validação. Nomeadamente, afigurar-se-nos-ia como imprescindíveis a utilização de uma identidade fictícia na internet para recolha de prova digital, em casos de divulgação de imagens de abuso sexual de menores, de rapto ou escravidão de menores, quando estivesse iminente a prática de crime contra a vida ou ofensa à integridade física de menores de 16 anos[683]. A celeridade com que os acontecimentos ocorrem nos presentes dias levam a que esses perfis sejam apagados de imediato, levando a que os provedores não disponham de informações acerca desses perfis.

[682] Art. 251.º do CPP.
Existem outras diligências que os OPC's podem realizar, sem a intervenção da autoridade judiciária, estando apenas vinculados à sua comunicação e validação pela autoridade judiciária competente, nos termos das medidas cautelares e de polícia previstas nos art. 248.º a 253.º do CPP.

[683] O art. 252.º-A do CPP, apenas prevê a obtenção de dados sobre localização celular. Pode suceder que o telemóvel esteja desligado da rede GSM, mas efetuar comunicações através de outras plataformas disponíveis pela internet (*App's*), tais como as redes sociais, *whatsapp*, *viber*, etc, desde que se encontre conectado à rede *wifi*.

Conclusões

§1. Eis o momento de condensar, nas páginas que se seguem, as conclusões que alcançamos, fruto da investigação exaustiva produzida, das questões colocadas e das várias vertentes que analisamos para os diversos problemas.

A primeira interrogação que colocamos foi se efetivamente o art. 19.º da LC, que remete inequivocamente para o RJAE será, de *per si*, suficiente para levar a cabo uma ação de investigação encoberta na internet. Acresce que o n.º 2, do art. 19.º, da LC incrementa esta questão ao afirmar que sendo necessário o recurso a meios e dispositivos informáticos se observará, naquilo que for aplicável, as regras previstas para a interceção de comunicações.

Não poderemos olvidar que o RJAE foi criado em 2001. Nessa altura a tecnologia informática não estava tão desenvolvida como nos dias que correm. A velocidade de nevagação na internet, a possibilidade de os utilizadores se poderem ligar à redes wireless ou wi-fi, em pontos de acesso como cafés, transportes, bibliotecas, universidades, era quase uma miragem. O RJAE não sofreu alterações legislativas de monta e foi concebido para as situações do mundo real, tal como o conhecemos ainda hoje.

§2. Foi com base em argumentos doutrinários e jurisprudenciais que demonstramos que o atual RJAE está desfasado da realidade tecnológica atual. O RJAE não prevê nenhuma forma de recolha de prova digital, estabelecendo, porquanto exclusivamente, a utilização do agente encoberto no meio físico e desde que seja realizada por funcionários de investigação criminal ou por terceiro, atuando sob o controlo da Polícia Judiciária.

Por outro lado, a norma prevista no art. 19.º, da Lei n.º 109/2009, de 15 de setembro, sobre ações encobertas em meio digital apenas concretiza a ampliação do cátalogo de crimes onde é possível recorrer a esta forma de investigação. Não introduz novos meios de obtenção de prova que se coadunem efetivamente com o mundo digital e a especificidade deste tipo de prova. Não nos basta apenas um cátalogo de crimes, mas seria pertinente que o legislador tivesse avaliado a desadequação de outros meios de obtenção de prova quando em causa está a utilização do agente encoberto digital. Recorrer às regras previstas para a interceção das comunicações quando for necessário o recurso a meiose dispositivos informáticos não permite a atuação do agente encoberto digital mormente a utilização do *benware*. Intercetar não é sinómino de interagir, de ação encoberta, *tout court*.

§3. A especificidade da prova digital requer um tratamento adequado, evitando que exista contaminação, adulteração ou apagamento de provas. Novos meios de prova são requeridos para a sua obtenção, tais como o uso de *software* específico, o qual incide a nossa segunda pergunta, a recolha de som e de imagem em dispositivos informáticos, a localização celular, o uso de perfis pelos agentes da autoridade sem conhecimento do titular da ação penal, etc.

Poderemos contrapor que o RJAE também não especifica modos de obtenção de prova no mundo analógico. Efetivamente tal é verdade e justifica-se pela simples razão que no mundo analógico o agente encoberto atua presencialmente, interagindo com o alvo sob investigação, grangeando a sua confiança. Presencia os factos, relata-os e procede-se, pelas autoridades competentes, à detenção em flagrante delito. Ainda assim, como vimos tem havido nos tribunais acessas discussões relativamente ao papel do agente encoberto ter provocado a precipitação dos factos. Estas provas não se coadunam com um Estado de Direito Democrático. Ainda que se assista nos tribunais nacionais à condenação do arguido, quando existiram elementos que determinavam a sua absolvição face à conduta empreendida pelo agente provocador, nos tribunais europeus tem-se assistido à condenação do Estado Português por violação dos Direitos Humanos, como vimos na Decisão do TEDH no Acórdão *Teixeira de Castro vs Portugal*.

Se assistimos a estas situações no mundo real, onde realmente existem testemunhas e outras provas que demonstram a atuação do agente provocador, imagine-se o que poderá acontecer no mundo virtual. Nesta realidade o agente encoberto poderá atuar de diversos modos. Poderá sempre optar por dois caminhos: recorrendo aos princípios democráticos, de lealdade, éticos e morais e efetuar uma recolha de prova que não transgrida a fronteira do ilícito. Por outro lado, poderá pretender recolher a prova tendo como único e exclusivo fito a detenção e condenação dos suspeitos, sem olhar às mais elementares regras éticas, deontológicas e, acima de tudo, constitucionais.

Urge, deste modo, criar regras que possam permitir, pela autoridade judiciária competente, um efetivo controle da forma como a obtenção de prova se faz, com estrita obdiência aos cânones constitucionais e legais.

§4. Na segunda questão interrogavamo-nos se os agentes de investigação poderão enviar *benware* para um dispositivo informático utilizado pelo suspeito, com o intuito de verificar o conteúdo que ali se encontra, recolher informações na fonte, sem que este se aperceba da recolha de prova digital que se está a operar.

Da metodologia que adotamos e desenvolvermos, de forma sistemática e consistente, ficou implícita uma resposta, com a congregação de vários factores que trouxemos à colação, entre os quais a utilização de conteúdos criptografados e o recurso a diversas formas de anonimização.

A tecnologia permite, ainda que um indivíduo não detenha largos conhecimentos informáticos, obter informações relevantes acerca de como proceder para não ser detetado pelas entidades policiais. No fundo procura-se a utilização das redes de informação e comunicação sem deixar rasto ou havendo uma *pegada digital* esta seja infimamente reduzida. Se há uns anos atrás os *NewsGroups*, as salas de conversação do mIRC, os blogues e os fóruns eram fontes de informação e de troca de experiências, atualmente o *Youtube* contém vídeos que exemplificam passo-a-passo os trâmites que se devem realizar e comprovam o seu pleno funcionamento. A aplicação dos conhecimentos já não passa apenas pela leitura do *saber-fazer*, mas pela demonstração em imagens e som de *como-fazer*. Com a possibilidade de verificar e confrontar outros modos de atuação, sem esquecer a repetibilidade infindável destes conteúdos livremente disponíveis na internet.

Efetuar a encriptação de um sistema informático, mascarar o verdadeiro IP ou realizar outras ações conducentes à anonimização são tarefas facilmente realizáveis. Deste modo as investigações ficam comprometidas por não ser possível, como demonstramos, tornar legível o conteúdo encriptado aquando de uma interceção.

Adensa-se, ao que já mencionamos, que o recurso a meios e dispositivos informáticos para uma ação encoberta, nos termos do n.º 2, do art. 19.º da LC, não colmata o problema da utilização de *software benigno* pelo agente encoberto nas redes digitais.

No decurso da investigação realizada resultou necessariamente uma outra questão. Pergunta esta para a qual inicialmente não tínhamos pensado e, por esse facto, não conste na colocação do problema. Destarte, questionamos qual a intenção do legislador ao ter referido no n.º 2, do art. 19.º da LC, quando se reporta a "regras previstas" no CPP para a interceção de comunicações. Regras de verificação do conteúdo (art. 188.º do CPP) ou regras relativas à admissibilidade dos alvos de investigação (art. 187.º, n.º 4, do CPP)?

§5. Não nos podemos olvidar que o artigo em questão se reporta à atuação do agente encoberto em meios informáticos. A serem regras processuais o agente encoberto terá que elaborar um relatório como se de uma interceção telefónica se tratasse, bem como cumprir os prazos para tal apresentação ao Ministério Público competente. Ou seja, o agente encoberto deixará de cumprir o estipulado no RJAE, que prevê um único relato da intervenção do agente encoberto quando esta diligência se dê por concluída definitivamente, nos termos do art. 3.º, n.º 6, da Lei 101/2001, de 25 de agosto. Por outro lado, se considerarmos que se tratam de regras técnicas o agente encoberto procederá ao pedido de interceção junto dos operadores de comunicações, usando para o efeito o despacho do JIC que o ordenou, e efetuará a gravação de conteúdos digitais. No lugar de se intercetar chamadas de voz e mensagens escritas, via operador de telecomunicação, configura-se, deste modo, a interceção de dados digitais, tais como os acessos a páginas da internet, mensagens de correio eletrónico, etc. No fundo sejam estes dados informáticos ou dados de tráfego, na aceção das definições constantes no art. 1.º da LC, tudo será intercetado. Como aqui já se deu conta fundamentadamente a interceção poderá não ser totalmente eficaz para a recolha dos elementos provatórios. Uma das situações reside no facto de que basta ao suspeito deixar de usar a ligação da internet dos dados móveis, que está associada ao operador que telecomunicações da rede móvel, e passe a usar sistemas *wi-fi* para aceder à internet. Poder-se-á afirmar, para contraditar esta situação, que a interceção poderá ser realizada ao IMEI do dispositivo e, deste modo, está assegurada a continuidade da recolha de prova digital, intercetado os conteúdos. Confirmamos a veracidade desta observação, contudo, a tecnologia informática permite que se incie uma ação num dispositivo (ex. num *smartphone*) e a mesma seja retomada noutro dispositivo (ex. num *tablet* ou computador ou em outro *smartphone*) a partir do ponto em que se encontrava anteriormente. Esta situação verifica-se, por força do sincronismo entre diversos dispositivos, sem necessidade de se recorrer a cabos ou a dispostivos de transferências de dados.

Concluimos, no que a esta sub-questão diz respeito, que o espírito do legislador não é claro e que o mesmo também não se alcança dos trabalhos realizados em sede de discussão na especialidade, vertidos no Diário da Assembleia da República. Ademais a expressão "naquilo que for aplicável", inserida no art. 19.º da LC, amplia uma forte dose de discricionariedade quando nos referimos a sistemas e meios informáticos onde a tecnologia nos surpreende a cada dia que passa, fruto da constante evolução. Além disso o enfoque nesta expressão revela uma má técnica legislativa, por se tratar de uma formulação muito genérica, desprovida de utilidade prática e onde não se alcança qual o espírito do legislador quando a inseriu na referida frase.

Com efeito, resultado da interpretação que se alcança através das regras plasmadas nos arts. 9.º e 10.º do Código Civil e da ordem jurídica na sua globalidade[684], salvo melhor opinião em contrário, defendemos que o legislador se queria referir às regras processuais do CPP. Deixa, em nossa opinião, de se verificar uma verdadeira ação encoberta, para se passar apenas a uma intervenção inócula de interceção de dados, com todas as vicissitudes que esta ação acarreta e que não podem ser refutadas pelo investigador criminal, por força da lei em vigor. A ação encoberta

[684] Nuno Sá Gomes, *Introdução ao Estudo do Direito*, LEX, 2001, *apud* Emilio Betti, *Teoria Generale della interpretazione* (2 volumes), Milão, 1955, p. 254.
O art. 9.º, n.º 1, do Código Civil reporta-se à *unidade do sistema jurídico*.

tout court pressupõe, desde logo, a interação com o suspeito de forma presencial. Não encontramos justificação plausível para a inserção desta norma jurídica no âmbito das ações encobertas, por se encontrar completamenta desgarrada da matriz de uma ação encoberta e das operações que se podem realizar. Cremos que se trata apenas, e uma vez mais, de uma amálgama legislativa nesta área, sem conhecimentos profundos da área em investigação e de que se legislou por legislar.

§6. Após este excurso volvemos à análise que deverá ser escrutinada no tocante à questão que deixamos pendente. O uso de *benware* por parte de funcionários de investigação criminal ou de terceiros, atuando sob o controle da Polícia Judiciária, não é admissível no nosso ordenamento jurídico por falta de base legal, em obediência ao *princípio da reserva de lei*.

Este tipo de *software* poderá permitir não somente o acesso ao conteúdo do dispositivo informático na fonte, como aceder a certas funcionalidades, sem que o seu utilizador se aperceba, tais como ligar o microfone e/ou a câmara de vídeo. Poderá, como facilmente se depreende, colidir com Direitos Fundamentais, com especial atenção para os que a doutrina designa por "núcleo duro", do cidadão, consagrados constitucionalmente. Como já ficou exposto anteriormente a violação destes Direitos Fundamentais redunda, tal como a ação provocadora do agente encoberto, em nulidade de obtenção da prova[685]. O retraimento destes Direitos apenas deve ser realizada através da produção legislativa. É o próprio legislador constitucional que o refere no n.º 2, do art. 18.º da CRP. Donde, nasce aqui a necessidade formal de legislação que regulamente o uso de *benware* para efeitos de ações encobertas, para que o agente encoberto digital não extravasse as suas competências e não vá além do estritamente necessário, adequado e proporcional para a recolha de prova de que necessita em sede de investigação. Só deste modo se poderá proteger o cidadão no seu âmago mais íntimo dos seus Direitos inalienáveis.

Neste sentido dispomos do exemplo da legislação espanhola. Na *LECrim*, art. *588 septies b.*, é indicado o catálogo de crimes onde o *benware*

[685] *"É hoje entendimento comum que os direitos fundamentais são pressupostos elementares de uma vida livre e digna, tanto para o indivíduo como para a comunidade"*, Fernando Gonçalves e Manuel João Alves, *Ob. Cit., Cit.*, p. 14.

apenas pode ser utilizado. Constam também as indicações que devem ser especificadas na ordem judicial, tais como: que dispositivos informáticos ou parte dos mesmos, meios informáticos de armazenamento de dados ou de base de dados, dados ou outros conteúdos digitais são efetivamente objeto da medida; qual a alcance da medida, em termos de como se procederá para o acesso e apreensão dos dados informáticos arquivados, relevantes para o processo e o *software* mediante o qual se executará o controlo da informação. Exige-se que o despacho do JIC indique os agentes autorizados para a execução do uso do *software* e a autorização para realização e conservação de cópias de dados informáticos, bem como as medidas necessárias para a preservação da integridade dos dados armazenados, assim como para a inacessibilidade ou supressão dos referidos dados informáticos a que se tenha tido acesso. Por último estabelece que a duração desta forma de recolha de prova digital tem a duração máxima de um mês, prorrogável por iguais períodos até um máximo de três meses.

§7. Não olvidemos a necessidade que se sente, no âmbito da investigação criminal, da utilização deste *benware*. A sua justificação encontra-se na atualidade que nos cerca e em face dos fortes programas e aplicações informáticas que permitem o anonimato, a encriptação de conteúdos e a ocultação ou mascaramento da origem das comunicações. Intercetar conteúdo digital encriptado redunda na impossibilidade superveniente de se obter em si a prova digital, por levar meses, quiçá muitos anos, a desencriptar e a tornar, desta forma, legível o conteúdo que se pretende alcançar. A solução passa tecnicamente pela sua obtenção antes de sofrer qualquer processo de encriptação (na fonte) ou após se ter realizado a desencriptação. Mas para que tal aconteça é necessário que existam leis processuais que o permitam de forma inequívoca, em obediência aos princípios constitucionais e aos princípios enformadores de um Estado de Direito democrático.

§8. Na terceira questão abordamos a possibilidade de criação de perfis falsos automatizados para a recolha de prova digital. Indagamos se estes perfis se inserem na área de atuação do agente encoberto ou se, pelo contrário, se reportam a situações destintas que podem viver "paredes meias" com a informação obtida por aquele. Alargamos o espetro desta nossa questão, quando a justificamos e desenvolvemos, à criação de perfis *fake* nas redes sociais.

Quanto a estes últimos perfis nas redes sociais a primeira ilação que se retira é que a sua utilização, pelo agente encoberto digital, é lícita por se tratar de redes sociais abertas e livremente disponíveis, tais como o *Facebook, Tweeter* ou *Instagram*. Apenas negamos a sua utilização quando se utilizem fotos de perfil ou imagens que violem inequivocamente direitos de autor ou se trata de fotografia de pessoa identificável.

O apossamento da conta de uma rede social de um suspeito, de forma legal, só se poderá dar em sede de investigação, se o MP ou o Juiz de Instrução assim o determinarem, com a finalidade de recolher elementos provatórios ali existentes. Serão consideradas provas proibidas todas as obtidas sem esta autorização ou com recurso a outros meios ilícitos, tais como *brute force* ou engenharia social para capturar as credenciais de acesso. Caso a utilização dessa rede social ou outra forma de comunicação seja realizada com intenção de o investigador criminal se fazer passar pelo titular do perfil incorre-se em obtenção de prova proibida. O agente encoberto não poderá usar meios enganosos para obter prova criminal e ao atuar desta forma está, ainda que com o consentimento do *dominus* da ação penal, a pautar a sua conduta pela ilegalidade da obtenção de prova. Ademais estas redes sociais permitem, na sua maioria, que se estabeleçam conversas particulares através da aplicação que dispõem. Após a usurpação da conta de perfil de um suspeito o agente não poderá entabular conversações com outras pessoas, uma vez que está usando meios enganosos ao fazer-se passar por quem efetivamente não é, provocando no terceiro o engano por não saber que o perfil foi detido pelas autoridades policiais. Não é esta forma de comunicar inaudita, a ponto do próprio legislador nacional ter remetido para a apreensão de correspondência do CPP o seu regime, apelidando-o de "registos de comunicações de natureza semelhante"[686]. Já o demonstramos e defendemos que o teor de tais comunicações não é equiparável ao correio tradicional e como tal não deve ter um regime similar a algo que não se pode comparar.

[686] Por força do art. 17.º da Lei do Cibercrime. Sobre esta temática remetemos para o nosso *A prova digital em processo penal..., Ob. Cit.*

De realçar que a criação de um perfil falso nas redes sociais, contendo fotografias, *posts* mais antigos, ou seja, que levem a criar a ilusão de uma história de vida ou na aceção da palavra "uma história de cobertura" ou um *time line* digital, deverá ser permitida e autorizada pelo magistrado judicial, caso a mesma se revele como fundamental para a ação encoberta realizada na internet. Este perfil falso apenas dará mais credibilidade à ação encoberta digital conseguindo o agente encoberto eventualmente granjear, de modo mais facilitado, a confiança dos alvos a investigar. De fora da atuação do agente encoberto fica proibida esta utilização, por ser um meio enganoso de obtenção de prova.

§8. No que se reporta ao uso de programas informáticos que permitam a utilização de imagens virtuais, como o exemplo aduzido na Bélgica com a boneca virtual, a sua utilização requer um apertado controle judicial. Não obstante os problemas que se podem levantar, mormente pela sua utilização como agente provocador, concluímos que em Portugal, tal como se encontra a legislação atual, é impossível recorrer a esta técnica. O recurso a agentes encobertos apenas poderá ser realizado por seres humanos.

Defendemos que em situações criminais mais gravosas, tais como nos casos de homicídio, na violação da liberdade e da autodeterminação sexual envolvendo menores, terrorismo ou crimes praticados por associações criminosas, se justifica este *modus virtual* de investigação. Se a criminalidade é cada vez mais complexa e recorre a formas mais expeditas para a prática dos crimes, a investigação tem que poder recorrer a formas especiais de identificação destes indivíduos. Donde, para que a investigação não seja colocada em crise, compete ao legislador acompanhar a evolução da criminalidade e legislar adequadamente, acompanhando necessariamente a evolução tecnológica.

§9. Por último a nossa interrogação passava pela questão das "balizas" GPS no âmbito de uma ação encoberta e da sua admissibilidade. Balizas estas que para além de detetarem, em tempo real, a posição geográfica do alvo em investigação permitem recolher som e imagem com adequado *software* instalado nesses dispositivos informáticos ou nos *smartphones* do investigado. E chamamos também à colação a utilização de *drones* na investigação encoberta, onde a captação de imagem e som é uma realidade inquestionável, bem como a possibilidade de determinar a localização do suspeito da investigação.

Neste âmbito concluímos que o uso de dispositivos de geolocalização, vulgo GPS, deverá ser tido como admissível, podendo configurar a extensão de um seguimento ou vigilância policial, sempre que estes dispositivos não captem sons ou imagens dos alvos em apreço ou de terceiros. Daí, não se tratando de uma medida excecional de investigação, ser aceitável a sua utilização por qualquer órgão de investigação criminal, no desempenho das suas funções. E vamos mais longe, aceitamos que esta medida seja utilizada tanto em sede de prevenção criminal como em sede de inquérito.

Na eventualidade de o dispositivo de GPS capturar som e/ou imagem deverão ser tidas em consideração os pressupostos da reserva de lei para determinados crimes de catálogo, sendo admissível a sua utilização pelo agente encoberto digital.

§10. No tocante à utilização de *drones*, numa ação encoberta digital, deverá ter-se em ponderação a privacidade de terceiras pessoas, no que toca às imagens capturadas e/ou ao som gravado. O rigoroso controle judicial neste âmbito será fulcral de modo a que não se violem Direitos inaleanáveis e pessoalíssimos de pessoas que não tem nenhum relacionamento com a situação que se está a investigar, mas que acaba por ver a sua vida esbulhada pelas autoridades judiciárias e policiais.

A utilização deste meio de obtenção de prova não tem que ser necessariamente exclusiva do agente encoberto digital, uma vez que não requer a ocultação da qualidade ou identidade do agente. Contudo, por se tratar de uma medida execional de recolha de prova, deverá socorrer-se de determinados pressupostos legais, já previstos no art. 6.º da Lei n.º 5/2002. Ainda assim inexiste regulamentação quanto ao uso de drones e âmbito da sua aplicação na recolha de prova penal. Por outras palavras, em que contexto, aberto ou fechado, se poderá recolher som, imagem e posicionamento GPS recorrendo a drones.

As vicissitudes de recolha de prova encontram-se bem patentes quando se aborda a temática da prova digital. Nem sempre o Direito consegue acompanhar as alterações tecnológicas sendo, por isso, exigido um esforço maior na criação de normas que permitam a obtenção de prova digital. Temos por certo que os criminosos rapidamente, qual camaleão, se adaptam a novas utilizações das tecnologias e conseguem tirar dividendos do seu uso ilícito.

§11. Efetuar uma remissão genérica, como grosso modo foi realizada pelo legislador relativamente ao art. 19.º da Lei do Cibercrime para o Regime Jurídico do Agente Encoberto, não resolve problemas específicos e tão atuais de quem pretende colocar no mesmo patamar situações distintas. A prova digital requer o uso de ferramentas específicas no âmbito da sua obtenção. Devem os investigadores munirem-se de elementos precisos para a sua recolha e preservação, mormente face às características que apresenta, por ser volátil e facilmente manipulável.

No sentido em que se encontra a legislação o agente encoberto digital tem uma missão espinhosa na recolha de prova digital. Se por um lado não corre risco de vida e não é facilmente identificável, prescindindo-se de uma alteração formal de identidade para o desempenho desta função, por outro lado terá que ter os conhecimentos necessários para desempenhar o seu papel sem colocar em crise a prova digital. Acresce que terá que saber identificar em que situações poderá investigar como agente encoberto de outras situações em que a lei não o permite e ordena a interceção de comunicações.

Os modernos mecanismos de anonimato e de encriptação de conteúdos poderão levar a que o agente encoberto digital estravasse o âmbito das suas funções e entre na esfera da obtenção de prova com recurso a métodos proibidos. Se a tónica discutida pela doutrina e jurisprudência, referente ao agente encoberto, era até que ponto as suas ações se converteriam em ações provocadoras, o paradigma transforma-se com o agente encoberto digital. A discussão poderá passar pela forma como se obteve a prova digital e se efetivamente não existiu manipulação da mesma ou contaminação com outra prova digital. A necessidade de autenticar com assinatura digital a recolha de prova, onde conste o nome de quem efetuou a recolha, a data e a hora, são elementos a ter em conta quando se analisarem provas digitais. A implementação deste método na recolha das provas digitais fará com que fique validado a integridade dos elementos obtidos. Se eventualmente a prova digital sofrer algum tipo de alteração a assinatura digital deixa de vigorar naquela prova. Desta forma a assinatura digital pode passar pela autenticação certificada, que se torna dispendiosa ou pelo uso do(s) algoritmo(s) MD5 e/ou SHA1. Este algoritmo, que pode ser usado por qualquer pessoa de forma gratuita, pode verificar a integridade de um ficheiro, através do programa *md5sum*, pois irá criar o *hash* do ficheiro. Se existirem alterações nesse ficheiro, nem que seja de apenas 1 bit, o *hash* calculado pelo *md5sum* será consequentemente diferente. Calculado o *hash* deverá o mesmo ser impresso e junto aos autos ou colocado digitalmente em local distinto para não ser involuntariamente apagado.

§12. Por último afirmamos que é urgente alterar a legislação sobre a atuação do agente encoberto digital, face às vicissitudes de recolha de prova e às inúmeras possibilidades de remotamente se poder aceder a dispositivos informáticos. Paralelamente urge salvaguardar os Direitos intocáveis dos cidadãos, circunscritos aos mais ínfimos direitos pessoais. Um indivíduo que seja investigado não poderá ser sujeito a toda e qualquer medida discricionária de invasão da sua privacidade mais íntima, pois só com a condenação, transitada em julgado, é que se poderá afirmar que o indivíduo X praticou os factos Y e Z.

A tecnologia avança a passos largos para a sua própria automatização e para o incremento da utilização da robótica e da inteligência artificial. É necessário definir, desde já, procedimentos estanques de atuação destas maquinarias ao nível da recolha de prova digital num processo crime.

A utilização do agente encoberto digital será a breve trecho, como o foi há uns anos as escutas a telemóveis, uma forma inquestionável das autoridades judiciárias obterem elementos de prova do mundo digital, quando os demais meios forem impossíveis de serem utilizados. A migração que se tem assistido para as plataformas informático-digitais, com maior índice de informações de todo o tipo disponíveis na rede e, inversamente, à diminuição que se assiste do número de infoexcluídos, leva a um aumento de crimes praticados por estes meios. As vissicitudes serão necessariamente muitas e os métodos de investigação terão que se moldar a esta realidade.

A especialização de magistrados e de funcionários de investigação criminal terá que ocorrer o quanto antes, para que o combate à criminalidade (informática) não encontre barreiras por falta de aptidão de quem zela pela Justiça e pela descoberta da verdade material punindo os autores dos factos e compensado as vítimas da ação destes.

BIBLIOGRAFIA

AA.VV, *Investigating Hard Disks; File and Operating Systems*, EC- Council Press, 2010.

Abrantes, Alexandra Catarina Silva, *O problema do aliciamento de menores através da internet para fins sexuais*, inédito, tese de mestrado Universidade Católica Portuguesa, 2016.

Aguilar, Francisco, *Dos conhecimentos fortuitos obtidos através de escutas telefónicas, Contributo para o seu estudo nos ordenamentos jurídicos alemão e português*, Almedina, 2004.

Albuquerque, Paulo Pinto de, *Comentário ao Código de Processo Penal à luz da Constituição da República e da Convenção dos Direitos do Homem*, 2.ª Edição, Universidade Católica Editora, 2008.

—, "Ações encobertas. Meio enganoso de prova? Agente infiltrado e agente provocador. Outras questões", *in Revista Portuguesa de Ciência Criminal*, Ano 16, n.º 3, Julho-Setembro, 2006.

Alhazmi Ali, *et al*, «Torrent Forensics: are your files being shared in the BitTorrent network?», *Cyber2017: The second internacional conference on cyber-technologies and cyber-systems*, 2017, disponível em https://www.thinkmind.org/download.php?articleid=cyber_2017_1_20_80024

Almeida, Carlos Ferreira de, *Introdução ao Direito Comparado*, 2.ª Edição, Almedina, 1998.

Almeida, Carlos Rodrigues de, «O registo de voz e imagem, notas ao art.º 6.º da Lei n.º 5/2002, de 11 de Janeiro», *Revista Portuguesa de Ciência Criminal*, Coimbra, v.14, n.º 3 (julho-setembro 2004).

Almeida, Carlota Pizarro de, *O dever de cuidado como modelo de gestão do risco*, Tese de doutoramento, inédito, FDUL, 2010.

Almeida, Daniel Freire e, *Um Tribunal Internacional para a Internet*, Almedina, Coimbra, 2015.

Amicis, Albert De, *Hell's Angels Criminal Enterprise*, University of Phoenix, 2009.

Andrade, Manuel da Costa, *Liberdade de imprensa e inviolabilidade pessoal, Uma perspectiva jurídico-criminal*, Coimbra Editora, 1996.

—, *"Bruscamente no verão passado", a reforma do Código de Processo Penal, observações críticas sobre uma lei que podia e devia ter sido diferente*, Coimbra Editora, 2009.

—, «Métodos ocultos de investigação, (Plädoyer para uma teoria geral)», *Que futuro para o direito processual penal? Simpósio em Homenagem a Jorge de Figueiredo Dias, por ocasião dos 20 anos do Código de Processo Penal Português*, (coord. Mário Ferreira Monte, et al), Coimbra Editora, 2009.

—, *Sobre as proibições de prova em processo penal*, Coimbra Editora, 1.ª Edição (Reimpressão), 2013.

—, «Sobre a valoração, como meio de prova em processo penal, das gravações produzidas por particulares», *Separata do número especial do Boletim da Faculdade de Direito de Coimbra*, Estudos em Homenagem ao Prof. Doutor Eduardo Correia, 1984.

—, «Sobre o regime processual penal das escutas telefónicas», *Revista Portuguesa de Ciência Criminal*, ano 1.°, n.° 3, (julho-setembro 1991).

—, «Escutas telefónicas, conhecimentos fortuitos e primeiro ministro», *Revista de Legislação e Jurisprudência*, Ano 139, (maio-junho), Coimbra Editora, 2010.

Antunes, Maria João, *Direito Processual Penal*, Almedina, 2017.

Barrocu, Giovanni, *Le indagini sotto copertura*, Jovene editore, 2011.

Battinieri, Luca, «La perquizione online tra esigenze investigative e ricecerca atípica della prova», *Sicurezza e guistiza*, n.° IV, MMXIII, 2014.

Beck, Ulrich, *Risk Society, Towards a new modernity*, Tradução do original alemão *Risikogesellschaft: auf dem weg in eine andere moderne* por Mark Ritter, Sage Publication, Londres, 2005.

Becker, Ronald F. e Dutelle, Aric W., *Criminal Investigation*, 4th Edition, Jones & Bartlett Learning, 2013.

Berg, Bruce L., *Policing in modern society*, Butterworth Heinemann, 1999.

Bhattacherjee, Anol, *Social Science Research: Principles, Methods, and Practices*, Textbooks Collection, University of South Florida, 2012.

Bidgoli, Hossein, *Handbook of information security, Treaths, vulnerabilities, prevention, detection, and management*, Vol. 3, Jonh Wiley & Sons, Inc., 2006.

BOBBIO, Norberto, *Giusnaturalismo e positivismo giuridico*, Edizioni di Comunità, Milano, 1965.

BRAVO, Rogério, *Possibilidade de utilização legal de "remote forensics" em Portugal*, edição do autor, Centro de documentação da PJ, 2015.

—, «Da não equiparação do correio-electrónico ao conceito tradicional de correspondência por carta», *Polícia e Justiça*, Revista do Instituto Superior de Polícia Judiciária e de Ciências Criminais, III Série, n.º 7, Jan-Jun 2006, Coimbra Editora.

—, *"Open sources" na investigação do cibercrime: conceito e implicações*, inédito, 2014, disponível no endereço https://www.academia.edu/5906230/O_Conceito_de_Fontes_Abertas_na_Investigação_do_Cibercrime.

—, «Cibercriminalidade o desafio jurídico da "revolução tecnológica"», *Boletim da Ordem dos Advogados*, n.º 2, julho de 2017, disponível *online* em http://boletim.oa.pt/oa-02/entrevistas.

BRAVO, Teresa Maria da Silva, «Revistas e buscas: o processo penal na era da globalização», AA.VV., *III Congresso de Processo Penal*, Coord. MANUEL MONTEIRO GUEDES VALENTE, Almedina, 2010.

BRAZ, José, *Investigação Criminal, A organização, o método e a prova. Os desafios da nova criminalidade*, Almedina, 3.ª Edição, 2013.

BRENNER, Susan W., *Cybercrime, Criminal Threats from Cyberspace*, Praeger, 2010.

BRITO, Sônia, *O agente infiltrado. O problema da legitimidade no processo penal do Estado de Direito e na experiência brasileira*, Almedina, 2016.

BROWN, Cameron S. D., «Investigating and Prosecuting Cyber Crime: Forensic Dependencies and Barriers to Justice», *International Journal of Cyber Criminology*, Vol 9 Issue 1, January – June, 2015.

BUENO DA MATA, Federico, *El agente encubierto en internet: mentiras virtuales para alcanzar la justicia*, comunicação disponível em http://ruc.udc.es/dspace/bitstream/handle/2183/9179/comunicacions_01_Bueno_de_Mata_295-306.pdf;jsessionid=D859DCD2AACFD715232C759DB4B1B18E?sequence=1

CAIRES, João Gouveia de, «O registo de som e imagem e as escutas ambientais», AA.VV., *Direito da Investigação Criminal e da Prova*, Coord. MARIA FERNANDA PALMA et al, Almedina, 2014.

CAMÕES, Luis de, *Os Lusíadas*, Canto VIII – §89, Porto Editora.

CAMPOS, Juliana Filipa Sousa, *O Malware como meio de obtenção de prova em processo penal*, Almedina, 2021.

CANAS, Vitalino, *Dicionário Jurídico da Administração Pública*, vol. IV, Lisboa, 1994.

CANOTILHO, José Joaquim Gomes, *Direito Constitucional e Teoria da Constituição*, Almedina, 7.ª edição, 2003.

CANOTILHO, José Joaquim Gomes e MOREIRA, Vital, *Fundamentos da Constituição*, 2.ª edição, Coimbra Editora, 1991.

CARDOSO, José António, *Agente encoberto – apoio à investigação criminal*, Academia Militar, 2015.

CARMON, Yigal, «The enemy within: where are the Islamist/Jihadist websites hosted, and what can be done about it?», AA.VV., *Security Informatics and Terrorism: patrolling the web*, Coord. CECILIA S. GAL, *et al*, Nato Science for Peace and Security Series D: Information and Communication Security – Vol. 15, IOS Press, Netherlands, 2008.

CHEN, Hsinchun, *et al*, «Uncovering the Dark Web: A case study of Jihad on the web», *Journal of the American Society for information science and technology*, n.º 59, 2008.

COMER, Douglas E., *Computer Networks Internets*, Prentice Hall, 2009.

CONCEIÇÃO, Ana Raquel, *Escutas telefónicas, Regime Processual Penal*, Quid Juris, 2009.

CORREIA, João Conde, «Prova digital: as leis que temos e a lei que devíamos ter», Revista do Ministério Público, Ano 35, n.º 139, julho-setembro 2014.

—, *Contributo para a análise da inexistência e das nulidades processuais penais*, Coimbra Editora, 1999.

COSTA, Adalberto, «O Direito à imagem», *Revista da Ordem dos Advogados*, Ano 72, n.º 4 (out.-nov 2012).

COSTA, Eduardo da Maia, «Agente provocador – validade das provas», *Revista do Ministério Público*, Ano 21, n.º 81, (janeiro-março de 2000).

COSTA, José Francisco de Faria, «As telecomunicações e a privacidade: o olhar (in)discreto de um penalista», *Direito Penal da Comunicação – Alguns escritos*, Coimbra Editora, 1998.

COUTINHO, Clara Pereira e CHAVES, José Henrique, «O estudo de caso na investigação em tecnologia educativa em Portugal», *Revista Portuguesa de Educação*, 15(1), 2002.

COUTTS, Reg e SELBY, Hugh, «'Mobile Ping Data' – Metadata for Tracking», *Digital Evidence and Electronic Signature Law Review*, 14 (2017).

DAVADIE, Philippe, «La théorie du Daknet, Article n.º IV.7», *Chaire de Cyberdéfense et Cybersecurité*, junho de 2015.

DAVIN, João, «Instrumentos operacionais para a prevenção e repressão da fraude e da corrupção», AA.VV, *Fraude de subvenciones comunitarias y corrupción, Delitos financeiros, fraude y corrupción en Europa*, Vol. I, Ediciones Universidad de Salamanca, 2002.

DIAS, Augusto Silva, «Os criminosos são pessoas? Eficácia e garantias no combate ao crime organizado», AA.VV., *Que futuro para o direito processual penal?: Simpósio em Homenagem a Jorge de Figueiredo Dias, por ocasião dos 20 anos do código de processo penal português*, Coimbra Editora, 2009.

DIAS, Augusto Silva e RAMOS, Vânia Costa, *O direito à não auto-inculpação (nemo tenetur se ipsum accusare) no Processo Penal e Contra-Ordenacional Português*, Coimbra Editora, 2009.

DIAS, Jorge de Figueiredo, *Algumas reflexões sobre o Direito Penal e a sociedade do risco*, Universidade Lusíada, 2000.

—, «Sobre os sujeitos processuais no novo Código de Processo Penal», AA. VV., *Jornadas de Direito Processual Penal. O Novo Código de Processo Penal*, Almedina, 1988, reimpressão 1993.

—, *Direito Penal, Parte geral, Tomo I, Questões fundamentais, A doutrina geral do crime*, Coimbra Editora, 2004.

—, *Direito Penal Portugês – As consequências Jurídicas do Crime*, Coimbra Editora, 2005.

DIAS, Jorge de Figueiredo e ANDRADE, Manuel da Costa, *Supervisão, Direito ao Silêncio, e Legalidade da Prova*, Almedina, 2009.

DIAS, Vera Marques, «A problemática da investigação do cibercrime», *DataVenia*, Ano 1, n.º 1, (julho-dezembro), 2012.

DÖHRING, Erich, *La investigación del estado de los hechos en el proceso, La prueba, su prática y apreciacion*, Trad. do alemão por TOMÁS A. BANZHAF, Ediciones Minjus, 1986.

DOOLEY, Michael e ROONEY, Timothy, *IPv6 Deployment and Management*, IEEE Press, 2013.

DUNLAP Thomas M. e KURTZ, Nicholas A., «Electronic evidence in torrent copyright cases», *Digital Evidence and Electronic Signature Law Review*, Vol 8, 2011, disponível em http://sas-space.sas.ac.uk/5480/1/1967-2797-1-SM.pdf

ERDELY, Robert, *et al*, «Forensic investigation of peer-to-peer file sharing network», *The Digital Forensic Research Conference, Digital Investigation*, n.º 7, 2000.

ESTRELA, Edite; SOARES, Maria Almira e LEITÃO, Maria José, *Saber escrever: Uma tese e outros textos: Um guia completo para apresentar os seus trabalhos e outros documentos*, 4.ª ed., Lisboa, Dom Quixote, 2006.

FELICIONE, Paola, «L'acquisizione da remoto di dati digitali nel procedimento penale: evoluzione giurisprudenziale e prospettive di riforma. Remote digital data capture in criminal proceedings: evolution of the case-law and prospects for reform», *Processo penale e giustizia*, n.º 5, 2016.

FERNANDES, Luís Fiães, «As organizações criminosas "tradicionais". Uma abordagem histórica», AA.VV., *Estudos de homenagem ao juiz conselheiro António da Costa Neves Ribeiro, In memoriam*, Almedina, 2007.

FERNÁNDEZ TERUELO, Javier Gustavo, *Derecho penal e internet, Especial consideración de los delitos que afectam a jóvenes y adolescentes*, Lex Nova, 2011.

FERRAJOLI, Luigi, *Direito e razão: teoria do garantismo penal*, Editora Revista dos Tribunais, S. Paulo, 2002.

FERREIRA, João Conde, «Prova digital: as leis que temos e a lei que devíamos ter», *Revista do Ministério Público*, n.º 139 (julho-setembro), 2014.

FERREIRA, Manuel Cavaleiro de, *Lições de Direito Penal*, Reimpressão da 4.ª Edição de 1992, Almedina, 2010.

FIJNAUX, Cyrille e MARX, Gary T., *Undercover police surveillance in comparative perspective*, Kluwer Law International, The Hague, The Netherlands, 1995.

FORTIN, Marie Fabienne, *O processo de investigação: da concepção à realização*, 3.ª Edição, Loures, Lusociência, 2003.

FUMY, Walter, «Key Management Techniques», AA.VV., *State of the art in applied cryptography*, Coord. BART PRENEEL e VICENT RIJMEM, Springer, 1997.

GANUZA ARTILES, Néstor, «La situación de la ciberseguridad en el ámbito internacional y en la Otan», AA.VV, *Ciberseguridad, Retos y amenazas a la seguridad nacional em el ciberespacio*, Cuadernos de Estrategia n.º 149, 2011.

GARCIA CANO, David, *Análisis de herramientas esteganográficas*, 2004, disponível em http://e-archivo.uc3m.es/bitstream/handle/10016/7119/PFC_David_Garcia_Cano_2004_201033204919.pdf?sequence=1.

GASPAR, António Henriques, «As ações encobertas e o processo penal, questões sobre a prova e o processo equitativo», *Medidas de Combate à Criminalidade Organizada e Económico-Financeira*, Centro de Estudos Judiciários, Coimbra Editora, 2004.

GERCKE, Marco, *Understanding cybercrime: phenomena, challenges and legal response*, ITU Publication, 2012.

GESTEL, Rob van e MICKLITZ, Hans-W., *Revitalizing Doctrinal Legal Research in Eueope: what about methodology?*, EUI Working Papers, European University Institute, 2011.

GILES, Keir, «Russia and Cyber Security», *Nação e Defesa*, IDN, n.º 133, 2012.

GIULIANI, Livia, «Misure restrittive della libertà personale e diritto di defesa dell'imputato», AA.VV, *Il diritto processuale penale nella giurisprudenza costituzionale, "Cinquanta anni della Corte constituzionale della Repubblica italiana"*, Org.: GIOVANNI CONSO, Ed. Scientifiche Italiane, 2006.

GOMES, Nuno Sá, *Introdução ao Estudo do Direito*, LEX, 2001.

GONÇALVES, Fernando; ALVES, Manuel João, *A prova do crime, Meios legais para a sua obtenção*, Almedina, 2009.

—, *Crime. Medidas de Coação e Prova. O agente infiltrado, encoberto e provocador*, Almedina, 2015.

GONÇALVES, Fernando; ALVES, Manuel João e VALENTE Manuel Monteiro Guedes, *Lei e Crime, O agente infiltrado versus o agente provocador. Os princípios do processo penal*, Almedina, 2001.

GONÇALVES, Manuel Lopes Maia, *Código de Processo Penal, Anotado – Legislação complementar*, 16.º edição, Almedina, 2007.

GRAÇA, António Pires Henriques da, *O regime jurídico do mandado de detenção europeu*, Coimbra Editora, 2014.

GRAÇA, Pedro José Bentes, *O ciberataque como guerra de guerrilha, O caso dos ataques DoS/DDoS à Estónia, Georgia e ao Google – China*, Instituto Superior de Ciências Sociais e Políticas, Universidade de Lisboa, inédito, 2013.

HENRY-LABORDÈRE, Arnaud, *Virtual Roaming Data Services and Seamless Technology Change – GSM, LTE, WiFi, Satellit, CDMA*, River Publishess, Denmark, 2014.

HESS, Kären Matison; ORTHMANN, Christine Hess e CHO, Henry Lim, *Introduction to law enforcement and criminal justice*, Delmar Cengage Learning, 12.º edição, 2015.

—, *Police Operations, Theory and practice*, Delmar Cengage Learning, 6.ª edição, 2014.

HORSTKOTTE, Harthmuth, "Os limites da prevenção criminal à luz dos direitos do Homem", *Revista Portuguesa de Ciência Criminal (RPCC)*, 8 (1998).

HURLEY, Ryan, *et al*, *Measurement and Analysis of Child Pornography Trafficking on Gnutella and eMule*, 2012, acessível em https://web.cs.umass.edu/publication/docs/2012/UM-CS-2012-016.pdf

Hurtado Calvillo, Wilmer Daniel e Ponce Rivas, Sergio Luis, *Estudio del comportamiento de vulnerabilidades de una red privada virtual (VPN)*, Universidad Católica Andrés Bello, Caracas, 2013.

Jakobs, Günther, *La Ciencia Del Derecho Penal ante las exigencias del presente*, Bogotá, Universidad Externado de Colômbia, Centro de Investigaciones de Derecho Penal y Filosofía del Derecho, Tradução: Teresa Manso Porto, 2000.

Jakobs, Günther e Cancio Meliá, Manuel, *Derecho Penal del Enemigo*, Madrid, Civitas, 2003.

Jesus, Francisco Marcolino de, *Os meios de obtenção de prova em Processo Penal*, 2.ª Edição, Almedina, 2015.

Joyanes Aguilar, Luis, «Introducción: Estado del arte de la ciberseguridad», AA.VV, *Ciberseguridad, Retos y amenazas a la seguridad nacional em el ciberespacio*, Cuadernos de Estrategia n.º 149, 2011.

Justo, Ana Rita de Melo, «Proibição da prova em processo penal: o agente provocador. Acórdão do Supremo Tribunal de Justiça de 30 de Outubro de 2002», *Revista Portuguesa de Ciência Criminal*, Ano 16, n.º 3, Julho-Setembro 2006.

Koops, Bert-Jaap, *The Crypto Controversy, A key conflict in the information society*, Kluwer Law International, 1999.

Koops, Bert-Jaap e Robinson, Tessa, «Cybercrime Law: A European Perspective» AA.VV, *Digital evidence and computer crime: forensic science, computers and the internet*, Coord. Eoghan Casey, Third Edition, Elsevier, 2011.

Kramer, Simon e Bradfield, Julian C., *A general definition of malware, Journal of Computer Virology and Hacking Techniques*, (May 2010), Vol. 6, Issue 2, Springer Link.

Krey, Volker F., «Legal problems in using undercover agents including electronic surveillance for their backup and as instrumento of crime prosecution in Germany», *Scientia Iuridica*, T. – L., 2001, n.º 290

Lança, Hugo Cunha, *A regulação dos conteúdos disponíveis na internet*, Chiado Editora, 2016.

Larenz, Karl, *Metodologia da Ciência do Direito*, 3ª edição (tradução da 6.ª edição do original alemão de 1991, intitulado *Methodenlehre der Rechtswissenschaft*, por José Lamego), Fundação Calouste Gulbenkian, 1997.

Laureano, Marcos, *Máquinas virtuais e emuladores, Conceitos, técnicas e aplicações*, Novatec Editora, 2006.

LEITE, Inês Ferreira, «"Arrependido": a colaboração processual do co-arguido na investigação criminal», AA.VV., *2.º Congresso de Investigação Criminal*, Coord. MARIA FERNANDA PALMA et al, Almedina, 2010.

LISBOA, Marcelo Jucá, «Metodologia Jurídica e a sua relação com o conceito, interpretação e aplicação do Direito: uma visão panorâmica», *Revista Jurídica Luso Brasileira*, Ano 2 (2016), n.º 2.

LOEDING, Matthias, *Unterrichtsstunde: Brauchen wir staatliche Online-Durchsuchungen in Deutschland?*, Grin Verlag, 2008.

LOSHIN, Peter, *Pratical Anonymity, Hidden in plain sight online*, Elsevier Inc., 2013.

LOUREIRO, Nuno Miguel, «A responsabilidade penal do agente encoberto», *Revista do Ministério Público*, n.º 142, abril-junho 2015.

MACEDO, João Carlos Cruz Barbosa de, «Algumas considerações acerca dos crimes informáticos em Portugal», AA.VV., *Direito Penal Hoje, Novos desafios e novas respostas*, Coord. MANUEL DA COSTA ANDRADE e RITA CASTANHEIRA NEVES, Coimbra Editora, 2009.

MACHIAVELO, António e REIS, Rogério, *Uma introdução (ingénua) à criptografia*, Departamentos de Matemática e Ciências de Computadores da Faculdade de Ciências da Universidade do Porto, sem data, disponível em http://www.dcc.fc.up.pt/~rvr/resources/Files/Cap-Cripto.pdf.

MACLEOD, A.D., «Undercover policing: A psychiatrist's perspective», *International Journal of Law and Psychiatry*, Volume 18, Issue 2, Spring 1995.

MAGRIÇO, Manuel Eduardo Aires, *A exploração sexual de crianças no ciberespaço*, Sinapis Editores, 2014.

MAIELLO, Vicenzo, *La legislazione penale in matéria di criminalità organizzata, misure di prevenzione ed armi*, G. Giappichelli Editore, 2015.

MALGAZ ÁLVAREZ, Ricardo, «Respuestas politico-criminales a la delincuencia internacional: narcotráfico y terrorismo», AA.VV., *La investigatión policial y sus consecuencias jurídicas*, Coord. ALICIA RODRÍGUEZ NÚÑEZ, Dykinsol, Madrid, 2013.

MALETSKY, Kerry, *256 bit key – is it big enough?*, disponível em http://www.atmel.com/Images/Atmel-8668-CryptoAuth-256-Bit-Key-Is-It-Big-Enough--WhitePaper.pdf

MARCONI, Marina de Andrade e LAKATOS, Eva Maria, *Fundamentos de metodologia científica*, 5.ª Edição, Editora Atlas, 2003.

Marques, Pedro Penha Leitão da Costa, *Informática forense, Recolha e preservação da prova digital*, Tese de mestrado, Universidade Católica Portuguesa, inédito, 2013.

Martínez Martínez, José, *Estrategias multidisciplinarias de seguridad para prevenir el crimen organizado*, Tese de doutoramento, Universid Autónoma de Barcelona, Inédito, 2015.

Martins, António Gomes Lourenço, *Droga: prevenção e tratamento: combate ao tráfico*, Almedina, 1984.

Marx, Gary T., *Undercover: Police Surveillance in America*, University of California Press, USA, 1988.

Marzocchi, Ottavio, *Implicações da utilização civil de «drones» para a privacidade e a proteção de dados. Análise aprofundada*, Departamento Temático C: Direitos dos Cidadãos e Assuntos Constitucionais, Parlamento Europeu, junho de 2015.

Matamouros, Fátima, «Infiltrados fora de lei», *Sub Judice – Justiça e Sociedade*, Coimbra, n.º 18 (abril/junho 2000).

Meirim José Manuel, *Como pesquisar e referir em Direito*, Coimbra Editora, 2008.

Meireis, Manuel Augusto Alves, *O regime das provas obtidas pelo agente provocador em Processo Penal*, Almedina, Coimbra, 1999.

Mendes, Bárbara Sofia Almeida, *Profiling criminal: técnica auxiliar de investigação criminal*, Tese de mestrado, Instituto de Ciências Biomédicas Abel Salazar, Universidade do Porto, inédito, 2014.

Mendes, Diogo Carvalho, *Técnicas de hacking para anonimização na internet*, Tese de mestrado, Universidade Católica Portuguesa, inédito, 2015.

Mendes, Paulo de Sousa, Lições de Direito Processual Penal, Almedina, 2013.

—, «Os direitos e deveres do arguido», *Estudos em Memória do Prof. Doutor J. L. Saldanha Sanches*, Org. Paulo Otero, Fernando Araújo, João Taborda da Gama, Vol. II, Coimbra Editora, 2011.

—, «O dever de colaboração e as garantias de defesa no processo sancionatório especial por práticas restritivas da concorrência», *Revista Julgar*, n.º 9, 2009.

—, «O processo penal entre a eficácia e as garantias», AA.VV., *Direito da Investigação e da Prova*, Coord. Maria Fernanda Palma, Augusto Silva Dias, Paulo de Sousa Mendes e Carlota Almeida, Almedina, 2014.

Mendoza Buergo, Blanca, *El Derecho penal en la sociedad del riesgo*, Civitas, Madrid, 2001.

Mendroni, Marcelo Batlouni, *Crime organizado, aspetos gerais e mecanismos legais*, 3.ª Edição, São Paulo, Atlas, 2009.

MESQUITA, Iolanda Alexandrina Fernandes, *O agente infiltrado, "Análise jurisprudencial"*, tese de mestrado, Faculdade de Direito da Universidade de Coimbra, inédito, 2016.

MESQUITA, Paulo Dá, *Processo Penal, Prova e Sistema Judiciário*, Coimbra Editora, 2010.

MILHEIRO, Tiago Caiado, «Breve excurso pela prova penal na jurisprudência nacional», *Revista Julgar*, n.º 18, Coimbra Editora, 2012

MILITÃO, Renato Lopes, «A propósito da prova digital no processo penal», *Revista da Ordem dos Advogados* – ROA, Ano 72, n.º 1, 2012.

MIRANDA, Jorge, *Manual de Direito Constitucional*, Tomo IV, Coimbra Editora, 1988.

MIRFIELD Peter, *Silence, confessions and improperly obtained evidence*, Clarendon Press Oxford, 1997.

MIRÓ LLINARES, Fernando, «La oportunidad criminal en el ciberespacio, Aplicación y desarrollo de la teoría de las actividades cotidianas para la prevención del cibercrimen», *Revista Electrónica de Ciencia Penal e Criminología*, n.º 13, 2011.

MOLINA PÉREZ, TERESA, «Técnicas especiales de investigación del delito: el agente provocador, el agente infiltrado y figuras afines», *Anuario Jurídico y Económico Escurialense*, XLII , 2009.

MONTE, Mário Ferreira, «A relevância da actuação dos agentes infiltrados ou provocadores no Processo Penal», *Scientia Ivridica – Revista de Direito Comparado Português e Brasileiro*, Universidade do Minho, Tomo XLVI, n.ºs 265/267, 1997.

—, «O registo de voz e imagem no âmbito do combate à criminalidade organizada e económico-financeira – Lei n.º 5/2002, de 11 de Janeiro", AA.VV., *Medidas de Combate à Criminalidade Organizada e Económico- Financeira*, Org. CEJ, Coimbra Editora, 2004.

—, «A intercepção e gravação de conversações e comunicações. O registo de voz e de imagem. Alguns aspectos relevantes do actual sistema processual penal», *Medidas de Combate à Criminalidade Organizada e Económico- Financeira*, Org. CEJ, Coimbra Editora, 2004.

MOORE, Gordon E., *Cramming more components onto integrated circuits*, Electronics, Volume 38, Number 8, April 19, 1965.

MORAIS, Carlos Blanco de, *Manual de Legística – Critérios científicos e técnicos para legislar melhor*, Editorial Verbo, 2007.

Muñoz Sanchez, Juan, *La moderna problemática jurídico penal del agente provocador*, Editorial Tirant Lo Blanch, Valência, 1995, p.21

Neves, A. Castanheira, *Digesta, Escritos acerca do Direito, do Pensamento Jurídico, da sua Metedologia e Outros*, Volume 2.°, Coimbra Editora, 1995.

Nunes, Duarte Alberto Rodrigues, *O problema da admissibilidade dos métodos "ocultos" de investigação criminal como instrumento de resposta à criminalidade organizada*, Gestlegal, 2019.

—, «A admissibilidade de obtenção, diretamente pelas autoridades, de dados de localização por meio do sistema GPS à luz do direito processual português», *Julgar*, n.° 32, maio-agosto, Almedina, 2017.

Nunes, Duarte Rodrigues, *Os meios de obtenção de prova previstos na Lei do Cibercrime*, Gestlegal, 2018.

Núñes Paz, Miguel Ángel e Guillén López, Germán, «Entrega vigilada, agente encubierto y agente provocador. Análisis de los medios de investigación en materia de tráfico de drogas», *Anuario de Derecho Penal y Ciencias Penales*, Núm. LXI, Boletin Oficial del Estado, Enero 2008.

Nunes, Carlos Casimiro, "O Ministério Público na prevenção do branqueamento e do financiamento do terrorismo", *Revista do Ministério Público*, n.° 153, jan-mar 2018

Nunes, Pedro, «As fontes humanas dos serviços de informação», *CEDIS Working Papers, Direito, Segurança e Democracia*, n.° 6, julho de 2015, FDUNL.

Oerlemans, Jan Jaap, *Investigating Cybercrime*, Amsterdam University Press, 2017.

Oliveira, Felipe Cardoso Moreira de, «Sociedade de risco: tecnologia e resposta penal como ameaças», *Informatica e diritto*, Vol. XIII, n.° 1-2, 2014

Oliveira, José Carlos de, *A identificação criminal do arguido*, Chiado Editora, 2016.

Oneto, Isabel, *O agente infiltrado, Contributo para a compreensão do regime jurídico das ações encobertas*, Coimbra Editora, 2005.

Ortiz Pradillo, Juan Carlos, «Desafíos legales de las diligencias de investigación tecnológica», AA.VV., *El Processo Penal*, Org. Olga Fuentes Soriano, Tirant lo blanch, 2017.

Palma, Maria Fernanda, «Tutela da vida privada e Processo Penal», AA.VV., *Estudos em memória do Conselheiro Luís Nunes de Almeida*, Coimbra Editora, 2007.

—, *Direito Penal, Parte Geral*, Associação Académica da Faculdade de Direito de Lisboa, 1994.

Patrício, Helena, «O mandado de detenção europeu na jurisprudência do Tribunal de Justiça», *UNIO, EU Law Journal*, disponível em http://www.unio.cedu.direito.uminho.pt/Uploads/UNIO%200%20-%20Helena%20Patricio_pt.pdf.

Pereira, Evandro, *et al*, *Forense computacional: fundamentos, tecnologias e desafios atuais*, VII Simpósio Brasileiro em Segurança da Informação e de Sistemas Computacionais, 2007.

Pereira, Flávio Cardoso, *El agente infiltrado desde el punto de vista del garantismo procesal penal*, Juruá Editoral, 2.ª Edição, 2016.

Pereira, Sandra, "A recolha de prova por agente infiltrado", AA.VV., *Prova Criminal e Direito de Defesa – Estudos Sobre Teoria da Prova e Garantias de Defesa em Processo Penal*, Coord. Teresa Pizarro Beleza e Frederico de Lacerda da Costa Pinto, Reimpressão, Almedina, Coimbra, 2011.

Pereira, Vitor, «Contributo para o estudo das ações encobertas: breve resenha histórica», *Investigação Criminal*, n.º 10, (maio 2016), Lisboa.

Pérez De Acha, Gisela, *Hacking Team Malware para la vigilancia en América Latina*, Derechos Digitales, Marzo 2016.

Pinheiro, Alexandre Sousa, *Privacy e protecção de dados pessoais: a construção dogmática do direito à identidade informacional*, Associação Académica da Faculdade de Direito de Lisboa, 2015.

Pinho, Carlos, «Lei de retenção de dados de comunicações eletrónicas: aposentar ou reformar?», *Revista do Ministério Público*, n.º 154, abril-junho de 2018.

Pinto, Paulo Mota, «O direito à reserva sobre a intimidade da vida privada», *Boletim da Faculdade de Direito da Universidade de Coimbra*, Vol. LXIX, Coimbra Editora, 1993.

Poaires, Nuno, *A letra e os espíritos da lei, A violência doméstica em Portugal. Por um Direito que dê voz ao silêncio das vítimas*, Chiado Editora, 2016.

Portela, Irene Maria, *A segurança e a escolha do inimigo: o efeito double-blind do 11-S. Uma análise comparada de legislação Antiterrorista*, Tese de Doutoramento, Universidad de Santiago de Compostela, Servizo de Publicacións e Intercambio Científico, 2008.

Ramalho, David Silva, *Métodos ocultos de investigação criminal em ambiente digital*, Almedina, 2017.

—, «A investigação criminal na Dark Web», *Revista de Concorrência e Regulação*, Ano IV, n.º 14/15, (abril-setembro), Almedina, 2013.

—, «O uso de malware como obtenção de prova em processo penal», *Revista de Concorrência e Regulação*, Ano IV, n.º 16, (outubro-dezembro), Almedina, 2013.

—, «The use of malware as a means of obtaining evidence in Portuguese criminal proceedings», *Digital evidence and electronic signature law review*, n.º 11, 2014.

Ramalho, David Silva e Coimbra, José Duarte, «A declaração de invalidade da Diretiva 2006/24/CE: presente e futuro da regulação sobre a conservação de dados de tráfego para fins de investigação, deteção e repressão, de crimes graves», *O Direito*, Ano 147.º (2015) IV, Almedina.

Ramírez Jaramillo, Andrés David, *El agente encubierto frente a los Derechos Fundamentales a la intimidad y a la autoincriminación*, Faculdad de Derecho y Ciencias Politicas, Universidade de Antioquia, Colombia, 2010

Ramos, Armando Dias, *A prova digital em processo penal: o correio eletrónico*, 2.ª Edição (atualizada e ampliada), Chiado Editora, 2017.

—, «A prova digital na investigação do (ciber)terrorismo», *Investigação Criminal*, n.º 9, (dezembro 2015), Lisboa.

—, «A novíssima Diretiva relativa ao cibercrime», AA.VV., *O espaço de liberdade, segurança e justiça da UE: desenvolvimentos recentes, The EU area of freedom, security and justice: recent developments*, Coord. Constança Urbano de Sousa, Departamento de Direito, EDIUAL, Universidade Autónoma Editora, 2014.

Ramos, Vânia Costa, *Corpus Juris 2000, Imposição ao arguido de entrega de documentos para prova e* nemo tenetur se ipsum accusare, Tese de mestrado, FDUL, inédito, 2005.

—, «O direito penal europeu institucional, O quadro "pós-Lisboa" – por mares nunca dantes navegados, edificar-se-á novo reino?», *Revista da Ordem dos Advogados*, Lisboa, Ano 73, vol. 2/3 (abril-setembro), 2013.

Razak, Adilah Abd, «Understanding Legal Research», *Integration & Dissemination*, março de 2009, Vol. 4, pp. 19-24.

Reis, Maria de Fátima, «O direito à não autoincriminação», *Sub-Judice, Justiça e Sociedade*, n.º 40, julho-setembro, 2007.

Rodrigues, Anabela Miranda, "O inquérito no novo código de Processo Penal", AA.VV, *Jornadas de Direito Processual Penal – O Novo Código de Processo Penal*, Almedina, 1995.

—, «Política criminal – Novos desafios, velhos rumos», AA.VV., *Liber Discipulorum para Jorge de Figueiredo Dias*, Coimbra Editora, 2003.

—, «Democracia e criminalidade – entre o risco e a confiança», *Terra de Lei*, Associação de Juristas de Pampilhosa da Serra, Ano 1, n.º 1, 1.º semestre, 2012.

—, «A defesa do arguido: uma garantia constitucional em perigo no "admirável mundo novo"», *Revista Portuguesa de Ciência Criminal*, ano 12.º, n.º4, (outubro-dezembro 2002).

Rodrigues, Benjamim Silva, *Direito Penal Parte Especial, Tomo I, Direito Penal Informático-Digital*, Coimbra, 2009.

—, *Das escutas telefónicas à obtenção de prova [em ambiente digital]*, Tomo II, Coimbra, 2009.

—, *Da Prova Penal, Tomo II, Bruscamente... A(s) Face(s) Oculta(s) dos Métodos Ocultos de Investigação*, 1.ª Edição, Rei dos Livros, 2010.

—, *Da Prova Penal, Tomo IV, Da Prova – Eletrónico – Digital da Criminalidade Informático – Digital*, 1.ª Edição, Rei dos Livros, 2011.

Rodrigues, Cláudio Lima, «Valoração dos conhecimentos fortuitos durante a realização de escutas telefónicas», *DataVenia – Revista Jurídica Digital*, Ano 2, n.º 3, (fevereiro de 2015).

Roxin, Claus, *Derecho procesal penal*, Editores del Puerto, tradução da 25.º edição alemã, Buenos Aires, 2000.

Sampigethaya, Krishna e Poovendran, Radha, *A survey on mix networks and their secure applications*, Proceedings of the IEEE, Vol. 94, n.º 12, December 2006.

Sánchez Rubio, Ana, «Los registros remotos sobre equipos informáticos: la investigación del "Hacker Legal"», *Fodertics 6.0, Los nuevos retos del Derecho ante la era digital*, Coord. Federico Bueno de Mata, set. 2017.

Santos, M. Simas e Henriques, M. Leal, *Noções Elementares de Direito Penal*, 3.ª Edição, Rei dos Livros, 2009.

Sarrión Esteve, Joaquín, *El régimen jurídico de la utilización de drones en España*, Working Paper del Seminari de la Facultat de Dret de València, 26/05/2016, disponível em https://www.uv.es/seminaridret/sesiones2016/drones/ponenciaSarrion2016.pdf

Segura, Filipa Covacich, *A questão da colocação de um recetor de GPS no veículo de um suspeito ou arguido como meio de obtenção de prova em Processo Penal*, tese de mestrado, inédito, Universidade Católica Portuguesa, 2013.

Silva, Daniel, «Ações encobertas no Estado de Direito Democrático», *Investigação Criminal*, n.º 5 (maio 2013), Lisboa.

SILVA, Danni Sales, «Da validade processual das provas obtidas em sites de relacionamento e a infiltração de agentes policiais no meio virtual», *Revista Brasileira de Ciencias Criminais*, Ano 24, n.º 120, maio-junho de 2016.

SILVA, Francisco José Albino Faria Castro e, *Classificação taxonómica dos ataques de engenharia social, caracterização da problemática da segurança de informação em Portugal relativamente à engenharia social*, tese de mestrado, Universidade Católica Portuguesa, inédito, 2013.

SILVA, Germano Marques da, «Bufos, infiltrados, provocadores e arrependidos, Os princípios democrático e da lealdade em processo penal», *Direito e Justiça*, Vol. VIII, Tomo 2, 1994.

—, *Curso de Processo Penal*, I, 4.ª Edição, Editorial Verbo, 2000, reimpressão 2006

—, *Curso de Processo Penal*, II, 3.ª Edição, Editorial Verbo, 2002.

—, *Direito Penal Português I, Introdução e teoria da lei penal*, 3.ª Edição, Verbo, 2010.

SILVA SANCHEZ, Jesus Maria, *La Expansion Del Derecho Penal, Edisofer*, 1999.

SILVA, Ricardo José Andrade Lopes Perdigão e, *mtAndroid, Aplicação Móvel Andróid de Apoio a Percursos Pedestres Outdoor*, dissertação de mestrado em engenharia informática e de computadores, Instituto Superior Técnico, inédito, 2013.

SILVA, Rui, «Cibersegurança e criptografia», AA.VV., *Direito e questões tecnológicas aplicados no desenvolvimento social*, Volume 2, Organizadores: ANTÔNIO CARLOS EFING e CINTHIA OBLADEN DE ALMENDRA FREITAS, Juruá Editora, 2012.

SILVEIRA, Alessandra e FREITAS, Pedro Miguel, «Implicações da declaração de invalidade da Diretiva 2006/24 na conservação de dados ("metadados") nos Estados-Membros da UE: uma leitura jusfundamental», Revista de *Direito, Estado e Telecomunicações*, Brasília, v. 9, n.º 1, maio de 2017.

SINTRA, António, «Técnicas especiais de investigação criminal, Factor de segurança», *Investigação criminal*, Lisboa, n.º 1 (fev.2011), Lisboa.

SOARES, Paulo, *Meios de obtenção de prova no âmbito das medidas cautelares e de polícia*, Almedina, 2014.

SONG, Susan, *Children as Tourist Attraction* in *Global Chil Sex Tourism*, march, 2012, disponível em http://www.yapi.org/rpchildsextourism.pdf.

SOUSA, António Francisco, *Manual de Direito Policial, Direito da ordem e segurança públicas*, Vida Económica, 2016.

SOUSA, Paulo Pinto de, «Acções encobertas. Meio enganoso de prova? Agente infiltrado e agente provocador. Outras questões», *Revista do CEJ*, 2.º Semestre 2010, n.º 14, Almedina.

SOUSA, Susana Aires de, «Agent provocateur e meios enganosos de prova. Algumas reflexões», AA.VV, *Liber Discipulorum para Jorge de Figueiredo Dias*, Coimbra Editora, 2003.

SOUSA, Vera Alves de, «Imortalidade digital: a preservação da memória», AA.VV, *Internet, Comunicação em rede*, Org. ANA PINTO MARTINHO e BRANCO DI FÁTIMA, Edição de autor, 2013.

SUI, Daniel, CAVERLEE, James e RUDESILL, Dakota, *The deep web and the darknet: a look inside internet's massive black box*, Wilson Center, 2015.

SYDOW, Spencer Toth, *Delitos informáticos próprios: uma abordagem sob a perspectiva vitimodogmática*, tese de mestrado, Universidade de São Paulo, inédito, 2009.

TONINI Paolo, *La prova penale*, 4.º Edizione, CEDAM, 2010.

TORO CABELLO, Juan Revello de, *La delimitación entre provocación policial y delito provocado*, Universidad Internacional de Andalúcia, 2013.

TORRE, Marco, *Indagini informatiche e processo penale*, Tese de doutoramento, Università Degli Studi Firenze, inédito, 2015.

TRESCA, Michela, «I programmi spia: il diritto alla privacy di fronte ai nuovi strumenti tecnologici di in dagine», AA.VV, *Amministrazione in cammino, Rivista elettronica di diritto pubblico, di diritto dell'economia e di scienza dell'amministrazione*, a cura del Centro di ricerca sulle amministrazioni pubbliche "Vittorio Bachelet", aprile, 2016.

TRIUNFANTE, Luís de Lemos, «Cooperação judicial em matéria penal: objectivos, dificuldades e o modelo português», *Revista Julgar*, n.º 13, (jan-abril 2011), Coimbra Editora.

UGLOW, Steve, *Covert surveillance and the European Convention on Human Rights*, Criminal law review, April, 1999.

—, *Evidence – Text and Materials*, 2.ª Edição, Thonson, Sweet & Maxwell, 2006.

VACIAGO, Giuseppe, «Remote forensics and cloud computing: an Italian and european legal overview», *Digital evidence and electronic signature law review*, n.º 8, 2011.

—, *Digital Forensics, Italian Criminal Procedure and Due Process Rights in the Cyber Age*, G. Giappichelli Editore, 2012.

—, «The invalidation of the Data Retention Diretive, A first impact assessment of the CJEU decisions in the joint cases, C-293/12 and C-594/12», *Computer Law Review International*, Issue 3, 15 june 2014.

VACIAGO Giuseppe e RAMALHO, David Silva, «Online searches and online surveillance: the use of trojans and other types of malware as means of obtaining evidence in criminal proceedings», *Digital Evidence and Electronic Signature Law Review*, n.º 13, 2016.

Valente, Manuel Monteiro Guedes, *O agente infiltrado na investigação e prevenção dos crimes de corrupção e de branqueamento de capitais*, Colecção Aquilafuente, Universidade de Salamanca, 2002.

—, *Regime Jurídico da Investigação Criminal – Comentado e Anotado*, 3.ª Edição, Almedina, 2006.

—, «A investigação do crime organizado. Buscas domiciliárias nocturnas, o agente infiltrado e intervenção nas comunicações», AA.VV., *Criminalidade organizada e criminalidade de massa. Interferências e ingerências mútuas*, Almedina, 2009.

—, «Ciência Polícial, Contributos reflexivos e epistémicos», *Revista Brasileira de Ciências Policiais*, Brasília, v. 1, n.º 2, jul/dez 2010.

—, «Processo Penal, Segurança e Liberdade: uma provocação», *Revista Brasileira de Direito Processual Penal*, Porto Alegre, vol. 1, n.º 1, 2015.

—, *Teoria Geral do Direito Policial*, 5.º Edição, Almedina, 2017.

—, *Do mandado de detenção europeu*, Almedina, 2006.

—, «Investigação preliminar, meios ocultos e novas tecnologias», *Revista Brasileira de Direito Processual Penal*, Porto Alegre, vol. 3, n.º 2, mai./ago, 2017.

Vangestel, Rob e Micklitz, Hans-W., *Revitalizing Doctrinal Legal Research in Europe: What About Methodology?* (janeiro de 2011). EUI Working Paper LAW No. 2011/05. Disponível em http://ssrn.com/abstract=1824237 ou http://dx.doi.org/10.2139/ssrn.1824237

Vaz, Denise Provasi, *Provas Digitais no Processo Penal: Formulação do conceito, definição das características e sistematização do procedimento provatório*, Tese de Doutoramento, inédito, Faculdade de Direito da Universidade de S. Paulo, 2012.

Veiga, Pedro, *Tecnologias e Sistemas de Informação, Redes e Segurança*, SPI – Sociedade Portuguesa de Inovação, 2004.

Velasco Núñez, Eloy, «Novedades técnicas de investigación penal vinculadas a las nuevas tecnologias», *Revista digital El Derecho*, publicado em 24-02-2011, no endereço http://www.elderecho.com/tribuna/penal/Novedades-tecnicas-investigacion-vinculadas-tecnologias_11_237430010.html

Velloso, Fernando de Castro, *Informática, Conceitos básicos*, 10.º Edição, Elsevier Editora, 2017.

Venâncio, Pedro Dias, *Breve introdução da questão da Investigação e meios de prova na criminalidade informática*, Verbo Jurídico, 2006.

—, *Lei do cibercrime, Anotada e comentada*, Coimbra Editora, 2011.

Ventura André, *A nova justiça internacional*, Chiado Editora, 2015.

Verdelho, Pedro, Bravo, Rogério e Rocha, Manuel Lopes, *Leis do cibercrime*, Vol. 1, Centro Atlântico, 2003.

Verdelho, Pedro, *Comentário das Leis Penais Extravagantes, Vol. I*, Org. Paulo Pinto de Albuquerque e José Branco, Universidade Católica Portuguesa, 2010.

Vicente, Dário Moura, *Direito Comparado – Volume I – Introdução e Parte Geral*, Almedina, 2008.

Vicente, Laura Neves, *O princípio da proporcionalidade, uma nova abordagem em tempos de pluralismo*, Instituto Jurídico, Faculdade de Direito da Universidade de Coimbra, 2014.

Vieira, Sibelius Lellis e Cruz, Adriano Rodrigues da, *Perícia forense computacional em telefones celulares com sistema Android*, Segurança, Justiça e Cidadania: Perícia e investigação criminal, 2014.

Villar Fuentes, Isabel, «Reflexiones sobre el agente encubierto informático», AA.VV., *El Processo Penal del Siglo XXI: Quo Vadis Iustitia*, Actas de la Jornada de Derecho Procesal, Jerez de La Frontera, 24 de abril de 2015, Fueca, 2015.

Villogómena Munõz, Ana, *Otras medidadas de investigación limitativas de derechos reconocidos por el art. 18.° C.E. Referencia concreta a los dispositivos de seguimiento y localización*, disponível *online* em https://www.fiscal.es/

Wang, Lizhe; Ranjan, Rajiv; Chen, Jinjun e Benatallah, Boualem, *Cloud Computing: Methodology, Systems, and Applications*, CRC Press, Taylor & Francis Group, 2012.

Warren, Samuel D.; Brandeis, Louis D., *The Right to Privacy*, Quid Pro, LLC, 2015.

Wendt, Emerson e Jorge Higor Vinicius Nogueira, *Crimes cibernéticos, Ameaças e procedimentos de investigação*, 2.ª Edição, Brasport, 2013.

Young, Jock, *A sociedade excludente: exclusão social, criminalidade e diferença na sociedade recente*, Rio de Janeiro: Revan, 2002.

Zippelius, Reinhold, *Juristische Methodenlehre*, 11.ª ed., Munique, 2012.

Zoco Zabala, Cristina, *Nuevas tecnologías y control de las comunicaciones, LO 13/2015, de 5 de octubre, de modificación de la Ley de Enjudiciamento Criminal para el fortelacimiento de las garantias procesales y la regulación de las medidas de investigación tecnológica*, Thomson Reuters, 2015.

Zöller, Mark A., «O intercâmbio de informações no domínio da investigação penal entre Estados-membros da União Europeia», AA.VV., *2.º Congresso de Investigação Criminal*, Coord. Maria Fernanda Palma et al, Almedina, 2010.

ÍNDICE

NOTA PRÉVIA 5
AGRADECIMENTOS 7
ABREVIATURAS 9

INTRODUÇÃO 11
1. Introdução 11
2. Delimitação do tema 17
2.1. Colocação do problema 18
2.2. Estrutura e modo de abordagem do problema 22

PARTE GERAL – O PARADIGMA DO AGENTE ENCOBERTO

I – O AGENTE ENCOBERTO COMO MEIO DE OBTENÇÃO DA VERDADE MATERIAL 29
1. Breve resenha histórica acerca do agente encoberto 29
2. O atual regime do agente encoberto 36
2.1. As suas especificidades técnico-processuais. 36
2.2. A utilização do "agente encoberto" como último reduto da investigação 44
2.3. A criminalidade sob o anonimato. 47
2.4. Urgência de nova legislação por força das inovações tecnológicas? 50
3. Figuras afins do agente encoberto e sua caraterização 53
3.1. Agente infiltrado 53
3.2. Agente informador e terceiros encobertos. 57
3.3. Agente provocador 63

3.4. A delimitação conceptual das figuras mencionadas anteriormente 67
4. A investigação criminal com recurso ao agente encoberto 71
4.1. Considerações gerais 71
4.2. A prevenção e a repressão criminal *vs* a investigação 74
4.3. A criminalidade complexa na atual conjuntura tecnológica 78
4.4. Entraves à utilização do agente encoberto na *era* informática 80
4.5. Benefícios do emprego do agente encoberto digital 86
5. Desafios da investigação criminal na sociedade atual 88
5.1. O agente encoberto na sociedade de risco 88
5.2. O direito penal do inimigo 92
5.3. O *nemo tenetur se ipsum accusare* 96
6. O valor da prova recolhida pelo agente encoberto 101
6.1. Fundamentos gerais da validade da prova 101
6.2. Os conhecimentos fortuitos 107
7. A compressão de DLG's face à necessidade de investigação 112

II – A PROBLEMÁTICA DA CIBERCRIMINALIDADE E A SUA INVESTIGAÇÃO 117
1. Razão de ordem 117
2. Problemáticas da investigação em ambientes digitais 119
2.1. Caraterísticas da prova digital 119
2.2. A investigação face à desterritorialidade 126
2.3. O avanço da técnica face aos meios investigatórios 132
2.4. A investigação criminal face à anonimização 134
2.5. A cooperação judiciária internacional 137
3. A anonimização como entrave à investigação de cibercrimes 145
3.1. Os recursos tecnológicos da *Darkweb*, em especial as redes TOR 145
3.2. O uso de *botnets*, VPN's e *proxys* 151
3.3. A encriptação de conteúdos digitais 155
3.4. Os sistemas de pagamento *online* – Bitcoins 158
4. A investigação em fontes abertas: OSINT (*Open Source Intelligence*) 162
4.1. A criação de perfis falsos nas redes sociais pelos agentes de investigação 162
4.2. A engenharia social e as suas repercussões práticas 167
4.3. Os *Torrent* e outros programas *P2P* 169
4.4. A recolha e validade da prova obtida em fontes abertas 172

PARTE ESPECIAL – O AGENTE ENCOBERTO VS AS TECNOLOGIAS DE INFORMAÇÃO E COMUNICAÇÃO

I – O AGENTE ENCOBERTO EM AMBIENTES DIGITAIS 179
1. O estado da arte 179
2. Enquadramento e regime jurídico no ordenamento jurídico português 183
3. A legislação europeia em matéria de cibercriminalidade 185
3.1. Ciberconvenção 185
3.2. Das instâncias europeias 188
4. O agente encoberto digital na legislação europeia 192
4.1. Direito comparado 192
4.2. No ordenamento jurídico alemão 194
4.3. No ordenamento jurídico italiano 197
4.4. No ordenamento jurídico espanhol 203
5. O uso de *benware* e outros recursos digitais usados pelo agente encoberto 208
5.1. *Benware* um meio lícito de obtenção de prova? 208
5.2. A utilização de balizas de geolocalização (GPS) com recurso à tecnologia de dispositivos móveis 211
5.3. O uso de drones, pelo agente encoberto, na investigação criminal 220
6. A utilização de *cybercops* automatizados, ou de figuras afins, na investigação de crimes informáticos 225

II – A APLICABILIDADE DO AGENTE ENCOBERTO DIGITAL E SEUS RESULTADOS 229
1. Casos de sucesso do uso do agente encoberto digital 229
2. O caso *Silk Road*, nos EUA 230
3. O caso *Sweetie*, na Holanda 234
4. A operação *Bayonet*, da Europol 237

III – O FUTURO E A INVESTIGAÇÃO DE CRIMES DIGITAIS 243
1. A urgência de novas leis processuais de âmbito digital 243
2. A evolução tecnológica ainda nos consegue surpreender 247
2.1. A internet das coisas e as práticas criminais 247
2.2. Tendências do futuro 250
3. Proposta de legislação processual penal sobre o agente encoberto digital 254
3.1. Considerações explicativas 254

3.2. Alteração da Lei n.º 101/2001, de 25 de agosto 256
3.3. Revogação da Lei n.º 32/2008, de 17 de julho 258
3.4. Alteração da Lei n.º 109/2009, de 15 de setembro 266
3.5. Introdução de novos artigos processuais 270

CONCLUSÕES 275

BIBLIOGRAFIA 289